Laws and Regulations of Performance

演出法概要

郑智武 / 著

ZHEJIANG UNIVERSITY PRESS
浙江大学出版社

图书在版编目(CIP)数据

演出法概要 / 郑智武著. — 杭州：浙江大学出版
社，2020.5(2021.11 重印)
ISBN 978-7-308-19317-7

Ⅰ. ①演… Ⅱ. ①郑… Ⅲ. ①演出—文艺管理法—中
国 Ⅳ. ①D922.16

中国版本图书馆 CIP 数据核字（2019）第 143411 号

演出法概要

郑智武　著

责任编辑	葛　娟	
责任校对	陈　欣　杨利军	
封面设计	春天书装	
出版发行	浙江大学出版社	
	（杭州市天目山路 148 号　邮政编码 310007）	
	（网址：http://www.zjupress.com）	
排　　版	杭州朝曦图文设计有限公司	
印　　刷	杭州高腾印务有限公司	
开　　本	787mm×1092mm　1/16	
印　　张	19.5	
字　　数	488 千	
版印次	2020 年 5 月第 1 版　2021 年 11 月第 2 次印刷	
书　　号	ISBN 978-7-308-19317-7	
定　　价	59.50 元	

序

　　自人类踯躅于地球,演出(表演)就成为人们生活的一部分,演出的内容和形式在日常生活中不断丰富。随着社会分工、利益集团出现,专业演出机构逐渐发展起来,宫廷演出与民间演出经历着分离与融合,职业演出主体逐步独立,自此演出业的发展极大地改变和丰富着人们的精神生活。演出产品作为精神产品,演出作为文化活动天然具有双重属性。演员创作出精湛的演出成果,一方面给人们以文化艺术熏陶,是民族文化传播和传承的主要通道;另一方面,又深刻影响着人们的生活质量,带给演出组织者及演员物质和精神利益。正因为演出的意识形态性和经济性,演出成为有阶级或者有阶层的社会不可缺位的文化活动展示形式,也是国家发展国民经济、传播文化教育、提升国际文化力的核心路径与方式。为此,如何长效实现演出的双重属性的最佳统一,一直是社会文化管理和现代治理的永恒主题之一,不同国家、不同历史时期,管理者一直在努力探索有效的演出治理模式和演出管理方式,演出治理历史规律呈现出的一般轨迹是:放任—严格管制—专项治理—制度规制。但是无论哪种演出治理模式或者方式,其实质无非是演出行为规范与演出主体权利的博弈。回顾演出历史,不难发现,演员作为职业表演者的地位一直被忽略或者被人为弱化,直到19世纪20年代以后才得以开始被"树正",表演者权正式在全世界作为独立权利类型得到法律上的确立,也仅仅半个世纪。随着演出经济属性的凸显,20世纪下半叶以来,演出领域发生了影响深远的三大变化:一是发达国家普遍推行"文化立国",文化产业成为"黄金产业",而且占据文化产业核心层内涵的90%的部分与演出紧密相关;二是数字传媒技术发展在增加演出业发展机遇的同时,也使演出主体面临前所未有的挑战,演出生态问题突出;三是文化交流全球化与绿色经济形势下,国家间文化力与民族文化安全矛盾尖锐,由隐性逐渐显性化。这三大变化的直接结果是世界主要国家开展了深刻而全面的演出规则话语权的博弈。演出领域的这些趋势,其实质是演出资源利用及演出主体权益分配的综合表现,这也是演出制度的应然与实然价值提升的原动力。

　　演出法是人们演出活动规则的具体有机组成部分,在市场经济条件下,有效规则必须符合正义。演出市场这只"看不见的手"引导演出产业链和价值链的变化,正义的内涵也必然与之相适应。为适应演出规则正义内涵的变化,探究演出法律制度变化规律是有效途径,这是本书的出发点与归宿。

演出法是规范演出法律关系中主体权利分配关系、演出主体权利与其他权利主体之间关系的重要法律门类,因此演出活动及演出市场状况反映了演出法制的应然和实然效用的实现程度,演出法内容的不确定性体现了演出法制建设的复杂性与必要性。在中国建设文化治理体系和治理能力现代化的情势下,我国演出行业的健康、快速发展,民族演出产业的繁荣,国际演出市场话语权的确立,急需演出法发挥制度功能。如果演出法制度设计不科学,演出资源的配置就会处于无序的状态,无视演出法律体系内在结构,不区分演出法实然状态与应然状态,这样的演出法制是没有生命力的,这是本书的内在脉络。

本书系作者研究演出法十余载的成果,它的基本框架其实早在 2005 年就已经形成,所以现在书中仍保留少数失效但有历史价值的规范内容。在十四个春华秋实中,作者因为长期参与全国文化干部基地、文化干部特别是演出团体骨干培训,担纲文化艺术法教学研究,尽力吸收最新研究成果,不断完善修正已有研究结论,期待与时俱进。虽如此,本书也只是演出法领域中的汪洋一叶舟,不尽完整、完美。目前,我国演出法系统研究专著不多,本书也只以演出基本环节的主要演出要素为线索,以这些要素的权利与义务规则为研究对象,立足国内外演出及相关法律实践,试图从纵向与横向两种视角对演出法基本原理进行探索,探索中坚持实证考察(立足国内需求放眼国际演出法实践)、大胆思考(不唯权威言论但求真知灼见)、勇敢阐述(突破单一学科磕绊而跨学科求证结论),以期抛砖引玉。当下,我国演出产业及演出项目正在积极走出去,"一带一路"倡议实施加速,全面依法治国、文化治理体系现代化建设进入新时代,作为文艺工作者有责任和义务贡献自己的绵薄之力,这也是本书推出的时代要求。

作者自 20 世纪 80 年代末涉足文化艺术管理制度,并目睹了文化艺术的发展。21 世纪初,作者走出浙江大学,闯进浙江唯一综合性艺术高校,面对新领域,长期承蒙多方专家点拨,潜心探究表演艺术特质,积极将自己专业特长与实践经验融合到表演艺术管理的教学研究中,豁然发现了一片崭新的天地。然而,在研究初期,作者的"固执"做法和"幼稚"观点很难被接受,作者仍以初生牛犊的懵懂在演出法制领域铿锵跋涉。同时,作者也十分庆幸,在研究路上得到了多位专家的扶持与鼓励,取得了一些成绩。这也是本书成因的又一因——不辜负祖国的宏大表演艺术哺育。

本书共 13 章,第一章演出法概论主要阐述演出法概念与演出法的嬗变,第二章论述演出的概念、"演出"的构成要件,第三章对演出法主体进行了界定,第四章演出准入制度包括演出法人主体、非法人演出组织、个体演员、演出经纪人资质等内容,第五章阐述了演出主体权利体系及表演者权体系内容,第六章演出主体精神权,论述了演出主体精神权基本原理及演出主体精神权权能,第七章阐释了演出主体产权基本原理、演出主体主要产权权能及演出主体权的行使,第八章演出合同制度包含演出合同基本原则、演出合同内容、演出合同监管等内容,第九章演出项目分演出项目确认标准、演出项目的许可、演出项目管理三部分,第十章演出活动制度分别阐述了演出活动规范、演出诚信制度、演出的财税制度,第十一章演出活动监管制度中分述了演出证制度、演出活动监管制度、演出过程管理制度,第十二章涉外及涉港澳台地区演出制度重点阐述涉外演出主体制度、出入境演出基本制度、涉外演出活动制度,第十三章演出主体法律责任中概述了演出主体法律责任,分析了演出主体违法行为及责任形态。

本书汇聚了我国绝大部分关于演出的专项正式规范,高概率涉及了相关国际公约相应内容,尽最大可能吸收演出法研究成果。它还是一本理论性和实践性融合的作品。从一定程度上说,它是一本集成式作品。

整本书对演出法的一些本体概念,运用法学、艺术学、经济学、社会学、民俗学、文化生态学等学科基本原理进行深度的理论论证分析,并辅之以立法实践;对具体的制度更侧重实证研究,用国内外演出法律制度规范内容的变迁进行分析。本书既适合文化艺术及法学的理论与实务界参考,也可作为高校及培训机构的教材使用。

由于演出法涉及领域广,专业资料非常有限、法律规范修订频繁,加之本人学识有限,书中谬误之处敬请海涵并赐教,本人竭诚从善,不胜感激。

郑智武
2019 年 10 月 12 日于杭州

目　　录

第一章
演出法概论

　　文化产业是新兴朝阳产业,由于其环保性而又被称为黄金产业,在理论上与实践中,也称文化创意产业。从各国的文化产业分类中不难看出,与演出相关的产业约占70%,其中核心分类中占90%,可见演出在文化产业中的地位。因此,演出产业对文化产业的发展具有决定性作用。产业经济学认为,产业发展到一定程度,制度(特别是法律制度)对产业发展的作用就显得至关重要[①]。随着中国演出行业的迅猛发展,完善演出法有利于实现文化资源与演出资源效益最优化。演出法律的最终目的是解放生产力,调动演出活动主体的积极性和创造性。欧美及我国港澳台等演出产业发达的国家和地区的经验显示,演出法律体系的完善是推进演出行业健康发展的重要因素,因此境外很多国家和地区对于演出的法律法规都已经比较完善。

　　演出立法是发展演出行业的重要保障,这是由演出特征与演出行业在文化产业中的地位决定的。演出行业的社会化程度高,涉及面广,各种演出主体的地位需要从法律上加以界定:演出主体间的权利义务关系需法律确认;演出内容涉及社会的稳定与发展,需要发挥法律规范作用与社会作用;将有关演出的成熟政策上升为法律,以便规范创作者、表演者以及经营主体的行为;全球化背景下,许多国家演出行业面临外国的演出产品、演出资本和演出价值的冲击,为保障文化安全,必须建立相应的演出法律制度[②]。这些目标实现的关键在于从制度上确立演出主体的权利体系,从制度上完成演出市场由公益型向市场经济型的转型,从而形成科学、完善的保障演出主体的法律资源[③]。演出法律对演出权利的配置,规范演出主体行使权利的程序、范围、监督及救济,是演出法治化的客观要求。在演出行业产业化迅速发展的情势下,如果没有法律的保障,演出行业发展将是不健康甚至是艰难的,国际竞争力也将弱化。近年来,西方演出机构已经构筑起法律上的"演出主体权利壁垒",为打破此壁垒,国际上正积极建立与健全演出法制。

[①]　理查德・A 波斯纳.法律的经济分析[M].蒋兆康,译.北京:中国大百科全书出版社,2003:114-115.

[②]　刘晓霞.透视文化立法[N].法制日报,2000-08-10.

[③]　杨丽娅.构建文化产业法律体系,促进文化产业有序发展[J].集团经济研究,2007(34).

第一节　演出法产生的应然性

一、演出法是社会文化发展的结果

表演与人类相伴而生,演出是人类社会发展到一定程度的产物,演出管理制度是国家出现之后,演艺人员权利提升的结果,演出法律制度是法律取向公平、科技发展剥夺表演者权利的客观要求的体现。美国史前考古学家亚历山大·马沙克认为,艺术源于现代人语言的发展,而艺术本质是人类用行动及语言表现内心的思想,故表演艺术可以追溯到原始社会的"图腾"歌舞。社会发展促进了人类社会的分工,早期娱乐性歌舞逐渐独立成为表演艺术,这些表演者成为职业演出者并形成固定组织,如中国出现了最早职业演员——"倡优"、固定的演出场所——"勾栏""瓦舍"以及营业性演出家庭戏班——"行色"[①],还出现了古代主管官员——"巫"。随着社会文明的进步,文化产品越来越深刻地影响着人们的精神生活,演出产品消费丰富多彩,演出行业也逐渐兴旺,演出行规制度成为演出行业的主要规范,也是演出法的雏形。

在演出专业化初期,演出者地位不高,而且演出对象即演出艺术表达形式有限,演出者大多进行重复的现场表演,依靠他人的捐助或资助生活,表演者容易控制自己的演出,其权利外延窄,也没有得到当权者应有的重视。随着社会、科技的进步,特别是录制技术、广播电视事业、网络技术的发展,演出形式日渐丰富,演出由现场的规范演出为主转移到非规范机械演出,录音带或广播电台、网络等使演员与观众更加分离,演出领域也从艺术领域延伸到人类学、社会学、经济学、政治学等领域。然而,科技革命在深刻促进演出的产品内容、形式、生产、流通、消费的同时,也使演出法律关系日益复杂多样,甚至存在游离法律调节范围的情形,如演出与演出主体的法律类型、演出主体与演出消费者的权利与义务、演出违法的责任、演出与演出主体的法律构成等。特别是到了19世纪末20世纪初,数字技术可以完全"复制"现场演出,因此消费者可以随性地、有选择地重复消费表演者"现场演出"。由此造成这样的结果:消费者可以无偿或者几乎无代价随意消费表演者的演出,享受免费午餐;演出者失去对自己演出的控制权,演出机会越来越少,自身利益得不到应有保护,进而演出创作热情被剥夺而衰退。在原有的法律制度下,演出法律关系类型及其内涵的失衡性愈加显著,演出的法律边缘化问题更加突出。

在演出者与演出消费者、演出载体所有者冲突加剧的法律秩序中,立法者逐步通过各种形式关注演出主体权利,如契约的约定、在相应的法律中规定演出主体权、扩大其他相关法律对演出主体权利保护的适用范围等。

正因为如此,人们期望在相应的法律中规定有关保护演出主体权利的条款、扩大法律对表演者权利保护的适用范围。但是,部门法具有自身内在体系,各自具有特定规律,即特定法律条款的适用必须以不违背本部门法的基本原则为前提。因主体、个案等因素的影响,对法律的解释也可能发生偏差,因而在法律适用上会存在背离法律宗旨的事情,加之特定法律

---

① 赵芳.表演艺术管理学[M].北京:中国经济出版社,2001:8-12.

本身制定背景、宗旨、内容的特定性,每一部法律都有自己特定的调整范围。因此,在一般法律中设定演出主体权利保护的条款,期望通过扩大相关法律适用范围来保护演出主体权益的做法,必然不能完全反映演出法律关系的特殊性,反而会限制法律制度的实然效力,同时也会抑制演出法律规范的应然效力。

在科技迅速发展的时代,网络成为人们日常生活的组成部分,改变着演出的传播方式,虚拟与现实并存,虚拟世界的物质化现象急剧加速,表现在演出艺术方面就是演出传播迅速倍增的同时表演者对现场演出的可控程度愈加弱化,而且还存在隐形演员演出的现象,即演员虚拟化、舞蹈形象与真实演员脱离,如动漫、科技造型等。另外,民族文化中的民族表演艺术,由于具有历史传承性、民族认同性、文化产品的灵魂地位,在国际上存在激烈的争夺,出现掠夺与反掠夺。国际上民族文化战争日趋猛烈,而在这场战争中的直接受害者是民族表演艺术的表演者,战争的胜利者当然成为文化的统治者,也就是民族文化的"黑白无常"了,最后该文化的族群只能够听命于灵魂的召唤者——文化战争中的胜利者。因此,立法者需要设计演出者对自己的表演享有表演者权的制度,使演出者对自己的表演能有效地控制、利用、处分、受益,这些无疑需要制定专门的表演法律。同时,演出只有被消费者接受并消费才能够实现其演出价值,表演者与演出中介及消费者具有各自利益,法律必须实现演出主体与演出中间商、演出消费者权益的平衡。

演出法需要在反映社会需求的同时,也体现法律、艺术、文化自身的要求。第一,从法律基本价值看,法律的目的就是实现权利的共性,诚如菲尼斯的观点:"共同的善"是法律的追求,"免于恐惧的权利"是最基本的善,把"免于恐惧的权利"等价为"获取利益最大化的权利",为此,通过行动充分利用社会资源来实现权利[1]。所以,真正的法律适用于所有人并且是公平的保障。法律权利是指法律赋予法律关系主体为实现其特定利益而享有的利益,也就是在相应的社会关系中主体应该得到的价值回报,是一种正当或公平。当然,权利的这种共性体现出了权利的意志性,因为"权利是一种由法律秩序提供的意志权能或意志支配","主观权利是法律秩序授予个人的一种法律权能,就其目的而言,它是满足人们利益的一种手段。"[2]而演出是一种创造性劳动,劳动成果"是正当地属于"劳动者个人,每个人对他自己的人身享有所有权,从而对自己的劳动成果拥有专有权,除他以外任何人都没有这种权利[3]。马克思劳动价值论的观点表明,劳动是创造价值的唯一源泉。由此,遵循公平的法律规则,能够建立一种平衡机制"以防止对他人创作行为或信誉的搭车,以及使信息形成所谓新财富为手段,目的在于确保创作活动和信誉积蓄等的积极性,进而促进产业的发达和文化的发展"。[4] 第二,从艺术的价值看,演出是一种艺术活动,而艺术的价值体现为工具价值与终极价值[5],如产业性演出体现工具价值,演出的精神层面则是终极价值的表现。众所周知,在美学史上,艺术一般以无形与有形、无声与有声、无言与有言为标准来划分种类。而黑格尔将

① 约翰·菲尼斯.自然法与自然权利[M].董娇娇,等译.北京:中国政法大学出版社,2005:280-290.
② 尤尔根·哈贝马.在事实与规范之间:关于法律和民主法治国的商谈理论[M].童世骏,译.北京:生活·读书·新知三联书店,2003:107-108.
③ 约翰·洛克.政府论[M].叶企芳,等译.北京:商务印书馆,1964:19.
④ 中山信弘.多媒体与著作权[M].张玉瑞,译.北京:专利文献出版社,1997:156.
⑤ 康德.道德形而上学基础[M].孙少伟,译.北京:中国社会科学出版社,2009:45.

精神与物质的适合程度作为划分艺术门类的标准,并认为艺术有高低级别之分,认为无形艺术高于有形艺术、有声艺术高于无声艺术、有言艺术高于无言艺术①。依据这一观点,我们可以认为表演艺术属于高级艺术,其价值更高。从艺术经济学的角度看,艺术价值源于艺术工作者的劳动,其中艺术具体劳动创造艺术使用价值,使艺术使用价值五彩缤纷,并通过市场来实现表演艺术的价值。毋庸讳言,有价值的东西需要保护,这是法律的基本追求。第三,演出具有经济属性,其演出资源表现为一种文化资本,"资本是以同一的形式或扩大的形式去获取生产利润的潜在能力,资本也是以这些形式去进行自身再生产的潜在能力"②。作为一项制度的法律对资源的有效利用与开发至关重要,如果一项制度安排能激励人们将资源和努力更有效地配置于生产性活动之中,那么这项制度就能促进经济增长,激励人们最优地使用他们的财产③,它使智力成果所有者能通过处置某些智力"资产",占有运用这些"资产"所产生的效益④。

二、演出法是演出市场的客观要求

随着社会发展,当今演出市场发生了较大变化,演出种类和形式逐渐丰富,演出组织单位日益增多。演出市场的拓宽与活跃,满足了人们的文化生活需要,但演出市场仍然存在一些严重问题:一些演出市场主体特别是国有性质的演艺团体,市场意识不强;非法演出现象时有发生;一些非演出经纪单位和个人以赢利为目的,巧立名目,采取无证、伪证、租证、骗证等多种非法手段,私自组织各类营业性组台(团)演出活动;一些非法演出团体流动演出,从事色情、淫秽表演,宣传广告虚假,哄抬票价,坑蒙观众,偷税漏税,扰乱了演出市场秩序;演出市场管理不规范,企事业单位私自与其他单位演职员签订演出合同,或不签书面合同进行秘密交易,不顾演出市场运行规律和观众承受能力,随意抬高演员出场费,导致演出成本不断上升,门票价格过高,偷漏税款严重;主办单位的经营人员不懂演出市场管理的政策法规,缺乏演出业务常识,在组织演出中架空演出经纪机构,致使一些演出活动内容粗俗,水平低下,经济纠纷增多;还有一些无资质单位以内部演出、联欢等名义,私自邀约演职人员演出,逃避管理机构的监督管理。此外,节庆活动中,组委会等临时性机构申办演出活动,因权利义务关系不清而引起演出纠纷。某些演出中介缺乏诚信侵害他人权益,也破坏了演出市场秩序,如:打着艺人旗号从事自己的商业活动,乱接有损艺人发展的演艺项目,假借演出名义欺骗演艺新人;将艺人的新专辑或写真集正式发行前交给盗版商或要挟艺人拍有损艺人声誉的写真或影片;与演出商勾结,故意克扣演艺人报酬,虚报收入、费用;在合同中做手脚或提供不完全信息,非法组台演出,倒卖演出批文,协助或怂恿演出者逃税等。

同时,又存在演出法内容滞后或不科学、不适应演出市场发展的问题。在历史上,演员地位低下,其应有权益与地位未得到社会的认同,而当前社会中的明星光环使得人们对演出

① 张世英.有形与无形 有声与无声 有言与无言:试论美与诗意境界之区分[J].湖南社会科学,2000 (6):14-15.

② 布尔迪厄.文化资本与社会炼金术:布迪厄访谈录[M].包亚明,译.上海:上海人民出版社,1997: 189-190.

③ 柯武刚,史漫飞.制度经济学:社会秩序与公共政策[M].韩朝华,译.北京:商务印书馆,2000:212.

④ 理查德·A波斯纳.法律的经济分析[M].张文显,等译.北京:中国大百科全书出版社,1997:27.

者的"弱势群体"性认识不足。演出者通过自己的创造性劳动造就了音乐、舞蹈、戏曲、话剧、杂技、电影等,但是他们的劳动权益未得到承认。激励理论"是为知识产权提供正当性的一种重要理论";"甚至在论证知识产权的正当性上,建立在提供激励基础上的讨论被认为是最有力和最广泛适用的理论"[①]。创作者积极投入创作的动力来自内心的激励,促使其能够自由创作。一方面,演出立法环境不理想,演出规范不适应演出市场需要。演出法理论研究薄弱,缺乏相应的演出法制研究机构和队伍,相关高校和法制机构很少涉及演出立法。随着演出市场迅速发展,演出制度内容不断出现新问题,如机械表演者权利、演出主体权利等。现行演出法功能上的退化明显,现行立法内容涵盖面不周延,演出主体界定、演出主体权利内容、演出合同、演出质量、民间演出等方面缺乏法律规范,因此演出法律制度需要完善。目前涉及演出立法内容偏重于禁止性规范,对义务和处罚等内容的设定过多,忽视授权性规范,演出主体权利的保障程度不足,而且演出法法律条文内容理论性较强,但可操作性较差,存在多头立法现象。演出立法散乱、繁杂,部门本位主义内容突出,缺乏一个科学的、完整的体系[②]。另一方面,演出执法不适应演出市场发展。执法单位各自为政并各自形成一套执法依据,造成演出法治不统一,如演出稽查部门只有警告、罚款、停业整顿等一般性处罚权,工商部门[③]有取缔和关闭的职权,公安部门有演出安全管理权,娱乐场所卫生监管权则归属卫生部门。执法中的不协调可能造成大量的演出市场准入被人为限制,还造成演出资源的调节权力真空,演出市场规范的规范效力落空。

在演出行业化迅速发展的情势下,如果没有法律对演出主体权益保障,文化产业发展必将是不健康甚至是艰难的,也将弱化国际文化竞争力。由于演出行业的社会化程度高,涉及面广,因此,各种主体的法律地位需要从法律上加以界定,主体间的权利义务关系须法律确认;演出内容涉及社会的稳定与发展,需要发挥法律规范作用与社会作用;有关演出的成熟政策上升为法律,以便规范创作者、表演者以及经营主体的行为;"入世"以后,中国演出市场面临着国外的演出产品、演出资本和演出价值的冲击,为保障文化安全,必须建立相应的演出法律制度[④]。演出法律最终目的是解放演出生产力,从制度上完成演出市场由公益型向市场经济型的转型,调动演出主体的积极性和创造性,加快现代文化市场体系建设,推动民族文化的文化力。

涵盖演出市场在内的现代文化市场体系是由一系列文化市场组成的,涉及文化市场活动中国因素的、相互联系的、现实存在的市场有机体。回顾中国现代文化市场体系建设的曲折前进历程,总体可以分成四个阶段,中国演出法也随着文化市场体系形成而逐步完善。第一阶段,在 20 世纪 60 年代中叶以前,传统的文化市场如戏剧、歌曲、舞蹈、影视、民俗艺术等延续并发展迅速,而且具有文化市场体系宽度与深度有限、文化产品市场结构简单、文化市场交易有序、文化市场机制失灵的特征。第二阶段,自十一届三中全会至 1991 年,中国开始迈向现代文化市场体系。在这一阶段,中国现代文化市场体系经历了以文化商品市场建设

---

①　冯晓青.知识产权法哲学[M].北京:中国人民公安大学出版社,2003:83.

②　顾肖荣.促进上海文化发展的法制保障研究[J].政府法制研究,2005(9).

③　本书中的"工商部门"均指现在的市场监督管理部门。因文化部和旅游局合并后改为文化和旅游部,本书中的"文化"管理机关系指改革后的文旅机关。以下同。

④　刘晓霞.透视文化立法[N].法制日报,2000-08-10.

为主,到以文化要素市场建设为主的转变,而且前期文化经济属性显现但文化商品市场建设水平不高。第三阶段,1992年至2007年,中国提出许多促进现代文化市场体系形成的重要制度设计要求,现代文化市场机制开始深化。进入21世纪,《文化产业发展第十个五年计划纲要》呼应了十六大要求,提出"初步建成比较完整的文化市场体系"。第四阶段,2008年至今,这一时期显著特征是突出现代文化市场体系中的市场主体体系、要素市场体系、市场规则体系的建设。2009年中国第一部文化市场专项规划——《文化产业振兴规划》由国务院会议审议通过,这标志着文化产业已经上升为国家的战略性产业,其目标之一是"现代文化市场体系进一步完善,建设现代文化市场体系",为十八大确立了"建设社会主义文化强国"的奋斗目标,至此,中国现代文化市场体系加速形成。

现代演出市场结构体系内容包括四大方面,都内在地体现演出法的价值。首先,现代演出市场主体。培育现代演出市场主体,是现代演出市场发展的关键,其中演艺团体或演艺机构是最重要的主体。由于艺术的特殊性,任何现代演出市场主体同时具有"经济人"和"社会人"的双重人格,它们虽以追求自身利益最大化为目的,但它们的市场活动需要考量意识形态导向,需要兼顾社会效益甚至追求社会效益第一。因此,国内外实践表明,现代演出市场主体应该具备相应构成要件,其中最重要的是符合国家法定的市场准入资质。加强现代演出市场主体建设,首先要树立现代演出市场主体本位思想,在制度设计上承认演出主体的独立性,将演出市场主体从意识形态中剥离,同时承认各类现代演出市场主体平等地位、演出主体管理由"血统论"转向"表现论",做到一视同仁①。从而,积极创新或者重塑现代演出市场主体,按法人制度建立相适应的演出行业组织,包括"营利性"或"非营利性"演出行业组织,形成以演出行业价值链为轴心、以中小演艺团体为基础的现代文化市场主体结构。由此可见,艺术产业法律关系的主体首先是现代文化市场的主体。其次,构建现代演出产品市场结构,是适应全球演出行业分工的需要,为此,应完善演出日用消费品市场,创新演出产品交易模式,厘清公权领域演出产品与私权领域演出产品,这些需要经过科学设计制度来实现。在演出法制中,演出法律关系的客体无疑是演出产品——演出结果。再次,健全现代演出要素市场。特定的演出要素是一种稀缺且不可再生资源,人才、资本、资源、市场四大要素直接决定演出行业兴衰。为此,繁荣演出市场亟须规范演出资产和艺术品评估和使用制度,健全演出资产和文化产权交易体系,引导演出要素合理配置。而演出法律价值就是要在于保障构成演出市场的要素公平分配,发挥最大社会及经济价值。最后,完善现代演出市场机制及规则体系,演出市场机制有效必须依赖科学的现代演出市场规则体系,包括法律法规等。如果没有相应演出法规体系,演出主体对自己的演出成果,"如不享有这一权利,作者在就作品发表状况做出决定时,很多情况下就只能依靠具有债法效力的请求权而不能对客体产生约束力"②,那么在演出被侵权时候,演出者主张演出法律权利受到制度限制。新制度经济学的研究结果表明:规则不合理会导致"经济人"理性地从事"不合理行为",规则的合理安排设置会促成人们的合理行为。现代演出市场规则具有可预测性、引导功能,可以引导要素系统发生作用,有效地约束和规范演出市场主体行为,避免政策风险、法律风险、不可抗力风险、经营本体风险等从而减少交易成本,发挥市场资源配置的作用。而演出法律是演出市场规则

---

① 包国强.论我国现代文化市场主体培育的路径选择[J].湖北社会科学,2011(2):5-78.
② M 雷炳德.著作权法[M].张恩民,译,北京:法律出版社,2005:270.

体系的题中应有之义,是其极为重要的内涵。

三、演出法是演出政策法律化的客观要求

演出政策与演出法律是国家治理演出活动的最常见、最重要的正式制度安排。广义的演出政策可以溯及国家管理演出的功能,现代演出政策则发端于工业化发达国家。作为文化大政策内涵的演出法,本质上是演出市场自发调节与国家干预演出活动相结合的产物。在市场经济条件下,演出市场上"看不见的手"与"市场失灵"决定演出政策服从并服务于文化市场运行规律,作为体现国家意志的演出法也应如此。事实上,许多演出法律都是由演出政策转化而来的。实证地看,演出政策基于执政党的文化施政目的,演出法的价值取向是平衡文化现实与潜在权益者的利益。放眼全球,中国是世界仅存的传统文化形态完整的文明古国,国家在管理演出行业活动中出台了一系列演出政策,特别是二十世纪末以来,演出政策形成了自己的体系。与演出政策主导作用相对应的是,演出法律在演出行业中实际产生的实然效用与客观需要的应然效应不太相称。尽管中国是文化资源大国,演出行业有了快速发展,但与演出行业发达国家相比,中国文化实力仍然较弱。形成这种巨大落差的原因很多,从制度方面看,除了演出政策自身局限性之外,忽视演出法律的作用也是一个十分重要的原因。因此,实现演出政策的法律化是文化强国建设的需要,也是中华文化大发展、大繁荣的客观要求。①

演出政策法律化是演出行业发展的客观要求,演出政策与演出法律本质上都是国家文化制度,而"制度是一个社会的游戏规则,或者更规范地说,是定义人类交往的人为的约束"②。因此,演出政策与演出法律的主要功能是保障演出主体演出行为的确定性。在文化法治建设中,与演出政策相比,演出法律更能体现制度的社会效应要求。从制度本身看,制度效能要求演出政策法律化。政策本身原则性过强、稳定性不足、人为性明显,而演出行业活动往往涉及多方利益,加之施政者偏好,"虽最好的人们(贤良)也未免有热忱,这就往往在执政的时候引起偏向"③。此外,演出行业活动周期性长,施政对象获取的信息不对称,演出主体依据演出政策行为客观上存在"今是昨非"的政策风险。因此,需要"立法者借助政治法和公民法让他们恪尽自己的义务"④,保持演出政策效力的稳定性。与演出政策不同,演出法律因其规范结构完整、稳定性强,所以对演出主体行为调整的结果透明性、可预测性强,从而可以最大限度地降低演出主体活动的政治风险,实现演出政策高效率。而且,法律规范直接以权利与义务为内容,体现了演出相关群体的权利界限与义务外延,演出主体据此可以预见自己行为的可诉性,减少守法成本。演出政策一旦上升为法律,就成为全民意志的固定形式,所有演出主体行为包括行政管理者行为必须以法律为准绳,服从法律的要求,即"法律必须不仅是捕捉国民也是捕捉立法者的网"⑤,演出政策法律化不仅要求法律规制被调控主体

---

①　汪俊昌,郑智武.论中国文化产业政策法律化[J].中国社会科学内部文稿,2014(2):69-81.

②　道格拉斯·C诺思.制度、制度变迁与经济绩效[M].杭行,译.上海:上海三联书店,上海人民出版社,2008:53.

③　亚里士多德.政治学[M].颜一,秦典华,译.北京:中国人民大学出版社,2003:169.

④　孟德斯鸠.论法的精神(上册)[M].许明龙,译.北京:商务印书馆,2009:7.

⑤　丹尼斯·朗.权力论[M].陆震纶,等译.北京:中国社会科学出版社,2001:12.

的行为,也要求法律规制调控主体的行为,确保演出的抽象行政行为的公平,演出的具体行政行为合理,进而实现政府演出施政效力。可见,演出政策法律化可以减少甚至阻却政出多门、法外特权行为,这样必然会大幅降低演出活动主体活动成本及政府施政边际成本,进而大大提升演出政策效力,实现演出政策的长效目标。

不仅制度效能要求演出政策法律化,演出政策实施也需要演出政策法律化。纵观演出发展史,演出政策既规制政府演出施政行为又决定社会文化生活品质,其效力的发挥最主要取决于法律保障。由于演出政策生命周期阶段的复杂性,现实中,一项演出政策的终结存在诸多阻滞因素,其深层次因素是演出行业组织的利益博弈。如打破这些组织既得利益格局,就会产生高昂的政策终结机会成本,即维持或改变现有演出政策的最大代价。因此,在政绩的考量下,施政行为的决策者对演出政策终结表现出相应惰性,积极寻求延长演出政策生命周期的途径。而演出政策法律化不仅延续了"旧"政策效力,而且借助法律形式取得了稳定效力,成为演出政策高效实施的最佳选择。演出政策法律化有利于促使各种演出行业规范性文件系统化、层次化,避免演出政策间重复、冲突,防止或减少政府管理失灵。因此,演出政策法律化能够产生巨大的制度红利。

根据美国学者布莱克的观点,文化的量与法的量成正比,文化的量越大,法的量越大,文化立法的量必须要紧跟文化发展的量,才能适应社会经济文化发展的需要[①]。国际经验表明,对于演出行业,演出政策法律化是实现演出立法的量与演出行业发展的量同步增长的最佳选项。

四、演出法是演出市场和演出产业的保障

演出法对促进演出市场发展的作用巨大。任何具有效力的制度都具有保护功能和公开功能,因此,完善的演出法律制度,可以保护演出主体权利创设者,引导公平竞争,从而创造和保护演出,推动演出市场的发展。演出活动与演出市场的建立直接依赖于演出项目的创新、演出产品的生产、流转、消费。演出市场诸要素的有效结合都离不开切实有效的演出法律制度的保护。首先,健全的演出法律制度可以激励演出。演出法律的正式性质,保障演出主体可以通过对自己的演出进行使用取得经济权利,为演出的扩大再生产奠定物质条件,从而调动演出主体的积极性。此外,演出竞争对手为获得类似演出权利或取得演出产品许可权,往往在已有演出成果的基础上进行创新,从而推动演出市场的壮大与发展。其次,保护演出消费公平是演出法律制度的基本价值取向。演出法律制度具有两大功能:保护功能,这使演出主体的正当权益能够得到保护,从而调动了人们演出的积极性;公开功能,保护是公开的前提,演出主体权利只有得到保护,演出才能有效得到公开。而公开又是保护的内在要求,因为无权利则无救济,法律是对人们外在行为的规制,如果演出不公开,即失去演出的实在价值,演出主体也无权利可言。而且,演出公开的范围越广,受众的权利也就越能得到保护;演出内容公开的程度越高,演出消费者的利益越能够实现,从而达到演出消费的公平。最后,演出法律制度能够保护演出投资,这源于演出本身具有形式与内容综合性、产销同时性、费用前置性、结果的不可控性。一场演出需要经过文化资源利用权取得、整体策划、剧本与乐曲等知识产权取得、人财物等资源的分配、宣传票务等演出组织的复杂过程,需要大量

---

① 柯可,等.文化产业论[M].广州:广东经济出版社,2001:200.

的资本投入。如一部《西游记》拍摄耗时 18 年,花费上百万元。而演出是一种无形财产,也是"易逝财产",在知识经济时代和数字信息时代,演出极容易被复制与传播,因而演出的价值极易丢失,难以控制。而这样,演出的投资主体权利就特别容易受到侵犯。演出主体权利制度正是通过确认演出成果归属,保障演出投资主体充分享有由此所产生的合法权益,维护演出市场的公平和有序的竞争,从而使演出得到更充分的财力保障。

演出产业属于文化产业。联合国教科文组织在 2004 年蒙特利尔会议上把"文化产业"定义为"按照工业标准生产、再生产、储存及分配文化产品和服务的一系列活动"[1]。这一定义表明:文化生产组织形式以社会分工协作为主;文化生产活动是经济活动;文化生产不仅包括服务性的生产活动,也包括商品生产活动;文化产业与其他工业一样具有专业化、规模化、标准化的生产特征。中国国家统计局发布的《文化及相关产业分类(2018)》将文化产业定义为为社会公众提供文化产品和相关文化产品的生产活动的集合[2]。目前整个世界市场的增长率约为 3%,而文化产业的增长率近 6%。据不完全统计,全球文化产业每天创造 220 亿美元产值,并以 5% 左右的速度递增,其中美国为 14%,英国为 12%。特别是在英国、美国、澳大利亚、韩国、丹麦、荷兰等发达国家和地区,文化产业已成为引领国家经济实力提升的重要力量[3]。对文化产业有不同的分类,如英国分为十三类,其中与演出有关的有八类,占 61.54%;美国采用"版权产业"为主的分类方法,分为四类(即核心版权产业、交叉版权产业、部分版权产业、边缘支撑产业),核心版权产业包括十小类,其中与演出有关的有九类,占 90%[4];新加坡分为三大类、十八小类,其中与演出有关的占十一类,占 61.11%;中国分为九个大类,可以组合出文化产业核心层、文化产业外围层和相关文化产业层,其中与演出直接有关的有七大类,占 77.78%。[5] 我国"十一五"时期重点发展九类文化产业:影视制作业、出版业、发行业、印刷复制业、广告业、演艺业、娱乐业、文化会展业、数字内容和动漫产业。其中,八类与演出有关,约占 89%[6]。从前述国家对文化产业的分类中不难看出,与演出相关的产业约占 70%,其中核心分类中占 90%,可见演出在文化产业中的地位。因此,演出产业的发展决定性地影响文化产业的发展。

国际文化发展实践证明,人均 GDP 介于 1000 美元至 3000 美元时,很多国家的经济都会出现很大的起伏和动荡。有学者测算,中国到 2020 年文化产业产值为 42400 亿元,中国城乡居民实际文化消费供给缺口将达到 12940 亿元[7]。如按照演出产业类型比例计算,中国到 2020 年演出行业总值 29680 亿元,城乡居民文化消费供给缺口将达到 9058 亿元。未来中国演出产业趋势呈现以下特征:演出产业的四个要素——以创造力为基础的文化艺术、尖端技术、信息、知识,它们互相结合;区域演出产业竞争全面展开,并将演变和扩大为演出产业的全领域竞争;演出产业的数字化进程,将促进演出产业与其他演出衍生品产业的大融合,并重构演出产业的体系;在入世后演出市场进一步开放,演出竞争与文化安全管理加速

---

① 戚永晔.创意经济之浙江蓝本[J].观察与思考,2008(19).
② 参见国家统计局关于印发《文化及相关产业分类(2018)》的通知(国统字国统字〔2018〕43 号)。
③ 魏水华.创意经济的国外经验[J].观察与思考,2008(19):18-24.
④ 张毅.美国文化产业发展的经验及启示[J].商业时代,2011(24).
⑤ 参见国家统计局关于印发《文化及相关产业分类(2018)》的通知(国统字国统字〔2018〕43 号)。
⑥ 参见《国家"十一五"时期文化发展规划纲要》。
⑦ 王君丽.我国文化产业发展现状和"十一五"趋势预测[J].领导决策信息,2004(43):30-31.

演出法律体系构建进程;资本的多渠道、多形式进入演出产业,演出资源配置与利益分配的规范对演出法律提出了更高的期盼。演出法律最终目的是解放生产力,调动演出主体的积极性和创造性,欧美、我国港澳台等演出产业发达的国家、地区的经验显示,演出法律体系完善是推进演出产业健康发展的重要因素。因此,诸多发达国家演出产业的立法都已经比较完善。

第二节　演出法概念

一、演出法的含义

演出法是调整演出活动过程中形成演出关系的各项演出法律规范的总和。这是演出法的一般概念。理解演出法概念需要把握几个方面内涵。其一,演出法是"调整"性规范。演出法对演出法律关系和演出主体行为的影响显性表现为一种社会规范,通过法律规范类型,如权利规范、义务规范和复合规范等表现出来,也是演出法的正式性表现。演出法是国家或有立法权的机关按照一定的权限和程序制定或认可的,依靠正式的国家权力机制保证实现,以正式的表现形式公布,而非秘密规范。就非成文法国家而言,演出法是具有立法权或者宪法解释权机关,通常是最高法院大法官所做出的判例中具有法律意义的制度性诠释的文字记录。简言之,演出法直接形成于国家权力,是国家意志的体现。其二,演出法的调整对象是"演出社会关系"。演出中的不公开的、秘密的演出关系不属于演出法调整范围,因为这类关系更多属于意思自治或者个人隐私的非展示性关系,不属于法律调整对象。演出社会关系,在本质上是演出市场各种主体在演出活动中发生的关系。这种社会关系在不同社会制度的国家,在不同社会历史发展阶段是大不一样的,如:资本主义国家和社会主义国家的演出关系、奴隶制国家和封建制国家的演出关系、社会主义不同发展阶段的演出关系、经济发展阶段与经济衰落时期的演出关系、政府重视及忽视演出时期的演出关系都具有不同特点。从实质上看,演出社会关系体现了单一制国家的意志,是法律所保护的对象,是人与人之间的合法的关系。演出关系具体可以包括演出人员之间、演出组织之间、相关管理部门之间以及上述三者之间形成的法律关系。其三,演出法是"各项演出法律规范的总称"。演出活动的综合复杂性决定了演出法规渊源的复杂性,可以包括宪法、法律、行政法规和部门规章、地方性法规和地方规章、民族自治地方的自治条例和单行条例、特别行政区的法规、国际条约和国际习惯;政策、判例、习惯、法理学说等也可以作为非正式的渊源辅助裁判。而且,只有与演出有关的正式规范与非正规范才归入演出法的渊源。演出法尽管没有统一法典,但是有自己明确的调整范围,那种演出法虚无论与万象论都是片面的。

演出法与其他法律比较,具有自己的特征。首先,相对其他法律关系主体而言,演出主体只限于有资格的演出者。演出者范畴上有广义说和狭义说。广义演出者包括对享有著作权的、公有领域内文学、艺术作品进行表演的人,以及进行非艺术作品表演的人,如杂耍演员、杂技演员、体育运动员等。狭义演出者只包括那些对文学、艺术作品进行表演的人。在演出者类型上有自然人说与一切人说，前者仅指自然人，后者还包括表演团体、组织①。取得营业性演出许可的文艺表演团体、演出场所和演出经纪机构（以下统称营业性演出单位）以及个体演员，方可从事各类营业性演出活动。民间游散艺人的演出活动，可以参照相应规定制定从事演出活动②；职业介绍机构也可以成为演出主体③。其次，演出形式因为演出的特殊性而呈现出多样性。从文艺演出活动来看，演出形式包括音乐、戏剧、舞蹈、杂技、魔术、马戏、曲艺、木偶、皮影、朗诵、民间文艺、模特、服饰等现场文艺表演活动④。而营业性演出形式更加广泛，只要以营利为目的、通过下列方式为公众举办的演出活动就是表演：售票或者包场的演出；支付演出单位或者个人报酬的演出；以演出为媒介进行广告宣传或者产品促销的演出；有赞助或者捐助的演出。以其他营利方式组织演出的包括以演出吸引顾客和观众、为其他经营活动服务的，如利用水生野生动物表演，不少地区会在水族馆举办珍稀水生野生动物展览和表演⑤。再次，演出活动本身具有文化性、娱乐性、教育性等特征，使得演出内容具有很强的政策性，国内外对演出内容都严加审查，而且做出法律最低要求，从而演出内容明显具有演出主体的非完全自主性。一般来说，营业性演出不得有下列情形：反对宪法确定的基本原则的；危害国家统一、主权和领土完整，危害国家安全，或者损害国家荣誉和利益的；煽动民族仇恨、民族歧视，侵害民族风俗习惯，伤害民族感情，破坏民族团结，违反宗教政策的；扰乱社会秩序，破坏社会稳定的；危害社会公德或者民族优秀文化传统的；宣扬淫秽、色情、邪教、迷信或者渲染暴力的；侮辱或者诽谤他人，侵害他人合法权益的；表演方式恐怖、残忍，摧残演员身心健康的；利用人体缺陷或者以展示人体变异等方式招徕观众的；法律、行政法规禁止的其他情形。最后，演出法是直接调整与间接调整方式的结合。由于演出内容特性决定演出法律关系的复杂性，具有公法性质与私法性质的演出法规更多是委任性规范和准据性规范，所以，涉及演出的管理主体和法律法规非常广泛，如水生野生动物表演由各级渔政部门进行相应资格审查，依据《野生动物保护法》和《水生野生动物保护实施条例》规范其行为。也正因为如此，演出产业法的调整方式与其他法律部门相比较，更具有综合性，是直接调整与间接调整方式的结合。

二、演出法的法律地位

演出法是随着社会的发展而迅速发展起来的部门法律。由于人们生活水平不断提高，演出消费不断扩大，演出产品进入的公共领域或私有产品领域日益丰富，各种演出主体涌现，而演出市场竞争规律使得演出市场出现了许多前所未有的演出产业法律关系，因此迫切需要演出法去调整。特别是在全球化大背景下，演出法显示出特有的法律地位，演出法在文化艺术法律体系中的地位逐渐明晰。演出法在各国的文化艺术法律体系中都占有重要地位。这是因为表演活动或者观赏表演节目是文化艺术活动的重要表现，也是人们生活娱乐

---

① 参见 1997 年、2005 年、2008 年、2016 年我国《营业性演出管理条例》。

② 参见 1998 年、2002 年、2006 年、2009 年、2017 年年我国《营业性演出管理条例实施细则》。

③ 参见《关于职业介绍机构是否应受〈经纪人管理办法〉调整等有关问题的答复》(工商市字〔1996〕第409号)。

④ 参见 2009 年《营业性演出管理条例实施细则》第 2 条。

⑤ 参见《关于加强水族馆和展览、表演、驯养繁殖、科研利用水生野生动物管理有关问题的通知》。

的主要形式；演出本身的特征也决定了国家需要制定法律来调整演出关系。当然,演出法律可能会根据不同国家或不同发展时期被冠以不同名称,但是有一点是共通的,那就是它们调整着演出关系。

演出法在性质上属于文化艺术法,具有社会法性质。社会法是国家为解决社会的结构性矛盾形成的法律体系,以保护社会弱势群体的利益为目标,其核心内容是社会权利。社会法是一个介于公法与私法之间的领域,是一项体系完整的基本法律制度,是需要国家、社会组织和公民参与的法律。社会法的主旨在于保护公民的社会权利,尤其是保护弱势群体的利益。社会权(社会权利)是社会法的核心范畴,泛指弱势群体享有的体现社会正义的经济、社会和文化权利。而演出法产生与发展的情形很好地说明了自身的社会法性质。从演出法律规范的核心内容——表演者权而言,它虽然是独立权利但得到保护的程度远不能与表演者的付出对等,特别是民间艺术表演者权更是被有意"忽视"。从演出本身看,演出被人为地隔离,既有演出者与观众的被隔离,也有群众的基本文化权包括消费演出产品的权利被剥夺,所以在演出领域存在演出者弱势现象以及普通群众消费演出的弱势现象。

演出法是文化艺术法的一个独立部门法。从一般法理来看,独立法部门应具备两个条件:具有自己的调整对象,即法律所调整的不同社会关系;具有自己的调整方法,即法律在调整社会关系时所采用的各种法律手段和方法,包括对违法行为制裁的形式。当然,法的调整对象是第一性的,调整方法是第二性的。演出法具备独立部门法的条件,因为演出法调整对象是演出过程中发生的社会关系;演出法的调整方式与其他法律部门相比较,更具有综合性,是直接调整与间接调整方式的结合。演出法通过自己特有的调整方法来确定演出主体以及这种主体之间权利和义务关系。

演出法作为一个独立部门法,有其存在的客观性。首先,演出法是演出发展的必然。在演出专业化初期,演出者地位不高,表演者容易控制自己的演出,其权利外延窄,演出行规成为演出产业的主要规范,也是演出法的雏形。随着传播技术的发展,演出由现场演出扩大到机械演出,演员与观众分离,在原有的法律制度下,演出法律关系类型及其内涵的失衡性愈加显著,演出法律关系日益复杂多样,演出的法律效力边缘化问题突出,如演出与演出主体的法律类型、演出主体与演出消费者的权利与义务、演出违法的责任等,人们期望扩大民商法对表演者的保护范围。但是,各部门法具有自身内在体系,具有特定规律,即特定法律条款的适用必须以不违背本部门法的基本原则为前提。因此,在一般法律中通过扩大相关法律适用范围来保护演出主体权益的做法,必然不能完全反映演出法律关系的特殊性,从而限制法律制度的实然效力,抑制了演出法律规范的应然效力。可见,演出者对自己演出能进行有效地控制、利用、处分、受益,在法律设计上,无疑需要制定专门的法律。同时,表演者与演出中介及消费者具有各自利益,法律必须实现演出主体与演出中间商、演出消费者的权益平衡。其次,演出法是文化市场体系建设的重要内容。演出市场无疑是现代文化市场的主体市场,存在一些严重问题,如无序的演出竞争、法盲式低水平演出纠纷、演出诚信伦理的丧失等。现代文化市场体系涉及文化市场活动中相互联系的体系,其中,规则体系是其重要内容。现代文化市场规则具有可预测性,可以引导要素系统发生作用,有效地约束和规范文化市场主体行为,避免风险从而减少交易成本,发挥市场资源配置的作用。演出法律是文化市场规则体系的题中应有之义和极为重要的组成部分,它可以创造和保护演出,推动演出市场的发展。因为,演出产业与演出市场的建立直接依赖演出产品的生产、流转、消费,演出市场诸要素的有效结合离不开演出法律制度。最后,演出法是演出政策法律化的应然结果。尽管中国是文化资源大国,演出产业有了快速发展,但与发达国家相比,落差巨大,其致因很多,忽视演出法律是十分重要原因。长期以来,中国发展演出产业过于依赖政策管理。纵观文化发展史,演出产业政策效力的发挥取决于诸多因素,其中最主要的是法律保障。在文化法治建设中,演出法律更能体现制度的社会效应要求。因为,演出政策本身原则性过强、稳定性不足,演出法律,因其规范结构完整、稳定性强,最大限度地降低演出产业主体活动的风险。国际经验表明,对于演出产业,演出产业政策法律化是实现文化立法的量与文化发展的量同步增长的最佳选项。

第三节 演出法的嬗变

对演出主体权益的立法保护经过了很长的缓慢发展历程。历史上,法律明确保护表演者利益的时间不长,而且司法实践从国外开始。表演者(含演员及演出组织)因为演出产生权利,即表演者权利的产生前提之一是在能够固定演出活动的传播性技术,爱迪生发明的"留声机"及其后来产生的传播技术如电影技术、录放技术、广播电视技术、无线电技术、数字技术等。由于演出者对自己演出结果失去了控制,而利用这些传播技术,许多公众可以免费观看或者收听演出,因此演员的演出成果得不到尊重,劳动付出得不到回报,演员的利益受到极大损害,演出创作的积极性自然难以发挥,这样演出业都难以维持原始再生产,更妄谈扩大再生产。早在约170年前,法国一位作曲家在巴黎香榭丽舍大街的大使咖啡馆里听到有人未经其同意演奏他写的音乐,他坚持起诉咖啡馆老板并获得诉讼胜利及赔偿,这一诉讼开启了音乐权益保障的先河。不过,早期法律对演出主体权益保护主要是根据契约责任形式进行的,即演出者与表演的录制者或传播者签订契约,约定录制者或传播者利用表演者的表演的方式、报酬等内容。这种契约形式保护了表演者权,但存在严重缺陷,对于第三方侵权,演出者对表演者权无法得到全面保护。现实中,艺术表演的消费者多数没有与演出者签订合同,他们非法复制、消费表演成果,歪曲演出形象而不用承担法律责任,这显然违反法律基本价值。美国法学家波斯纳认为,"传统已经发生了变化,但在该变化之前与之后,司法趋向都是通过对合理使用作更严格的限制,给予未发表作品或者被广泛传播的作品更强的著作权保护。"[①]

在21世纪知识经济时代,演出产业是朝阳产业,因此,在科技迅速发展的大背景下,全面保护演出者的权益,为实现演出主体与演出中间商、演出消费者的法律权益的平衡,法律直接赋予演出者对自己的表演享有表演者权,使演出者对自己表演的利用能有效地控制,这就需要制定专门的演出法律。由于权利是一种利益分配,要全面保护演出主体利益,必然限制既得权主体利益。因此,在演出立法发展过程中,经历曲折是必然的。演出免费受益者如广播电台、电视电台、电影业者、唱片录音业者以及网络站点认为,演出立法可能导致演出使用成本增加。而理论界对演出法性质和地位的理解不同,存在演出者权的著作权说、邻接

---

① 威廉·M 兰德斯,里查德·波斯纳.知识产权法的经济结构[M].金海军,译.北京:北京大学出版社,2005:124.

权、混合权说等不同观点。实务界方面,不同法律保护机制,如契约等民事法律保护机制、荣誉与奖金行政性法律保护机制、演出活动的劳动报酬性等社会劳动法律保护机制,使得世界各国法律对演出者所授予的权利差距也比较大。近些年,美、韩等国的演出企业或跨国演出公司,凭借其演出作品,构筑了演出法等"演出主体权利壁垒"。

一、国际上对演出者保护立法实践

各国保护演出者权益立法各有不同,不仅有先后区别,而且法律内容也大相径庭,但都体现了各国实际。有的国家法律规定演出者既享有财产权又享有人格权,有的国家法律只规定了演出者的财产权。总体来看,世界各国对演出者权益的保护立法可以分为"著作权法体系"与"演出法体系"。"著作权法体系"为美国、英国或其他英美法系国家所采用,而且,通常多以契约形式保护演出者专有权利。把著作权人当作著作权所有人,坚持版权的单一财产权性质,认为作者的人格利益仅是一般的人身权,由其他法律调整,所以演出者就其演出可以享有经济上的利益,和其他的著作权人没有什么不同①。"演出法体系"被大陆法系国家,例如欧洲、拉丁美洲国家等地区成文法国家所采用,因为保护的目的是保障创作人创作的天赋人权,所以,法律赋予演出者人身权与财产权,特别承认表演者权。意大利、德国、法国等是率先承认邻接权制度的国家并对演出者权益保护立法。

正因为法律观念的差异与立法滞后于演出发展,对于演出进行大规模立法是在20世纪上半叶之后。国际公约早先并未对演出者权益提供保护。1925年无线电技术国际机构(TSF)提出广播组织为广播表演而应获得表演者授权,但后来TSF改变了立场并多次反对保护表演者权法律议案。1928年《伯尔尼保护文学和艺术作品公约》(简称《伯尔尼公约》)在罗马修订以解决文学艺术品作者的精神权利和广播组织权两大问题,因为与会国家对演员的演出性质认识不同,一些国家认为演员没有参与创作,另一些国家则认为演出活动与作者创作性质一样,因而没有就演员是否应享有类似于作者权利达成一致意见②。后来知识工作者国际联盟在海牙峰会提出表演者应享有无线传播的权利。20世纪30年代,国际劳工办公室(ILO)参与推动表演者权的保护,直到1950年与伯尔尼联盟合作设立一个专家委员会准备"邻接权"公约草案。1955年ILO与伯尔尼联盟、联合国教科文组织(UNESCO)举行会谈讨论两个公约草案,即《摩纳哥草案》和《日内瓦草案》,三方同意《日内瓦草案》,这就是后来1961年《罗马公约》(《保护表演者、录音制品制作者和广播组织的国际公约》)(*Rome Convention for the Protection of Performers, Producers of Phonograms and Broadcasting Organizations*)的草案。《罗马公约》是关于表演者权保护的第一个国际公约,于1964年5月正式生效,但只有《伯尔尼公约》或《世界版权公约》的成员国才允许加入。《罗马公约》规定表演者就其表演活动享有三项权利:广播或向公众传播权,但专为广播或向公众传播的表演以及根据已授权录制的表演进行广播或转播的除外;录制其表演权;复制权,但已授权及合理使用的除外。③ 自《罗马公约》之后,有关演出的立法迅速发展,世界贸易组织(简称WTO)1994年通过的《与贸易有关的知识产权协定》(*Agreement on Trade-*

---

① 利娅·利普希克.著作权与邻接权[M].北京:中国对外翻译出版公司,2000:113-114.

② 郑成思.版权法[M].北京:中国人民大学出版社,1997:49.

③ 参见《罗马公约》第12条。

Related Aspects of Intellectual Property Rights）即 TRIPS、联合国世界知识产权组织于 1996 年在瑞士日内瓦总部的日内瓦国际会议中心召开了"关于著作权与邻接权相关问题之外交会议"，通过了《世界知识产权组织版权条约》（*World Intellectual Property Organization Copyright Treaty*）（简称 WCT）及《世界知识产权组织表演和录音制品条约》（*WIPO Performances and Phonograms Treaty*）（简称 WPPT），对网络环境下的演出主体权利保护进行规制。经过了近 20 年的谈判，2012 年 6 月 24 日外交会议通过《视听表演北京条约》，该条约赋予了电影等作品的表演者，依法享有许可或禁止他人使用其在表演作品时的形象、动作、声音等一系列表演活动的权利，对完善国际表演者版权保护体系，推动世界各国文化产业健康繁荣，具有里程碑式的意义。其他全球性相关条约，如：1966 年联合国（UN）制定的《经济、社会及文化权利国际公约》、1910 年制定的《文学艺术版权布宜诺斯艾利斯公约》（*Buenos Aires Convention on Literary and Artistic Copyright*）、1954 年制定的《关于发生武装冲突时保护文化财产的公约》（*Convention for the Protection of Cultural Property in the Event of Armed Conflict*）、1994 年 WTO 制定的《与贸易有关的知识产权协定》、1994 年制定的《建立世界贸易组织协定》；1965 年联合国贸易和发展会议（UNCTAD）制定的《内陆国家过境贸易公约》；联合国教育、科学和文化组织（UNESCO）1970 年制定的《关于禁止和防止非法进出口文化财产和非法转移其所有权的方法的公约》、1972 年制定的《保护世界文化和自然遗产公约》、1976 年制定的《教育、科学、文化物品的进口协定的议定书》、1952 年制定的《世界版权公约》、2005 年制定的《保护和促进文化表现形式多样性公约》。而且，国家以区域为单位，相互抱团制定区域性相关条约，有日益加速的趋势，如 1940 年美洲国家组织（OAS）制定了《美洲国家组织统一国外用授权书议定书》；2001 年欧洲委员会（CE）制定了《网络犯罪公约》、2001 年制定了《欧洲保护视听遗产公约》、2001 年制定了《欧洲保护视听遗产公约保护电视节目制作议定书》、1992 年制定了《欧洲电影合作拍摄公约》、1989 年制定了《欧洲国境外电视广播公约》、1972 年制定了《关于国家豁免的欧洲公约》、1965 年制定了《防止国境外的电台广播的欧洲公约》、1960 年制定了《欧洲保护电视广播协定》、1992 年制定了《欧洲经济区协定》、1958 年制定了《欧洲利用电视影片进行节目交流协定》、1960 年制定了《建立欧洲自由贸易联盟公约》；1996 年南部非洲发展共同体（SADC）制定了《南部非洲发展共同体贸易议定书》、1992 年制定了《建立南部非洲发展共同体条约》；独立国家联合体（CIS）制定了《打击知识产权领域犯罪的合作协定》；2000 年制定了欧亚经济共同体（欧亚经共体）《建立欧亚经济共同体条约》。

纵观国际立法，世界各国演出立法有加强的趋势，尤其自 1961 年的《罗马公约》后。

就英国和美国而言，由于是英美法系，更多是判例法体系，司法判决和法理原则作用突出。英国 1735 年就有《保护艺术家、设计师和画家权利法》，"1911 年版权法已经为唱片生产商规定了阻止他人复制其录制的唱片的排他权"[①]，也有司法实践的判例。"尽管这些权利并不是授予那些实际进行录音演奏的艺术家，而是给予那些组织录音的商业机构，但它们还是被毫无歧视地贴上版权的标签。"[②]1925 年英国颁布了《戏剧、音乐表演者保护法》（*Dramtic*

---

① 李菊丹. 表演者权保护研究[J]. 知识产权，2010(116):27.

② Cornish,Llewelyn. Intellectual Property:Patents,Copyright,Trade Marks and Allied Rights(Fifth Edition),London Sweet,Maxwell,2003:351.

and Musical Performers' Protection Act 1925)，与当时的《版权法》并行，承认表演者刑法救济权。1958—1972 年的表演者保护法规定表演者公众传播权，英国 1956 年的版权法也有类似规定。但是在此期间的表演者是通过合同的方式保护自己。英国 1964 年加入《罗马公约》，但仍采用刑事制裁的方式保护表演者的权利。英国后颁行的 1988 年《著作权、设计与专利法》、1995 年《著作权与邻接权存续期间的规定》及 1996 年《著作权与邻接权的规定》规定了演出者的各项权益。英国还有独立演出法，2005 年共有 3.1 万家音乐、视觉、表演艺术公司。

美国对演出者权利的保护原先不是通过著作权法，美国法律无保护演员权利的明文规定，而是用各州法或刑法或不公平竞争法或非法使用的法理。但"没有明确规定邻接权，并不等于不保护表演者权、录音制品制作者权等邻接权"，因为"在一部录音制品中，很多情况下必然含有表演者的表演"①。直到 1994 年，美国著作权法为符合 TRIPS 的要求，增订第 1101 条，保护演出者现场音乐演出，但演出者享有的权利基础是商务条款。美国的《国家艺术及人文事业基金法》《版权法》《跨世纪数字版权法》《电子盗版禁止法》等一系列保护法规，还积极推动新型国际版权保护体制，此外，美国还颁布了《演员合同法》保护演员的权益。目前，美国已经建立了全球最完善的版权保护体系。

其他国家对演出者的利益保障，也不断加强，而且有自己的法律规范体系。首先，从欧洲方面来看，德国是世界上最早对演出者权利进行立法保护的国家，1910 年的《文学与音乐作品产权法》率先对音乐、音乐戏剧作品的演出者利益给予保护，该法将音乐作品及音乐戏剧作品的表演者视为"改编创作者"加以保护，即将表演者的现场表演视为是将文字及乐谱作品变为舞台活动的"改编作品"②，自 1966 年加入《罗马公约》后保护表演者权。德国 1965年、1974 年《著作权法》确认了演出者的人身权和经济权利。法国 1791 年制定《表演权法和艺术产权法》，1791 年和 1793 年分别颁布了《表演权法》和《作者权法》，于 1985 年全面修订其《文学艺术产权法》，1985 年的《知识产权法典》对演出者权作了详尽的规定；而且法国 1937 年法院的判决：演出者享有人身权。奥地利的《演员法》、欧共体《出租权与借阅权指令》(*The Rental and Lending Rights Directive*)③规定了表演者的固定权、广播与传播权、发行权、一次性获酬权。

在亚洲，日本、印度、韩国主要以立法形式促进演出业发展。日本保护演出者源于著作权法体系，大体经历旧著作权法时代、1970 年后的现行著作权法时代、1980 年伊始的零散修改时代、1990 年后的著作权法大幅修改时代④。日本于 1869 年颁行《出版条例》与《脚本乐谱条例》，1893 年有了《版权法》，这一时期法律无严格意义上表演者权。为加入《伯尔尼公约》，1899 年日本《版权法》第一条规定了"演奏歌唱"，明确保护表演者权⑤，之后不断完善。纵观日本保护演出者权的法律，其体系分成两大部分。一是 1869 年以来的著作权法及其配

① 李明德.美国知识产权法[M].北京：法律出版社，2003：156.
② 郑成思.版权法[M].北京：中国人民大学出版社，1997：50.
③ 欧共体《出租权与借阅权指令》(directive 92/100)已被 directive 2006/115 on rental Ssht and lending,isht and on certain rights related to copyright in the field of intellectual property 所修订，参见 Official Journal of the European Union L376/28,27.12.2006。
④ 斋藤博.著作权法[M].2 版.东京：有斐阁，2004.
⑤ 木棚照一.世界贸易组织成立后日本知识产权法的发展[J].环球法律评论，2005(6)：744-745.

套法规，如《版权和邻接权管理法》《日本版权和邻接权管理执法法规》《日本版权和邻接权管理法》《日本版权法执行条例》及《日本版权法执行命令》，版权内国化法律，如《日本关于同盟国国民拥有版权的相关例外规定法》《日本版权例外规定法与统一版权公约相一致》《日本版权例外规定法执行命令与统一版权公约相一致》等。二是文化及产业法保护体系，如《日本文化和艺术促进基本法》《日本知识产权基法》《日本文化财产保护法》《日本禁止未经许可复制电影法》《日本关于工业产权相关费用现金支付程序的部长命令》《日本建立知识产权高级法庭法》等。此外，日本知识产权机关及研究机构发表的《对关于文化产品商业化改革的民间、相关各府省协同》《以实现世界最领先的文化产品大国为目标》《面向开拓知识产权疆界》等规范①。日本 2001 年以来制定、修订和实施了《振兴文化艺术基本法》《有关振兴文化艺术的基本方针》《著作权管理法》《知识财产战略大纲》《知识财产基本法》《知识财产推进计划》《内容促进法案》《e-Japan 计划战略》《文化产品创造、保护及活用促进基本法》《新产业创造战略》《著作权中介业务法》等等。

印度知识产权制度建设起步早，于 1847 年颁行第一部《版权法》，但由于长期英国殖民统治，印度知识产权制度缺乏独立性。自 20 世纪中叶以来，印度建立了颇具印度特色的保护表演者权法律体系。1914 年的印度《版权法》是以 1911 年的英国《版权法》为原型，但该法未直接保护表演者权，1947 年印度独立后仍沿用该法。为了衔接国际表演者权制度，印度 6 次对《版权法》进行修订和增补。依据《伯尔尼公约》和《国际版权公约》，印度 1957 年颁行新的《版权法》明确保护表演者权。该法实际拉开了印度法律保护表演者权序幕。此法的 1984 年修订本，仍然非常不适应印度演出产业的发展要求。为此，印度于 1987 年制定了《1984 年版权（修订）法》，1994 年修订法废除了 1914 年的印度《版权法》，印度自此有了完全属于印度的版权法。1999 年印度进一步修订法律，实现了与 TRIPS 的完全接轨。2012 年的印度《版权法》保护对象涵盖了印度的每一位音乐家。印度保护表演者权法律体系由三部分组成。一是立法部门颁行的版权法及其配套实施规则，如《版权规则》《国际版权命令》《关于实施表演者权（进口货物）执行规则的通知》及《表演者权（进口货物）执行规则》。二是其他部门制定的实施法规，如印度人力资源发展部颁行《版权法手册》，喀拉拉邦政府颁行《喀拉拉邦表演者权政策》。三是内化国际条约，主动将国际公约纳入内国法。印度积极加入相关国际公约，先后加入了《伯尔尼公约》《国际版权公约》、WCT、WPPT、《保护表演者、音像制品制作者和广播组织罗马公约》（以下简称《罗马公约》）、《保护录音制品制作者防止未经许可复制其录音制品公约》《生物多样性公约关于获取遗传资源和公正和公平分享其利用所产生惠益的名古屋议定书》《避免对版权使用费双重征税的多边公约》《保护和促进文化表现形式多样性公约》《保护非物质文化遗产公约》、TRIPS、《世界版权公约》及其 6 项《议定书》《经济、社会及文化权利国际公约》《保护世界文化和自然遗产公约》《关于禁止和防止非法进出口文化财产和非法转移其所有权的方法的公约》《关于发生武装冲突时保护文化财产的公约》及其《议定书》《发展中国家间全球贸易优惠制度》等。印度于 2012 年接受《视听表演北京条约》，体现了印度运用法律保护表演者权到达了又一高度②。

韩国演出者权利的法律保护起步晚，受外力、外来文化影响深刻。韩国首部著作权法出

---

① 郑智武.论日本表演者权内容的演变[J].日本研究，2015(1)：44-45.
② 郑智武.印度的表演者权制度[J].南亚季刊，2015(1)：80-81.

台于 1957 年。1998 年正式提出"文化立国"战略之后,积极构建音乐表演者权制度,于 2008 年建立著作权特别司法制度,2011 年通过法律修正案,自此,韩国构建了具有国际水准的版权保护体系;2012 年以来努力构建严密的音乐表演者权保护网,加强韩国文化的国际保护[①]。韩国关于保护演出者权利的法律体系涵盖三大主要内容。一是韩国内国版权法体系。韩国著作权法自 1957 年颁行,随后经过 16 次修订,其中自 1990 年至 2013 年,共修订 14 次。而且,韩国建立了与著作权配套执行法规,包括版权法执行法令与版权法执行规则。其中,韩国版权法执行法令(由总统令、附录、补遗三部分组成)。二是音乐表演者权其他内国法律又分成两类:文化基本法律,如《文化遗产保护法》和《文化财保护法》及其修改案、《设立文化地区特别法》;文化产业法律,如《音乐产业振兴法》《演出法》《唱片录像带及游戏制品法》《网络数字内容产业发展法》《电影振兴法》《影像振兴基本法》《保护电影电视法》《电影、录像带振兴法》《文化产业促进法》《文化产业振兴基本法》《关于游戏产业振兴的法律》《设立文化地区特别法》《广播法》及它们的修改法案等等[②]。三是国际法内化的法律,1979 年之后,韩国陆续加入世界知识产权组织(简称 WIPO)、《罗马公约》《世界知识产权组织表演和录音制品条约》《保护非物质文化遗产公约》《世界版权公约》《录音制品公约》《与贸易有关的知识产权协定》(简称 TRIPS)、《保护文学和艺术作品伯尔尼公约》《世界知识产权组织版权条约》《关于禁止和防止非法进出口文化财产和非法转让其所有权的方法的公约》《保护和促进文化表现形式多样性公约》《保护世界文化和自然遗产公约》等[③]。

此外,颁布演出专门法律的还有秘鲁的《演员权益法》、阿根廷的《艺术家保护法》等。

二、我国法律保护演出者权益的历程

新中国演出立法经历了一个漫长而曲折的历程。1949 年前,虽有几部涉及知识产权法律,如 1910 年的《大清著作权律》、1928 年民国政府的《著作权法》及 1944 年的《修正著作权法》,但都对演出者权不予保护。1991 年的《著作权法》规定了表演者权,2001 年的《著作权法》及其实施细则扩充了表演者权内涵,与国际社会基本一致。2012 年 7 月国家版权局颁行关于《中华人民共和国著作权法》(修改草案第二稿)向全国征求意见,拟在 14 个方面对现行《著作权法》进行修改和完善。中国台湾地区、澳门特别行政区、香港特别行政区的立法对演出主体权也有相关规定。如澳门特别行政区制订有《订立视听广播业务之法律制度事宜》《核准文化基金之规则及运作》等法令[④]。改革开放以来,演出法制化取得了长足进展。1978 年以前的演出产业法规更多具有行政或组织法性质,改革开放以来,演出产业法制建设迅速发展。国家 1987 年《关于改进舞会管理的通知》正式认可营业性舞会等文化娱乐的商业性质。发端于 2003 年的文化体制改革,区分了公益性文化事业和经营性文化产业;2006 年 9 月的《国家"十一五"时期文化发展规划纲要》中提出加快文化立法步伐;2007 年的《政府工

① 裴秋菊.韩国政府如何推动版权交易[N].中国文化报,2014-04-05(4).

② 陈锋.借鉴:美英法日韩等国发展文化产业的国家政府行为模式[EB/OL].www.yinxiangcn.com/Chanye/jiaoyu/200809/8...36K 2008-9-7.

③ 郑智武.论韩国音乐表演者权制度[J].音乐探索,2016(3):120-121.

④ 《澳门特别行政区法律汇编》编委会.澳门特别行政区法律汇编[Z].北京:中国社会科学院出版社,1996:1308-1311.

作报告》中指出要保障的文化权益,2009年国务院颁发《文化产业振兴规划》,把发展文化产业(包括演出行业)提到了国家国策地位;2010年国家"十二五"规划提出"推动文化产业成为国民经济支柱性产业";2011年《深化文化体制改革、推动社会主义文化大发展大繁荣》提出"文化产业成为国民经济支柱性产业",开启了我国文化产业发展新局面;2012年十八大以来更是将文化产业作为现代化强国建设内容之一。这些都顺应了国际发展潮流。近20年来,国际上文化产业从无到有、从小到大、从自发到自觉、从局部到全局,在人类产业发展史上都属罕见。自十六大以来中国顶层设计文件都明确指出:演出立法是发展演出市场的重要保障。自此,演出产业法规不断颁布与完善,而且数量庞大,基本形成体系,据不完全统计,至2018年6月演出、影视、娱乐专项法规共计336件。这些规范文件包括行政法、部门规章、地方法规、地方规章,但没有基本法。为此,国家1993年就开始酝酿"演出法",2003年的"两会"期间,与会代表和政协委员就呼吁出台文化法典。演出法律对演出权利的配置,对演出主体行使权力的程序、范围、监督及救济,是演出市场法治化的客观要求。但是,演出立法相较于经济与行政立法略显滞后,现行演出法律、法规的效力和位阶层次低,行政色彩浓厚,不适应演出行业发展的需要。

依据中国现行法律,演出产业法具体规范体系大致分成五类。一类是行政法规,也是目前中国阶位最高专门演出法。如国务院颁布的《营业性演出管理条例(2016)》(国务院令第666号),国家发改委(国家计委)2008年《关于构建合理演出市场体系促进演出市场繁荣发展协作机制各部门任务与分工方案的意见》,2008年国家发改委、文化部、公安部、监察部、财政部、税务总局、广电总局、体育总局、工商总局《关于构建合理演出市场供应体系促进演出市场繁荣发展的若干意见的通知》。需要说明的是,在普通法层面上,与演出紧密相关的法律有《著作权法》《非物质遗产法》《公共文化服务保障法》《电影产业促进法》等,这些法不是演出的专项法律。为适用演出发展、满足人民群众日益增长的演出消费需求,面对外来演出产品的冲击,保障演出市场当事人的合法权益、促进演出市场健康发展,1997年8月11日国务院发布《营业性演出管理条例》。到了21世纪,我国加入WTO,演出市场逐步开放,但我国农村、工矿企业演出活动少,大、中城市演出票价过高,群众看不上、看不起演出的情况呈现出来,演出内容低俗甚至涉及国家文化安全;虚假演出广告、假借募捐义演名义牟利、演出中假唱等损害观众的合法权益,一些演出场所存在安全、消防隐患,威胁生命安全,官方资助、赞助营业性演出,滋生腐败。文化部起草了《营业性演出管理条例(送审稿)》于2004年6月报请国务院审批,法制办征求了中宣部、公安部、工商总局、商务部等19个中央单位和31个省级政府的意见,并多次邀请文艺表演团体、演出场所经营单位、演出经纪机构和演员代表进行座谈,召开了两次演出界和法学界专家参加的论证会。法制办会同文化部、公安部、工商总局对送审稿进行了反复研究、修改,形成了《营业性演出管理条例(修订草案)》(以下简称草案)。中宣部及其他有关部门对草案已达成一致意见。修改的重点是:(1)演出市场发展。降低市场准入门槛,非法人的文艺表演团体、演出经纪机构和演出场所经营单位成为演出经营主体;演出场所经营单位、个体演员、个体演出经纪人从事演出活动,可以直接到工商行政管理部门申领营业执照,无须履行前置审批手续;个体演员独立从事演出活动、演出场所经营单位在本单位经营的场所内举办组台演出。推动文艺表演团体和演员面向群众的演出活动。国家对在农村、工矿企业演出给予支持。平抑演出票价,放宽市场准入条件、鼓励市场竞争,公安部门、文化主管部门和其他有关部门禁止索取门票。(2)演出内容健康。

明确禁止营业性演出的十种情形,加强对演出现场的监督,对境外文艺表演团体、个人参加的演出以及临时搭台演出进行实地检查;对其他演出进行实地抽样检查;建立社会义务监督员制度,建立违法记录档案;演出现场发现违法情形的,向主管部门、公安部门报告。(3)防止演出中的欺诈。强化演出举办单位和演员义务,非因不可抗力禁止中止或者停止演出、退出演出;禁止演员、演出举办单位假唱,募捐义演不获利。防止以小充大、以假充真、以次充好,保证演出广告内容真实、合法。(4)演出安全管理制度。演出场所的建筑、设施符合规范、定期检查、维护消防安全设施,制定安全方案和预案;消防审批。演出过程中的安全措施、验票、假票向公安部门报告、维持演出现场秩序。(5)利用外资。允许设立中外合资经营、中外合作经营的演出经纪机构、演出场所;中国合作者经营主导权。此外,政府部门不资助、赞助或者变相资助、赞助营业性演出。《营业性演出管理条例》后来经过2005年7月7日、2008年7月22日、2013年7月18日、2016年2月6日修订,而且主要集中在对演出市场主体和涉外演出机构的设立上,总体内容趋势是降低门槛、扩大演出主体范围和自主权。

二类是文化部部门规章,是中国演出最主要的法律规范文献。如文化部2010年《文化部关于建立预防和查处假唱演奏长效机制维护演出市场健康发展的通知》,2009年文化部办公厅关于贯彻《营业性演出管理条例实施细则》的通知,2009年《营业性演出管理条例实施细则》(文化部令第47号),2009年《文化部关于促进民营文艺表演团体发展的若干意见》;2008年《文化部关于加强涉外及涉港澳台营业性演出管理工作的通知》,2004年文化部办公厅关于对《营业性演出管理条例实施细则》有关条款解释意见的复函,2003年《文化部关于建立营业性演出项目审批信息互联网发布制度的通知》,2003年《关于制止在公众聚集场所进行裸体的人体彩绘表演活动的通知》,2002年关于印发《国家舞台艺术精品工程实施方案》的通知;2002年文化部关于印发《第七届中国艺术节总体方案》的通知,1997年《文化部涉外文化艺术表演及展览管理规定(2004年修正)》,1996年文化部关于发布《舞台升降式刚性防火幕》和《舞台电动单点吊机》文化行业标准的通知。

三类是国家其他部位的部门规章,是辅助性演出规范。如2004年国家工商总局《经纪人管理办法》,1994年中华人民共和国民政部令(第2号)《社会福利性募捐义演管理暂行办法》,1994年国家税务总局《关于境外团体或个人在中国从事文艺及体育演出有关税收问题的通知》,1993年国家税务总局、文化部、国家体委《关于来中国从事文艺演出及体育表演收入应严格依照税法规定征税的通知》,1991年《国家版权局公告转载、表演已发表作品须付报酬》。

四类是地方法规,也是各地演出最高价位法律。如2008年福州市人民政府办公厅转发市文化局等部门《关于开展民间演出市场专项整治行动方案的通知》,2008年关于印发《安徽省文化厅关于鼓励发展民营文艺表演团体的意见》的通知,2007年印发《中山市餐饮业兼营营业性演出管理规定》的通知,2005年《北京市营业性演出场所安全管理规范(试行)》,2003年《北京市营业性演出管理实施办法》,2003年关于印发《山东省演出经纪机构管理暂行办法》的通知,2003年关于印发《山东省营业性演出管理暂行办法》的通知,2000年《贵阳市营业性演出活动管理办法》,2000年上海市人民代表大会常务委员会关于废止《上海市演出市场管理条例》的决定,2000年《重庆市营业性演出管理办法》,1999年《北京市涉外旅游定点演出场所管理暂行办法》,1999年四川省营业性演出管理办法,1998年山东省歌舞娱乐场所营业性演出活动管理办法,1998年武汉市营业性演出管理实施办法,1998年湖北省营业性演出管理办法,1998年广东省人民代表大会常务委员会关于废止《广东省营业演出管理条例》的决定,1992年黑龙江省营业性演出管理规定,1990年安徽省省级艺术表演团体《舞台演出基金使用管理暂行办法》,1990年上海市营业演出管理办法,1989年北京市专业文艺表演团体管理暂行规定,1985年天津市人民政府批转市文化局《关于加强我市文艺演出管理工作的补充规定》,1985年广西壮族自治区人民政府批转区文化厅《关于发放营业演出单位和演出场所〈营业演出许可证〉的规定的请示报告》,1983年山东省人民政府批转省文化厅《山东省文艺演出管理办法》的通知,1983年上海市文艺演出管理办法,安徽省营业性组台演出管理规定。

五类是地方规章。如2003年关于印发《山东省营业性文艺表演团体及个体演员管理暂行办法》的通知,2001年厦门市地方税务局文化局关于加强演出市场税收征收管理的通知,1996年深圳市地方税务局、深圳市文化局转发广东省地方税务局、广东省文化厅关于印发《演出市场个人所得税征收管理暂行办法》的通知,1995年上海市演出市场管理条例实施细则(修正),1995年山东省专业艺术表演团体管理办法。此外,应该还有一部分法规,如中国参加的关于演出产业国际公约,如《罗马公约》、《与贸易有关的知识产权协定》(TRIPS)、WPPT、WCT、《北京视听表演公约》等,被国内法律内化,所以不单独作为一类分立。

在WTO形式下,中国推进演出的市场化与法制化,而演出业顺利发展的核心制度是演出主体权利法律制度的建立。WTO管辖涵盖了服务贸易、知识产权等领域,其中,《服务贸易总协定》(GATS)、TRIPS以及《关贸总协定》(GATT)第四条款《有关电影片的特殊规定》与演出联系密切。GATS将服务业划分为12个大类,第一大类"商业性服务"中的"其他服务"包括了出版、印刷服务和广告、咨询服务;第二类"通讯服务"中的"视听服务"包括电视、广播、电影服务;第十大类"文化娱乐及体育服务"包括除视听服务外的一切文化、娱乐、新闻、图书馆、博物馆、档案馆、体育服务等。GATS坚持最惠国待遇和国民待遇,要求开放服务业市场,但也规定了例外包括"公共安全""文化资源""为了维护国内法律和制止欺诈行为"等。TRIPS明确规定保护对象包括报纸刊物、出版物、广播电视节目、音像制品、电脑软件、广告设计等,要求缔约方的国内立法与行政程序同协定保持一致。我国加入WTO后,演出产业必然在规定的框架里运行。我国已经成为20个相关条约的成员,如对我国生效的(括号是条约对我国生效时间)WCT与WPPT(2007年6月9日)、《保护录音制品制作者防止未经许可复制其录音制品公约》(1993年4月30日)、《伯尔尼保护文学和艺术作品公约》(1992年10月15日)、《建立世界知识产权组织公约》(1980年6月3日)、《残疾人权利公约》(2008年8月31日)、《保护和促进文化表现形式多样性公约》(2007年4月30日)、《保护非物质文化遗产公约》(2006年4月20日)、TRIPS(2001年12月11日)、《建立世界贸易组织协定》(2001年12月11日)、《经济、社会及文化权利国际公约》(2001年6月27日)、《关于发生武装冲突时保护文化财产的公约》(2000年4月5日)、《关于发生武装冲突时保护文化财产的公约议定书》(2000年4月5日)、《联合国海洋法公约》(1996年7月7日)、《1971年世界版权公约,及其有关第十七条的附加声明与有关第十一条相关的决议》与《1952年世界版权公约,及其有关第十七条的附加声明与有关第十一条相关的决议》(1992年10月30日)、《联合国国际货物销售合同公约》(1988年1月1日)、《保护世界文化和自然遗产公约》(1986年3月12日)等。另一方面,目前我国演出立法相对于经济与行政立法滞后,现行演出产业法律、法规不仅效力和位阶层次低,行政色彩浓厚,如演出产业法、电影法、广播电视法等国外必不可少的演出立法,在中国却都是行政法规或规章,而且立法内容不适应演出产业发展的需要。由于过于强调演出产品的意识形态性而忽略其经济属性,行政色彩浓厚,而且演出产业法规给予行政管理部门的规制采取权利本位的价值具象,而与之对应的演出产业主体则受义务本位规范,演出产业主体难以形成真正的演出市场主体和经济实体,这已成为阻碍演出产业发展的瓶颈①。具体而言,一是促进民族演出产业、保障演出产业主体权利,特别是有关民营中小剧团权利的法律规范不多。现有的演出立法大多以管理为主,也就是以限制权利或者演出者义务为主。演出事业参加者和演出产业经营者权利的规定和保护则相对不足,缺乏以管理部门服务、促进演出产业为主的演出立法。现行立法涵盖面不周延,演出产业主体界定、演出产业主体权利内容、演出合同、演出质量、民间演出等方面缺乏法律规范②。二是规范条文行政权突出,演出产业主体权利虚设现象严重。目前涉及演出立法内容偏重于禁止性规范,对义务和处罚等内容的设定过多,忽视授权性规范及对演出产业主体权利的保障。而且演出立法法律条文内容理论性较强,但可操作性较差。多头立法,演出立法散乱、繁杂,门立本位主义内容突出,缺乏一个科学的、完整的体系。随着演出的发展,人们依法发展演出的观念尚未普遍树立,习惯于采用部门文件、政策和内部规定来调控演出活动,演出市场管理队伍的执法水平影响了演出市场执法力度,违法演出活动依然存在。演出基本法如《电影法》《广播法》《电视法》《文艺团体法》《演出产业法》《文化产业促进法》等尚未立法。三是,涉外演出立法不足。中国就与演出有关方面对 WTO 做出承诺:在音像制品、娱乐软件以及音像制品的租赁服务和分销服务方面,经中国对音像制品内容审查并在外资比例不超过 49% 的条件下,除广播电视节目和电影外,允许设立中外合作企业从事音像制品的零售、批发、租赁,允许外资建设、改造电影院,但外资比例不超过 49%,根据中国电影法规,允许影院以分账形式每年进口 20 部电影。但中国演出产业领域由于演出上位法律的缺失,内部文件常常是执法的依据,因此,在演出案件中,尤其是演出行政案件,可能出现文化管理部门自己审理自己的结果,所以演出企业在市场经营中面临着"政策风险"。完善演出法律制度,特别是加速建立健全和完善法律规范体系是当务之急。

① 杨丽娅. 构建文化产业法律体系 促进文化产业有序发展[J]. 集团经济研究,2007(12):363-364.
② 顾肖荣. 促进上海文化发展的法制保障研究[J]. 政府法制研究,2005(9).

第二章

演出法客体

演出法上的"演出"是人们的一种外在行为,但是它与普通的行为是不同的,后者可以是意识行为,也可以是非意识行为,而演出是表演者外在的、有展演意识的行为。如果说一般行为是人的社会制度化的表现,每个人行为内容的要求或多或少是相同的,演出却是创造性的,具有演员不同的个性,演出内容是演出者综合素质的体现,通过演出,可以表现演出者对现时社会与历史发展中的独特作用。一般行为是以自然为特征,是人类社会角色扮演的结果,人类从小孩子到老人,是通过参与社会环境中的活动扮演他人,学会了如性别、年龄、种族、阶级等各种习惯性活动,而演出是装饰性,也常常被制度化、职业化、特定化。"演出"是演出主体的行为,是演出法律关系的客体,也是演出法调整的对象,无演出法调整对象,自然无演出法律。从本质而言,与一般法律行为不同,受演出法律保护的演出应该是表演行为及过程、过程具直接或间接的公开性、演出内容具有节目性、演出具有效性。因此,对"演出"进行界定,是正确理解和认识演出法律制度的前提条件之一。

第一节　演出的概念

一、演出的法律定义

在日常生活意义上的一般演出含义,不同的人对演出有不同的理解,一般人把演出视为演出者表现自己才艺的过程,常常等同于表演。在中国,"演出"一词的出现是在文学著作中,而且词义不断演变。如唐朝黄滔在《误笔牛赋》中写道:"於是逐手摘成,随宜演出,斯须亡堕落之所,顷刻见下来之质。"明朝胡应麟的《诗薮·周汉》记有"文姬自有骚体《幽愤诗》一章,虽词气直促,而古朴直至,尚有汉风。《胡笳十八拍》或是从此演出,后人伪作。"这里的"演出"是"演"和"出"自组合,分别是"演变"和"出来"之义,显然不是现代意义的"演出"。明清时期名教中人的小说《好逑传》,又名《第二才子好逑传》第二回中描写道:"铁公子……骑了一匹白马,只叫一人跟随,竟暗暗演出齐化门来,并不使一人知觉。"这里的"演出"是"偷偷地出行"之义。到民国时期,导演、剧作家洪深的《戏剧导演的初步知识》引言一:"因此戏剧的演出必须有一个深切理解,而且真实同情于原作的主题。"这里的"演出"就有了现代"演出"的意义了。《现代汉语词典》给出"演出"的含义是把戏曲、舞蹈、曲艺、杂技等演给观众欣赏①。1952 年上海春明出版社出版的《新名词辞典》里"演出"的解释为"原系日文即将作为素材的脚本,搬上舞台公演之意。"据此,演出是指在适当的演出场所向观众公开,区别于表演,后者是指演员将剧本排练后在舞台上展示给观众。根据中国《现代汉语词典》,演出是"戏剧、舞蹈、杂技等的演出;亦指把情节或技艺表现出来;做示范性的动作;表演新操作方法。"②而在中国《辞海》中没有找到有关"演出"的注解,但有"演"的解释,即"表演;扮演。如演剧;演唱。"③。国外也有相关词语,法语"jouer"、西班牙语"representar"、德语"aufführen";而英语中"演出"常常是"perform",其意思是,演戏、演奏音乐、扮演角色、在观众面前唱歌与杂耍等④。如果按照一般人的理解,只要是展示自己文化艺术才艺的都是演出,如数学公式推演、生活操练、锻炼身体的太极操,甚至日常生活中的一般哭笑都可以归为演出。而且不同表演大师或学者对"演出"的一般含义有不同的理解。

"演出"作为特定术语的界定,源于西方学者有关的行为展示理论。如"行为表演"概念是英国学者约翰·L奥斯汀(Jon. L. Austin)在其著作《如何用语言做事》(1961)提出,认为语言表达仅仅为陈述或描绘一种事物的状态服务,其本身也是完成一种行为。20 世纪 60 年艺术界将艺术展演行为称为"行为表演"或"行为艺术"。20 世纪 90 年代,尤狄特·布特勒尔认为行为表演自身带有"戏剧性",是一种形体行为。德国学者艾利卡·费舍尔·李希特(Fischer-Lichte. E)是从德国戏剧科学的奠基人麦克斯·赫尔曼(Max Hermann,1865—1942)的著作引申出来的。后来,费舍尔·李希特又把"行为表演"定性为"演出",把"演出"理解为行为表演的"事件",认为就像德国戏剧学奠基人麦克斯·赫尔曼(Max Hermann)所言"文学无法把戏剧建成一门艺术,只有演出才能做得到",赫尔曼把"演出"界定为"所有的人为所有的人的游戏"。李希特在其著作《行为表演美学》中提出:"行为表演"实质上就是"表演行为",任何"表演行为"都是表演给人看的,而表演给人看的表演其实就是"演出",因此,"演出"必须具备:外在物质性;与物质性相关的"演出"中演员和观众相互作用后形成的"反应链";"演出"所构成的气氛、节奏、时间性。指出"演出"是演员和观众共同完成和共同参与的"事件"而非"作品",认为表演者只有与观众共同存在才使演出成为可能。此外,她认为"演出"所传递的文本的内涵对每个演职人员和观众说来是因人而异的,因为"演出"既是"艺术"又是"现实"⑤。理查德·鲍曼(Richard Bauman)将演出定义为:"一种个人或群体的活动,作为向另外的个人或群体展示的行为";"表演是一种说话的模式"、"一种交流的方式"⑥。美国戈夫曼在其著作《日常生活中的自我呈现》中提出,"演出"是人在人际互动中根据或利用情境主动地展示自己,从而有意识地影响、操纵别人对自己的印象。简言之,演出即创造性地模仿他人。美国著名表演理论专家理查德·谢克纳(Richard Schechner)教授将演出定义为"showing doing",即展示行为,演出就是展示,是重新组合的行为;演出是单个人

① 中国社会科学院语言研究所词典编辑室.现代汉语词典[Z].北京:商务印书馆,2016:1511.
② 中国社会科学院语言研究所词典编辑室.现代汉语词典[Z].北京:商务印书馆,2005:117.
③ 辞海编辑委员会.辞海(词语分册)[Z].上海:上海辞书出版社,1985:1043-1044.
④ A S Homby Oxford Advanced Learner's Dictionary of Current English with Chinese Translation,Oxford University,1988:832.
⑤ 艾利卡·费舍尔·李希特.行为表演美学[M].余匡复,译.上海:华东师范大学出版社,2012:9-14.
⑥ Richard Bauman. Verbal Art As Performance[M].Illinois:Wavel and Press,Inc. ,1984:11.

或者一群人在其他单个人或者一群人面前为这些人所做的行为①。欧文·摩根（Owen Morgan）认为，演出是"一个自然人个人瞬间的行为，这种行为可以不借助任何设备而被感知，而该行为的意图是为了实现与他人的交流，以达到娱乐、教育或例行仪式的目的。"②俄罗斯演员迈克尔·契诃夫（Michael Chekhov）认为：演出是采取谨慎的步骤与观众联系起来；演出是演员通过研究戏剧和情节，体验自己的反应。

中国学者对"演出"含义各有不同理解。胡月明认为"演出就是组织者组织演员在演出场所把节目表演给观众欣赏。"③李康化认为"文化演艺是指表演者与观众在同一有限空间中共同出席并产生交流联系，需要依托物质性形式表现出来的，并且在一定时间内完成又不可完全复制的人类精神文明成果。"④有学者把"演出"定义为"演出就是组织者组织演员在演出场所把节目表演给观众欣赏的过程。""演出已不仅仅是一个简单的'表演'含义，而是一个完整的活动过程，在这个过程中包含了多种要素，共同构成演出的全部内容。"⑤李安也同样认为"演出就是组织者组织演员在演出场所把节目表演给观众欣赏的过程。"⑥这个定义虽然指出了"演出"与"表演"的不同含义，认为"演出"已经不仅仅是一个简单的"表演"含义，而是一个完整的活动过程；同时，这个定义也指出了演出包含的多种要素。不过，很明显，这个定义是一个带有明显"营业性"的演出定义，而且外延过于狭窄，没有完全反映演出市场实际情况，也与国内外演出立法实践有差距。也有机构给演出下了定义，即"演出是指表演者（个人、团体和单位）在特定时间、地点和场馆下将艺术作品通过自身的表演、服装、舞台、灯光、音响等方式呈现给受众的过程。"⑦

然而，任何规范调整范围都是有限的，"行为只是因为它是由法律规范决定并且也只有在这一范围内才是一个'法律'行为。"⑧所以，演出法律规范也不例外，只有法律行为性质的演出才是演出法上的演出。世界各国立法例对"演出"含义规定有很多方面一致，但也有许多差别，总体来说，所有的"演出"概念是高于"表演"的上位概念。1987年美国法中的"演出一个作品"是指朗诵、表演、演奏、舞蹈或扮演一个作品⑨。英国法规定，演出包括在讲课、演说、讲话及布道时宣讲，并且包括所有以可视或可听方式所进行的演示，其中包括以录音、影片、广播或电缆节目方式对作品的演示⑩。在法国，演出是通过某种方式，特别是下列方式向公众传播：公开朗诵、音乐表演、戏剧表演、公开放映及在公共场所转播远程传送作品；向卫

① Richard Schechner. Performance Theory Routledge[M]. London and New York,1988:22.

② Owen Morgan. International Protection of Performer's Right[M]. Hart Publishing,Oxford and Porland,Oregon,2002:27.

③ 胡月明.演出经纪人[M].北京:中国经济出版社,2002:126.

④ 李康化.文化市场营销学(第2版)[M].北京:清华大学出版社,2015:252-253.

⑤ 何钰涵.最新〈营业性演出管理条例〉贯彻实施与营业性演出规范、监督管理、违法违纪行为查出、处罚标准实务全书[M].北京:人民文化出版社,2005:16.

⑥ 李安.营业性演出管理条例释义[M].北京:中国法制出版社,2005:9.

⑦ 文化部文化艺术人才中心.演出监督[M].北京:人民日报出版社,2018:77.

⑧ 凯尔森.法与国家的一般理论[M].沈宗灵,译.北京:中国百科全书出版社,1996:42.

⑨ 参见 U.S.C § 101(2002)。

⑩ 参见 1988年《英国版权法》第19条。

星发送作品视为表演①。而日本法规定,表演是指以舞蹈、演奏、歌唱、曲艺、朗诵或其他方法演出的行为②。依据澳大利亚法,演出包括对戏剧、音乐作品或者戏剧作品的一部分表演(包括即兴表演),其中包括木偶戏表演;对文学作品或者其一部分的朗诵、背诵或演讲(含即兴创作);舞蹈表演;马戏表演、杂技表演或类似演出或展示方式的表演;上述表演在澳大利亚境内现场演出,或由一名或更多的具有澳大利亚合法资格的人表演,而不论该表演是否面对观众。同时该法还规定不是版权法所保护的表演情形有:不面对公众的文学、戏剧和音乐作品演出;对新闻、时事报道的朗诵、背诵和演出③。俄罗斯联邦法把表演定义为:通过演奏、朗诵、歌唱、舞蹈进行活表演或者借助于技术设备(电视与无线电广播、电缆、电视及其他技术设备)再现表演、唱片、表演、演出;连续放映视听表演(有伴音或无伴音的)镜头④。从上述规定可以看出,"演出"和"表演"常常共同出现,相互说明彼此,但是都没有给"演出"一个明确定义。各国法律对"演出"规定集中在著作权法中,而且各有特点,这些都反映出法律对演出保护的重点与民族文化特点。如美国法侧重于观众人数而演出外延宽泛,演出不仅包括第一次的演出,还包括了任何进一步将表演传送给公众的行为如公众打开收音机收听演出、广播公司传送现场演出、用科技来传送演出。英国法侧重演出的视听性而不要求形式的固定,规定的演出包括在讲课、演说、讲话及布道时的宣讲。日本法侧重演出的娱乐性而非固定形式的作品性,要求演出可以虽不根据著作或不含著作物,但有艺术性质的类似行为和具有公开娱乐性质。而法国法将除文学艺术作品的演出之外的杂耍、马戏、木偶戏等视为表演。澳大利亚法采取作品演出、非作品演出、法律禁止演出规定,并且不要求所有的演出与作品紧紧相联系,如马戏表演、杂技表演或类似演出或展示方式的演出。

中国现行《著作权法》及其《实施条例》对"演出"没有定义。但是,《营业性演出管理条例》及《营业性演出管理条例实施细则》规定,"营业性演出"是"指以营利为目的为公众举办的现场文艺表演活动。"⑤中国1991年法规曾规定,"演出"指演奏乐曲、上演剧本、朗诵诗词等直接或者借助技术设备以声音、表情、动作公开再现作品;无论演出有无营利目的,只要是公开的,都属于"演出"。演出的形式分为两种:直接演唱歌曲、演奏乐曲、上演剧本或朗诵诗词等形式的现场公开演出;借助技术设备公开播送、放映录音或音像制品等形式的公开演出。⑥从这些规定看出,中国法律上的"演出"是指将文学艺术作品用艺术表现形式演出,包括音乐、戏剧、舞蹈、杂技、魔术、马戏、曲艺、木偶、皮影、朗诵、民间文艺以及其他形式的现场文艺表演活动⑦,以及模特、服饰等现场表演以吸引观众的行为。而中国澳门特别行政区规定了舞台演出,即指透过单独或混合使用戏剧性虚构手法、歌曲、舞蹈、音乐或其他合适之方法,在观众面前演绎戏剧作品、戏剧音乐作品、舞蹈作品、哑剧作品或其他类似性质之作品⑧。

---

① 参见《法国知识产权法典(法律部分)》L.122-2条。
② 参见1986年《日本著作权法》第2条第1款第3项。
③ 参见 Australia Copyright Act § 248A(2)(1968)。
④ 参见《俄罗斯联邦著作权法》第4条。
⑤ 参见2016年中国《营业性演出管理条例》第2条。
⑥ 参见1991年中国《著作权法实施条例》第5条;国家版权局《关于著作权法实施条例第五条中"表演"的具体应用问题的解释》(国权〔1999〕43号)。
⑦ 参见2005年《营业性演出管理条例实施细则》第2条。
⑧ 参见澳门特别行政区第43/99/M号法令。

而且"演出"只限于舞台表演,与内地规定有一定差距。可见,中国法律规定"演出"形式与外国相比更加具有广泛性,但是,现行有关法律没有明确规定"演出"含义,不能不说是立法的一大不足,这也彰显了明确"演出"的复杂性、重要性。

综上所述,法律上的演出可以这样定义:演出是指演奏乐曲、上演剧本等直接或借助技术设备用艺术表现形式或娱乐形式,以声音、表情、动作、形象等媒介,综合地、创造性地、公开地展现作品以便受众欣赏的连续的行为过程,该过程是个人或群体或组织向其他个人或群体或组织展示自己对文艺作品体验的全过程。简而言之,法律上的演出,是指个人或群体或组织直接或借助技术设备用艺术表现形式创造性地公开展示作品体验的艺术性或娱乐性的连续行为过程。演出是指演出主体在一定场合直接或间接地、公开地,把特定的节目向公众展演的行为及其过程。作为法律调整对象的"演出",演出是展演行为及其过程,演出是艺术性行为或娱乐性行为,不同于人们的一般行为,相较于现实生活中的演出,具有自己的法律特征。首先,演出常常借助文艺作品。该"作品"是有别于著作权法上的有形作品,包括一切符合演出对象的固定或不固定的文化艺术载体,包括音乐、戏剧、舞蹈、杂技、魔术、马戏、曲艺、木偶、皮影、服饰、文艺等有形文化作品,也包括无形口述作品如即兴创造的心中无形"剧本",如魔术、武术、体操。在国际上,特别是普通法系国家,对于口述作品、非物质文化遗产中的演出类遗产,有些国家的法律不予保护。但《伯尔尼公约》则授权成员国自主决定是否予以保护。在一般情况下,演出是以现有文学艺术作品如剧本、曲谱为基础,而且这些作品不以法律保护为限制,也不以私有领域或公共领域为边界,只要适合表演的都可以纳入法律上演出的作品范畴。其次,法律上的"演出"是一种特殊行为。演出的"外在性"是其构成法律行为的前提,因为法律调整对象就是人们外在的行为。演出不是一般的外在行为,是艺术性行为或娱乐性行为。人们的一般行为可以是意识行为、非意识行为,如幼儿演唱是无意识行为,因而具有社会制度化、共性和自然性特征,行为体现的是人们社会角色的扮演。演出则是演出者的创造性、个性、综合素质的体现,是演出单位或个人在特定的时间特定的环境下,把戏剧、音乐、舞蹈、曲艺、杂技等展现给观众欣赏的过程。因此演员与非演员读同样剧本区别在于:非演出者是理性地判断剧本的合理性与逻辑性,而演员则是用自己的情感进行"投射"性体会。演出的特殊性还表现在,演出具伪装性,常被制度化、职业化、特定化,不能够采取"自愿"和"真实意思表示"来判定该行为的价值或者合法性。此外,演出有完整要素,即演出的组成因素,包括主体、时间、地点、方式、受众、内容,由观众共同参与、共同完成的连续行为,而且程式性和完整性是演出的内在要求,如演出京剧与演唱流行歌曲都有自己特定演出规范。再次,演出具有非重复性。现场演出是现场表演的舞台艺术,演出与其他艺术品存在显著区别,每一次演出都是表演者艺术生产和艺术再创作的过程。人们可以无限重复自己的日常行为动作,其他艺术品也可以多次重复,但是基于演出的特性,法律上的演出不承认完全重复性现场演出。因为现场演出是以声音、表情、动作、形象等为媒介,具有行为过程综合性、创造性性、公开性和连续性,而且以观众为行为结果承受对象,因而只要有演出因素改变,必然会改变现场演出的结果。表演者艺术生产过程也是观众消费观赏的过程,现实不可能在两次重复的现场完全复制原有的因素。又由于演出是演员通过艺术表演形式并借助服装道具、舞美、灯光、音响等特殊艺术设施,把艺术展现给现场观众的过程,演出可以说是非物质形态的艺术品,但是它不能够像实物样进行全面细致鉴别,而只能通过演出的宣传资料和演出节目的片段来评判,现场演出也不可能像其他商品先消费后付款。因此对于非现场演出即机械演出,法律严禁改变被机械展演的原有现场演出结果,如分段、修改等形式,否则在法律范围内是侵权行为,行为者需要承担不利后果。最后,演出的有限性。演出受受众(观众)的限制,没有观众就不可能有演出,因为演出是表演者艺术生产过程也是观众消费观赏的过程,演员创作与观众消费是同时同地进行的,无观众的演出是自娱自乐的一般行为,没有表演者的演出本身不存在。而且演出时效性很强,就演员而言,每一次演出项目的确定都是一次倒计时的开始,从经营者角度上看,每一项演出经营活动都应在演出开始前完成,演出结束,该项目的经营成果就确定。消费群体也是有限的,由于演出场所空间的限制,在同一时间同一场所的受众面是有限的,超过数量就会被拒绝。同时,演出结束后,未使用的演出门票就失去了原有效用。演出结果利益的所有权也是有限的,演出共同完成者——演员和观众都没有原始所有权,该所有权常常属于资本所有者,即演出投资方。这是因为演出是非物质形态的艺术品,纯粹的演员和演出经营者只能拥有其版权和经营权,现场观众只有现场消费观赏权,没有现场录音录像、传播权。

二、演出的法律性质

任何法律都有其保护的价值,这就是法律价值,是指法律规范体系(客体)有哪些为人(主体)所重视、珍视的性状、属性和作用[1],是人对客体的法律的认识。法律内容都必须符合人的需要,代表着人们的追求,所以包括实然法价值和应然法价值。同时,法所体现的是各种利益,法对社会行为的控制主要是通过调控利益来实现的,而利益的调控方式是利益表达及利益平衡。在一次演出中,存在演出商、演出经纪人、演出场所、演出团体本身等演出组织者,它们常常是演出生产者;存在具体实际演出的个人和单位也是演出组织者的实施演出人,他们是演出中的表演者;也存在演出需要人如企业、机关团体、各种社会组织、活动组委会等对演出有需要的单位和个人,这些是演出的消费者;另外,还有电视台、广播站、网站、录音录像等演出物质载体生产商,演出结果经营者,他们是演出传播者。无论是演出组织者、演出表演者、演出消费者、演出传播者,他们有各自的利益追求,这就需要演出法来对利益加以适当的调控,使他们的公共利益与私人利益平衡合理、短期利益和长远利益最佳切合、物质利益和精神利益并行不悖。当各种利益关系显现不同的价值侧重,需要平衡,正如拉伦茨所言:在利益衡量中,首先考虑"于此涉及的一种法益较其他法益是否有明显的价值优越性"[2],以使价值冲突中处理中"为保护某种较为优越的法价值须侵及一种法益时,不得逾越此目的所必要的程度"。[3] 就演出而言,要确立演出所体现的利益,首要确立演出的法律性质。关于"演出"的法律性质,在实际立法实践在呈现两大模式。一个模式是注重经济利益的国家,如多数英美法系国家,强调"演出"对剧本等"作品"的依附性质,认为演出是产品生产过程,即把演出整体当成一件"作品",演出过程就是作品的创作过程。另一模式是强调"演出"的劳动性质,关注劳动者的人身与经济利益,认为"演出"是演员的"著作权"性质的活动,"演出"中的表演行为就是"作品",采用这种模式的国家多数大陆法系国家。世界多数国家知识产权法律、《伯尔尼公约》《罗马公约》《世界知识产权组织版权条约》《视听表演北京条

---

① 李步云.法理学[M].北京:经济科学出版社,2000:58.
② Karl Larenz.法学方法论[M].陈爱娥,译.台北:五南图书出版公司,1996:319.
③ Karl Larenz.法学方法论[M].陈爱娥,译.台北:五南图书出版公司,1996:320.

约《世界知识产权组织表演和录音制品条约》等相关条约基本定义"演出"是创作性质,演员表演是"作品"。在中国,文化部于1984年颁布《〈付给戏剧作者上演报酬的试行办法〉的几点说明》,把演出看作对有形剧本类作品展示,演出被视为"作品"的二次创作,承认"演出"的作品附属性[①];20世纪90年代以来颁行的著作权法和《营业性演出管理条例》及其实施细则,都承认演出具有独立性质,还首次给予营业性演出定义[②]。

关于"演出"的法律性质,理论界一直存在争鸣,可以归结为两大类观点:一是演出派生创作说,如刘春田教授认为,演出通常是演出者基于他人文艺作品进行演出,属于派生创作[③];二是演出原始创作说,认为演出是原始创作,如台湾地区学者施文高认为演出是原创作,不应将表演者权列入著作权之邻接权。[④] 这两种学说都从不同角度反映演出的特性,同时也是立足于著作权法域视野,但是对演出的本体性考虑不十分充分。基于演出特性和法学基本原理,演出作为智力成果范畴,演出在法律性质上是精神性服务原始创作,即演出是一种服务性原始创作。

首先,演出是服务。服务是提供满足顾客需要的帮助行为或有条件地使用权力的过程,泽丝曼尔等认为"服务是行动、过程和表现"[⑤]。国际标准化组织ISO在ISO9000族标准中将"服务"定义为:"服务为满足顾客的需要,在同顾客的接触中,供方的活动和供方活动的结果。"并该定义项下四条附注中认为:接触中,供方或顾客可以由人员来代表,供方认为接触顾客活动很重要,有形产品是服务顾客的一个部分,服务可以和有形产品供应结合在一起。[⑥] 服务是人与人之间通过服务主、客体相互接触来完成的相应活动,从演出角度看包括面对面服务(现场演出)和远距离服务(机械演出)。演出是服务,在我国,由于历史原因,演出被视为意识形态领域,其商品特性被忽略,演出的产值占国民总收入的比例极低,现在演出已成为文化服务业的重要组成部分,演出业是世界公认的"朝阳产业"。根据产业划分,在世界范围内社会经济部门分类,演出属于第三产业中的"服务部门"中的第四类"机关团体、个人服务和社会服务业",是以社会化经济为主的社会服务业。[⑦] 演出之所以成为服务,是因为它符合服务的特征:(1)服务是一种无形的行为,难以储存。美国经济学家把服务看作表演,即服务传递是剧本的上演、服务人员是演员、顾客是观众,演出中演员的表演是无形的行为,现场演出是无法重复的,更不用说储存。(2)人是服务中的决定因素。服务活动中,一方面顾客一般会参与整个或部分生产过程,而演出中,观众参与整个演出活动,即使在音像录制的演出中,演员与观众都有明确意识。另一方面,人又是服务产品的组成部分,服务人员作为顾客购买服务的组成部分出现,演出过程,节目表演是由演员来完成的,即使在马戏节目中驯兽师也起着决定性作用。(3)服务结果控制困难。质量难以控制,高接触度服务是由

---

① 参见文化部《〈付给戏剧作者上演报酬的试行办法〉的几点说明》(1984年7月)。

② 参见2005年3月23日国务院第439号令颁布的《营业性演出管理条例》第二条 本条例所称营业性演出,是指以营利为目的为公众举办的现场文艺表演活动。

③ 刘春田.知识产权法教程[M].北京:中国人民大学出版社,1995:78.

④ 施文高.国际著作权法制析论(下)[M].台北:三民书局,1985:405.

⑤ 瓦拉瑞尔·A泽丝曼尔,玛丽.乔.比特纳,德韦恩.D格兰姆勒.服务营销[M].张金成,白长虹,译.北京:机械工业出版社,2002:4.

⑥ 参见ISO9000:2005《质量管理体系、基础和术语》。

⑦ 参见1985年国务院批准的国家统计局《关于建立第三产业统计的报告》。

服务人员和顾客同时参与完成服务,服务中诸多不可预见因素突然发生,服务质量控制困难,增加了顾客投诉程度;演出质量取决于演员即时的表演状态,而演出中演员难以模式化和固定化,演出活动存在许多难以控制的因素如演员的演唱、非设定言行。而且评价难以控制,服务没有科学的服务标准,即使有标准,顾客也会由于不熟悉而依靠消费经验评价,主观性突出;在演出中,特别是集体表演更需要技艺和演员心理素质,演员和观众因为自身因素造成对演出节目不同理解,观众观看演出后会做出不同的评价,经常出现"好看不叫座,叫座不好看"的尴尬现象。此外成本难以控制,在服务中,时间就是效益、时间就是金钱,所以服务受时间限制明显,顾客对服务提供方要求准时,服务提供方对顾客消费限时。在演出中,观众一般要求演出过程准时、演出人员准时、演出节目准时,演出同样不会考虑观众到场时间、欣赏时间而依据确定时间设置进行演出,时间因素在很大程度上影响演出的实效。加之服务成本和价格难以精确计量,同一服务出现差价之大也就正常,如:请巴菲特评价股市和一般股市分析师评价股市,两者评价费可能相差千倍;在演出中,演员成名前后演出费相差巨大、演出投入与产出不成比例的现象在演出领域屡见不鲜。

其次,演出具有意识形态性。任何与人头脑发生作用的活动有能力改变人们的思想意识形态,从而影响人们的行为,所以都会受到社会道德的约束和社会政治集团的密切关注。而受众在欣赏演出时,都会受到演出内容影响,观众欣赏演出需要投入时间,观众专心关注演出内容,才可能完整接收到节目所具有的感染力。根据美国研究服务营销的经济学家的研究成果,按照服务者与被服务对象接触程度,精神服务分为高接触度和低接触度两类,而演出属于高接触度的服务,现场演出是面对面地展示给观众欣赏,机械演出也是需要观众直接观看,不能够委托人代理欣赏演出。演出成果是演出借用现代化的手段录制出录音、录像、光盘等形式的实物产品,作为文化产品本身就具有经济性和意识形态性。所以世界各国对演出组成要素进行审查,特别是演出内容要素以服从政治为第一标准,对演出人员的本身道德要求也是严格的,那些道德败坏的演员不能因为其演技高超而参加演出活动。

最后,演出是原始性创作。原始性创作是指创作者根据自己对生活体验所掌握的素材独立地进行取舍、安排、设计、综合的结果,这种结果是源于自己的创作。演出是演员运用演出技巧,将自己的情感体验、内心思想表诸外部形式,诚如理查德·谢克纳教授指出的,演出是经过事先的策划和排练、有控制地展示;H G 伽达默尔在《真理与方法》中提到,艺术演出不是创作的复制,而是给艺术作品以生命。实践中,多数国家著作权法、国际条约等明确保护演出者权利。在演出中,演出者运用自己的形体、演出技巧塑造艺术形象,赋予观众对艺术作品的立体美的享受,这种艺术形象是独立于文字作品的形象,因而每一个演员的演出都是独特的,也正因为如此,同一部作品中的同一个人物,演出本身已经独立于原有作品内容、表现形式、价值的实现等方面,由不同演员演出而形成多个艺术形象,如《白蛇传》因为不同演出就有了诸多白素贞、许仙的艺术形象,从而使原作品成为一部新的作品。而且,在不同的演出者中,他们的演出活动形成的艺术形象是他们精神劳动成果,区别于其他人,如歌剧《江姐》、电影《红岩》、舞蹈《红旗颂》中的江雪琴(江姐)明显有不同具体艺术形象。对同一演出,既承认创造性也承认演出的新作品性,自然也就承认了该演出的原创性。不仅如此,由于绝大多数演出类作品如音乐、戏剧、舞蹈作品,只有通过演出才能真正实现自己的价值,成为真正意义的作品,如贝多芬的钢琴奏鸣曲——《热情奏鸣曲》,如果没有众多演出者的演奏,不可能成为不朽杰作。而对即兴演出,其原创性当然不容置疑。

三、演出的法律分类

由于演出样式的政治法律、经济文化、科技自然等环节因素影响,加之演出创作人员的追求,形成了诸多演出类型,包括电影展演、音乐剧、实景演出、演唱会、音乐会、话剧、歌舞剧、戏曲、综艺、魔术、马戏、舞蹈、民间戏剧、民俗文化等种类。演出可以根据不同标准进行不同分类,主要有:根据时空和规划性特点,演出分为艺术演出与文化演出;根据对有形作品的依附性,演出分为作品演出与非作品演出;根据演员与观众交流的时空性,演出分为现场演出和机械演出;根据演出者与观众消费的有偿性,演出分为免费演出与收费演出。演出类型的划分没有严格的界限和标准,对演出进行适当划分,有利于演出经纪人根据不同演出类型的特点,组织、筹划不同内容和风格的节目,满足演出经纪人的统计工作和业务档案分类的需要。

(一)演出的主要分类标准及其类别

对于各种演出,可以根据不同标准进行分类,在法律上可以参照著作权对作品分类,演出按照演出者身份性质可以分为三种模式、六大类型,即第一种模式是个人演出与单位演出,第二种模式是非职务演出与职务演出,第三种模式是合作演出与非合作演出。此外,演出可以根据一些法律上的常见大类进行分类。第一,根据时空和规划性特点,演出分为艺术演出与文化演出。艺术演出是一种特殊的、艺术的交流方式的演出,演出是在演出者和听众相互协作、共同参与、相互作用的过程中完成的,而且,演出是灵活的、可变动的,演出形式具有更强的可循环和可共享的特性,范围广泛,包括各种形式的演出。文化演出是把演出看成一种特殊的、显著的事件,它包括音乐戏剧会、讲演、祈祷、仪式中的宣读与典礼、节庆,以及所有宗教和仪式事项。文化演出在一个限定的时间空间展示,是一个公共的事件,具有异质性、规划性、多元性,文化演出能升华和强化人的情感,如中国的传统节日演出——社火中的舞龙①。第二,根据对有形作品的依附性,演出分为作品演出与非作品演出。作品演出是对戏剧、音乐作品、文学作品、戏剧作品或者其他有形的文学艺术作品及其中的一部分进行演出,包括木偶戏演出、朗诵、背诵、演讲。这种演出要以有形作品为前提,这是演出的常态。非作品演出是指不以有形作品为演出依据的演出,如即兴演出、马戏演出、杂技演出或类似演出或展示方式的演出,这种演出明显展示了演出的独立性,在机械演出中还不要求面对观众。第三,根据演员与观众交流的时空性,演出分为现场演出和机械演出。现场演出,又称活演出,是指演出者运用演技,向现场观众表现作品的行为,包括诗歌、戏剧、音乐、舞蹈、曲艺的演出。机械演出,即用各种技术媒介公开播送作品的演出,是现代传播技术发展的结果。第四,根据演出者与观众消费的有偿性,演出分为免费演出与收费演出。免费演出是指演出者免费也未向公众收取费用的演出,即演出者与观众均未发生费用的演出。免费演出已经发表的演出,属于合理使用。如果由组织演出的单位付费给演出者费用,该演出虽然没有售票,但也不是免费演出。收费演出是指以任何名义收取听众或者观众的费用或者向演出者支付报酬的演出,是现实生活中主要的演出类别。

根据演出实践内容和性质,对常见类别进行法律分类。一是依据组织者是否以营利为

---

① 理查德·鲍曼. 美国民俗学和人类学领域中的"表演"观[J]. 杨利慧,译. 民族文学研究,2005(3).

目的,演出被分为商业性演出与非商业性演出。在中国,演艺商业消费型的历史变化规律所展示的是单一型消费与复合型消费方式的循环,即从宋元时期瓦舍勾栏演艺活动,到明清期间兴起复合型演艺商业消费,到以1908年上海"新舞台"为标志的单一观赏性规范的剧场,再到现时的综合演艺场点①。这种演艺商业消费型的变化,成为通常的演出分类(商业性演出与非商业性演出)依据。二是根据节目形式划分,演出可以分为单剧种演出与综艺性演出。单剧种演出如民族乐、交响乐演出、歌剧、舞剧、芭蕾舞演出、戏曲演出、杂技专场演出、作品音乐会演出、打击乐器演出专场等;综艺性演出是多种艺术形式组合的演出,如歌舞、小品、戏曲、曲艺表演、中央电视台的"春节联欢晚会"。三是根据演出是否进入市场,演出可以分市场演出与非市场演出。市场演出是需要进入演出市场进行营销的演出,它与商业性演出不是同一个概念。一个演出不是商业演出,却可能是市场演出,如公司的庆典演出,不是商业演出,但对于艺术表演团体而言,该演出是市场演出。非市场演出,即非商业性演出②。一般来说,只要存在交换关系的演出,都是商业演出。四是其他分类,如:根据文化部统计指标采用演出地点,分为国外演出、国内演出(包括城市和农村演出);根据受众,分为慰问、专场、音乐普及、会议、汇报、献礼演出;根据剧场条件,分为规范剧场与非规范剧场演出;根据演出时间特点,分为节日、庆典、纪念日、演出季、固定性演出、非固定性演出。

由于演出形式繁多,现有分类存在重叠或交叉,分出的某些类型的外延不周延,所以有效的演出分类应该坚持穷尽和互斥原则,即所分类型尽可能穷尽现有演出业态。就目前的演出状况看,主要有农村演出(在农村的各项演出,具有杂、小、多的特点)、旅游演出(包括山水实景表演、综合性歌舞表演、原生态民俗风情表演)、娱乐演出(主要包括在影像厅礼堂等放映场所、卡拉OK厅等歌舞娱乐场所、夜总会等游艺场所、音乐茶座等餐饮场所、球馆冰场等健身场所、桑拿浴室等休闲场所进行的文艺演出)、话剧(话剧以演员在台上无伴奏的对白或独白为主要叙述手段,需要同时具备剧本创作、导演、表演、舞美、灯光、评论要素,中国传统戏剧不属于话剧,现代西方舞台剧如不特别说明一般都是话剧)、音乐剧(音乐剧是由对白和歌唱相结合而演出的戏剧形式,是戏剧、音乐、歌舞等的集合体)、音乐现场演出(包括演唱会和音乐节)。

(二)营业性演出与非营业性演出

营业性演出与非营业性演出是法律上最常见的分类,它是根据演出组织者是否以营利为目的来划分的。营业性演出,是指以营利为目的为公众举办的现场文艺表演活动,包括售票或者包场的演出、支付演出单位或者个人报酬的演出、以演出为媒介进行广告宣传或者产品促销的演出、有赞助或者捐助的演出、以其他营利方式组织演出的演出。在现代社会,营业性演出区别于一般意义的服务,具有艺术产品本质的双重性、接受者对服务内容的专著性、内容要素的综合复杂性、演出时间的限制性、演员与受众的高接触性、演出质量不可控性。商业性演出与市场演出是不同的概念,市场演出是有交换关系的演出,一个演出不是商业演出却有可能是市场演出,如纪念演出,不是商业性演出,但对于表演团体而言是市场演出。非商业性演出,指不以营利为目的的演出,包括纪念性演出、会议演出、慰问演出、公益性演出与庆典演出等,非商业演出对演出团体来说并非是无偿演出,演出组织者可以取得必

① 黄大同.商业性演艺消费[N].中国文化报,2006-11-09.
② 李康化.文化市场营销学[M].太原:书海出版社,山西人民出版社,2006:347.

要的收入。中国在《关于构建合理演出市场供应体系促进演出市场繁荣发展的若干意见》规定"加大政府投入,建立公益性演出机制",而且承担公益演出的主体是国有演出单位,并建立以国有演出场所为中心的公益性演出长效机制,创作面向中低收入人群的小成本演出剧目,为此财政补贴城市社区、农村、工矿企业等基层公益性演出。

社会上各种演出名目繁多,如节庆演出、礼宾演出、评奖演出、招待演出、慰问演出、交流演出、献礼演出、会演、调演、福利彩票促销演出、电台主办演出、企业形象宣传演出、政府文化演出、民间交流演出等,这些演出除了极大促进文艺消费外,也因为其演出性质不明,在很大程度上制约了演出市场的健康发展。这主要是因为演出主体的利益驱动、国家对演出管理的价值取向。首先,由于演出本身的商品与意识形态属性,国家对演出管理的价值定位对不同种类演出不同。一般而言,营业性演出是以市场为导向,以经济效益为第一目的,其性质侧重于演出的商品属性,所以国家对营业性演出的管理机制相对严明,而且各种制度也比较健全,如中国先后颁布了《营业性演出管理条例》及其《实施细则》等一系列行政法规与部门规章。而非营业性演出主要是政府主办或参与主办,是以实现社会效益为目的,其性质侧重于演出的意识形态性,因此,国家对其管理相对宽松。其次,不同的演出主体的利益是不同的。一般而言,政府主办或参与主办、冠名的非营业性演出,由于演出费用的来源公众性,参加演出者本身自身价值的确定性,如奥运会开幕式演出,资金由公共财政负担而且参加演出本身就是对演出者社会地位的确认,因而演出主体的利益已经得到了实现;而且,如果演出主体违法,常常得到比经济利益更严重的惩罚,如限期演出甚至取消演出资格,所以,非营业性演出行为更加规范。营业性演出主体以追求最大经济效益为目的,而由于非营业性演出风险小、利益有保障,所以,一些演出主体,投机取巧、不规范操作,将营业性演出项目伪装为非营业性演出项目经营。由于在市场经济条件下,绝大多数演出是营业性演出,所以对非营业性演出与营业性演出的界定有特别重要的意义。

营业性演出与非营业性演出区别的根本标准是演出的主观目的是否营利,即演出的主要目的是否为了演出组织者的直接商业目的,而演出法上的"营利性"有其特定要求。首先,营利性的对象特定性,即以演出组织者为对象。演出举办者通过演出活动旨在谋取一定的经济利润,而不是向公众免费、无偿提供文化服务。演出参加者是否获利,不影响演出的性质,即只要演出组织者演出的目的是为了通过演出获取经济利益,就构成营业性演出,而不论演出组织者是否实际获得了经济利益或者经济利益的大小。至于演出组织者获取经济利益的途径、方式、金额不影响该条件成立,可以直接获取利润,如收取门票,也可以间接达到谋利目的,如通过拉赞助来获得广告收益。我国演出法规对以营利为目的演出方式采用列举方式进行判定,包括售票或者接受赞助的演出、支付演出单位或者个人报酬的演出、以演出为媒介进行广告宣传或者产品促销的演出、以其他营利方式组织演出的演出等四大类方式[①]。而2015年以前规定了六种方式,包括"包场"的演出、"捐助"的演出[②],同时采用"其他营利方式"进行兜底,当然包括互联网上营利性演出。因此,演出形式与主办定位不能够成为判断是否营业性演出的标准[③]。其次,营利性是有量的规定的,即组织者主要目的是获取

---

① 参见中国《营业性演出管理条例实施细则》(2017年12月15日文化部令47号)第2条。

② 参见2005年中国《营业性演出管理条例实施细则》第3条。

③ 张建新,雷喜宁,刘晓霞.营业性演出管理条例释义[Z].北京:新华出版社,2005:37-38.

经济利益。也就是说,演出组织者在演出过程中,可能会得到一些经济利益,如观众或社会在捐赠、演出者义务演出,或者为了演出正常进行而取得维持演出再生产的基本开支,这都不是"主要"目的,演出商业性划分的界线在于演出主要目的是否为了演出组织者的直接商业目的。非商业性演出,对于演出团体来说并非无偿演出,对于演出组织者来说,也不是不允许取得必要的收入①。界定是否主要以营利为目的,关键要看最终活动利益的去向:一些演出尽管以营利形式出现,但所得利益全部捐助了社会公益事业,究其性质不能够认定为营业性演出;另外一些演出尽管打着公益的幌子,却行牟利之实,是营业性演出②。最后,利益的物质性。利益在这里仅仅指经济利益,即物质利益,不包括社会利益或精神利益。所以社会媒介通过对演出的宣传而提升组织者的知名度或声誉,不是"营利性"的表现形式。而组织者因为自己的知名度而在其他演出中提高演出要价要求,不是该演出的利益表现,所以利益的物质性是有场次限制的③。歌手现场演出主要类型,有商业演出和非商业演出两类,具体包括:地方节庆活动的演出;由媒体、企业或演出商举办的综艺晚会、组台演唱会,商业营业场所、企业举办的演出活动,如大型商场、大型宾馆、企业年会等;艺人的个人专场演唱会或与其他艺人合作以品牌形式推出的演唱会;歌友会:唱片公司为宣传唱片而开展的演出活动;公益演出:由公益机构主办或有关单位与公益机构联合主办,为了某项特定的公益主题进行宣传或倡捐的演出活动。

第二节 "演出"的构成要件

众所周知,广义上的演出范围十分广泛,但不是所有的演出都受法律保护,而作为演出法保护对象的"演出",必须具备一定的条件。法律调整对象是被法律调整的或客观上要求法律调整的具体的意志社会关系,或者是客观上能够"接受"的法律调整,而在一定的社会条件下又要求对之进行法律调整的社会关系。而演出作为法律调整对象,是随社会关系发展,法律调整对象发展扩大和加深的结果④。同时,"演出"的构成要件也是法律适用的基础,只有明确"演出"要件,"演出"才能够被确定为演出法律关系的对象。

一、演出具有法理性形态

演出法上的"表演"是人们的一种外在行为,但是它与一般的行为是不同的,如果说一般行为是人的社会制度化的表现,每个人行为内容的要求或多或少是相同的,如人们日常交谈。表演却是创造性的,可以表现演出者在现时社会与历史发展中的独特性,如演唱越剧《状元与乞丐》。一般行为是人类社会角色扮演的结果,人通过扮演他人,学会了如性别、年龄、种族、阶级等各种习惯性活动。而表演是装饰性的,如演员在演出中扮演"观音菩萨"。由于演出法上的"表演"的特殊性,正确认识表演,是正确理解和认识演出法律制度的前提条

① 李康化.文化市场营销学[M].太原:书海出版社,山西人民出版社,2006:346.
② 张建新,雷喜宁,刘晓霞.营业性演出管理条例释义[Z].北京:新华出版社,2005:37-38.
③ 黄大同.消费视野下的演艺分类[N].中国文化报,2006-10-19.
④ 孙国华,朱景文.法理学[Z].北京:中国人民大学出版社,1999:229-230.

件之一。在通俗意义上说的"表演",就是"演出"。对于艺术学上的"表演"含义,理论上有较大影响的学说是"戏剧理论"与"表演理论"。戏剧理论认为"表演"是人在人际互动中根据或利用情境主动地展示自己,从而有意识地影响、操纵别人对自己的印象。表演理论认为,人类是会表演的物种,表演是人类的基本行为之一,表演即创造性地模仿他人,人与动物的区别之一就是人有能力进行选择,而这种选择过程就是表演,人们在表演中得到发展。表演理论的倡导者之一路易斯·赫兹曼指出,表演的舞台不再是个体内部的、孤立的,而是人与人之间的、相互联系的、动态的过程,个体成长的历史就是学习表演的历史。"表演是单个人或者一群人在其他单个人或者一群人面前为这些人所做的行为"[①]。表演理论逐渐成为主导理论,以表演理论为核心而发展起来的社会治疗方法在当今的美国已广为流传。社会治疗的观点认为,现代人的孤独与痛苦是源于人们对人生错误的认识,认为生活是由环境决定的;只有让人们认识到自己能够选择,才能实现生活快乐;而实现快乐人生的途径就是表演,即创造性地模仿他人,主动选择自己的态度,成为社会舞台的表演者。莎士比亚(William Shakespeare)认为,世界是一个大舞台,历史是一部正在进行着的戏剧,并永远继续下去的社会生活的全部。吉尔摩和派恩在《体验经济》中声言"戏剧"无处不在、无时不在,各行各业的从业人员都是表演者,他们的顾客就是观众,他们在向自己的顾客提供服务的时候,就是在进行社会表演。当然,受法律保护的表演,必须合乎法理性、形式适合性、过程公开性、内容有效性的条件。[②] 此外,演出还包括了一系列有序的表演过程,即通过活动展示整个表演过程。

演出是演出法律关系的标的,所以它应该符合演出法律关系标的的法律条件,即它是人在一定意志支配之下的人体的外部状态,是由法律调整的行为,包括合法行为、不合法行为;而对行为的形态无任何特殊要求,只要被人感知即可。对于演出的这个要件,许多国家把它视为著作权法的作品形式要件,但是具体规定有区别。演出不应该要求以固定形态为要件。第一,强求演出形态固定化作为获得法律保护的条件,很明显不符合法律关系标的的法学基本原理。法律关系标的的种类之一的行为,是不要求有固定表现形态的,强求行为的固定形态相当于排除了行为作为法律关系的标的,人为减少法律关系标的的种类。而且,演出只是行为,禁止行为等于否定了演出法规客观存在的合理性。实际上,演出法规在世界各国都存在,只是其存在的形式不同而已,如前述,有专门法典、案例法、规章等。第二,强求演出形态固定化,不符合演出本身特征。演出是消费与生产的统一,具有同时性、现场一致性、形式多样性特征。而且,演出包括现场演出和机械演出,现场演出很难将所有的演出形态完全固定化。所以,以固定形态要求演出,不能够充分保护演出者的权益。第三,强求演出形态固定化,不符合科技和社会发展的趋势。随着数字传播技术的迅速发展,使用人自由选取以互动式传输的方式再现演出,使远距离传送演出已经成为演出市场的一种主要形式,而电子数据不一定具有固定形式。最后,世界各国立法实践也说明了固定演出形态的非合理性,如,美国法演出包括公众打开收音机收听演出、用科技来传送演出,英国法演出包括演说及布道,法国法将杂耍、马戏、木偶戏等皆视为演出。如果法律规定,采用统一规格、统一设备、统一标准去固定演出,显然既无必要也无实施可能。

---

① Richard Schechner. Performance Theory, Routledge, London and New York, 1988:22.

② 郑智武. 论表演的法律概念及构成要件[J]. 商业时代, 2007(16):65.

演出作为演出法调整的对象,演出呈现的形式需要具有法律上的特定表现形式。演出对技术设备的种类与功能没有限定,但在表现形式上却限定为以"声音、表情、动作"的方式。演出艺术是通过人的演唱、演奏或人体动作、表情来塑造形象、传达情绪、情感从而表现生活的艺术。演出一般是指在音乐、舞蹈、戏剧、曲艺、电影、电视、录音、录像中杂技、相声、魔术等演出。但中医气功不属于演出范围。各国立法例规定了演出的不同形式,如巴西法包括足球比赛、田径比赛,法国法则将杂耍、马戏、杂技演出、木偶戏等皆视为演出,而魔术、武术、体操均非演出。在西班牙,可以用任何形式演出、演唱、朗读、背诵、口译或演奏一部作品①。美国法不仅包括第一次的演出、广播公司传送现场演出,还包括了任何进一步将演出传送给公众的行为,甚至包括打开收音机给公众来听。根据中国相关演出法规的规定,演出包括音乐、戏剧、舞蹈、杂技、魔术、马戏、曲艺、木偶、皮影、朗诵、民间文艺以及其他形式的现场文艺演出活动。其中"借助技术设备"可以把网络传输包括在内②。日常演出主要形态有戏剧戏曲演出、音乐歌舞演出、曲艺演出、舞蹈演出、杂技演出、时装演出、体育表演演出、综合艺术演出、演出服务、娱乐演出等。

对于民间艺术的演出形式,根据国际保护民表演艺术的理论与实践,能够成为法律关系客体的民间表演艺术表达形式主要有三大类。首先,民间民表情艺术,包括民间音乐、民间舞蹈、民间曲艺、杂技、民间戏剧等。民间音乐包括民间歌曲、民间器乐、民间歌舞、戏曲音乐和说唱音乐,民间舞蹈包括节令习俗舞蹈、生活习俗舞蹈、礼仪习俗舞蹈、信仰习俗舞蹈、劳动习俗舞蹈等。其次,民间综合表演艺术是戏剧、戏曲等艺术的总称③,主要包括民间戏曲、曲艺、皮影戏、民俗表演。民间戏曲主要包括宋元南戏、元杂剧、明清传奇、近现代京剧和各种地方戏,曲艺主要有相声、数来宝、快板、快书、评书、弹调、大鼓坠子、琴书、皮影戏等,民俗表演主要包括社会生活民俗、精神生活民俗。最后,民间动作艺术,主要包括杂技、魔术、中国武术。杂技分为力技、形体技巧、耍弄技巧、高空表演、马戏与动物戏、幻术等④。

二、演出具有公开性

演出作为演出主体的行为必须公开,因为法律调整对象是人们的外在行为,受众观赏到的演出才是演出主体的"行为",否则该演出只能够是演出主体的"意识"。受法律保护的任何演出都必须面对不特定的多数人进行展示。演出的公开性是指演出能够清楚地证明、表明演出内容,能够在公共场所展示某些新作品,能够当众广告。公开,即公之于众,以不加隐蔽的方式面对社会公众。关于"公之于众"中"众"是判断演出是否已经公开的重要因素,如何理解?我国最高人民法院解释规定的"公之于众","是指著作权人自行或者经著作权人许可将作品向不特定的人公开,但不以公众知晓为构成条件。"⑤演出主体只要将演出向不特定的人公开,对公开的人员范围没有加以限定,这些人均有可能接触、知晓演出的内容,但不要

---

① 参见1998年《西班牙知识产权法》第105条。
② 参见2005年中国《营业性演出管理条例实施细则》第2条。
③ 彭向吉.艺术学概论[M].北京:北京大学出版社,2012:95.
④ 郑智武.论法律语境下的民间表演艺术表达形式[J].北方民族大学学报,2013(1):92.
⑤ 参见《最高人民法院关于审理著作权民事纠纷案件适用法律若干问题的解释》(法释〔2002〕31号)第九条。

求一定"知晓",也不要求数量多少,就构成公开。如果限定范围,即使被限定的人数多,也不能认为是已公开。人群构成"公众"的标准,德国定为"较为紧密的人格联系"的标准①,在人群的成员之间联系较紧密的群体内公开演出,不认为是将"公之于众",而在成员之间不具有紧密联系的群体内演出,被认为公开。另外,是否公之于众并不取决于听众或者观众的数量,很多情况下取决于演出者的主观意向与提供演出的方式。如只对少数观众演唱是公开,而在普通家庭人数的舞台上演唱不是公开。但是,在特定环境下,执行国家规定而对特定观众或听众"秘密"展示才艺,如公益性或者政治性演出,也是公开,但应该享有六个月至一年的优先期。优先期是指演出人就其演出第一次在国家特定规定的情形下进行"秘密"演出后,又就相同公开演出提出权利请求,以第一次演出的日期作为该演出的公开期。此外,将现场演出录制下来,再通过录音机、录像机等技术设备向公众播放也被视为对作品的公开演出。无论怎样,演出的表现形式具有公开性体现演出的目的,即吸引受众注意、引起受众兴趣、取得受众信任,为演出持续消费创造条件②。

国外的著名演出理论家和实践者都把演出具有公开性作为演出的重要条件。理查德·谢克纳认为,演出是向外人或群体展示的行为;俄罗斯演员迈克尔·契诃夫指出,演出是采取谨慎的步骤与观众联系起来。各国及相关国际条约关于演出立法都要求演出具有公开性,而且不再局限于现场演出。如日本法规定,演出是具有公开娱乐性质的公开行为。美国著作权法中的"公开演出"是"公开地"演出或展出一个作品,即(1)演出或展出作品的地点是向公众开放的地点,或聚集超出一个家庭及其社交关系正常范围的相当数量的人的任何地点。(2)利用任何装置或方法向(1)规定的一个地点或向公众播送或用其他方式播送作品的演出或展出③。该法同时规定"公开演出权",即享有著作权的作品享有公开演出的权利④。根据法国法,演出指以某种方式向公众传播演出,包括公开朗诵、音乐演奏、戏剧演出、公开展示、公开放映和在公共场所传播远程传送演出。

中国著作权法与世界上多数国家一样,将演出限定为是对作品的公开再现,而对非作品的再现则主要利用合同法或再现者在民法上的肖像权来进行保护。我国演出法及其有关法规的规定,营业性演出是指以营利为目的、为"公众"举办的"现场"文艺表演活动,演出可以是直接或者借助技术设备再现作品,公开演出的方式包括售票或者接受赞助的演出,支付演出单位或者个人报酬的演出,以演出为媒介进行广告宣传或者产品促销的演出,以其他营利方式组织演出的演出,如凡以文艺演出为其他经营活动服务,如进行广告宣传、福利彩票促销等,对占用公园、广场、街道、体育场(馆)或者临时搭建的场所举办营业性演出活动的,均属于营业性演出。⑤ 显然,公开性是我国演出的必要条件。同时,根据我国有关规定,外国著作权人享有不分作品种类,不分传播方式的"广泛的"公开传播其作品⑥。修改后的著作权法规定,"活表演"与"机械表演"都必须公开,而且机械演出公开范围较广,不仅包括宾馆、饭

---

① M 雷炳德.著作权法[M].张恩民,译.北京:法律出版社,2005:224.

② 郑智武.表演及表演者的法律研究[J].浙江艺术职业学院学报,2007(4):107-108.

③ 参见 U.S.C Section 101(2002)。

④ 参见 U.S.C Section 106(4)(2002)。

⑤ 参见 2017 年中国《营业性演出管理条例实施细则》第 2 条,1999 年 5 月 7 日文化部《关于进一步加强营业性演出管理和演员艺德教育的通知》。

⑥ 参见中国《实施国际著作权条约的规定》第 11 条。

店、商店、歌舞厅为顾客播放音乐、歌舞演出等,还包括远距离及通过计算机网络传送演出。澳门特别行政区法令规定,舞台演出系在观众面前演绎作品。因此,演出的方式是灵活的,既可以是现场演出,也可以通过机械、网络等技术手段演出,而演出的时间、地点在符合公开条件下,法律做出了剩余权规定。在网络环境下,网络表演是指以现场进行的文艺表演活动等为主要内容,通过互联网、移动通讯网、移动互联网等信息网络,实时传播或者以音视频形式上载传播而形成的互联网文化产品。网络表演经营活动是指通过用户收费、电子商务、广告、赞助等方式获取利益,向公众提供网络表演产品及服务的行为。其中,将网络游戏技法展示或解说的内容,通过互联网、移动通讯网、移动互联网等信息网络,实时传播或者以音视频形式上载传播的经营活动,视同网络表演①。我国的网络表演体现实时性、传播性、公开性是其最为根本的前提特性。

三、演出是以节目为内容的效果性展示

演出都是以"舞台"为载体,都以节目为最终产品。演出的内容是演出节目,演出节目形式即演出人员表演节目的具体表现形式。演出节目形式主要分为单纯剧种演出形式与综合剧种演出形式两类。表演的节目反映了演出过程投入资金与劳动的物化形态。"节目"一词,约出现于汉代,多使用于与娱乐有关的形式,如杂耍、魔术、游戏、戏剧(汉参军戏,元杂剧)。英语"programme/program"是"计划、程序、编序、说明书、节目单,特指广播电视节目"等意义,相似的词还有"item""number""show"。狭义"节目"内涵是一个独立单元,小到一条广告,大到一个剧目甚至演出项目②。演出节目是构成演出的基本单位,演出节目要素主要包括视觉元素、听觉元素、刺激元素、情感元素、故事元素、时间元素、空间元素,甚至经济元素、政治元素、文化元素、社会元素、技术元素等。不同剧目元素的排列组合构成了不同的演出形态。为此,成熟的戏剧团体传统保留剧目,一般由三因素决定:思想和艺术价值矿藏丰富,可以锻炼新人,可以作为代表性剧目。

由于现场演出的生产与消费的同一性、演出内容的意识形态性,各个国家对演出节目的范围都没有明确的列举,而是采用原则性排除法来规定。而且世界各国的文化背景、经济发展状况、教育发达程度以及价值观的差别,使得演出节目的范围存在明显的差异性,中国是采用列举大类方式规定演出节目的范围。中国现有的法规将演出节目的范围分为国内演出节目与涉外演出节目;演出主体取得演出节目的许可才可以进行演出,而取得演出节目的许可要依法履行法定手续。在国内演出节目范围方面,以一般公众为消费对象的演出节目范围的判断标准是遵守法律法规、符合公序良俗、维护国家与民族利益、保护未成年人,除禁止演出节目外,所有的节目都可以进行演出。在涉外演出节目范围方面,涉外演出节目包括出国演出节目和引进演出节目,具体可以分成四大类,即鼓励演出节目、禁止演出节目、放任演出节目与限制演出节目。而且即使演出节目类型,在不同时期、同一时期不同阶段、不同国家是不同的。具体演出节目类型包含的范围、内容、形式、规模等具体标准具有很大的政治性,但是从世界各国法律规定的一般法理看,确定涉外演出节目标准主要有国家与民族利益、公序良俗、国际关系、演出节目本身水准。对出国演出节目,中国采用穷尽列举的立法

---

① 参见文化部《网络表演经营活动管理办法》(文市发〔2016〕33 号)第 2 条。
② 壮春雨.电视节目学概要(现代传播)[M].杭州:浙江大学出版社,2001:35-60.

例,规定鼓励出国演出节目,且没有兜底性规定,禁止出国演出节目则采用兜底条款。引进演出节目与出国演出节目有些类似,但是从社会实践看,引进演出节目国有更大在自主权,通过行政权力来决定某演出节目的"合法性"。演出节目要符合法定要求,还要遵循知识产权法与反不正当竞争法,避免节目"克隆"侵权,同时加强自身演出节目的保护,如南京市越剧团编排的越剧《柳毅传书》在江苏省版权局领取了作品登记证①。

从演出本身来说,演出效果就是对受众产生冲击力,即对受众产生影响。而演出法上的演出,要求演出的效果是积极、正面的,即符合统治阶级意志和社会整体利益的效果,既有经济的效益也有社会的效果。所谓的积极效果是对受众有正面的、符合社会需求的、对受众有良好的影响,是符合社会发展需要以及公序良俗的影响。积极效果也可以是对社会发展产生推动作用的影响力。如果演出活动对社会和个人发展产生负面、减损作用,甚至是没落的影响,这种影响无论是多么强烈或深刻,都不是演出法上的演出。在经济效益方面,演出能够给投资者、举办者、赞助者、演出者、创作者带来较好的票房收入、开展娱乐性营销、促进演出产业链增值等。在社会效益方面,演出的各个环节能够对国家形象树立、国家政策传播、意识形态认识、民族精神弘扬、风俗传统评判、行为方式的示范等产生积极影响。这是因为演出本身作为展示行为,包括演员、舞台设计、道具设计、灯光设计、音响设计、服装设计、化妆设计、舞蹈、剧本等演出元素,真正的演出本质是一种代言行为,包括台上演出与台下互动的关系,有很强的目的性和指向性,而且演出行为来源于人们高度激动的感情,如《毛诗序》所说:"情动于中而形于言,言之不足,故叹嗟之,叹嗟之不足,故咏歌之,咏歌之不足,不知手之舞之,足之蹈之也。"演出行为的细节选择、顺序安排和节奏把握等诸多因素,使演出的示范特性显著,培养或改变观众观念。

有效的演出应有设计的形象,这个形象必须能够传达观众自己的价值理念和精神内涵,而且能够适应或提升观众设计的形象。因为,演出的舞台不是个体内部的、孤立的,而是人与人之间的、相互联系的、动态的过程。演员也不过是舞台众多元素中的一个,任何一个内在的感觉都是可以通过外在动作演出来呈现的。同时,社会个体或组织都有自己的角色定位,为自己设计形象,而演出能够适应或提升观众设计的形象。有效的演出应是有控制的展示,演员身体的动作和身体的移位就可以作为连接时间和空间的桥梁,身体可以将时间空间化,空间时间化,所以演员必须始终控制好自己的言谈、举止,在有控制的展示中形成一个整体的形象。演出是演员体验与表现的辩证统一,正如俄罗斯戏剧家斯坦尼斯拉夫斯基所说:"看过梅兰芳的表演,再到我们那儿的剧院去走一遭之后,你就会说,是否可以把我们所有演员的手都砍去得了,因为它们毫无用途,既然我们看到的这些手,不过是袖口露出来的一个肉疙瘩,他们既不能表现什么,也不能表达什么,或者只能表达一些不该表达的东西,那么,我们何不把这些手砍去算了。"②梅耶荷德也指出:舞台上是非常美的,死亡也死得非常美丽,演员演出悲痛的时候,演员在心里却充满了欢乐③。总之,演出是一种力量,迫使受众进入艺术情境,去关心角色的命运,迫使受众不能不受感动。

① 王力,施越.艺术团体有了版权意识　新编优秀剧目申请作品保护[N].人民日报,2003-04-11.
② 俞丽伟.梅兰芳戏曲手势表演美学刍议[J].中北大学学报(社会科学版),2015(5):102-103.
③ 孙玫.从世界现代戏剧史的视角认知梅兰芳访美和访苏的意义[J].艺术评论,2017(1):123-129.

四、演出要素的整体有机性

一场现场演出有完整的要素组成,这些要素包括:演出主体要素——组织者及实施者;演出协助要素——演出受众;演出内容要素——演出节目;演出物质要素——演出时间、场所、服装、道具、布景、舞美、灯光、音响,这四大要素缺一不可,否则不能够形成演出。

在演出四大要素中,首要因素是演出主体。演出主体要素中的演出组织者如演出商、演出经纪人、演出院团,主要负责演出的发起与组织,没有他们演出难以形成。演出实施者是个体演员,包括独立参加演出的演员和以单位名义出演的职务性演员,演员是众多要素中的第一要素,他们是演出的核心,一场演出的效果根本性取决于演员,没有演员演出就无法进行,一定程度上说明没有演员就没有演出,演员素质高低以及对演出的投入状况直接决定演出的艺术价值、市场效果以及社会价值。二是演出协助要素也是演出需要人,他们是演出的消费者,可能是现场直接、非现场间接的观众,如看录音棚、剧场的演出录制的受众是间接观众。演出需要人的范围极其广泛,包括机关团体、社会组织、企事业机构等所有需要演出的单位(本质是这些单位的职员或者被这些单位邀请观看演出的人员),以及可能观赏演出的自由个人而不分男女老少、贫富贵贱、社会阶层的个体,客观上说这些演出受众不但是演出佣金的直接来源,也是完成演出的必要因素,因为演出效果就是演员与观众交流的结果。观众与演员是演出的两个方面,两者互为依存,没有观众演出就没必要进行,演出的目的和价值就无法实现,某种意义上观众多少是衡量一项演出成功与否最重要的标志之一。三是演出内容要素即演出节目形式与内容,是演出的主要依据,也是评判演出的主要条件。其中演出节目形式即演员表演节目的具体表现形式,既有单艺术样式演出形式如祁剧、音乐、芭蕾舞、杂技演出形式,又有综合艺术类型演出形式如各种综合性文艺演出,多由歌舞、曲艺小品等多种形式组成。演出节目是演出人员展示演出节目的具体内涵,也是演出中传输给受众的具体精神内容。在演出节目中,主要要素是演职人员,在演出节目形式与内容关系中,最为重要的是人的参与性。四是演出物质要素是演出的客观因素或者叫作自然物质因素,具有强烈的变迁性。如演出时间是指约定的演出时间,由演出的开始时间、持续时间和结束时间组成,一场演出时间不具有逆反性。演出场所是具有能满足演出所需要的表演舞台及灯光音响等设施,又能满足观众观赏演出的所需要的座席的公共场所,一般分为专业演出场所、多功能综合性演出场所或者小型演出场所(500 座席以下)、中小型演出场所(500~800座席)、中型演出场所(800~2000 座席)、大型演出场所(2000 座席以上)。演出场所是演出主体要素和演出协助要素的交流的场所——就现场演出而言,同时也是演出内容要素价值实现的场所。演出场所是演出的载体是实现演出的必要条件,演出项目对演出场所有技术要求,演出场所对演出的艺术效果有重要的影响。在机械演出中,演出场所外延十分广泛如公共场馆、影视剧场等适合演出的场地,形成规范演出场所(指具有标准的舞台设施、观众席位、具有封闭性的专业剧场)与非规范演出场所(如大型体育场馆、露天演出场所、茶馆戏楼等)两分演出市场的局面。服装服饰是演员根据艺术品种和人物需要专门设计制作的,和演员的表演融为一体;道具分两种即舞台特定环境需要的固定道具和演员演出中需要借用的器具;布景是满足演出节目特定要求设计制作的,有硬景和软景之分,硬景真实但体积大不便运输而软景是通过画幕来体现场景环境,巡回演出多用软景。随着科技发展,舞美、灯光、音响已经成为演出不可缺少的组成部分。

一场完整演出,必须同时具备这四大要素,否则不能够构成演出。但是这不是意味着每一场演出四大要素不变或者各要素的外延完全要出现,如演出物质要素所包含的因素不是在每一项演出中都必须全部具备,可以使用一部分,特别是服装、道具、布景、舞美、灯光、音响可以在演出中有选择性运用。有效的演出是这四个共同要素相互作用的结果,缺一就不可能成为演出,同时某一要素存在缺陷,就必然制约演出的实效,演出的价值受到影响。完整的演出流程是指从演出立项、创作、排练、制作、舞台演出及演出服务后与观众的沟通服务、演出的衍生产品培养的全过程,但并不是所有演出都必须经历演出的全部流程。

第三章

演出法主体

在演出法律关系中,演出及演出主体的法律保护问题,属于法制的价值取向问题。演出主体范围包括自然人与法人、非法人组织,也包括机关、事业单位及团体,特定条件下的政府。随着演出市场发展、传媒技术进步、演出法体系完善而扩大,演出组织者包括自然人与法人、非法人组织。作为演出法律关系的主体与客体,演出与演出主体的界定是促进演出和谐产销的法制前提条件,也是制定专门的演出法或完善并提升演出法的阶位,是法律体系、发展演出业的关键性前提。同时,演出主体是演出法律关系的主体,无演出主体当然无演出行为,也就无演出法律存在的意义[①]。

演出主体作为演出权利的主体,是因其演出而产生的权利的直接承受者。演出主体作为演出法律关系主体在法律关系中占有重要地位,而且,演出主体的权利与义务是演出法调整的核心内容。"演出主体"作为法律概念和其他概念有本质的不同,它与"演出"是同位的概念,在演出法律体系中,"演出主体"的法律概念是一个上位概念。我国法制秉承大陆法系本源,对演出的法律保护逐步形成了著作权法体系与演出法体系,但是现有的法律规范还不完全适应演出业的发展,如对非物质文化遗产表演艺术的保护存在空白,对民族艺术演出保护适用一般法律,未体现民族艺术演出的特殊性。演出主体种类包括法人单位、非法人单位、个体、合伙组织以及"三资"演出企业。在中国,存在演出市场经营主体的所有制壁垒,城乡演出市场不平衡的二元结构,而民营文艺表演团体是传承和弘扬民族民间优秀传统文化的重要载体,为此鼓励民营文艺表演团体,承担一定公益演出项目,推进开拓国外演出市场。演出主体制度不健全,严重制约演出市场的发展,健全及完善演出主体制度已经迫在眉睫。

第一节 演出法主体概念

一、演出主体的一般概念

随着文化在国际竞争中的地位提升,艺术法律制度价值取向也由"义务本位"转向"权利

---

① 魏德士.法理学[M].丁小春,吴越,译.北京:法律出版社,2003:256-258.

本位",而权利"就其目的而言,它是满足人们利益的一种手段"①。在法律语境中,主体是法律关系的根本要素,"是法律关系的参加者,即在法律关系中一定的权利的享有者和一定义务的承担者"②。由此,演出主体就是演出活动的实际参加者,是演出法律关系中的演出权利享有者和演出义务承担者,或享有演出权利并承担演出义务的个人或组织。衡量一个人或组织是不是法律关系的主体,即实际参加或组织演出的人或组织,关键因素是看其是否是演出权利主体,即实际参加或组织演出的人或组织,而演出权利与演出责任对应。

演出主体是演出法律关系的根本要素,作为法律上的演出主体,具有三个法律特征。首先,演出主体是实际演出的人或组织。不是所有参与演出活动的人或组织都可以成为演出主体,只有实际演出人员才可以成为演出主体,不包括演出组织者或承担者的上级主管部门,指挥、协助人员,制作拍摄人员。根据国际惯例,不做艺术性工作的配角演员(群众演员、哑角)、技术人员(布景、道具管理)等人不是演出主体。其次,演出主体必须有符合法律要件的"演出"行为。该演出具有前述的法律要件,否则不是法律保护对象。再次,演出主体具备种类要件。演出主体也必须是符合法律条件的自然人或者组织,其中组织包括法人和非法人组织。最后,演出主体不断丰富。社会资本投资成立的文艺表演团体、演出经纪机构、演出场所,社会资本以投资、参股、控股、并购等形式参与国有文艺表演团体和演出场所的公司制改建。境外资本以合资、合作的方式成立演出经纪机构、兴建演出场所。民营文艺表演团体市场准入条件降低,民营文艺表演团体不断发展③。

根据演出特点,演出主体可以分成二大类,即演出组织者与表演者。第一大类,演出组织者,即参与或承担演出的机构。演出组织者可以是演出商、演出经纪人、演出场所、演出团体本身及演出需要人④,工会、各级文化部门、群众文艺部门、党团组织等也可为基层文艺活动的组织者。从法人角度,演出组织分为营利法人、非营利法人和特别法人三大类。依据演出经纪组织资产的所有制性质来分类,包括全民所有制法人、集体所有制法人、中外合资经营法人、中外合作经营法人、外商独资法人,以及它们之间成立的具有法人资格的联营和其他各种具有法人资格的演出团体或者公司。按照演出组织制度的形态分类有个人、合伙和公司制组织。演出其他组织是指合法成立、有一定的组织机构和财产,但又不具备法人资格的演出组织,包括:私营独资演出企业、合伙组织、合伙型联营演出企业、中外合作经营演出企业、外资演出企业、经民政部门核准的社会演出团体、演出法人分支机构、集体性质演出企业等。第二大类,表演者是实际表演的人或组织。表演者按照表演身份性质而可以设立三种模式、六大类型,即第一种模式分个人表演者与单位表演者,第二种模式分非职务表演者与职务表演者,第三种模式分合作表演者与非合作表演者。正如表演一样,表演者也有不同的分类,基于表演分类对应,表演者可以简要分类。第一,根据时空和规划性特点,表演者分为艺术表演者与文化表演者。艺术表演者指表演一部分著作或表演一部分著作时起艺术作

---

① 哈贝马斯. 在事实与规范之间:关于法律和民主法治国的商谈理论[M]. 童世骏,译. 北京:三联书店,2003:107.

② 张文显. 法理学[M]. 北京:高等教育出版社,2003:1351.

③ 参见国家发展改革委、文化部、公安部、监察部、财政部、税务总局、广电总局、体育总局、工商总局《关于构建合理演出市场供应体系促进演出市场繁荣发展的若干意见的通知》(发改价格〔2008〕76号)。

④ 李安. 营业性演出管理条例释义[Z]. 北京:中国法制出版社,2005:9.

用的人,一般包括直接表演者与指挥人员等。文化表演者是进行戏剧音乐会、仪式与典礼、节庆等活动的表演人员。这类表演者往往具有来源广、担任角色多样、准备时间长等特性。第二,根据表演的内容,表演者分为作品表演者与非作品表演者。前者是表演文学、艺术作品的表演者,包括演员、舞蹈家、歌唱家、演奏家等等。后者是非表演文学、艺术作品的表演者,包括杂技、魔术、马戏、木偶演员等。我国的表演者的范围仅为"表演作品"的表演者①。第三,根据范围,表演者分为广义表演者与狭义表演者。广义表演者不仅包括对享有著作权的文学,艺术作品进行表演的人,同时也包括对公有领域内的文学艺术作品进行表演的人以及进行非作品表演的人。广义的表演者包括戏剧拍摄、广告、舞台秀、时装秀、商品秀、台走秀、刊物平面及车展、商品展等的表演者。而狭义表演者只包括对文学艺术作品进行表演的人,而不包括杂技演员和体育运动员等"表演"非文学艺术作品的人。第四,按照工作性质,表演者可以有不同的分类,主要有:专业走秀的表演者,包括各种服装秀、商品秀、车展及家居展等各种品牌展示表演者;平面广告的表演者,包括拍平面广告、音乐电视(MTV)音乐录像带、伴唱带、目录、快讯商品广告(DM)等的表演者;会展表演者,包括各种商会、展示商品发布会、展示会、颁奖会议、典礼礼仪、记者发布会等各类商务与公关活动的舞蹈者、歌手、乐手、乐队、魔术、杂技等表演者。第五,按照表演身份性质,表演者分为自然人表演者与单位(法人)表演者。自然人表演者是不依附于单位而能够进行独立表演的自然人个体或独立的群体。这类表演者是表演者的主要类型和常见类型,要具备自然人的行为能力。单位(法人)表演者,隶属演出团体组织活动中演出的表演者。实际表演者常常以所在或者所受委托的团体意志为准,如果是以该团体意志进行的表演,具体演员应该具备职务要素。一般来说,演出的节目属于法人表演,法人表演针对的是一场综合性的、集体性质的表演,往往由数个节目组成,法人拥有整台表演的表演者权。第六,按照演出市场构成,演出主体类型可以分成八大类。演职员,即专门从事舞台演出活动的表演人员和工作人员,演职员绝大多数归附于艺术表演团体,少数是独立的个体演员。表演团体,即专门从事表演艺术的团体组织,根据行政隶属关系分为国家级艺术表演团体、省(州)级艺术表演团体、基层级艺术表演团体,按职业专属性质分职业艺术表演团体、民间艺术表演团体和业余艺术表演团体和人数不多的表演组合团体。演出场所,即为营业性演出活动提供场地和相关服务的经营单位,分为专营演出服务场所、兼营演出服务的场所。演出商,即从事演出交易为主要业务范围的演出公司及复合演出经纪机构。项目演出人,即在项目规划下进行专门演出项目的操作人。演出经纪人,包括个体演出经纪人、经纪公司、合伙经纪机构。演出需要人,即为特定目的而需要组织演出的客户。演出受众,即以各种方式接受演出消费或服务的观众和消费者。

二、表演者的概念

"表演者"作为法律概念和其他概念有本质的不同,它与"表演"是同位的概念,在演出法律体系中,"表演者"的法律概念是一个一级上位概念。世界多数国家在著作权法中对表演者的内涵进行了定义,相关的国际公约也如此,虽然他们的规定有许多相似之处,但是也有很多不同,特别是在表演者列举范围上。各国法对表演者概念的分歧,在表演者的外延上各国立法也不统一。但是,总体来说,许多国家对表演者作了宽泛规定。1995 年的德国著作

---

① 李永明.论表演者权利的法律保护[J].浙江大学学报(人文社会科学版),2002(4):47.

权法规定表演者是指朗诵或者表演作品的人或参与艺术的朗诵或表演作品的人。可见,表演者包括实际演出者和参与者,而"参与者"要成为表演者必须是艺术参与者,包括音乐指挥或导演,而非其他人员,不包括杂耍、运动员等不进行作品表演者。但是,德国著作权法没有明确规定组织是否可以成为"表演者"。在美国法中,表演者是直接或借助设备或方法对作品进行朗诵、演奏、舞蹈或演出的人,包括直接演出者、间接演出者、方法提供者。其中间接表演者,仅仅是机械表演者,而借助方法进行表演,将表演者外延扩大到所有人员包括无行为能力或者限制行为能力者[①]。日本法把表演者定义为影剧演员、舞蹈演员、演奏者、歌唱演员和进行其他表演的人,如杂耍演员、马戏演员、体育运动员、魔术表演者等,以及指挥演出或进行演出的人。很明显,日本法律上的表演者是广义的,包括实际表演人员和其他表演及指挥演出的人员,但是也是仅仅与演出或表演有密切关系的演艺人员,不包括其他摄制人员和辅助人员[②]。法国法规定表演者是指表演、演唱、朗诵,或以其他方式表演艺术作品、各种节目、马戏、木偶节目的人,但是不包括职业惯例中的辅助演员[③]。在西班牙法中,表演者是"指以任何形式演出、演唱、朗读、背诵、口译或演奏一部作品的人。舞台演出的导演及乐队的指挥应享有本章授予表演者的各项权利"[④]。对其他相关演出人员限制在"导演及乐队指挥"两类人,而且这些人也必须是"舞台演出"人员,其他表演形式的"导演及乐队指挥"不受演出法律保护。至于表演者种类,根据立法宗旨,应该仅仅限于自然人。1984 年以色列表演者法将表演者定义为以动作、歌唱、演奏、舞蹈或其他方式表演,或表演文学、艺术、戏剧或音乐作品的人。巴西法将运动员比赛活动列入范围,但表演者往往由运动员所属的俱乐部承担,禁止或许可他人现场转播或录制有关运动比赛的权利由运动员组织享有。国际公约把表演者定义为表演文学或艺术作品的人。如 WPPT 规定,表演者指"演员、歌唱家、音乐家、舞蹈家以及表演、歌唱、演说、朗诵、演奏、表现,或以其他方式表演文学或艺术作品或民间文学艺术作品的其他人员"[⑤]。《罗马公约》把表演者定义为,"演员、歌手、音乐者、舞蹈演员和进行表演、演唱、朗诵或者其他表演文学艺术作品的其他人",但是,该公约授权缔约国自主扩大表演者范围,允许缔约国把保护范围扩大到不是表演文学或艺术作品的艺人[⑥]。而 TRIPS 未能明确表演者的含义。2012 年《视听表演北京条约》明确规定表演者的外延,即"表演者"系指"演员、歌唱家、音乐家、舞蹈家以及对文学或艺术作品或民间文学艺术表达进行表演、歌唱、演说、朗诵、演奏、表现或以其他方式进行表演的其他人员"[⑦]。该条约突破了传统版权中的有形作品限制,而且也不限于文学艺术作品的表演者,这个定义是目前世界公约中最为科学的表演者定义,体现表演的本质,也保护了经济欠发达国家的民族文化。特别是各方达成共识的议定声明,将表演者外延延伸到演出完成前,即没有完成整个表演,只要在实际表演的表演人都是表演者。该条约认为,"表演者的定义涵盖凡对表演过程中创作的

---

① 参见 1994 年《美国著作权法》第 101 条。

② 参见 1986 年《日本著作权法》第 2 条第 1 款第 4 项。

③ 参见《法国文学艺术产权法》第 L212-2 及 L212-3 条。

④ 参见 1998 年《西班牙知识产权法》第 105 条。

⑤ 参见 WPPT(1996)第 2 条。

⑥ 参见《罗马公约》第 3 条、第 9 条。

⑦ 参见《视听表演北京条约》第 2 条。

或首次录制的文学或艺术作品进行表演的人。"[1]在我国,从现有著作权法的规定来看,表演者是指演员或者其他表演文学、艺术作品的人。2001年修改我国著作权法和著作权法实施条例时,则把表演者定义为:"演员或其他表演文学艺术作品的人"。我国表演者的范围仅为"表演作品"的表演者,也是与国际公约规定基本一致。我国著作权法以及WPPT将魔术师、运动员等排除在了"表演者"的范围之外。

表演者是指实际表演的自然人或组织,而不论其表演完成与否。表演者有广义与狭义之分。广义的表演者不仅包括对享有著作权的文学、艺术作品进行表演的人,同时也包括对公有领域内的文学艺术作品进行表演的人以及进行非作品表演的人,也包括社火表演者。而狭义的表演者只包括对文学艺术作品进行表演的人,而不包括"表演"非文学艺术作品的人,例如杂要演员、杂技演员和体育运动员,或在舞台上或在电视中进行临时表演的人等[2]。作为法律上的表演者,具有三个法律特征。首先,表演者是实际表演人或组织。不是所有参与表演活动的人或组织都可以成为表演者,只有实际表演人员才可以成为表演者,至于那些指挥、协助人员,如导演、策划、灯光、舞台美术、道具、烟火、摄影、化妆、服装等人员不是法律上的表演者,他们是制作拍摄人员。根据国际惯例,不做艺术性工作的配角演员(群众演员、哑角)、技术人员(布景、道具管理)等人不是表演者,他们虽从事某种艺术工作,却不享有表演者权。其次,表演者必须有符合法律要件的"表演"行为。该表演行为具有法律要件,否则不是法律保护对象。至于被表演对象是构成法律保护的权利标的——广义上的作品,包括即兴演讲和表演,而不是限于著作权法上的作品。最后,表演者应该具备种类要件。表演者也必须是符合法律条件的自然人或者组织,其中组织包括法人和非法人组织。

三、民族艺术表演者权主体概念

民族艺术表演者权主体是指通过表演民族艺术行为产生艺术表演法律关系,并因此享有一定权利和履行一定义务的自然人或组织,是权利能力和行为能力的统一体。民族艺术表演者权主体不同于表演权主体,也不完全等同于表演者,表演者是实际参加表演的人或组织,外延包含民族艺术表演者权主体。首先,主体是实际享有民族艺术表演者权的主体。民族艺术表演者权是基于民族表演艺术产生的利益,包括原始权利和继受权利,无论哪种情形,只要享有民族艺术表演者权,就是民族艺术表演者权主体,无权利就非主体,即使有其他权利而无民族艺术表演者权,也不能够成为民族艺术表演者权主体。其次,主体具有复杂性。自然人、法人及其他组织都可以有资格成为民族艺术表演者权的主体。此外,依据我国参加的国际公约以及对等原则,外国或者无国籍的自然人或组织也可以成为某些民族艺术表演者权的主体。同时,对同一艺术作品进行不同艺术式样的进行表演,如可以将文学作品《梁山伯与祝英台》进行舞蹈、音乐、戏剧、影视、曲艺等艺术样式表演,形成不同艺术类型的民族艺术表演者权主体。即使对同一艺术样式进行表演的不同的人或组织,各自独立成为民族艺术表演者权主体。至于继受民族艺术表演者权主体就更加复杂了。因此,有学者更

---

① 参见《视听表演北京条约》第2条(a)款的议定声明。

② 吴汉东,曹新明,王毅,等.西方诸国著作权制度研究[M].北京:中国政法大学出版社,1998:152.

是将民间表演艺术主体视为不特定主体,如哈贝马斯认为民族"是一种想象的政治共同体"[1],《伯尔尼公约》则直接用"作者身份不明"来界定民间表演艺术主体[2]。最后,主体具有发展性。众所周知,民族艺术表演者权的载体是表演对象——民族艺术,其种类、表达形式在不断发展变化中,特别是数字时代,传播技术极大地改变了民族艺术传播方式,民族艺术表演者权主体外延日益丰富、发展,民族艺术表演者权主体范围将随着历史变迁而呈现"前赴后继"的轨迹。

依据民族艺术表演法律关系形成情形,民族艺术表演者权特有主体有三大类型。第一类是国家与政府。民族艺术是国家整体文化的组成部分,国家与政府受特定区域公民或所在区域民族族民委托对民族艺术资源进行管理和处置。当然,国家与政府成为民族艺术表演者权主体,一般适用下列情形:公权领域的表演、群体表演者难以维权、民族艺术的国际竞争中保护、跨区域民族艺术的表演。第二类是群体,包括民族、土著民社区。民族艺术与特定群体(民族)无法分割,确定民族艺术表演者权主体,需要考量国际立法实践、行为要素、物理要素。第三类是个体,包括民族艺术表演者后代、传承人。民族艺术是一个"进行式",后代人成为主体,有利于民族艺术流传的稳定性、历史进程的连续性。至于传承人,包括法定传承人和自由传承人,他们是保护濒危民族艺术的重要主体。

第二节　演出法主体的界定

作为演出法最主要的主体表演者,其主体资格的复杂性是由表演的复杂综合性决定的。对表演者的界定,理论界的认识并不一致,目前主要存在两个方面的问题:表演者范畴的广义说和狭义说,表演者类型的自然人说与一切人说。广义说认为,表演者包括对文学艺术作品及非作品进行表演的人;狭义说认为,表演者只包括对文学艺术作品进行表演的人。[3] 自然人说坚持表演者只能够是自然人,不包括任何其他组织。该说认为创作是自然人的大脑思维活动,任何的表演归根到底都是由自然人来完成。一切人说认为,法律保护的主体是"人",当然包括自然人与法人和非法人组织。正因如此,不同国家的法律对"表演者"的保护范围可能大不相同,如法国1985年及1995年的版权法都规定杂技演员享有表演者权,巴西的足球赛也可以是"表演",他们采用广义说。TRIPS、WPPT、《罗马公约》则采用狭义说和自然人说。我国著作权采用狭义说和一切人说,保护水平高于上述公约。而且为适应经济的全球化,相关国际法有把表演者中的"外国人"范围扩大的趋势。如TRIPS第9条第1款规定:"全体成员应遵守伯尔尼公约1971年文本第1条至第21条及公约附录",将原先"国家"改用"成员",可能使地区与该国成为平等的"成员",如中国与中国台湾地区;非成员变成成员国。很显然,这里的"外国人"包括自然人和法人。我国著作权法明确规定,依据我国参加的条约保护公约规定的"外国人"的表演者权利,该"外国人"当然包括多国籍人、无国籍人

---

① 本尼迪克特·安德森.想象的共同体:民族主义的起源与散布[M].吴叡人,译.上海:上海人民出版社,2005:4-6.

② 参见《保护文学艺术作品伯尔尼公约》第15条。

③ 吴汉东,曹新明,王毅,等.西方诸国著作权制度研究[M].北京:中国政法大学出版社,1998:152.

和单一外国国籍的人,也包括外国自然人与法人组织。

一、自然人的表演者主体地位

随着社会发展,作为自然人个体的艺人的工作范畴也日趋多元。各国的法律对自然人作为表演者规定也不尽一致。一方面,早期表演者权保制度的传统是把表演者限定为表演文学艺术作品的人。1961 年《罗马公约》后各国更注重保护表演者权利,但是多数限于狭义的表演者,例如,瑞典法律将表演者仅仅限于"表演文学艺术作品的艺术家"①,WPPT 的规定。另一方面,随着社会进步,表演者范围得以拓展,各国的立法相继做出相应改动,将表演者的范围从狭义的表演者拓展到广义的表演者,包括杂耍演员、马戏演员、体育运动员、魔术表演者等。如,1985 年法国法规定的表演者范围包括杂耍、马戏、木偶戏或其他项目的人,日本法中的"表演者"包括其他项目表演的演员以及指挥演出或进行演出的人。此外,《罗马公约》的例外规定,"任何缔约国均可根据国内法律和规章,将本公约提供的保护扩大到不表演文学或艺术作品的艺人"②,允许各国可以根据实际情况,将对表演者的保护范围扩大到不是表演文学艺术作品的艺人。

在我国,法律对表演者范围的规定形成著作权法与演出法两大法律体系。一是关于著作权法规对表演者的规定。《著作权法实施条例》第五条规定,"表演者,是指演员、演出单位或者其他表演文学、艺术作品的人。"此条规定与《罗马公约》基本规定一致。但是,我国《著作权法》规对表演者的规定,采用间接方式来界定。中国《著作权法》及《著作权法实施条例》通过对于"作品"范畴的解释,扩大了表演者的范围,规定"作品"包括音乐、舞蹈、戏剧、曲艺、杂技③。其中,曲艺作品,是指相声、快书、大鼓、评书等以说唱为主要形式表演的作品;杂技艺术作品,是指杂技、魔术、马戏等通过形体动作和技巧表现的作品④。由此,中国扩大了表演者的范围,表演者范围涵盖对非文学、艺术作品表演的人,如杂技、魔术及马戏表演者。可见,我国著作权法规对表演者采用列举作为被表演对象的作品范围方式来界定。从总体上来说,我国法律对表演者范围的界定是高于《罗马条约》要求的。遗憾的是,我国著作权法没有规定口技、武术、木偶、皮影戏等我国传统的民间艺术表演人的表演者范畴。二是关于演出法规对表演者的规定。我国《营业性演出管理条例》《营业性演出管理条例实施细则》以及相关规定,采用更加明确的方式列举了表演者范围。与著作权法的规定相比,表演者范围扩大了很多。首先,将木偶与皮影戏表演者、服装模特表演者归入受演出法保护的表演者范围,表演活动包括曲艺、木偶、皮影、朗诵、民间文艺、模特、服饰等现场文艺表演活动。其次,通过表演方式的列举,扩大表演者范围。2002 年、2005 年《营业性演出管理条例实施细则》规定,只要以营利为目的,通过下列方式为公众举办的演出活动就是表演:售票或者包场的;支付演出单位或者个人报酬的;以演出为媒介进行广告宣传或者产品促销的;有赞助或者捐助的;以其他营利方式组织演出的包括以演出吸引顾客和观众、为其他经营活动服务的,如利用水生野生动物表演。最后,为口技、中国武术、艺术体操、花样滑冰等表演人员有条件地

---

① 参见 1986 年《瑞典著作权法》第 45 条。
② 参见《罗马公约》第 9 条。
③ 参见中国《著作权法》第 3 条。
④ 参见中国《著作权法实施条例》第 4 条。

受法律保护提供了契机。营业性演出管理条例等法规为拓展表演者范围提供了兜底条款，口技、中国武术、艺术体操、花样滑冰等表演只要具备了表演要件，表演人员也享有表演者权成为表演者。由此可见，中国"表演"方式外延更加具有广泛性，规范性内容也更符合劳动价值理论与立法宗旨。

二、法人的表演者的主体地位

古罗马是法人观念向法人制度尝试的先驱，法人能否成为表演者虽存在较大争论，但法学基本理论、国内外立法都肯定了法人的表演者资格。法学理论上肯定表演团体具有主体资格，表演者既可以是自然人，也可以是法人。法人是相对于自然人的另一种民事主体，是构成社会的重要部分。在现代社会，各种剧团、演出公司、杂技团、歌舞团等已经成为艺术产品生产经营及服务的主体，而且，在很多情形下，如大型庆典演出、大型歌舞晚会，没有剧团、演出公司、杂技团、歌舞团等法人、组织，许多演出个体演员无能为力。在类似如此的大型演出中，演出不仅仅是由演员个人完成的，还包括演出组织指导和组织整个演出，并对整个表演承担责任，特别如"春节联欢晚会"大型演出。因此，作为法律意义上的表演者不应将组织表演的法人排除在外，否则违背"无权利无义务，更无责任"的法律精神，显失公平。表演团体要成为表演者，实际实施表演的行为者就必须以所在或者所受委托的团体意志为准，如果是以该团体意志进行的表演，就应该把该团体看作表演者。作为该团体意志的体现者——个体演员，应该具备职务要素。

关于职务要素标准认定，理论界存在多种学说，主要是主观说和客观说。主观说中的雇主主观说认为以雇佣人之意思为判断标准，执行职务的范围仅限制于雇佣人办理的事项范围；雇员主观说认为，执行职务原则上应依雇主指示办理的事件来决定，但是如果雇员为了雇主的利益而超出了雇主的指示范围，也属于执行职务的行为。客观说认为，以行为的外在表现形态为准，行为在客观上表现为与雇主指示办理的事件要求相一致，即外观上具有执行职务之形式者，不受雇佣人或受雇人之意思约束，也不问为他人抑或为自己谋取利益。主观标准说认为内心意思外部人难以推知，不利于对受害人利益之保护；客观标准说对于某一具体行为是否属于执行职务的行为，还须借助于判断规则加以认定。中国台湾地区学者史尚宽认为：职务行为的标准是外观上足认为机关的职务行为、与职务行为有适当牵连关系的行为。王泽鉴认为，确定职务范围一般原则应指一切与雇用人所命执行的职务通常合理相关联的事项，除此之外还应斟酌各种因素。实践中各个国家和地区对于职务认定标准是不同的。英国和美国采用"主观标准"，日本、法国、瑞士以及我国的台湾地区采用"客观标准"。中国大陆地区采用"折中"标准，如中国侵权责任法没有规定职务要素认定，最高人民法院关于人身损害赔偿的司法解释兼采主观说与客观说依据规定："从事雇佣活动是指从事雇主授权或者指示范围内的生产经营活动或者其他劳务活动。雇员的行为超出授权范围，但其表现形式是履行职务或者与履行职务有内在联系的，应当认定为从事雇佣活动。"[①]中国采用标准比较科学合理。因此，当表演是代表演出单位意志编排，由演出单位主持和指导并提供物质条件，又由其承担责任时，演出单位可视为该演出的表演者，如演出单位组织编排和演出

---

① 参见《最高人民法院关于审理人身损害赔偿案件适用法律若干问题的解释》第9条。

的戏剧、歌舞剧、音乐等①。实务中综合判断行为的职务要素包括：执行职务过程、工作时间、工作场所内、目的是为完成工作任务、为雇主的利益、雇主所明示或者知晓、雇主有权监督和制止行为。在演出实践中，要考虑执行时间和地点，实施行为时的名义和职权的内在联系，应从主体（演员）要件、形式要件（以演出团体名义）、实质要件（授权范围）、主观要件（演员与演出团体的动机和目的）四个方面来判断职务要素。

法人作为表演者的立法实践。尽管世界大多数国家与国际组织的著作权立法，将表演者范围规定在自然人之内，但是也有立法例肯定法人的表演者地位。日本著作权法规定的表演者包括指挥或指导他们进行表演的人，自然包括演出团体②。巴西等国甚至将足球运动员、田径运动员等也列为表演者。意大利著作权法规定演出者包括乐队或合唱队的指挥，其演奏或演唱部分具有独立艺术价值的整体乐队或合唱队③。德国法明文规定如果艺术表演是由一家企业举办的，除需要得到艺术表演者许可外，还需要得到企业所有人的授权④。中国著作权法承认法人作者地位的合法性，自然在承认表演者包括自然人的表演者及演出单位，即剧团、歌舞团等表演法人及其他组织。中国2001年《著作权法》确立了法人作品和法人作者⑤。中国《著作权法》（2010）第三十七条规定，使用他人作品演出，表演者（演员、演出单位）应当取得著作权人许可，并支付报酬。这条法规把表演者主体分为"演员和演出单位"两种类型。《营业性演出管理条例》及其实施细则明确了表演主体范围包括组织，规定取得营业性演出许可的文艺表演团体、演出场所和演出经纪机构以及个体演员，方可从事各类营业性演出活动；职业介绍机构也归入《经纪人管理办法》调整范围⑥。

笔者认为，只要是实际进行"表演"的自然人就是表演者，除非是职务性表演。而以"表演"为目的并组织实施而承担"表演"或演出责任的单位包括法人与非法人组织就是单位表演者。而至于作为自然人的职务性表演，除人身权外，其他权利归单位表演者。

三、民族艺术表演者权主体的界定因素

作为权利主体，民族艺术表演者权主体能够承担权利与履行义务，为此考量自然法与实在法，来确定界定民族艺术表演者权主体的主要因素。

民族艺术表演者权，是确定民族艺术表演者权主体的基本因素。在法律上，权利是能够"使人有一种选择的资格"，"有着积极地行使、拥有、参与或完成的资格"，是为人们带来的好处⑦。民族艺术表演者权无疑是一种赋予表演者行使、拥有、参与或完成表演的资格，表演者因此得到好处。权利主体处于"权利范围"的核心，为维护自身利益而采取的行动"是为了维护自己的人格和法律意识"⑧。正如学者所说："为权利之主体，第一须有适于享有权利之

① 李永明.论表演者权利的法律保护[J].浙江大学学报(人文社会科学版),2002(4):48.
② 参见《日本著作权法》第2条第1款。
③ 参见《意大利著作权法》第三章第82条。
④ 参见1995年《德国著作权法》第81条。
⑤ 参见中国《著作权法》第11条。
⑥ 参见《关于职业介绍机构是否应受〈经纪人管理办法〉调整等有关问题的答复》工商市字〔1996〕第409号。
⑦ 弗利登.权利[M].孙嘉明,袁建华,译.台北:桂冠图书股份有限公司,1998:10-11.
⑧ 卡尔·拉伦茨.德国民法通论(上册)[M].王晓晔,等译.北京:法律出版社,2003:48-49.

社会的存在,第二须经法律之承认。"①由此,不享有民族艺术表演者权的任何个体及群体,失去民族艺术表演者权这一主体资格基元,不能够成为民族艺术表演者权主体。

表演主体与客体的关系是确定民族艺术表演者权主体的动态因素。在表演关系中,表演者是主体,表演是客体,表演主体与客体的关系只存在艺术表演实践之中。主体的特性在主体与客体相互作用中体现出来,表演者通过主动、自觉的艺术展演作用于客体,如果否定表演这一客体,就会将民族艺术表演者权主体泛化。从法律角度看,表演主体与客体的关系体现在演出法律关系中,民族艺术表演者权主体是演出法律关系主体,而且民族艺术表演者权法律关系具有对称性、可逆性和双向性②,表演法律关系的客体形态越丰富,越多的表演者享有权利,权利主体外延就越大。所以,不同类型的表演法律关系,形成不同类型的民族艺术表演者权利主体,而具体法律关系的构建无疑形成各种具体的民族艺术表演者权利主体。由此,任何人或组织只要进行实质"表演"并形成表演成果(不一定是固定化物质形态),就应该成为表演者,享有民族艺术表演者权,自然成为民族艺术表演者权主体。

法律人格是确定民族艺术表演者权主体的规范因素。法律人格是作为自然人或组织与法律的关联表现,人或组织"在特定的法律制度中具有法律上的人格,是法律关系的主体或法律权利的享有者,他们有权行使法律赋予的权利,并受法律义务和责任的约束"③,没有法律人格,权利主体就丧失了存在的基点。根据法学基本原理,结合表演法的特殊性,民族艺术表演者权主体的法律人格要素至少有五项:表演者独立进行实际表演;表演者依据自己独立意志进行表演,对于非独立意志的表演,也要分情形确立表演者的法律地位;对于表演者拥有或控制的表演物质载体,表演者只要能够控制这些载体即可;表演者具有责任能力,不能放弃本民族艺术的族群记忆并受益的权利;表演者有相应的行为能力,表演者还应具备法定的演出资质。

民族艺术特性是确定民族艺术表演者权主体的民族文化因素。一个族群对本族群创作的表演成果享有权利,艺术的属地为主、属人为辅的特性,民族艺术表达的表演成果的权利主体首先属于该区域的族群。至于同一区域多个权利主体冲突,或者不同族群在不同地域同时主张民族艺术表演者权问题,采用顺序原则确立民族艺术表演者权主体,即意思自治优先,再以官方登记为准,第三是行业认同优先,第四是族群确认,最后是使用在先④。

四、演出组织者的演出主体性

演出组织者是指实际组织演出活动的人与组织,包括演出商、演出经纪人、演出场所、演出团体本身以及企业、机关、团体、社会组织、活动组委会等对演出有需要的定位和个人都是潜在的组织者(即演出需要人)。演出组织者作为演出主体,在法律上具备两大要件,即演出活动的权利要件与法定资格要件。

演出组织者必须是实际演出承担者,演出组织者作为演出的"实际"权利与义务承受者

① 史尚宽.民法总论[M].北京:中国政法大学出版社,2000:112.
② 张文显.法哲学范畴研究[M].北京:中国政法大学出版社,2001:97.
③ 董奥主.新法律学大辞典[M].北京:中国政法大学出版社,1998:254.
④ 郑智武.论法律语境中的民间表演艺术表达形式[J].北方民族大学学报(哲学社会科学版),2013(1):88-89.

的衡量标准是"权利"。马克思指出:"生产者的权利是同他们提供的劳动成比例的;平等就在于以同一尺度—劳动—来计量。"①这里的生产者我们可以理解为演出组织者及表演者,他们的权利与他们在演出过程的工作量(即承担的义务)成比例。在当代社会,因为权利与义务是对等的,义务越多权利越多。因此,特别对于演出实际承担者而言"义务"作为"权利"的具体直接标准,是演出组织者的演出职务标准。当表演者按照"职务"演出,该演出单位就是演出者。如,某歌舞剧团演员在执行本单位任务时演出,该演出的主体就是该歌舞剧团而不是某演员。

演出组织者须具备法定资质,这是国际通行惯例,而且对这些资质的内涵一般国家法律的规定较为明确,所以各国都规定了营业性演出主体资格。同时,由于法律的授权性与禁止性规范、演出实践明确性,再加之政策要求,非营业性演出的演出组织者条件具有多变性,对其界定更多的是政策需要。在此,对作为营业性演出组织组织者资格进行一般性界定,具体事项详见本书第四章"演出准入制度"。

第一,演出团体。演出团体是指具备法律规定条件,从事各类文艺表演活动的经营单位,具有独立事业法人资格的文化团体。演出团体根据《公司法》《营业性演出管理条例》及其他法律法规的规定应做到:有单位的名称,参照《企业名称登记管理规定》执行;有组织机构和章程;具备表演技能的演职人员;有固定的地址和相应的资金;有与其演出业务相适应的器材设备;符合文艺表演团体的总量、布局和结构规划;有确定的文艺表演门类。此外,禁止中外合资经营、中外合作经营、外资经营设立文艺表演团体。除国家核拨经费的文艺表演团体外,如设立营业性文艺表演团体,应按照国家规定的审批权限向县级以上政府主管部门提出申请。

第二,演出场所。演出场所经营单位是指具备规定条件,为演出活动提供专业演出场地和相关服务的经营单位。其中,歌舞娱乐场所或其他综合性企业,经主管部门批准兼营演出业务的,设立专门部门负责演出业务,并制定专门管理办法。营业性演出场所的基础大类条件与表演团体的规定一致,还另外要求安全设施、卫生条件符合国家规定标准,允许利用境外资金改建、新建营业性演出场所,但需办理手续。演出场所经营单位,依法到工商行政管理部门办理注册登记,领取营业执照,并依照有关消防、卫生管理等法律、行政法规的规定办理审批手续。设立中外合资经营、中外合作经营的演出场所经营单位,向国务院文化主管部门提出申请,并向所在地县级政府文化主管部门备案。

第三,演出经纪人。演出经纪人是在演出市场上以收取佣金为目的,代表经纪对象通过沟通、宣传、谈判、契约等代理、行纪、居间等中介活动,实现演出产品交易的文化中间商。由于演出经纪人的业绩是与从业人员所具备的专业素质息息相关的,但没有统一规定,实践上归纳为:职业道德、技能素质、文化修养、法律素质、演出生产的流程知识。演出经纪人取得主体资格具备实质和形式条件。不同演出经纪人行为主体资格实质条件不同。对于演出经纪人法定条件,中国采取特别原则,即对国内外资本区别对待;同时,在国内,内地(大陆)与香港特别行政区、澳门特别行政区、台湾地区有所区别。总体原则是中国内地(大陆)设立演出经纪机构手续从简,香港特别行政区、澳门特别行政区设立演出经纪机构相对严格,台湾

---

① 中共中央马克思恩格斯列宁斯大林著作编译局.马克思恩格斯选集[M].北京:人民出版社,1995(3):304-305.

地区设立演出经纪机构参照国外资本进入标准。这既体现了国家主权和政治性,又体现了"一国两制"实现程度的区别,还体现了我国加入 WTO 后的国家承诺。

文艺演出经纪机构禁止设立分支机构;中外合资经营的演出经纪机构中其中国合营者的投资比例不低于 51%;设立中外合作经营的演出经纪机构,中国合作者拥有经营主导权,禁止设立外资经营的演出经纪机构。香港特别行政区、澳门特别行政区的演出经纪机构在内地设立分支机构,必须在内地指定负责该分支机构的负责人。香港特别行政区、澳门特别行政区、台湾地区以及外国资本演出经纪机构,应报国务院文化主管部门审批。经纪公司有 20 万元以上注册资本符合《公司法》及有关法规规定的其他条件。演出经纪公司,由所在地省级主管部门审批,并报国务院主管部门备案。承担涉外演出业务的演出公司,报国务院主管部门审批。

个体演出经纪人是指以从事营业性演出的居间、代理活动为职业,在工商行政管理部门领取营业执照并在文化主管部门备案的经纪人员。符合个体工商户条件或经工商行政管理机关考核批准,取得演出经纪资格证书且未被取消演出经纪资格。个体演出经纪人应向所在地县级政府文化主管部门备案。演出经纪人事务所由具有经纪资格证书的人员合伙设立,参照《合伙企业法》条件①。

此外,个人也可以成为演出组织者,个体演员可以自己组台或举办演出,但是多数情况下是以个体演出经纪人身份成为演出组织者。

---

① 参见 1996 年文化部《演员个人营业演出活动管理暂行办法》。

第四章
演出准入制度

第一节　演出准入概述

准入是指国家允许人员或资本参与本国内某特定市场行为的标准制度。市场准入是自用财产权向资本财产权转化的通道。一般认为,"市场准入制度是国家对市场基本的、初始的干预,是政府管理市场、干预经济的制度安排,是国家意志干预市场的表现,是国家管理经济职能的组成部分"[①]。制度经济学认为,在多种力量作用下市场失灵,为维护公共利益,准入制度是政府干预和管制经济活动的制度安排。有学者指出,落后国家贫穷的根本原因是大多数人的资产转化为资本的联系通道被切断了,"只能陷入僵化、死板、孤立的自然经济模式,并且难以自拔"[②]。为此,许多发达国家都建立了高效的市场准入制度。准入制度本质上是一种反特权制度、反干预制度的制度设计。演出准入制度是国家对演出主体资格的确立、审核和确认的法律制度,包括演出主体资格的实体条件和取得主体资格的程序条件,其表现是国家通过立法,规定演出主体资格的条件及取得程序,并通过审批和登记程序执行。演出准入主要是指演出个体及组织进入市场的资格,即演出市场准入或者指职业资格。所谓市场准入,一般是指产品、劳务与资本进入市场程度许可,演出市场准入制度就是为保证演出质量和文化安全,具备规定条件的演出主体才被允许进行演出活动、具备规定条件的演出产品才被允许经营的监督制度,因此演出准入制度是一种政府行为,是一项行政许可制度。职业资格是一个国家演出管理部门依据法律法规和行业实际设置的职业资格,实施许可和认定的专业职业资格。在演出法律关系中,演出主体资格占居特殊重要地位,因为法律关系的首要内容就是主体问题,演出主体资格的规范化对演出的发展具有极大的促进作用。

在我国,演出准入制度在发展过程中不断得到完善。在中华人民共和国成立初期、计划经济年代,甚至在改革开放前二十年中,政府垄断提供精神文化娱乐产品。演出准入制度不健全,严重制约了演出市场的发展,如:演出证书制度不健全、演出违法或手续不全、演出经纪人无资格从业。因此,国家加快演出主体资格立法,如 1996 年 7 月 1 日实施《演员个人营

---

①　戴霞.市场准入的法学分析[J].广西社会科学,2006(3).
②　赫尔南多·德·索托.资本的秘密[M].于海生,译.北京:华夏出版社,2012:34-49.

业演出活动管理暂行办法》,取消营业性演出活动主体资格的所有制限制,改革演出单位的资格许可证制度和演出项目的审批制度,到 2008 年演出单位种类包括法人单位、非法人组织、个体、合伙组织以及"三资"企业,演出市场主体最终将形成。国家先后出台了《营业性演出管理条例》及其实施细则和《国务院关于非公有资本进入文化产业的若干决定》《文化部、民政部关于印发〈文化类民办非企业单位登记审查管理暂行办法〉的通知》《文化部、财政部、人事部、国家税务总局关于鼓励发展民营文艺表演团体的意见》《文化部关于完善审批管理促进演出市场健康发展的通知》等法规。我国演出准入制度按照演出市场规律正在不断完善。

根据演出准入制度,演出产业从业人员需要具备法定的职业资格如执业证书或岗位证书,实行职业资格、执业注册和持证上岗制度。我国《劳动法》和《职业技能鉴定规定》(劳部发〔1993〕134 号)规范了职业资质取得,演出职业资格是对从事演艺职业人员所必备的学识、技术和能力的基本要求,包括从业资格和执业资格,职业资格由国家劳动人事或文化旅游行业行政主管部门通过学历认定、资格考试、专家评定、职业技能鉴定等方式进行评价,对合格者授予国家职业资格证书。演出职业资格证书是求职、任职、独立开业和单位录用的主要依据。与演出行业相关的从业资格分为专业技术和职业技能两大类,专业技术包括广播、电视、语言、艺术、经纪、国际商务、会计、工程等系列,职业技能包括音像、电子等出版物的编辑出版等。与演出相关的执业资格包括法律、会计、拍卖、导游、资产评估等系列。文化产业某些特定职业或岗位人员,在具备法定职业资格的基础上还应当取得国家行政主管部门或经授权的行业组织颁发的执业注册证书或专业岗位证书,才能开业或从事特定专业、特定岗位业务工作,如我国咨询、导游等推行执业注册制度。上岗持证是指在国家实行准入控制的行业岗位范围上岗人员,除了具备法定的从业资格外,还须经过岗位培训和考试,取得相应的上岗证书后方可担任本职岗位工作。如广播电视出品人,应持有省级广播电视行政部门颁发的上岗证;电视剧制片人包括经批准取得电视剧制作许可资格机构的电视剧制片人以及独立从事电视剧制作的制片人,应持有省级广播电视行政部门颁发的上岗证书。

我国文化职业技能鉴定是指对文化工作者进行技能等级的考核和技师、高级技师资格的考评。与演出直接相关的首批文化行业特有职业(工种)目录包括:戏剧导演、舞蹈导演、音乐指挥;电影电视、戏剧、舞蹈、曲艺、杂技魔术、歌唱、皮影戏、木偶戏演员;民族乐器、外国器乐、其他乐器演奏员;照明师、美工师、化妆师、置景师、道具师;舞台监督、画家、书法家、缩微摄影人员等。文化和旅游部人事司负责综合管理和指导,职业技能鉴定指导中心的主要职责是组织实施鉴定、负责制定建站条件和资格审查、组织制定技能标准与鉴定规范、组织编写培训大纲和教材并组建相应的试题库、制定鉴定考评员的资格要求并负责组织资格培训和考核、指导鉴定站开展工作、组织实施和管理技师与高级技师资格考评、开展职业技能鉴定及研究与咨询、组织推动技能竞赛、承担劳动保障部门委托的有关职业技能鉴定工作。文化职业技能鉴定站是承担文化行业特有工种职业技能鉴定的执行机构,其设立条件主要是有适当的人员、设备和制度,有熟悉所鉴定的管理者,有与所鉴定相适应的考核场地、设备设施、符合国家标准的检测仪器,有管理人员和鉴定考评人员,有完善的管理制度。文化行业特有工种职业技能鉴定站的设立,由申请单位填写审批登记表,经文化和旅游部职业技能鉴定指导中心审查,文化和旅游部人事司提出审核意见,报劳动和社会保障部批准后,授予统一的职业技能鉴定许可证。文化行业特有工种职业技能鉴定站严格执行考评员对其亲属职业技能鉴定的回避制度,享有独立进行职业技能鉴定的权利,实行定期鉴定制度,由鉴定站审核后签发准考证,申报人缴纳鉴定费,接受监督检查。鉴定考评人员具有必备的考核理论知识和较高的职业道德水平,具备高级工或技师、中级专业技术职务以上的资格,高级考评员具备高级技师、高级专业技术职务的资格。由职业技能鉴定指导中心统一组织考评人员的资格培训和考核,颁发考评员资格证卡。

在我国文化艺术领域,职业技能鉴定的对象包括:文化类职业学校或培训班毕(结)业生、列入文化行业特有工种(职业)范围的从业人员、改变工种(职业)及调换新岗位的人员及其他必须经过技能鉴定方能上岗的人员。我国采取职业经历年限为主原则,并设计国家职业资格一级至五级,相应的分为初级(国家职业资格五级)、中级(国家职业资格四级)、高级(国家职业资格三级)、技师(国家职业资格二级)、高级技师(国家职业资格一级),而且技师级实行考评制度。其中,国家职业资格一级(教授)、二级(副教授)、三级(讲师)、四级和五级,实行统一编号、统一注册。我国文化艺术行业职业技能鉴定坚持"统一标准、统一试题、统一考务、统一发证"的原则,对鉴定合格人员颁发由劳动和社会保障部统一印制的国家职业资格证书。具体职业技能鉴定的申报条件如下:(1)经文化类培训班培训并取得毕(结)业证书,或本人通过拜师学艺、自学达到初级技能水平的,可申报初级的鉴定。(2)取得初级后,在职业工作满5年以上,或经评估合格的中专毕(结)业证书,或经劳动管理部门同意并经教育部门组织的正规中级技能培训的,可申报中级的鉴定。(3)取得中级后,并在本职业工作满5年以上,或相关专业大专毕业,或经劳动管理部门同意并经教育部门组织的正规高级技能培训,或大专以上毕业且所学专业与从事职业相近的,可申报高级的鉴定。(4)取得高级且具备技师考评条件的,可申报技师资格的考评。(5)取得技师且具备高级技师考评条件的,可申报高级技师考评。(6)参加国家、部(省)级专业技术比赛获得前10名者、地(市)级专业技术比赛获得前5名者,视比赛项目和专业水平,经本单位劳动人事部门核实,报职业技能鉴定指导中心备案,报文化和旅游部人事司批准,可申报更高一级的技能鉴定或申报技师、高级技师的资格考评;有特殊贡献的技术人员,经文化和旅游部人事司批准,可不受工作年限限制。实行职业资格证书制度,由文化和旅游部人事司发给相应的职业资格证书。[①]

第二节　演出法人主体

一、演出法人概述

演出法人首先是法人,所以要具备法人的基本条件。由于演出团体极其复杂,能够成为演出法人的多半是演出剧团、歌舞团、演出经营场所经营单位、演出经纪机构等,具体还没有统一规定。但申请资质时,一般还是根据是否法人条件确认。

法人是享有权利能力和行为能力,并以自己名义享有权利和负担义务的组织。法人制度是大陆法系特有的制度。近代法人的制度源自于古代欧洲的宗教团体、自治城邦和英国

---

① 参见劳动和社会保障部《关于同意成立文化部职业技能鉴定指导中心和印发〈文化行业特有工种职业技能鉴定实施办法(试行)〉的函》(劳社部函〔2002〕3号)。

等公司制度,在此制度下,投资人可享受"还债有底、获利无限"特权。我国民法将法人定义为"具有民事权利能力和民事行为能力,依法独立享有民事权利和承担民事义务的组织"①。法人具有以下基本特征:法人组织性,法人是由自然人及其财产组成的社会组织;法人财产独立性,法人的财产属法人所有,独立于其出资人与雇员;法人法律责任承担的独立性,只要行为被确定为法人目的的行为,其后果都是由法人承担,出资人仅负有限出资责任,对于刑事责任法律要求负责人或者主要直接责任人依法承担责任;法人以自己的名义从事法律活动,其行为由具体的自然人做出的,包括法人代表人、代理人或者其他雇员以职务要素做出的行为。

　　不是任何组织都可以成为法人,法人成立需要一定的法律要件。首先,依据现行的设立法人的法律规范,按照法定程序设立。演出法人的成立要合乎演出法律规定的设立程序。法人设立的程序一般有准则主义与核准主义两种。准则主义(登记主义),即法律设立行为只要符合法定条件并经主管机关形式审查后即予登记成立的制度。核准主义(行政许可主义),即法人必须依法律的规定并经行政主管部门审核批准后设立原则。在我国,演出法人主要是采取核准主义。外国法人认可的方式分为国际立法认可和国内立法认可两种。所谓国际立法认可,即成员国家通过制定国际条约保证相互认可各自的法人,如1956年海牙的《承认外国公司、社团和财团法律人格的公约》、1968年布鲁塞尔的《关于相互承认公司和法人团体的公约》。所谓国内立法认可,是指一国通过国内立法确定一些具体的方式认可外国法人,包括一般认可,即国内法对于外国法人,不问其属于何国,一般都加以认可;概括认可,即国内法对属于某一外国之特定的法人概括地加以认可;特别认可,即国内法对外国法人通过特别登记或批准程序加以认可,如日本法规定"外国法人在日本设置事务所必须登记"②。外国法人虽经国内法认可得以成立,但经营范围仍然受制于国内法的规定。其次,有必要的财产和经费,财产是设立企业法人的必要条件,经费是设立非企业法人的条件。"必要"是以多少数额的财产或经费算,通常由制定法规定;如果对某些类型的法人,法律没有规定必要财产数额的,应由审批的行政主管部门决定。公司资本也称为股本,具体形态有注册资本,即狭义上的公司资本,经公司登记机关登记注册的资本;发行资本,又称认缴资本,指实际上已向股东发行的股本总额;认购资本,指出资人同意缴付的出资总额;实缴资本,又称实收资本,指公司成立时公司实际收到的股东的出资总额。公司资本原则有资本确定原则,要求公司设立时认足或募足资本;资本维持原则,又称资本充实原则,公司经常保持与其资本额相当的财产;资本不变原则,指公司资本总额一旦确定非经法定程序不得变动。我国经营性演出法人如演出公司、文艺剧团、演出经纪公司等都有财产最低限额要求,而非经营性演出法人主要是演出事业法人、社会团体法人如演出家协会、音乐家协会、公益剧团、学会、研究会、基金会、联谊会、促进会、联盟等,对经费要求不明确。再次,有自己的名称、组织机构和场所。法人名称符合法律的规定,一些事业法人名称由法律直接规定,企业法人的名称必须符合企业名称登记管理规定。企业法人的名称要素中有字号的,经登记后可享有字号(又称商号)权,字号不属于登记事项但受知识产权法保护。公司名称不仅体现了公司独立的人格,也与公司的信誉相联系,是公司无形财产的组成部分,现在国际社会已形成了多层面的法律

----

① 参见2017年《中华人民共和国民法总则》第57条。
② 参见《日本民法》第49条。

保护体系如《巴黎公约》、TRIPS、《罗马公约》等法人的组织机构,也称法人机关,是法人行为的实施者,通常分为议事机关、执行机关、代表机关、监督机关等;法人机构有一人自然人的机构如法人代表、自然人集体组成的机构如董事会。场所包括法人办事机构的所在地和法人活动场所所在地。公司住所是确定法律纠纷管辖地、适用准据法的重要考量因素,各国公司立法都对公司住所有明确的规定,但规定的内容不尽相同。英美法系规定注册办事处不必是公司的营业所,如美国;而大陆法系有国家列举数个地点为公司住所由章程选择,如德国①;也有的国家是单一法定,如日本、中国。最后,能够独立承担法律责任。法人以自己的全部财产清偿所负债务;对单位犯罪,依法追究相关人个人责任。我国民法规定,法人成立的条件是法人依法成立,成立具体条件和程序符合法律、行政法规的规定;有自己的名称、组织机构、住所、财产或者经费;法人设立依据法律、行政法规规定须经有关机关批准的,还要取得批准②。法人分支机构是以法人财产设立的相对独立活动的法人组成部分,区别于有独立责任能力的母公司之子公司,不具有独立责任能力;独立活动的法人分支机构也需要进行登记,法人分支机构行为的效果由法人承担。

法人也有生命周期,在其周期的不同阶段,法人活动都受到相应的法律规制。一般来说,法人生命周期的不同阶段是通过法人登记来划分的。法人设立登记是行政主管机关对法人成立、变更、终止的法律事实进行登录公示的制度。根据法人变动的类型,登记分法人设立登记、变更登记和终止登记三类,每类登记效力均以登记之日起算。法人设立是依法产生法人的行为,各种类型法人设立的法律要件不同,一般来说,法人设立要有符合法律规定的设立人或发起人,否则法人类型法定不得设立,设立行为必须是法律允许或法律不禁止。法人设立方式主要有命令主义设立,即依照法律、法令、行政命令方式设立,适用于机关法人或国有事业单位法人;登记主义设立,适合社会团体法人和企业法人;依照条例、章程设立,满足该条件并符合该程序的团体即取得法人资格,适用于协会、研究会等人民团体。法人成立后,其组织、名称、住所、经营范围、主要负责人员等重要事项发生的变化,作相应的变更登记后发生变更效力。广义的法人变更包括法人的合并与分立,法人合并与分立时要保障债权人知情权和债务清偿权,否则无效,因合并而消灭的法人的债权债务由合并后的法人概括承受,在法人分立后原法人的债权债务由分立后的法人承受。企业法人因依法被撤销、解散、破产、法律强制、行政强制及其他原因而终止,法人终止依法进行清算,停止清算范围外的活动,清算完结,法人自注销登记之日起消灭,其主体资格不复存在。依据我国法律,文艺表演团体变更名称、住所、法定代表人或者主要负责人、营业性演出经营项目,应当向原发证机关申请换发营业性演出许可证,并依法到工商行政管理部门办理变更登记;演出场所经营单位变更名称、住所、法定代表人或者主要负责人,依法到工商行政管理部门办理变更登记,并向原备案机关重新备案。③

二、演出公司

演出公司是指从事演出的策划、组织、联络、制作、营销等经营活动和演出的代理、行纪、

---

① 参见《德国股份公司法》第5条。
② 参见2017年中国《民法总则》第58条。
③ 参见2017年中国《营业性演出管理条例》第8条。

居间等经纪活动的经营单位。演出公司是公司的一种具体类型,自然要符合公司的基本法律条件。在实践中,各种演出机构,常常称作类似歌舞演出有限公司、演艺股份有限公司等,符合法人条件的简称演出公司,这里要区别于生活中俗称"演出公司"而不具备法人资质的演出团体。我国法律明确过演出公司概念,即演出公司是指可以"从事演出的策划、组织、联络、制作、营销等经营活动和演出的代理、行纪、居间等经纪活动的经营单位"。演出经纪公司是指"只能从事演出的代理、行纪、居间等经纪活动的经营单位"①。这些公司是法人演出企业。

公司是依法设立的、以营利为目的的经济组织。公司词语来自西洋的"corporation-company"译意,是企业的组织形式,是经营工商业企业联合的团体。在公司产生以前,经济组织没有取得法人地位,但宗教团体、公益慈善团体有法人地位,中世纪后大的贸易团体逐步取得了法人的资格,最早的公司是无限公司,它与合伙没有本质区别。15世纪出现部分出资人承担有限责任、部分出力人承担无限责任的两合公司。第一个现代意义上的股份有限公司于1555年产生于英国,而最早的有限责任公司立法是1892年德国的《有限责任公司法》。由于公司稳定性高,公司作为经济组织的法人形态就普及开来,形成了无限责任公司、有限责任公司、两合公司、股份有限公司、股份两合公司等公司形式。公司依据不同的标准进行不同分类,以公司股东的责任范围为标准公司分为无限责任公司、两合公司、股份两合公司、股份有限公司和有限责任公司,其中无限责任公司全体股东对公司债务负连带无限责任,两合公司、股份两合公司债务由无限责任股东和有限责任股东按原划定责任承担,股份有限公司中股东以其所持股份对公司承担责任,有限责任公司债务由股东以其出资额为限承担责任,公司法人以其全部资产对公司承担责任。以公司股份转让方式为标准,公司分为封闭式公司与开放式公司,前者是股份全部由设立公司的股东拥有且其股份不能自由转让的公司,后者是公司的股份可以在证券市场公开自由转让的公司。以公司的信用基础为标准,将公司分为人合公司与资合公司以及人合兼资合公司,其中人合公司是以股东个人信用为基础的公司,资合公司是以公司的资本规模为基础的公司,各国法律都对资合公司的设立和运行有严格规定。以公司相互之间的法律上的关系为标准,公司分为总公司与分公司、母公司与子公司,其中分公司是具有法人资格的分支机构,其责任由总公司承担,子公司具有独立法人资格,对外独立开展业务和承担责任,我国法律有相似规定②。我国《公司法》制定于1993年12月后多次修订,现行公司法规定的公司为有限责任公司和股份有限公司两种类型。

公司具有自己一些独特的法律性质,公司首先是企业法人。公司设立依法进行;公司独立财产包括可以以货币计量的有形财产和无形财产,并与股东个人的财产相分离;公司有自己的名称、组织机构和场所,公司的名称标明公司的种类,如我国公司法规定,公司名称、公司章程中标明"有限责任公司"或者"有限公司"、"股份有限公司"或者"股份公司"字样③,公司组织机构包括公司的权力机构、执行机构和监督机构,公司住所可与其场所一致或不一

① 参见中国《营业性演出管理条例实施细则》(2002年7月11日文化部令第25号)第7条。
② 参见中国《公司法》第14条。
③ 参见中国《公司法》第8条、第25、82条;《公司登记管理条例》第9条。

致,我国的公司以其主要办事机构所在地为住所①;公司以自己的名义从事民商事活动并独立承担民事责任,公司拥有的权利广泛,经营活动中与其经营范围相一致,对公司债务独立承担责任;股东的有限责任,股东要因为"刺破公司面纱"而被改变。我国法律规定公司以其全部财产对公司的债务承担责任,股东滥用股东权利严重损害公司债权人利益的,对公司债务承担连带责任②。公司同时是经济组织,公司以营利为目的,谋求经济利益也是股东设立公司的目的,股东的资产收益权是股东的第一项权利;公司属于社团法人,具有社团性,通常由两个或两个以上的股东出资组成,法律允许例外,如我国存在一人有限责任公司和国有独资公司,其股东只有一个③。此外,公司权利能力受公司法、公司章程以及公司自身性质的限制,如果变化需要依法变更登记,公司的对外行为由公司的法定代表人来实施,或者由法定代表人的授权代表来实施。

(一)演出公司设立

公司设立是指公司设立人依照法定的条件和程序取得法人资格的法律行为。公司发展史上,公司设立的立法体例有自由设立主义、特许设立主义、核准主义、准则主义、严格准则主义。自由设立主义也称放任主义,指国家不干涉公司的设立,是中世纪初期欧洲国家的立法态;特许设立主义指公司的设立需要由国家机构的特别许可,如13世纪以来欧洲国家立法例;核准主义也称行政许可主义或审批主义,指设立公司在符合法定条件后还需经过行政机构核准,如17世纪法国的商事立法;准则主义也称登记主义,指公司只要依据法定条件登记注册即可,19世纪英国公司法创设;严格准则主义指公司要达到法律规定的严格条件才能登记注册设立,这是现代公司立法普遍采取的做法。我国早期设立有限责任公司采准则主义、股份有限公司则采核准主义,现在是准则主义和核准主义相结合。

公司设立的方式基本有发起设立和募集设立。其一,发起设立是指公司的全部股份或首期发行的股份由发起人自行认购而设立公司的方式,有限责任公司只能采取发起设立的方式,股份有限公司也可以采用发起设立的方式。在意大利、瑞士、比利时等国家在实践中多采用发起设立方式,德国、英国和美国只有发起设立一种方式,我国采用两种方式④。在英美法系的发起人没有认缴出资的义务,认股人是公司的投资人,大陆法系与英美法系存在差异,大陆法系中的发起人,主要适应于股份有限公司,但德国的股份公司与股份两合公司都有发起人;而在英美法系尤其是美国不区分不同公司形式的发起人,我国公司法对有限责任公司叫"股东",股份公司为发起人。在现代公司法中,法律对发起人资格采取消极资格的规定方式如行为能力、职业工作、法律法规明令禁止;对发起人发起行为的范围,各国公司立法也不尽一致,主要包括订立发起人协议、拟定公司章程、组织机构人员选举、募集股份事宜、行政审批手续、召开公司创立大会等等。而且,国外的立法对发起人特别利益的权利一般都予以认可,但保护认股人的知情权和相应利益;同时,世界各国公司立法普遍规定了发起人的资本充实责任如日本商法、我国公司法规定,发起人执行事务应尽其诚信和善管义

---

① 参见中国《公司法》第10条。
② 参见中国《公司法》第3条、第20条。
③ 参见中国《公司法》第4条。
④ 参见中国《公司法》第77条。

务,如德国法规定,发起人"故意或出于严重过失"而使公司受损失负责向公司赔偿损失①,我国《公司法》则采取过失规则的赔偿责任②。此外,各国公司立法都规定公司设立失败责任由发起人承担,如日本法规定公司未成立,发起人"负连带责任",责任的范围包括设立行为所产生的债务和费用、负返还已缴股款并加算银行同期存款利息③。中国法律还详细规定了演出公司具备实质条件包括有 100 万元以上注册资本、有 3 名以上具备相应业务水平的经纪人员、有 2 名以上具有外语专业 4 级以上证书或者同等学力的人员、有取得专业证书的财务管理及企业管理人员④,这显然是发起设立的方式规定。其二,募集设立,是发起人认购公司部分股份,其余部分对外募集而设立公司的方式,包括向社会公开发行股票或者只向特定对象募集而设立。募集设立方式只适用于投资规模较大的股份有限公司,也不是公司设立普遍使用的方式,各国公司法均对其设立程序严格限制,有些国家的公司法甚至不承认这种设立方式,中国公司法承认募集设立方式。

公司具备法律规定的实质要件,经申请核准登记,领取企业法人营业执照即告成立。公司登记是现代公司制度的重要组成部分,公司设立登记是公司设立人按法定程序向公司登记机关申请,确认公司成立、变更、消灭等事实的法律制度,分为设立登记、变更登记和注销登记。现代公司登记制度则是伴随着公司设立准则主义而产生的,1844 年《英国合股公司法》确立公司登记制度。公司登记是建立良好经济秩序的基础。负责公司登记管理机关,各国立法规定不一,大体可分为两类。一类是行政主管登记,如中国、英国、美国和西班牙等国;另一类是司法主管,如德国、法国、瑞士、日本等国。中国公司登记主管机关是工商行政管理机关,基于公司层次,分别由国家工商行政管理局、省级工商行政管理局和市(县)工商行政管理局负责登记注册。根据《公司登记管理条例》,中国进行公司设立登记,先要公司名称预先核准,设立公司向公司登记机关申请公司名称的预先核准。申请名称预先核准,提交下列文件:申请书、委托代理人的证明、其他文件,预先核准的公司名称保留期为 6 个月,在保留期内不能用于经营活动或转让。再向其所在地工商行政管理机关提出申请,申请设立有限责任公司提交文件:申请书、委托代理人的证明、公司章程、验资证明、财产权转移手续的证明文件、身份证明、聘用的证明、企业名称预先核准通知书、公司住所证明、其他文件⑤。申请设立股份有限公司提交文件基本同申请设立有限责任公司,其中,以募集方式设立股份有限公司的,还须提交创立大会的会议记录、证券监督管理机构公开发行股票的核准文件、有关批准文件⑥。公司设立登记的法律效力是使公司取得法人资格,取得从事经营活动的合法身份,在中国,依法设立的公司取得《企业法人营业执照》,公司营业执照签发日期为公司成立日期。

(二)公司章程

公司章程是指公司所必备的,规定其对内对外事务的基本法律文件,是规范公司的组织

---

① 参见《德国股份公司法》第 46 条。

② 参见中国《公司法》第 94 条。

③ 参见《日本商法》第 194 条。

④ 2004 年中国《营业性演出管理条例实施细则》第 13 条。

⑤ 参见中国《公司登记管理条例》第 20 条。

⑥ 参见中国《公司登记管理条例》第 21 条、第 22 条。

和活动的基本规则。公司章程具有法定性与内部宪法性,公司章程是公司设立的必备条件之一,公司设立登记时提交公司登记机关登记;公司章程采取书面形式,经全体股东同意并在章程上签名盖章,公司章程才能生效,公司章程是调整股东、公司以及公司机关相互之间关系的基本规范,是公司内部成员和机构行为的基本准则,被称为公司内部宪章,公司内部规章制度不得与章程相冲突,其效力及于公司和相关当事人。就章程法律性质而言,在英美法系国家强调章程的合同性质,认为公司的章程是公司与其成员之间、公司成员与成员之间的一种协议;而大陆法系则认为章程是公司社团的自治法则;中国学界普遍持后一种观点,认为公司的章程与合同有区别。

英美法系和大陆法系对公司章程具体规范虽然不同,但都反映了公司法兼顾个人意志和社会意志的立法精神,公司章程的具体内容可因公司种类、公司经营范围、公司经营方式而有所区别。英美法系国家中的公司章程文件由两部分构成,一是要对外公示的章程性文件,确定公司地位和权限,主要内容有公司名称要与公司的责任形式相符、公司的注册地、公司的目的、股东的责任、资本总额及分股后每股的固定金额、股东的签名、公司存续期限、董事及每位创办人的姓名和住址;二是不对外公示的章程性文件,是公司内部的规章,可依股东会特别决议修改,主要包括股票的发行、股份的权利、股金的催缴、股权证书的发放、股东会制度、董事、股息和储备、财务与审核等,内容不得与公司法和组织章程相矛盾,并呈交注册登记机关备案。大陆法系国家公司立法一般将章程的内容分类规定,可以归为三大方面:公司章程的绝对记载事项,即法律强制规定公司章程中必须记载的事项,如公司目的、商号、公司发行股份总数、每股金额、本公司所在地、公司实行公司的方法、发起人的姓名等①;公司章程的相对记载事项,即章程制定者在法律规定的多个事项选择一些事项记入公司章程,非经载明于章程的事项对公司不具有约束力,如日本《商法》第168条规定的相对必要记载事项包括如发起人特别利益、现物出资者的姓名、出资标的财产价格、面股种类及数额、受让的财产价格及让与人的姓名②;公司章程的任意记载事项即法律无明文规定而由公司章程制定者自主确立的事项,如存续期限、变更事由、事物程序、高管理报酬等。中国法律对公司章程内容规定既无英美法系的公示和不公示两类,也无大陆法系的三个层项,而是列举法予以载明。按照中国现有规定,有限责任公司的章程应载明8项③、股份有限公司章程应载明12项④。根据国内外实践,具体而言,公司的章程应当载明下列事项:公司名称和住所、经营范围、注册资本、股东(发起人)的姓名或名称、出资方式与金额及时间、机构产生与职权及议事规则、法定代表人、股东会会议认为需要规定的其他事项。其中股份有限公司章程还应该载明公司设立方、股份总数和注册资本、发起人认购股份数、利润分配办法、解散事由和清算办法、通知和公告办法等。中国演出法规定了营业性演出单位的章程载明事项有:宗旨、名称和住所、经济性质、注册资本数额和来源、经营范围、组织机构及其职权、法定代表人产生的程序和职权范围、财务管理制度和利润分配形式、劳动用工及收入分配制度、章程修改程序、

① 参见日本《有限公司法》第6条;日本《商法》第166条。
② 参见日本《商法》第168条。
③ 参见中国《公司法》第25条。
④ 参见中国《公司法》第81条。

终止程序、其他事项等十二项①。后来修改法律,考虑到演出法人企业的复杂性,取消了强行规定。一般来说,有限责任公司章程的法定记载事项的要求较股份有限公司章程的要求宽松,这是因为股份有限公司具有资合性质和开放性。

公司章程生效时间点,国际上有多种做法:发起人或股东签字盖章、股东大会通过时、过公证时、需要审批的或经有关主管部门审查批准时、登记主管部门注册时。国外公司立法大多采取公证后生效,如德国、日本。中国《公司法》没有明确规定公司章程生效的时间,理论与实务界均将公司登记注册获准日作为章程生效时,公司章程对公司、股东、董事、监事、高级管理人员具有约束力②。详言之,公司章程对公司的效力,公司自身的行为受公司章程的约束,包括公司组织机构、经营范围、公司股东权利和义务;公司章程对股东的效力,对股东具有约束力,股东依章程规定享有权利和承担义务;公司章程对董事、监事和高级管理人员的效力,这些人员依照法律和公司章程的规定行使职权,否则就自己的行为对公司负责。此外,已生效的公司章程原则上不能修改,确需必要变更的,遵循不损害权利人利益、不妨害一致性原则,而且严格遵守公司章程变更程序:董事会提出、股东会或股东大会表决通过、申请变更登记。中国公司法规定,有限责任公司修改公司章程须经代表2/3以上表决权的股东通过,股份有限公司须经出席股东大会的股东所持表决权的2/3以上通过③。

(三)公司股东的权利与义务

股东是指向公司出资、持有公司股份、享有股东权利和承担股东义务的人,是对公司法上的出资人的特别称谓。股东可以是自然人、法人、非法人组织甚至国家,行为能力不是股东的必备条件,限制行为能力或无行为能力的人可以成为股东。但是股东担任公司人员有资格限制,公司董事、监事,公司的经理、副经理、财务负责人,上市公司董事会秘书和公司章程规定的其高级管理人员不得有如下情形:无民事行为能力或者限制民事行为能力;因犯有贪污、贿赂、侵占财产、挪用财产罪或者破坏社会经济秩序罪,被判刑期满未逾5年,或者因犯罪被剥夺政治权利,执行期满未逾5年;担任破产清算的公司、企业的董事或者厂长、经理,并负有个人责任的,自该清算完结之日起未逾3年;担任因违法被吊销营业执照、责令关闭的公司、企业的法定代表人,并负有个人责任的,自被吊销营业执照之日起未逾3年;个人所负数额较大的债务到期未清偿④。

1.股东权。股东权基于股东地位而享有的权利,是股东通过出资所形成的权利,是一种社员权,内容具有综合性,股东权坚持有限责任和权平等两项基本原则。股东权依不同标准可进行分类:依权利行使目的分为自益权与共益权,前者指股东专为自己利益行使的权利,如股权证明与利益分配请求权、股份转让权等,后者指股东为共同利益行使的权利,如表决权、诉讼权、形成会议召集权等;依权利主体分为普通股股东权和特别股股东权,前者是指一般股东享有的权利,后者是专属特别股东所享有的权利;依权利性质分为固有权和非固有权,前者指法定不容剥夺的权利如共益权,后者指可以被剥夺的权利如自益权;依权利行使方式分为单独股东权和少数股东权,前者指股东单独行使的权利如表决权、诉权等,后者指

---

① 参见2004年中国《营业性演出管理条例实施细则》第10条。
② 参见中国《公司法》第11条。
③ 参见中国《公司法》第43条、第103条。
④ 参见中国《公司法》第146条。

有股份限额的权利如股东向决策机构请求权、公司重整申请权等。股东权内容复杂多样,总体可以归结为两大类:股东财产权和股东管理参与权,详言之,股东财产权包括取得股权证明与股息红利分配请求权、新股认购权、股份转让权、资产收益权、公司剩余财产分配权等;股东管理参与权包括股东会召集权、会议表决权、管理者选择权、财务知情监督权、会议决定查阅权、司法救济权、建议权、质询权、公司重整申请权等。

2.股东义务。股东义务是公司股东应承担的和股东权利相联系的责任。一般来说,公司股东根据出资协议、公司章程和法律法规履行义务,但是公司股东有两种基本类型即普通小股东和控股的大股东,所以股东义务有些区别,特别在股份公司中。作为公司股东的共同义务主要包括:出资义务,即股东根据出资协议和公司章程向公司出资,并不能抽回已缴出资财产;参加股东会会议的义务,可以亲自参加或委托其他股东出席股东会会议;不妨碍公司正常经营的义务,尊重公司董事会和监事会,依据公司法和公司章程履行自己的职责;不滥用股东权利的义务;遵循回避义务,即涉及自己相关利益的股东就该事项表决时,该股东自行回避。控股股东、公司的实际控制人,因为其表决权足以实际影响表决结果,所以他们在遵循一般股东义务外,还需要履行特别义务,如不滥用地位,损害公司和其他股东的利益;不利用其关联关系损害公司利益,即公司控股股东、实际控制人、董事、监事、高级管理人员与其直接或者间接控制的企业之间的关系,以及可能导致公司利益转移的其他关系,不得利用这些关联关系;滥用股东权利的赔偿义务,因为滥用股东权利或者利用关联关系损害公司或其他股东利益的,承担赔偿责任[①]。

(四)公司组织机构

公司组织机构是公司经营活动的决策、执行和监督的公司最高领导机构,包括决策机构、执行机构和监督机构三个部分。其中,决策机构有股东大会或股东会,是由全体股东组成的最高权力机构;董事会是由董事组成的负责公司经营管理的合议制机构,在股东大会闭会期间,它是公司的最高决策机构。除股东大会权力以外,公司的一切权力由董事会行使或授权行使,任何一个董事在董事会授权情况下才能够决定公司的事务。公司执行机构是指由公司高级职员组成的具体负责公司经营管理活动的机构,贯彻执行董事会做出的决策。监督机构对公司业务活动进行检查和监督。依照中国公司法的规定,公司组织机构为股东(大)会、董事会和监事会,一人有限责任公司不设股东会、董事会和监事会,设执行董事和监事。

股东(大)会,是公司的权力机关,是非常设机关,只有在召开会议时才作为公司机关存在。股东会由全体股东组成。股东(大)会的职权主要有两类:其一,审议批准事项。如审议批准董事会、监事会或者监事的报告;审议批准公司的年度财务预算方案、决算方案;审议批准公司的利润分配方案和弥补亏损方案等。其二,决定、决议事项。如决定公司的经营方针和投资计划;选举和更换董事,决定有关董事的报酬事项;选举和更换由股东代表出任的监事,决定有关监事的报酬事项;对公司增加或减少注册资本作出决议;对发行公司债券作出决议;对公司合并、分立、解散和清算等事项作出决议;修改公司章程;其他事项等等。股东(大)会分为定期会议和临时会议两种。定期会议的召开时间由公司章程规定,一般每年召

---

① 参见中国《公司法》第20条、第21条。

开一次。有限公司临时会议可经代表 1/10 以上表决权的股东,或 1/3 以上的董事提议。股份临时股东大会符合以下情况之一:董事人数不足公司法规定的人数或者公司章程规定的人数的 2/3 时;公司未弥补的亏损达到实收股本总数的 1/3 时;单独或合计持有公司股份 10% 以上的股东请求时;董事会认为必要时。当然还有监事会,或不设监事会的公司监事可以提议而召开临时股东(大)会而形成股东(大)会决议。有限责任公司股东会一般情况下,采取"资本多数决"原则,即由股东按照出资比例行使表决权;股份公司股东大会实行累积投票权,其决议实行股份多数决定的原则,必须经出席会议的股东所持表决权过半数通过。公司下列事项需经代表 2/3 以上表决权的股东通过:修改公司章程;公司增加或者减少注册资本;公司分立、合并、解散或者变更公司形式。

董事会是公司的业务执行机关,享有业务执行权和日常经营的决策权,股东人数较少或公司规模较小的公司可以不设董事会,董事会对股东(大)会负责。董事会由董事组成,董事可以连选连任。董事会职权包括:其一,报告执行权利,如负责召集股东并向股东(大)会报告工作,执行股东会的决议;其二,重大经营事项决定权利,如经营计划和投资方案、公司内部管理机构的设置、聘任或解聘公司高级管理人员、副高级管理人员、财务负责人及其报酬事项;其三,重大经营方案制定权利,如公司的年度财务预算决算、利润分配和弥补亏损、增加或者减少注册资本以及发行公司债券、公司变更、公司的基本管理制度。董事会会议有过半数的董事出席方可举行,董事会决议经出席会议全体董事过半数通过。董事会决议的表决,实行一人一票制。

监事会为公司的常设监督机关,专司监督职能。监事会对股东(大)会负责,并向其报告工作。公司董事、高级管理人员不得兼任监事。监事会行使软性职权如检查、建议、要求、提议、提案、诉讼等。

三、演出团体

演出团体是指具备法律规定条件的、由艺术工作者组成的、以精神产品服务社会的、从事各类文艺表演活动的单位。这里的演出团体,在法律上指具有法人性质的、直接从事文艺演出的经济组织。在演出法中,演出团体是合法组织,其组成人员必须是艺术工作者,而且以提供演出产品为组织活动方式,它不同于一般的演员个人的自由临时组织群体。

演出团体可以按照不同标准分类,如,依据演出活动时间性分:固定演出团体和临时演出团体。前者是有固定人员、固定经营活动场所、以演出为主要经营内容,常常以组织名义出现的演出组织;后者是为未来某一特定演出而组织起来的演出组织,任务完成则该组织就自动解散。本书侧重对固定演出团体的研究。依据演出团体主要经费来源分:营业性演出团体与国家核拨经费的演出团体。营业性演出团体是指具备规定条件,从事各类现场文艺表演活动的经营单位,性质上属于企业,此类演出团体是演出产业法调整的主要对象。国家核拨经费的演出团体是指由国家机关投资兴办的文艺表演团体,属于文化事业单位,具有独立法人资格。

民营文艺表演团体是传承和弘扬民族民间优秀传统文化的重要载体,在世界各国都是有法律保障的,都是演出公司的重要组成部分。中国颁布的《营业性演出管理条例》及其实施细则,《国务院关于非公有资本进入文化产业的若干决定》《文化部、民政部关于印发〈文化类民办非企业单位登记审查管理暂行办法〉的通知》《文化部、财政部、人事部、国家税务总局关于鼓励发展民营文艺表演团体的意见》《文化部关于促进民营文艺表演团体发展的若干意见》等法律文件,规定民办非企业单位可以申领演出许可证,从事包括京剧、昆曲、地方戏曲、曲艺、儿童剧、杂技、木偶剧、皮影戏和民族民间音乐舞蹈等各民族或者地方特色艺术表演项目,以及歌剧、舞剧、芭蕾舞、交响乐、话剧等艺术表演项目①。民营文艺表演团体可以以合资、合作、并购等形式参与国有文艺院团改制,民营文艺表演团体还承担一定的政府采购的送戏下乡项目演出任务,推荐有特色高水准的民营文艺表演团体参加对外演出和国际文化交流活动等措施②。

演出团体要取得演出资质,除取得作为一般演出公司法定的基本条件外,还要具备自己的特殊实质条件。一是应具备单位的名称。演出团体名称由文化管理机关核准,特殊情况下,经核准可以在规定的范围内使用一个从属名称。演出团体下设的分团(队)演出时,在分团(队)名称前冠以所属单位全称③。二是应具有组织机构和章程。法人机关不可变更,演出单位的章程要符合国家法律法规,演出也要符合国家及地方规章的规定。三是具备表演技能的演职人员。有5名以上获得演出证的演员,演出单位负责人具备大专以上学历或获得高级职称,主要经营管理人员有高中以上学历或获得中级以上职称。设立演出公司要有3名以上获得演出经纪人资格的业务人员,有2名以上具有外语专业四级以上证书或者同等学力的人员,有取得专业证书的财务管理及企业管理人员。同时演出团体高级管理以上人员不应具有以下被禁止情形:民事行为能力不足;犯贪污、贿赂、侵占财产、挪用财产或者破坏市场经济秩序罪,或者因犯罪被剥夺政治权利,执行期满未逾5年;担任破产、吊销营业执照、责令关闭企业的法定代表人、董事或者经理并负有个人责任的,自企业倒闭之日起未逾3年;个人所负数额较大清偿的债务④。四是应具有地址和资金。演出公司还应具备特殊条件,如有100万元以上注册资本。允许境外资本投资国内演出项目,适度引进境外资本以合资、合作的方式成立演出经纪机构、兴建演出场所。但禁止设立中外合资经营、中外合作经营、外资经营的文艺表演团体。五是应具备法律规定的其他条件,如有与其演出业务相适应的器材设备,符合文艺表演团体的总量、布局和结构规划,有确定的文艺表演门类等法律要求的条件。2002年中国法律要求设立营业性文艺表演团体应具备有5名以上有演出证的演员⑤,2004年修订后的实质条件有确定的文艺表演门类、有10万元以上注册资本、有5名以上具备表演技能的演员⑥,因为演出证是演员资质应然条件。现在,《公司法》及有关演出规取消具体资金限制,所以文艺表演团体申请从事营业性演出活动,只要求具备"有与其业务相适应的专职演员和器材设备"的人员与设备两项实质条件⑦。

演出团体的资质取得还需要具备形式条件,除国家核拨经费的文艺表演团体外,文艺表演团体,按具备实质条件之后,依法向基层,如县级审批机关申请,受理机关自受理申请之日起20日内做出决定。依据1998年《营业性演出管理条例实施细则》规定,国家核拨经费的

---

① 参见文化部《关于完善审批管理促进演出市场健康发展的通知》(文市发〔2006〕18号)。
② 参见文化部《关于促进民营文艺表演团体发展的若干意见》文市函〔2009〕15号。
③ 参见1998年文化部《关于贯彻执行〈营业性演出管理条例实施细则〉的通知》。
④ 参见中国《公司法》第146条。
⑤ 参见中国《营业性演出管理条例实施细则》(2002年文化部令第25号)第11条。
⑥ 参见2004年中国《营业性演出管理条例实施细则》第11条。
⑦ 参见2016年中国《营业性演出管理条例》第6条。

文艺表演团体是指县级以上各级国家机关投资兴办的文艺表演团体,只准使用一个名称,确有特殊需要时,经省级以上主管部门核准后,可以在规定的范围内使用一个从属名称。在中国,向基层主管部门申请取得演出许可证。之后,申请人应持演出许可证和演出节目资料报演出地基层核准,如县级以上主管部门核准。非国家核拨经费的营业性文艺表演团体同时向核准机关提供工商行政管理部门核发的营业执照。演出团体提交文件包括:申请书,文艺表演团体名称预先核准通知书、住所和从事的艺术类型,法定代表人或者主要负责人的身份证明,演出器材设备购置情况或者相应的资金证明,演员的艺术表演能力证明(如中专以上学校文艺表演类专业毕业证书,或职称证书,或演出行业协会颁发的演员资格证明,或其他有效证明)①。在资质条件发生变更后,演出团体向原审批机关申请换发演出许可证,办理变更登记。审批部门如不予批准申请,应书面附理由通知申请人。申请设立文艺表演团体提交文件不断有变化,2005 年要求提交一些与现状不同的材料"演出器材设备购置情况或者相应的资金证明"②,2009 年则要求提供"住所"材料,到 2016 年要求提交:申请书、营业执照和从事的艺术类型、法定代表人或者主要负责人的身份证明、演员的艺术表演能力证明、与业务相适应的演出器材设备书面声明五件材料③。因为演出团体可以租房设立,不需要资金要求,所以提交材料趋于简化。1998 年演出法律规定,县级以上国家机关设立的文艺表演团体跨地区营业性演出时,接待其演出的演出场所或演出经纪机构应当于演出前 10 日将演出节目资料和演出广告稿报发证的管理部门审查。除前条外,其他文艺表演团体跨省演出的,应持所在地省级管理部门开具的介绍信,到演出地省级管理部门办理审批手续。相邻省的毗连县(市)的文艺表演团体往来演出的,由相关县(市)管理部门办理手续,同时分别报省级管理部门备案④。

业余文艺表演团体中,农村业余文艺表演团体应具备的条件是:依法成立并在主管部门登记备案;能在一年内进行营业性演出时间累计超过 3 个月以上;演出活动已报所在地县级以上主管部门批准;演出活动如需到外省的已另行报批。群众性业余文艺表演团体应具备的条件是:为企事业单位、学校、机关等单位所属的群众性业余文艺表演团体;依法成立并在主管部门登记备案;演出活动已报经所在地主管部门批准。

作为演出团体中的时装表演团体,其主体资格取得条件也有其特殊性。时装表演团体是指由时装模特在特定场所通过走台表演,展示时装,从而实现其经营目的的经济组织。早在 14 世纪末,法国宫廷中人们用"玩偶"展示服装,1858 年法国高级时装创始人查理斯·弗雷德雷克·沃兹(Charles Frederick Worth)因为让时装店女店员充当"人体模特儿"推销时装而获得成功。而时装表演是时装工业的产物,真正意义的时装表演发生在 1908 年的美国费城;1914 年,由芝加哥服装业制造协会主办的表演衣服会上,首次运用"T"形台。中国最早的时装表演是在著名画家叶浅予先生在外商惠罗百货公司楼上办起的上海第一次时装展览会,中国的第一支时装表演队由上海服装公司组办。时装表演分为学术性、贸易性、广告性、文娱性、生产性等多种,常见由表演法规制的时装表演分为两大类:商业性时装表演,主

---

① 参见《营业性演出管理条例实施细则》(文化部令 2009 年第 47 号)。
② 参见 2005 年中国《营业性演出管理条例实施细则》第 9 条。
③ 参见 2017 年中国《营业性演出管理条例实施细则》第 7 条。
④ 参见 1998 年中国《营业性演出管理条例实施细则》第 37 条、第 38 条。

要以宣传企业形象、推销时装为目的;艺术文化性时装表演,除经济效益外,追求一定审美价值和艺术内涵。时装表演团体取得资质的特殊条件主要有:有 10 人以上具有一定表演艺术水准的时装演出者员,有适应正常表演需要的表演时装,有固定的排练场所。时装表演团体形式条件是:报上级行政主管部门或乡镇政府、街道办事处的批准,持批文经当地文化行政管理部门核准后,报地(市)以上文化行政管理部门审批,核发演出许可证。其中,部队及中央企事业单位和在国家工商行政管理局登记注册的中外合资、中外合作、外商独资企业,由国家文化部门审批。申请人需要提交上级行政主管部门或乡镇政府、街道办事处的批准文件等证明材料①。

四、演出场所经营单位

演出场所经营单位是指具备法定条件,为营业性演出活动提供专业演出场地和相关服务的经营单位,即依法成立并具体从事为营业性演出活动提供场地和相关服务的法人经营单位。演出场所经营单位具备一定的条件,包括:有单位名称、组织机构和章程;单位负责人具备大专以上学历或获得高级职称、无故意犯罪的刑事记录;有适合演出活动的建筑物、必要的器材设备和与之相适应的专业管理人员;有 10 万元以上的注册资本,营业性演出场所转营其他业务时需向原发证注销演出证②;歌舞娱乐场所或其他综合性企业经批准兼营演出业务的,设立专门部门负责演出业务③;安全设施卫生条件符合国家规定标准,而且是一种经济组织,其经营内容之一必须是演出及其相关服务。根据中国现有法律规定,演出场所,是指以营利为目的,并向公众开放的歌舞、表演等场所,但不包括营业性娱乐场所。1998 年演出法规定演出单位需申领演出许可证,演出单位负责人应具备大专以上学历或获得高级职称,无故意犯罪的刑事处罚记录;主要经营管理人员应当有高中以上学历或获得中级以上职称;有 10 万元以上注册资本,有售票窗口和服务人员;新建、改建、迁建、拆除营业性演出场所也需要获得批准④;2016 年《营业性演出管理条例》规定还需要具备符合国家规定标准的消防、卫生条件。

演出场所经营单位取得演出公司资质实质条件,除具有与设立表演团体类似条件外,还要具有其本身的特定条件,如演出场所安全设施、卫生条件符合国家规定标准;营业性演出场有售票窗口和服务人员;演出中有火灾隐患消灭条件。详言之,一是资金方面有特殊要求,而且对资金来源国籍也有所区别,这也是国家对文化产品进行管理的国际惯例做法。依据中国现有法律规定,对于国内资金设立营业性演出场经营单位(包括港澳台地区),要求有 10 万元以上注册资本,注册资本中有一定数额的流动资金;香港特别行政区与澳门特别行政区的投资者在内地投资与内地人投资一样。台湾地区及外国的投资者在大陆合资、合作,不能够设立独资演出场所经营单位,但大陆合营者的投资比例不应低于 51%,并拥有经营主导权。对于外商投资,国家允许境外资金改建、新建营业性演出场所,但需要先经过国家文化管理机关审批。二是形式条件方面,演出场所资质具备的形式条件比较复杂,依据演出场

---

① 参见 1993 年 2 月 6 日文化部《营业性时装表演管理暂行规定》。
② 参见 2002 年中国《营业性演出管理条例实施细则》第 12 条。
③ 参见 1998 年中国《营业性演出管理条例实施细则》第 16 条。
④ 参见 1998 年中国《营业性演出管理条例实施细则》第 8 条、第 12 条。

所经营单位不同,有所区别。一般来说,设立演出场所经营单位国内申请者向文化管理部门取得演出许可证后,应当持证报公安机关进行安全性审批和向卫生行政部门申请领取卫生许可证,再持证注册登记取得营业执照。设立演出场所经营单位程序条件有:依法到工商行政管理部门办理注册登记,领取营业执照,并办理消防、卫生管理等法定手续,自领取营业执照之日起 20 日内向所在地基层,如县级主管部门备案①。外资经营演出场所经营单位的申请者,经过省级文化管理部门报国家文化主管部门审批,取得演出许可证,再办理商投资审批手续。外资演出场所经营单位申请提交文件包括:申请书,名称预先核准通知书、住所,可行性研究报告、合同、章程,各方的资信证明及注册登记文件,投资或者提供的合作条件,董事长、副董事长、董事或者联合管理委员会主任、副主任、委员的人选名单及身份证明,土地使用权证明或者租赁证明,其他依法需要提交的文件。香港特别行政区、澳门特别行政区的投资申请,不需要提交董事长、副董事长、董事或者联合管理委员会主任、副主任、委员的人选名单及身份证明文件。此外,演出场所经营单位变更名称、住所、法定代表人或者主要负责人,依法办理变更登记,并向原备案机关重新备案。备案证明载明的主要内容有二:(1)基本情况方面。单位名称(含经批准使用从属名称),法人单位的法定代表人姓名,法人单位兼营的填写场所主要负责人姓名。营业场所的详细地址。企业类型如"国有企业""集体企业""有限责任公司""股份有限公司""港商独资经营企业""中外合作经营企业"等。注册资本用大写数字填写,核定人数是指能够对外售票的实有座席数或经核准可容纳的观众人数。(2)行政事项。工商注册机关,注册号指营业执照上的注册号,注册时间指营业执照上的时间,备案机关,有效日期,备案号。②

第三节 非法人演出组织

非法人组织是指不具有法人资格,但可以自己的名义进行社会活动、不能独立承担责任的社会团体或经济组织,是介于自然人和法人之间的,未经法人登记的社会组织,在世界各地广泛存在,但称谓不同,如在德国指"无权利能力的社团"、日本为"非法人社团和非法人财团"、英美叫"非法人社团"或"非法人团体",在我国台湾地区称为"非法人团体"③,法国称谓"非法人形式的社团",瑞士为"无法人人格或未取得法人资格的社团",中国 2017 年《民法总则》称"非法人组织"。它是为实现某种合法目的或以一定财产为基础并供某种目的之用而联合为一体的非按法人规则而设立的人的群体。对于非法人团体,理论和立法上有一个发展过程,传统理论认为,非法人团体不包括合伙,因为合伙人之间是契约关系,而非法人社团重视团体性,现代法学理论将合伙纳入非法人组织之中。由于各国国情不尽相同,非法人组织的分类不同,日本非法人组织分为政治性团体、正在筹建中的企业等。英美法则还分为合伙等。中国民法把非法人组织分为个人独资企业、合伙企业、不具有法人资格的专业服务机

① 参见 2016 年中国《营业性演出管理条例》第 7 条。
② 参见文化部办公厅《关于贯彻〈营业性演出管理条例实施细则〉的通知》,2009 年 11 月 6 日。
③ 郑跟党.试论非法人组织[J].中外法学,1996(5):34-38.

构等①；中国的"其他组织"包括：依法登记领取营业执照的私营独资企业、合伙组织、合伙型联营企业、中外合作经营企业、外资企业、乡镇（街道、村）办企业、法人分支机构；经民政部门批准登记领取社会团体登记证的社会团体；符合规定的其他组织②。非法人组织基本特征是：依法成立，依法登记并取得营业执照或社会团体登记证，区别于子公司、机关法人、事业单位或社会团体、上级企业法人、法人内部职能部门；有一定的组织机构，能以自己名义对外活动；有一定的财产或经费，有与其经营活动和经营规模相适应的财产或经费，但该财产或经费不是独立的，其所有权属于法人或投资人，非法人组织只是相对独立权；不具有独立承担民事责任的能力，由其出资人或设立人承担连带清偿责任。德国出现了最早对非法人组织在无权利能力时责任的立法，如德国法规定"对无权利能力的社团适用关于合伙的规定"，对第三人的法律行为承担连带责任。③ 此后，这种观点被多数大陆法系国家所接受，成为大陆法系法学理论的通说，在 20 世纪初，英国立法原则也确定了相似原则。可见，非法人组织不同于自然人，它依法成立，有自己的名称，有一定的组织机构和场所。它也不同于法人，它没有独立的财产和经费，不能独立承担民事责任。

根据非法人演出组织特点以及国内外立法实际，非法人演出组织大体包括合伙演出组织、中外合作演出组织、个人独资演出组织、演出法人的分支机构、筹建中的演出法人、合伙型联营演出组织等。但由于演出法人的分支机构与筹建中的演出法人，其权利与义务要么被吸收，要么无定型性，不是演出法研究重点，合伙型联营演出组织的权利与义务可以参照合伙演出组织制度，所以在这里重点研究合伙演出组织、中外合作演出组织、个人独资演出组织的资质。

非法人演出组织在遵循法人的某些通用性组织规定外，也有自己的特法律规则。一是非法人演出组织设立方面。世界各国对非法人组织设立的典型原则是许可主义、登记主义或自由主义。其中，大陆法系国家多采用许可主义，其中法国采取自由登记主义④。而英美法系多奉行登记主义，20 世纪中叶以来，登记主义成为通行原则。我国过去是许可主义，现在采用登记主义为基本许可主义为辅助原则，并规定设立非法人组织应依法登记，但法律、行政法规规定须经有关机关批准才算登记的仍然需要批准。登记机关依法及时公示非法人演出组织登记的有关信息。非法人演出组织存续期间登记事项发生变化的，应依法向登记机关申请变更登记；非法人演出组织实际情况与登记的事项不一致的，不得对抗善意相对人。设立人为设立非法人演出组织从事的活动，其法律后果应由非法人演出组织承受；非法人演出组织未成立的，其法律后果应由设立人承受，设立人为两人以上的，享有连带债权，承担连带债务；设立人为设立非法人演出组织以自己的名义从事活动产生的民事责任，第三人有权选择请求非法人演出组织或者设立人承担。二是非法人演出组织的责任方面。非法人演出组织对外承担的责任是无限责任，即非法人组织的财产不足以清偿债务，其出资人或者设立人承担无限责任，直到债务偿清或者清偿不能；而且，非法人演出组织出资人或者设立人之间对外是承担连带责任的。当然，这些责任不是绝对的，如果法律另有规定的，依照规

---

① 参见 2017 年中国《民法总则》第 102 条。

② 参见最高人民法院《关于适用若干问题的意见》第 40 条。

③ 参见 1896 年《德国民法典》第 54 条。

④ 参见《法国非营利社团法》第 2 条。

定承担责任。具体规定国际做法也是有所区别的,有规定债权人可以请求基金偿还,如意大利法规定"社团代表人对第三人的债务,第三人可以请求用共同基金偿还"[①];德国则规定以非法人组织名义对第三人行为,由行为人负个人责任,多人是全体行为人负连带责任;瑞士干脆把非法人组织"视作合伙"[②]。在演出组织变更责任方面,如果是非法人演出组织合并,原组织的权利和义务由合并后的非法人演出组织享有和承担;非法人演出组织分立时,其权利和义务由分立后的非法人演出组织享有连带债权,承担连带债务,但是债权人和债务人另有约定的除外。非法人演出组织可以依法设立分支机构,法律、行政法规规定分支机构应当登记的,应依照其规定进行登记;分支机构以自己的名义从事活动,产生的责任由非法人演出组织承担,也可以先以该分支机构管理的财产承担,不足以承担的,由非法人演出组织承担。三是非法人演出组织的事务执行方面。非法人演出组织是由多个成员组成的组织,而成员一般有非法人演出组织机关成员、一般成员和准成员,作为一个组织自然需要相应管理人员,需要有代表该组织的执行者,所以非法人组织可以确定一人或者数人代表该组织从事活动。该代表的条件要求应根据组织规则确立,但没有明确的限定范围。由非法人演出组织与组织选定的事务执行者是一种委托关系,所以两者之间的权利义务适用代理规定,组织对执行人的职务行为承担责任,至于非职务人的责任视是否是个人行为而定,即使组织承担了执行者非职务行为的责任,对执行者也有追偿权,如是执行者纯个人行为,执行者要对组织承担侵权责任。组织章程或者权力机构对法定代表人代表权的限制,不得对抗善意相对人。其中日本民事诉讼法和中国台湾地区民事诉讼规则确立了"代表人或管理人员"在非法人组织诉讼之中的当事人地位,中国大陆法律也有类似规定。四是非法人演出组织解散与破产方面。非法人演出组织因为一些事由而解散,如章程规定的存续期间届满或者章程规定的其他解散事由出现、出资人或者设立人决定解散、因合并或者分立需要解散、组织依法被吊销资质而被责令关闭或者被撤销、法律规定的解散其他情形等。除合并或者分立的情形外,非法人演出组织解散时,依法进行清算,一般来说,董事、理事等执行机构或者决策机构的成员为清算义务人,清算义务人未及时履行清算义务,造成损害的,应当承担责任;主管机关或者利害关系人可以申请法院指定有关人员组成清算组进行清算。清算期间,非法人演出组织禁止从事与清算无关的活动,清算后的剩余财产,应根据组织章程的规定或者权力机构的决议处理。清算结束并完成注销登记,或者不需要办理登记的,清算结束时,非法人演出组织也随之终止。非法人演出组织因为解散、被宣告破产、法律规定的其他原因而完成清算、注销登记的,非法人演出组织终止,非法人演出组织人终止依法须经有关机关批准的,需要批准后才可终止。非法人演出组织被宣告破产的,应依法进行破产清算并且在完成注销登记时非法人演出组织随之终止。

一、合伙演出机构

合伙是多人或组织为了共同目的、相互约定,共同出资、共同经营、共享收益、共担风险的自愿联合。合伙可分为普通合伙和特殊合伙:普通合伙是指全体合伙人对合伙债务承担无限连带责任的合伙;特殊合伙包括隐名合伙和有限合伙。合伙可以是法律行为,即合伙关

---

①　参见《意大利民法典》第 38 条。

②　参见《瑞士民法典》第 62 条。

系为契约行为。也包括隐名合伙。隐名合伙是合伙当事人约定,部分合伙人(称为隐名合伙人)只出资并承担盈亏但不参与经营活动,而经营由另外一部分合伙人(称为营业人)负责,即由隐名合伙人与营业人组成的合伙。隐名合伙为大陆法所特有,其实质是合伙人与第三人之间的合同关系,没有团体人格,这样的合伙无独立财产,隐名合伙人不能以劳务或信用出资。合伙也可以是组织形态,即由合伙人联合而成的经济组织,或是由合伙人聚合而成的联合体。合伙是古老的经济组织形态,在欧洲中世纪就已经普遍存在,其团体性质不断突出,到了近现代,合伙得到各国法律普遍确认,已成为现代联合经营所不可缺少的形式。合伙演出机构是指由自然人、法人和其他组织设立的演出组织体,包括普通合伙演出机构和有限合伙演出机构两种类型。普通合伙演出机构的所有合伙人对普通合伙演出机构的债务承担无限连带责任。有限合伙演出机构是指一名以上普通合伙人与一名以上有限合伙人组成的演出机构,普通合伙人执行合伙演出机构事务、对外代表合伙演出机构、对合伙演出机构债务承担无限责任,有限合伙演出机构为英美法上的一种独立的合伙形态,具有一定的团体人格。有限合伙人只按出资比例承担合伙演出机构盈亏,并以出资额为限对合伙演出机构的债务承担清偿责任,有限合伙人不得以劳务或信用出资。英国法要求有限合伙演出机构须在公司注册处登记,中国早期的法律无隐名合伙及有限合伙的规定,新修改后的法律确立有限合伙企业。中国目前调整合伙的法律规范主要是《民法通则》中有关个人合伙及法人联营的规定,2017年颁布的《民法总则》有关合伙及合伙企业的规定,1997年颁布、2006年修改的《合伙企业法》。

合伙演出机构是以合同关系为基础的,共同出资、共同经营、共负盈亏、共担风险。相较于个体演员与法人演出主体而言合伙演出机构主要特征有三个。一是合伙协议是合伙演出机构存在的法律基础。合伙协议是全体合伙人就合伙人之间的权利义务关系达成的文件,合伙协议的形式包括书面和口头形式。当然,实践中虽然中国法律规定合伙演出机构的合伙协议要采用书面形式,但也承认无书面协议的事实合伙,即如果合伙人之间未订立书面合伙协议,但事实上开展了合伙营业,视为合伙。合伙协议是处理合伙纠纷的基本法律依据,但仅具有内部的法律效力。同时,合伙协议的变化如入伙或退伙,变更合伙协议须经全体合伙人协商一致并签字确认,否则新协议无法律效力。二是全体合伙人共同出资、共同经营。合伙人出资是取得合伙人资格的前提,但合伙出资的形式不限,包括现金、实物、土地使用权、知识产权、劳务、技术、管理经验、商誉等合伙人认可的任何形式,但有限合伙演出机构的合伙人不得以劳务性形式出资。在合伙演出机构中,所有的普通合伙人必须共同从事经营活动,当然管理合伙事务可以外请人员,至于有限合伙人则不参加合伙演出机构的经营也不执行合伙事务。合伙演出机构存在的目的是追求经济利益,它是一种营利性组织。当然,公益性演出组织,不属于合伙演出机构。三是全体合伙人责、权、利的连带性质。合伙人之间按照合伙规定包括出资金额、分配比例等办法分享利益、承担风险。对于对外责任,则是由全体合伙人承担无限连带清偿责任,不过合伙人之间就清偿后责任按照合伙协议向其他合伙人追偿。合伙演出机构适用合伙企业法,根据相关法律理论与实践,分析合伙演出机构法律规定的主体制度。在合伙演出企业中,合伙演出企业仅剩普通合伙人时,有限演出合伙企业转为普通合伙企业,并做变更登记。仅剩有限合伙人时,则该企业解散,可以清算终止,也可以重新按照企业法人设立公司,经全体合伙人一致同意,可按照合伙企业类型条件转换。

(一)普通合伙演出企业

普通合伙演出企业设立条件方面注意实质条件和形式条件两个方面。第一,设立普通合伙演出企业的实质条件。首先是有合伙人。大陆法系合伙立法普遍规定,合伙人应有两人及以上但无上限限制。普通合伙演出企业的合伙人应是具有完全行为能力人、能承担无限责任,如合伙人行为能力人欠缺则不能成为普通演出企业设立时的创始合伙人,而且不属于法律法规禁止从事营利性活动的人,如国家公务员、国有独资公司、国有企业、上市公司、公益性事业单位以及公益性社会团体等[①]。可以成为普通演出企业合伙企业的合伙人包括自然人、法人、其他组织。其次是有合伙协议。中国法律规定合伙协议采用书面形式。合伙协议内容主要有:合伙演出企业的名称和场所、合伙目的和经营范围、合伙人情况、合伙人出资情况、盈亏分担办法、合伙事务的执行、入伙与退伙、违约责任、合伙演出企业的解散与清算、协议解决办法,合伙协议的生效、修改一般都实行合伙人一致同意原则。最后是普通合伙演出企业的名称、出资、场所及设施。普通合伙演出企业名称中标明"普通合伙"字样,也可以用"公司"字样,但不得用"有限(责任)公司""股份(有限)公司"等法人性质字样。组团演出和各类艺术组合性的组织不能冠以"艺术团"名称,经批准可以使用"演出团""演出队""演出组"等临时性称号,并应在宣传广告中注明为"组合"。业余性文艺表演团体从事营业性演出时,在宣传广告中应注明为"业余"。此外,非法人性质演出场所经营单位变更备案证明中不填"法定代表人姓名",可以填写主要负责人姓名。合伙人出资形式可以是货币、实物、土地使用权、知识产权、劳务、技术等合伙人协商同意的一切不违法的出资形式。一般来说,非货币形式出资需要委托法定评估机构评估,经过合伙人协商确定并载入合伙协议。由于演出的特殊性,各类合伙演出机构的经营场所、设施、设备、人员等要求不同,但都要符合演出需要。第二,设立普通合伙演出企业的形式条件。设立普通合伙演出企业的,由全体合伙人指定的代表或者共同委托的代理人,根据具体类型分别向文化、公安、卫生、城管、工商部门、商务、外事等管理部门申请设立登记、取得成立证书。申请设立登记需要提交登记申请书、合伙协议书、全体合伙人的身份证明等文件。受理申请的管理机关,根据条件发给演出证、安全文件、登记证书、营业执照,如果受理机关拒绝发放有关证件,需要书面附理由答复。如业余时装表演团体持上级行政主管部门的批准文件,向同级文化行政管理部门提出申请,经考核批准取得临时营业演出许可证后参加营业性时装表演。普通合伙演出企业设立人领取营业执照或演出证之前,不能够以普通合伙演出企业的名义从事合伙业务。此外,普通合伙演出企业也可以设立分支机构,在分支机构所在地办理相关证件。

普通合伙演出企业几个主要制度。一是合伙财产。合伙的财产主要由合伙人出资和合伙经营收益两部分组成。合伙财产由全体合伙人共同管理和使用,区分不同财产形式确立,现金出资成为共有财产,普通合伙演出企业对权利出资只享有使用权和管理权,合伙经营积累的财产归合伙人共有。至于合伙财产的共有是共同共有还是按份共有,存在不同争议,从财产利用价值角度判断是共同共有,从实践意义来看是按份共有。具体来说,在普通合伙演出企业存续期间,向合伙人转让其财产份额,是通知生效原则。合伙人向非合伙人转让、出质其财产份额时,秉承全体一致同意原则,其他合伙人有优先受让权。除依法退伙等法定原

---

① 参见中国《合伙企业法》第3条。

因外,合伙人禁止抽逃、转移、分割合伙财产。不遵行前述规则处分合伙财产行为无效,并承担损失赔偿责任,同时合伙人处分合伙演出企业财产行为不能对抗不知情的善意第三人。合伙演出企业的利润分配和亏损分担方法确立顺序是先由合伙协议约定,未作约定或者约定不明由合伙人协商,协商不成合伙人按照实际出资比例,无法确定各合伙人的出资比例由合伙人平均承担,但是,合伙协议不得约定将全部利润分配给部分合伙人或者由部分合伙人承担全部亏损,否则则属无效。二是合伙事务的执行。合伙事务执行和决议事项采取约定优先的原则。执行合伙事务是合伙人的权利,而且合伙人权利同等,不过合伙事务的执行方式灵活,包括全体合伙人共同执行、各合伙人分别单独执行、委托合伙人执行、委托外人执行。执行合伙事务而产生的责任,由全体合伙人承担。同时,合伙演出企业事务的决议只能由合伙人依法做出,不得委托表决,表决方式通过合伙协议约定,但有些事项实行全票决亦称一致决,这些事项包括:企业本身重大事项如改变合伙演出企业名称、经营范围、主要经营场所的地点、修改或者补充合伙协议;企业财产事项如处分合伙演出企业的不动产、知识产权和其他财产权利、以合伙演出企业的名义为他人提供担保;人员事项如聘任合伙人以外的人担任经营管理人员、吸收新的合伙人;合伙人竞业行为。三是与外人关系。无论合伙演出企业内部如何限制权力,合伙人行为不能够对抗善意第三人,是国际通行规则。合伙人对合伙演出企业债务承担补充性责任,先以合伙演出企业全部财产清偿债务,不足清偿时,各合伙人承担无限连带清偿责任;对内部追偿权,合伙人承担清偿数额超过其应当承担的数额时,有权向其他合伙人追偿。同时存企业债务和合伙人个人债务时候,我国法律没有规定,可以采用双重优先原则来确定清偿顺序,即合伙企业债权优先受偿原则,是指合伙企业的债权人就合伙财产优先受偿。双重优先原则,是指合伙财产优先用于清偿合伙债务,个人财产优先用于清偿个人债务。对于合伙人个人债务的清偿,为了保障其他合伙人及企业权益,禁止债权人抵销权的,即不得以其对其他合伙人债权抵销其对合伙企业的债务。代位权的禁止,与合伙企业无关,债权人主张代位行使其欠债的合伙人在合伙演出企业中的权利。被法院强制执行合伙份额的,其他合伙人享有优先购买权,对该合伙人视情形按退伙处理或者减少份额比例。对于入伙与退伙,程序与责任有所区别,入伙须经其他合伙人的一致同意,与原合伙人订立书面合伙协议,除另有约定外,入伙人与合伙人权利义务等同,合伙人对入伙前合伙企业的债务承担连带责任;自然退伙、法定除名、协议退伙的退伙人退伙时,对基于其退伙前的原因发生的合伙演出企业债务,仍与其他合伙人一起承担无限连带责任。

(二)有限合伙演出企业

有限合伙演出企业是指由普通合伙人和有限合伙人共同设立的合伙演出企业。有限合伙演出企业设立区别于普通合伙演出企业的主要条件如下:有 2 个以上合伙人设立,其中至少有一个普通合伙人和有限合伙人;名称中标明"有限合伙"字样;合伙协议除需要记载普通合伙演出企业协议载明的事项外,还要载明一些特殊事项,如执行事务合伙人选择及其权限与责任、执行事务合伙人更换及责任、有限合伙人入伙与退伙的规定、有限合伙人和普通合伙人转变程序。有限合伙人与普通合伙人在有限合伙演出企业中的地位主要差别有:有限合伙人不能以劳务出资,不执行合伙事务,也不对外代表有限合伙演出企业,以其认缴的出资额为限对合伙企业的债务承担责任,除非合伙协议另有约定可以同合伙企业交易、竞业、将其合伙份额出质、向合伙人以外的人转让其财产份额,丧失民事行为能力时不被强迫退伙。其中,有限合伙人下列行为不视为执行合伙事务:参与决定入伙与退伙,提出经营管理建议,参与选择审计业务的会计事务所,获取企业财务会计报告,查阅企业财务资料,企业利益主张或诉讼,依法为本企业提供担保。对善意第三人,有限合伙人行为可以发生个案性的表见普通合伙效力,即如有限合伙人的行为足以使善意第三人信赖其为普通合伙人时,则有限合伙人对此行为承担无限连带责任。

二、个人独资演出企业

个人独资演出企业,是指由一个自然人投资,在中国境内设立,全部资产为投资人所有,投资人对企业债务承担无限责任的实体性营业性演出组织,如多种多样的演出剧团,特别是民营演出剧团多是个人独资演出企业。个人独资演出企业具有以下特征:一是,投资主体方面,仅由一个自然人投资设立,自然人仅指中国公民,不包括外国公民、无国籍人,并且不属于禁止从事营利性演出活动的公民如法官、检察官、警察、国家公务员、演出主管部门的工作人员[①]。关于该自然人的权利能力和民事行为能力,各国规定不一,有的国家只要求具有权利能力,有的国家则要求同时具备权利能力和民事行为能力。我国虽无明确规定,但由于规定投资人要承担无限连带责任而且还要求以个人财产承担责任,所以应该同时具备权利能力和民事行为能力。投资人不能是组织,如国家机关、国家授权投资的机构或者国家授权的部门企事业单位等。二是,企业财产方面,投资人对个人独资演出企业的全部财产包括投资与企业积累的财产享有绝对的控制与支配权。投资人的投资是否必须是实物或金钱财产,法律没有规定。个人演出企业是要开展实际演出活动,所以个人投资应该是实物或金钱资产。投资人可以依法进行转让或继承有关权利。三是,责任承担方面。个人独资演出企业是一种很古老的演出组织形式,由于其本质特征是个人出资、个人经营、风险自担、盈亏自负,在权利和义务上投资人的责任与该企业的责任混同,所以,投资人以其个人财产对演出企业债务承担无限责任。其中,责任范围包括该独资演出企业全部财产和投资者的个人财产,直至该企业债务全部清偿或者清偿不能,如投资人死亡。由于我国目前尚无完善的财产登记制度,投资人明确以家庭共有财产出资的,则以家庭共有财产对企业债务承担无限责任[②]。但是我国法律规定了责任消灭制度,即在五年内债权人未要求债务人清偿的,该责任消灭[③]。四是,主体资格方面,个人独资演出企业雇工是否达到 8 人及以上,没有规定,依据是个人独资演出企业许可证。个人独资演出企业可以有自己的名称或商号,并以企业名义从事演出经营活动,但它不具有法人资格,也无独立承担民事责任的能力,属于非法人组织。

个人独资演出企业的设立名称应当与其责任形式及演出业务范围符合,名称中不得使用"有限"、"有限责任"字样,可以叫部、中心、工作室等。根据我国原国家工商行政管理局关于实施《个人独资企业登记管理办法》有关问题的通知的规定,投资人申报的出资额应当与企业的生产经营规模相适应,以家庭共有财产作为个人出资的应在申请书上予以注明。

个人独资演出企业的设立采取文化主管审批加直接登记制,即设立独资演出企业在取得文化部门审批后,投资人直接到工商行政管理部门申请登记。投资人申请时应提交下列文件:演出批文、设立申请书(含企业的名称和住所、投资人的姓名和居所、投资人的出资额

---

① 参见中国《个人独资企业法》第 16 条。

② 参见中国《个人独资企业法》第 18 条。

③ 参见中国《个人独资企业法》第 28 条。

和出资方式、演出范围)、投资人身份证明、经营场所使用证明如房屋产权证或租赁合同等。委托代理人申请时的委托书和代理人的合法证明。登记机关在收到申请文件之日起 15 日内登记,发给营业执照,营业执照的签发日期为独资演出企业的成立日期。独资演出企业可以设立分支机构,后者的设立与登记程序与独资企业的设立程序大体相同,申请材料多一项登记机关加盖印章的个人独资演出企业营业执照复印件,申请人向分支机构所在地的登记机关申请登记领取营业执照,经核准登记后将登记情况报所属个人独资演出企业的原登记机关备案。个人独资演出企业分支机构的民事责任由投资人承担。

个人独资演出企业事务管理方式主要有自行管理、委托管理、聘任管理,其中后两种管理方式由投资人与受托人签订书面合同,明确委托的具体内容和授予的权利范围,投资人对受托人或者被聘用人的职权限制不能对抗善意第三人。投资人委托或者聘用的管理人员主要进行个人独资演出企业的财务管理、劳动管理与社会保障事务管理。

第四节　个体演员

一、个体演员含义

个体演员是指具备法律规定的条件,以演出为职业的,或者无固定工作单位的但是以演出活动为主要收入来源的,有演出证,在工商行政管理部门领取营业执照并在文化主管部门备案的演出者。也就是说,个体演员是指依法取得演出许可证,以演出为职业,无固定工作单位的演出个体户。在我国,关于个体演员的含义,我国演出法律对之定义有所区别,1998年采取列举法,没有概况性定义,2004 年定义为个体演员是指以演出为职业、无固定工作单位的艺术表演人员[①],2005 年修订为个体演员是指具备条件,以演出为职业,"在工商行政管理部门领取营业执照并在文化主管部门备案"的表演人员,增加了程序;2016 年仅仅给出循环性概念,即个体演员是"以从事营业性演出为职业的个体演员"[②]。个体演员分在职演员和业余演员,其中,在职演员包括文艺表演团体中临时以个人身份参加本单位以外营业性演出活动的演员,专业艺术院校中临时以个人身份参加本单位以外营业性演出活动的在校学生;业余演员,指除个体演员、在职演员以外,其他单位人员兼职参加营业性演出的个人,每次参加演出都要报批,其资格条件及演出活动的范围与个体演员相同。个体演员具有如下特征:第一,具备法定条件,在中国有演出资格证,这一特征区别于一般的演出参加者与一般演出爱好者;第二,要以演出收入作为自己的主要经济来源,即以自己的演出活动为取得收入的手段,当然收入的取得可以是职业性的,也可以是临时性的,至于收入支付者不影响,这区别于偶尔从事演出活动的演职人员。

个体演员有不同的分类,按照专职情况可以分为专业个体演员、业余个体演员两大种类。专业演员是以演出职业作为单一事业内容的个体演员,其中,艺术表演团体在职演员、

---

① 参见 2004 年中国《营业性演出管理条例》第 8 条。
② 参见 2016 年中国《营业性演出管理条例》第 9 条。

专业艺术院校师生和其他单位的业余演员,在参加本单位以外的营业性演出时,视为个体演员[1]。业余个体演员是指兼有多个职业,其中演出职业是其主要收入来源,这不同于兼职演员或者客串演员,后者不适用演出产业法调整,实践中更多的由合同法调整。我国曾经对演员个人分为:以演出为职业、无固定工作单位的个体演员;在职演员即文艺表演团体和专业艺术院校(系)中临时以个人身份参加本单位以外演出活动的演职员;除个体演员、在职演员外,其他单位人员兼职参加营业性演出的业余演员。[2]

根据演出的内容与时间,个体演员包括:自由职业的个体演员,即以演出为职业、无固定工作单位的个体演员;专职的临时个体演员,即文艺表演团体和专业艺术院校(系)中临时以个人身份参加本单位以外演出活动的演职员;多职业的个体演员,即其他单位人员兼职参加营业性演出的业余演员,但是收入主要来源于该兼职演出的演员。

二、个体演员资格条件

作为表演演员个体的自然人应该具备怎样的民事权利能力和行为能力,世界各国法律没有明确规定,在实践中存在的童星、婴儿演员、幼儿演员、智障人演员、残疾人演员,未成年人演员也屡见不鲜,似乎演员不需要具备相应的责任资格。从演出实践看,演员必须有行为能力包括完全民事行为能力和限制民事行为能力,当然具体条件各国法律规定不同。至于无行为能力的自然人,不能够成为演员,当然参与演出者如幼儿与婴儿,应该不能够享有演员权利,但其相关利益可以得到保障,而且应该是一次性物质利益被其监护人代为获取。其实,一般情况下的无行为能力和限制行为能力的演员,适用监护法律规则,更多要求其是具备完全民事权利能力和行为能力的人,因为更多的演出行为是一种契约行为,而根据合同法基本原理,签订契约要具备完全责任能力,如果不具备也需要监护人追认。在民法上,世界各国法律都认为公民的民事权利能力一律平等,平等性、不可转让性、不可分身性、不可抛弃性是自然人民事权利能力的特征。中国早期民法用"公民"指自然人但同时规定"关于公民的规定""适用于"中国域内的"外国人、无国籍人",规定"从出生时起到死亡时止,具有民事权利能力"[3]。2017年我国民法总则统一用"自然人"。自然人演员是依自然规律出生而取得演出主体资格的人,有公民与外国人的区别,公民是指具有一国或多个国籍的自然人,外国人是指在一国境内不具有该国国籍的人,外国人要服从所在国的管辖,遵守所在国的法令。外国人的法律地位是通过在一国法律对外国人的权利和义务规定体现的,国际法上没有统一规定,通常有"国民待遇"和"最惠国待遇"原则。世界多数国家法律规定自然人权利能力平等,这是因为任何人的人性尊严均有着相同的本质,其人身自由发展具有同等的不可侵犯性[4]。民事行为能力是民事主体独立实施民事法律行为的资格,有民事权利能力者,不一定就有民事行为能力,"自罗马法以来,民法均以一般人发育成长年龄为主要衡量指标,并以精神具体发育情况作为补偿,建立了主要依据年龄和精神健全双重标准的抽象模式"[5]。

---

① 参见 2002 年中国《营业性演出管理条例》第 8 条。

② 参见 1998 中国《营业性演出管理条例实施细则》第 18 条。

③ 参见中国《民法通则》第 8 条、第 9 条。

④ 朱庆育.民法总论[M].北京:北京大学出版社,2016:383.

⑤ 沈德咏.《中华人民共和国民法总则》条文理解与适用[M].北京:人民法院出版社,2017:216.

民事行为能力的精神层面就是自然人的意思能力,即是行为人对自己行为所发生效果的预见能力,对成年精神病人采取个案审查制。至于自然人年龄属于事实问题,各国国家和地区立法通例对心智正常标准采取年龄主义划线,达到一定年龄即认定其有行为能力,但是具体年龄却有差别,如就完全行为能力来说,法国、德国、意大利、瑞士、中国是 18 岁,日本、中国台湾地区是 20 岁。为保护少年儿童的正常学习和身心健康,学生和少年儿童参加营业性演出受到一定的年龄限制,作为个人演员必须达到一定的年龄界限,这也是国际惯例。中国法律有条件地允许文艺演出单位招用未满 16 周岁的未成年人,但必须同时具备三个条件:国家有相应规定、单位履行审批手续、单位保障其接受义务教育的权利①。依据中国劳动法与未成年人保护法及其他有关法规,演员是年满 16 周岁心智适当的人,其中杂技演员年满 14 周岁,但特殊情况下,未成年人也可以成为"童星",但是不能够成为专职个体演员。在行为能力分类上,自然人的民事行为能力的类型世界上有二分法即有民事行为能力和无民事行为能力两类,三分法即无民事行为能力、限制民事行为能力、完全民事行为能力三类。我国是采用三分法,即:年满 18 周岁就具有完全民事行为能力,已满 16 周岁但未满 18 周岁且以自己的劳动收入为主要生活来源的人视为完全民事行为能力人;年满 8 周岁以上的未成年人和不能完全辨认自己行为的精神病人,是限制民事行为能力人,只能独立实施与年龄智力相适应的民事法律行为,否则须经法定代理人同意或由法定代理人代理;不满 8 周岁的未成年人和不能辨认自己行为的精神病人是无民事行为能力人,他参与民事活动须有法定代理人代理陪同②。成年人限制民事行为能力与无民事行为能力人的纯获利益行为应该有效,如行为人订立"纯获利益的合同或者与其年龄、智力、精神健康状况相适应而订立的合同,不必经法定代理人追认"③,因为"纯获利益"行为属其民事行为能力范围,行为人有认知价值。

自然人成为个体演员资质实质条件除了具备相应的行为能力与权利能力外,还应该具备实际的演出能力,演员个人能够参加演出的资格具体条件包括技能、考核等方面。我国规定,演员个人申领演出许可证需要年满 16 周岁,杂技演员可为 14 周岁,具有一定的业务基础知识和表演技能,个体和业余演员还有参加省主管部门组织的考试或考核。因此演出人员应具有一定的业务基础知识和表演技能,对此,中国法规表演技能采取形式证明的方式,即只要具备这些证明材料就承认其演出人员具有一定的表演技能;而且又根据不同人群分类做出规范。第一类,自然人具备演员的技能条件。这项能力我国根据实际情况采取自证能力原则,即要取得演出证,申请人需要提供材料证明自己具备了演出能力,即是对艺术水平的证明和演出人员资信情况的证明。根据相关规定,证明表演技能材料包括:中等以上艺术学校(含综合性院校的艺术专业)文艺表演类专业毕业证书,职称证书,中等以上艺术院校、专业文艺表演团体、演出行业协会颁发的有效证件或者出具的能够证明其表演技能的书面证明,其他能够证明其表演技能的书面材料,如 2004 年前基层不明,如县级以上主管部门为其核发的个人营业性演出许可证④。中国最新的法律修正案规定,演员的艺术表演能力证明,可以是文件,有其一即可,包括:中专以上学校文艺表演类专业毕业证书、职称证书、演出

---

① 参见中国《劳动法》(2009 年国务院令第 535 号)第 15 条。

② 参见 2017 年中国《民法总则》第 17 条至第 22 条。

③ 参见中国《合同法》第 47 条。

④ 参见《关于对〈营业性演出管理条例实施细则〉有关条款解释意见的复函》(文化部令 2004 年第 30 号)。

行业协会颁发的演员资格证明、其他有效证明①,较之 2005 年法规,其减少了"综合性院校的艺术专业""艺术院校出具的书面证明"演出行业协会"出具的书面证明"②,更具有科学性,能减少人情和虚假证明,避免艺术专业宽泛性而带来的艺术种类不明的跨行业的滥竽充数,提高艺术表演能力真实证明力。艺术水平与资信证明材料包括:参加过官方演出管理机关举办或联合举办的演出经纪从业人员培训班并取得结业证书、参加过专业机构(含大专院校)举办的培训班并取得结业证书;文艺表演团体在其所在国(地区)的法人登记证明,演员个人的文艺表演类专业毕业证书或其他能够证明其表演技能的材料,其他能够证明其艺术水平和资质情况的材料③。第二类,个体演员通过法规和业务考核也是必备的条件之一,这主要涉及演出资格证书。根据通行做法,演出行政管理部门或者演出行业协会等演出集体管理组织,对申领个人营业演出许可证的演员进行有关演出法规的培训或考试,考试合格者方可获得资格证。在中国,演员个人法规和业务考核由省级主管部门或者委托演出行业协会组织实施。此外,演员不能够存在一些禁止情形,否则不能够取得演出证,这些情形主要包括:正在服刑或劳教的,刑满、解除劳教未满一年的,被专业艺术表演团体开除未满一年的,被主管部门禁演尚未解禁的,道德品德极端败坏引起社会公愤的,被主管部门吊销演出证未满一年的,吸毒、被强制戒毒结束未满一年的,审批部门认定具有其他不适宜情形的④。其中演员担任演出公司高级管理职务的,还必须没有《公司法》禁止的情形。依据中国法律规定,演员个人申领演出证条件如下:年满 16 周岁(杂技演员可放宽至 14 周岁);具有一定的业务基础知识和表演技能;个体和业余演员经过县级以上地方主管部门的法规和业务考试或考核;无消极情形:被文艺表演团体开除未满一年的、被主管部门禁演尚未解禁的、道德品德极端败坏引起社会公愤的、被主管部门吊销演出证未满一年的、无吸毒、被强制戒毒结束未满一年的。⑤

在自然人成为个体演员资质形式条件方面,个体演员从事营业性演出活动时,应持个人身份证明及户籍所在地街道办事处或者乡镇政府的证明,按照规定的审批权限向户籍所在地方政府主管部门提出申请;个体演员申领营业性演出许可证时,应填写个体演员营业性演出许可证申领表。地方主管部门核准后向行政相对人出具核准文件。个体演员到户口所在地之外的省、市暂住(6 个月以上)并从事演出的,由户口所在地省、市主管部门开具介绍信,到暂住地主管部门办理营业演出许可证,但演员不得重复领证,不在两地重复办证。其中,业余演员、专业艺术表演团体在职演员和专业艺术院校(系)师生申领演出许可证,应经所在单位批准,到单位所在地的地方主管部门办理。⑥ 在职演员参加本单位以外的营业性演出的,应经所在单位批准,到所在单位的上级主管部门办理演出证;业余演员申领演出证,应经所在单位批准,到单位所在地县级以上地方主管部门办理。⑦ 依据 2004 年修订法律,中国境

---

① 参见 2017 年中国《营业性演出管理条例实施细则》第 7 条。
② 参见 2005 年中国《营业性演出管理条例实施细则》第 9 条。
③ 参见《关于对〈营业性演出管理条例实施细则〉有关条款解释意见的复函》(文化部令 2004 年第 30 号);2009 年《营业性演出管理条例实施细则》第 7 条。
④ 参见文化部《演员个人营业演出活动管理暂行办法》(文市发〔1996〕36 号)。
⑤ 参见 1998 年中国《营业性演出管理条例实施细则》第 19 条、第 23 条。
⑥ 参见 1996 年文化部《演员个人营业演出活动管理暂行办法》。
⑦ 参见 1998 年中国《营业性演出管理条例实施细则》第 21 条、第 22 条。

内年满 16 周岁的公民从事个体演员职业的,应持有效身份证件和证明其表演技能的材料向其户籍所在地县级以上地方主管部门登记备案,主管部门予以登记,并发给登记证明。2009 年修订规定,个体演员可以在领取营业演出许可证后,到工商部门依法取得营业执照。① 又于 2017 年修订法案规定,个体演员可以持个人身份证明和艺术表演能力证明,向户籍所在地或者常驻地县级主管部门申请备案,文化主管部门应当出具备案证明;备案证明式样由文化部设计,省级文化主管部门印制②。为健全个体演员演出资格制度,促进开展发证工作、法规培训和教育领证演员、有效制止违法演出,演员参加营业性演出应当按规定填写演出证"演出登记"栏内的项目,发证部门或演出所在艺术团体(艺术院校)应当按规定办理演员外出演出的手续,发证总数包括专业艺术团体演员发证数据报文化管理机关③。个体时装演出者员可持本人的证明材料和乡镇政府或街道办事处的批准文件,向县(含县级)以上文化行政管理部门提出参加营业性演出的申请;文化行政管理部门在一个月内予以考核,对批准者颁发其营业演出许可证。

三、个体演员合伙

个体演员合伙是指两个以上个体演员按照协议,各自提供资金、实物、技术等,合伙演出、共同经营,又不构成合伙演出企业的演出实体。一是个体演员合伙具有团体性,以互为出资、共同经营演出为目的,有别于合伙企业。个体演员合伙其组织程度很低,相当于企业中的非正式组织,算是"准团体",在性质上属于自然人范畴。如我国规定,从事京剧、昆曲、地方戏曲、曲艺、儿童剧、杂技、木偶剧、皮影戏和民族民间音乐舞蹈等各民族或者地方特色艺术表演项目,歌剧、舞剧、芭蕾舞、交响乐、话剧等艺术表演项目的民办文艺表演团体,可以作为民办非企业单位向文化主管部门申领营业性演出许可证④。二是个体演员合伙依合伙合同形成,可以以起字号,并以商号名义出现,如演唱组合。三是共同演出、共同经营演出,并对于合伙债务负无限连带责任,各合伙人之间有按份额或者平等地分配该责任,并享有追偿权。

个体演员合伙有一些区别于合伙企业的基本规则。如合伙演员投入的财产、合伙期间经营积累的财产,由合伙演员统一管理和使用⑤,实行共有共管,各合伙演员对于合伙事务,均有决定权、执行权和监督权。凡涉及个体演员合伙的重要事项、合伙事项变更、入伙等重大问题,由全体合伙演员一致同意。入伙自愿退伙自由,即入伙依据合伙合同约定,无约定的经全体合伙人同意,可以约定新合伙人对前合伙的债务不负责任;退伙提前通知并不损害合伙事务。因退伙而转让份额时,其他合伙人有优先受让权;退伙时对于出资实物有取回权,如返还原物确有困难的可折价退还;因其退伙给其他合伙人造成损失的,考虑退伙的原因以及过错等情况,确定其承担的赔偿责任⑥。除法律另有规定外,全体合伙演员对于合伙

---

① 参见 2009 年《营业性演出管理条例实施细则》第 9 条。
② 参见 2017 年中国《营业性演出管理条例实施细则》第 9 条。
③ 参见文化部《关于严格执行演员个人营业演出许可证制度的通知》(1997 年 3 月 17 日)。
④ 参见文化部《关于完善审批管理促进演出市场健康发展的通知》(文市发〔2006〕18 号)。
⑤ 参见中国《民法通则》第 32 条。
⑥ 参见《最高人民法院关于贯彻执行〈中华人民共和国民法通则〉若干问题的意见(试行)》第 52 条。

债务承担无限连带清偿责任,单个演员清偿责任超过其份额的,就代偿的份额,有权向其他合伙演员提出追偿。合伙合同约定期限届满,全体合伙演员一致同意继续合伙经营的,视为新的个体演员合伙合同,向管理部门重新办理手续。申报条件与申报文艺演出团体类似,需具备的实质条件如下:有与其演出业务相适应的专职演员,有与其演出业务相适应的器材设备。需要申请人递交的设立(变更)申请材料包括申请书(申请表),民办非企业单位登记证书、住所和从事的艺术类型,主要负责人的身份证明,演员的艺术表演能力证明(如中专以上学校文艺表演类专业毕业证书、职称证书、演出行业协会颁发的演员资格证明、其他有效证明),与业务相适应的演出器材设备书面声明。文艺表演团体变更名称、住所、主要负责人等许可证载明事项的,持变更后的组织机构代码证、原演出许可证正(副)本和文艺表演团体变更申请登记表,到原发证机关换发许可证。

第五节　演出经纪人资质

一、经纪人及演出经纪人概述

经纪人是市场发展的产物,经纪人,按我国《辞海》说法,是介绍买卖双方交易,以获取佣金的中间商人。1995年10月26日国家工商行政管理局颁布《经纪人管理办法》(国家工商行政管理局令第36号),1998年修订,2004年8月28日再次经国家工商行政管理总局修改的《经纪人管理办法》,规定:经纪人"是指在经济活动中,以收取佣金为目的,为促成他人交易而从事居间、行纪或者代理等经纪业务的自然人、法人和其他经济组织"[1]。经纪人按照业务可分交易商经纪和代理经纪两大类。演出经纪人员包括"在演出经纪机构中从事演出组织、制作、营销,演出居间、代理、行纪,演员签约、推广、代理等活动的从业人员",以及个体演出经纪人。[2] 演出经纪人,在演出经济活动中,以收取佣金为目的,为促成他人交易而从事居间、行纪或者代理等经纪业务的自然人、法人和其他经济组织。简言之,就是在演出市场上为实现演出产品的交易进行中介服务并获取佣金的文化商人,是文化经纪人的重要组成部分。中国两千多年前就出现了经纪活动。在不同朝代,对经纪人有不同称呼,西汉称为"驵侩",唐代称"牙人""牙郎",宋代称"牙侩",元代称"舶牙"。明代称"牙人",牙人分为官牙和私牙,还出现了牙行,即代客商撮合买卖的店铺。清代,外贸经纪人被称为"外洋行",清代后期还出现了专门外贸经纪人"买办"。经纪人利于优化社会资源配置、促进专业市场发展、国内外信息交流。国外经济发展史证明,商业经纪发达程度已经成为衡量一国商业发育程度的重要标志。

演出经纪人发展对促进演出市场发展作用巨大,如提高演出交易的成功率、优化演出资源配置、拓展演出市场空间、推动演出的国际合作、促进演出市场的规范和发展。随着演出市场发展,演出经纪人作用越加突出。在国外演出经纪人已经有近百年的比较规范的行业发展历史,美国、法国、西班牙、英国等欧美国家,而美国的经纪人职业已经有80年的历史

---

① 参见中国《经纪人管理办法》第2条。
② 参见文化部《演出经纪人员管理办法》(文市发〔2012〕48号)第3条。

了,逐步形成了以 CAA 等 3 家经纪公司为核心的市场,这 3 家经纪公司网罗了美国 80％的艺人。加入 WTO 后,特别是近年来,中国与国际文化交流长足发展,世界优秀的艺术演出团体涌入中国演出市场,同时中国的艺术表演团体也进入国外演出市场,中国的演出市场融入国际演出市场过程中,演出经纪人是中外文化交流的桥梁和纽带,但也暴露出问题:不了解国际演出经纪规则、不了解演出经纪经营对象综合定位、演出经纪人从业经验上与专业知识、沟通技能等都表现出相当的差距。2002 年 3 月在北京召开的 ISPA 国际演艺机构(中国)会议,暴露出中国演出经纪理念与国际流行规则的冲击。演出经纪人与国际接轨,对弘扬中国文化具有特别重要的意义。在中国,"演出经纪人"与其他行业经纪人相比是新生事物。文化部首次在 2002 年新修订的《营业性演出管理条例实施细则》中明确提出"演出经纪人"的概念。经纪人在国外大学是传统专业,在中国则刚起步,中国戏曲学院艺术教育系开设文学专业国际文化交流专业班,其目的是"为培养有中国特色的文化经纪人队伍奠定基础"。

随着演出市场全球化,对演出经纪人的行为进行法律规范,从而使演出经纪人的行为得以法制化、秩序化。这些经纪活动发达国家均已建立了规范的演出经纪人职业资格制度。

历史上,中国从唐代开始对经纪人进行规制。据史书记载,早在西周时期,政府为加强市场管理设立专门官职——质人。西汉的"驵侩"是职业化的经纪人。唐大盛时期,出现了中国最早的经纪人机构——车坊、质举、邸店等,为客商寄存货物、提供交易场所、旅途安置。到了宋王安石变法时,在京师设立"市易务",招募牙人为"市易法"的执行人。明代把牙人分为官牙和私牙,同时还设立牙行,即是指代客商撮合买卖的店铺,而且分为官牙(行)和私牙(行)。明律还规定了对牙人行为的惩罚与奖励条例。清代,外国人来华贸易,必须通过牙行牙商,经纪人被称为"外洋行"。乾隆以后,外商投牙时候,按照营业额收取 3％的行费——现代的佣金。在内陆贸易,各大城市都有牙行,但是大多数是私牙,由政府发"牙帖"。清代后期还出现了专门的对外贸易的经纪人"买办"[①],民国时期第一次出现了债券经纪人。民国政府制定的《六法全书》和《民法总则施行法》,制定了有关于经纪人的专门条款,使经纪活动的合法权益受到法律保护。1917 年民国政府的《交易所法》对经纪人资格审查和认定做了严格规定。中华人民共和国成立初期,中国对经纪人采取限制、取缔政策,经纪人被限制在指定的场所,设立了公有制信托、经纪机构,兼营购销双方的居间业务。中华人民共和国成立初期,随着三大改造的完成和计划经济体制的确定,包括演出经纪人在内的经纪行业基本消失。1958 年取缔经纪人,但在农村集市贸易中允许公民个人的居间活动。1980 年以后,经纪活动开始复苏但处于"地下"。20 世纪 80 年代初期,演出经纪人——"穴头"带来负面影响,国家对"穴头"行为进行规制,颁布 1983 年《关于严禁私自组织演员进行营业性演出的报告》、1991 年的《关于加强演出市场管理的报告》等文件。1992 年邓小平同志南方谈话之后,我国的经纪人和经纪业快速发展,1992 年党的第十四次代表大会提出建立社会主义市场经济体制,演出市场是文化市场的重要构成部分,演出经纪人作为一支重要的演出市场中介是客观必然。我国经纪人发展由此进入了新的阶段,1992 年以来国家对经纪人采取"支持、管理、引导"方针发展经纪行业。1992 年之后相继出现了经纪事务所、经纪公司,政府加强对经纪人的培训和发证管理,珠海市在全国首次推出《经纪人管理办法》,河北省大名县成立了

① 文化部文化市场司.演出经纪人从业人员读本[Z].北京:中国戏剧出版社,2005:35-36.

全国第一个经纪人协会。1993年3月7日,《经济日报》刊登评论员文章《经纪人,你听到掌声了吗》,标志经纪人正式成为市场主体。1995年10月26日国家工商行政管理局颁布《经纪人管理办法》标志中国经纪业发展进入新时期①。1996年的《演员个人营业演出活动管理暂行办法》,承认个体演员的演出经纪活动。演出经纪人最早出现的正式官方文件是1988年《国务院批转文化部关于加快和深化艺术表演团体体制改革意见的通知》,提出要"建立演出经纪人制度,组建和发展国家、集体、个体演出公司"。1997年国务院颁布《营业性演出管理条例》及后来文化部颁布的《营业性演出管理条例实施细则》,首次在国家行政法规和部门规章中对演出经纪机构予以了确认和规范,促进了中国演出经纪人的发展。但对演出经纪人的市场准入较为苛刻,如大额注册资金的限制、从业范围的限制、外商投资的限制以及不允许成立个体演出经纪人等。至2005年国务院颁布新的《营业性演出管理条例》及文化部颁布新的《营业性演出管理条例实施细则》,完全取消限制。近年上海等发达地区出现了"独立经纪人",它源于美国,经过60多年的发展如今畅行欧美国家。独立经纪人成为中介机构的加盟合作人,代理买家、卖家、自己开拓市场的经纪人,独立发展资源网络与客户群,建立自己的信息库,是一种自己做事业模式,可以自己成立经纪事务所,也可以与中介公司合作。

中国演出经纪行业的发展过程中,成绩和一些问题并存,急需演出法律规制。第一,演出经纪人力资源丰富,但发展不平衡。文化部有关统计资料显示,全国演出经纪机构、演出公司近2500家,不含兼营演出的文化公司,从业人员约5万人。艺术表演团体约五千个、剧场及演出场所近四千个,都有专门从事组织演出人员。目前,演出经纪人每年在全国进行约50万场的商业性演出,创造近30亿元的产值②,而且全国新的演出经纪机构在不断涌现。特别是2005年《营业性演出管理条例》降低民营资本门槛和扩大演出业务,演出经纪人员规模将迅速增大。但是地区发展不平衡:北京、上海、广东等沿海地区演出经纪活动频繁,江、浙、沪、京、粤演出经纪人制度较为发达,而中西部地区落后;大城市发达,中小城市落后。据不完全统计,全国从事经纪活动的人有400万人③。我国在演出经纪人的努力下,全国每年举办约50万场的商业性演出,在上海,90%的文艺演出都归功于演出经纪人的活动。第二,经营方式改善,但是国际差距较大。我国演出经纪人制度还处在一种萌芽状态,运作模式、操作方式具有浓郁的个人色彩。我国演出经纪人的运作方式,从家庭作坊式——小规模、手段落后、项目僵化、体制呆板——向国际接近,特别是加入WTO后,中国演出经纪人的经营理念、管理手段、国际惯例运用等,都日渐与国际接近。但在资金运作、宣传项目、与市场关系等方面存在巨大差距。第三,财税违规严重。偷逃税收,通过假合同等手段帮助供需双方;演出多样性,中国还没有完备的演出市场监管机制,一些非法演出私演私分,以"募捐义演"的名义私演私分。因为演出经纪人和演出主办人是演出费的源头,承担着个人所得税的代扣代缴义务,但著名影星偷逃税收案件,显示演出偷税漏税方式多样。第四,非法组织演出。中国商业性演出规模不断壮大,演出法规相对滞后,一个人或几个人就可以搭就"草台班子"演出,非法演出商、演出经纪人成为"穴头",导致演出市场混乱;没有合法的演出审批程序,组台演出等问题层出不穷。非法演出商组织的演出,因为回避演出生产成本及各项税

---

①　文化部文化市场司.演出经纪人从业人员读本[Z].北京:中国戏剧出版社,2005:36.

②　胡月明.演出经纪人[M].北京:中国经济出版社,2002:20-21.

③　胡月明.演出经纪人[M].北京:中国经济出版社,2002:7.

金,利润较高,付给演员的报酬水平高,所以正规艺术表演团体的演员会热衷"走穴"演出,躲避单位正常演出或应付了事。演出经纪与演出经营不分,缺乏职业规范,在单纯演出经纪活动中,演出经纪人应该只从事中介服务,不应参与演出经营活动,有些演出经纪人利用自身的信息优势,发现了演出市场机会而自己参与到演出经营活动中,变经纪性质为经销性质。这在国外许多国家都是明令禁止的。演艺经纪人粗制滥造低质低俗演出,甚至提供色情或者变相色情的表演来招徕观众,打着艺人旗号从事自己的商业活动,乱接有损艺人发展的电视剧,借名义骗取希望踏入演艺圈而没有路子的新人,将艺人的新专辑或写真集正式发行前交给盗版商,用欺诈等手段要挟艺人拍有损艺人声誉的写真或影片,如"韩国第一美女"被逼拍半裸照案。更有走向极端的,杀害竞争对手,等等。第五,违规操纵演出。为自身利益,中介组织、经纪人在合同中做手脚或提供不完全信息,暗中操纵演出进程;利用演员、演出需要人对经纪活动缺乏了解,故意传导不对称信息,虚假宣传、坑蒙观众,造成演员与演出需要人及观众误会、甚者悲剧;演出公司多次倒卖演出批文,导致演出成本不正常飙升,造成演出票价居高不下。由于唯利是图,非法演出商为达到组织、承办演出的目的,不择手段,致使演出恶性竞争激烈、商业演出质量下降。演出成本过高,剧场场租高、演员出场费高、运营费用高,导致演出票价奇高,伴之大量的赠票、强制性工作票、"黑票",严重影响了演出行业的正常获利水平。中介机构"缺位""越位"现象比较严重。符合现代企业制度的组织不足,中介组织擅自经营,经营条件严重缺失;一些政府职能部门转化为中介组织,行政化倾向比较严重。中介组织存在过滥现象,出现各地层层办、部门重复办的现象,导致了不正当竞争,甚至公权力"指定"中介。第六,不准时演出。实践中,演员与演出组织者关系完全利益化,演出常因某环节的利益不足而流产或伤害演出中其他利益群体,最终形成恶劣的演员和观众的关系,演员担心报酬而以不上台演出要挟演前付款。因此,演出经纪人与艺术表演团体、演艺人员、演出场所之间都处于极不信任状态,最后出现演出经纪人独立承担一切演出风险怪象。

为规范经纪活动,促进经纪业发展,我国已经初步形成了以《营业性演出管理条例》为基础、以《营业性演出管理条例实施细则》及相关配套文件为补充的完整法律体系。国家工商行政管理局于1995年11月13日颁布了我国第一部规范经纪人活动的全国性行政规章《经纪人管理办法》(国家工商行政管理局第36号令),1998年修改,2004年8月28日再行修改(国家工商行政管理总局令2004第14号)。依2016年《国家工商行政管理总局关于废止和修改部分工商行政管理规章的决定》(国家工商行政管理总局令第86号),《经纪人管理办法》于2016年4月29日废止。2010年以来进行"加强对中介机构的规范和监管","经纪人法"立法呼声彼起,全国人大立法计划中的《经纪人法》也三易其稿。2012年12月5日,文化部印发《演出经纪人员管理办法》(文市发〔2012〕48号),分总则、演出经纪资格证书、从业规范、监督管理共4章21条,自2013年3月1日起施行。规制要求主要表现在演出经纪人主体资格和演出经纪人经营活动两个方面。在主体资格方面主要应做到:演出经纪人从业获得资格认定;设立演出经纪机构,有3名以上专职演出经纪人员和与其业务相适应的资金,向省级政府主管部门提出申请并取得营业性演出许可证,持许可证办理注册登记并领取营业执照;演出经纪机构变更名称、住所、法定代表人或者主要负责人、营业性演出经营项目,向原发证机关申请换发演出许可证并办理变更登记;个体演出经纪人办理注册登记领取营业执照,并向所在地县级主管部门备案;设立中外合资经营的演出经营机构,中国合营者投资比例不低于51％；设立中外合作经营的演出经营机构,中国合作者拥有经营主导权等。在经营活动方面主要应做到：除演出场所在本单位举办外,营业性组台演出由演出经纪机构举办；演出经纪机构可以从事营业性演出的居间、代理、行纪活动,个体演出经纪人只能从事营业性演出的居间、代理活动；举办营业性演出活动,向文化主管部门申请并得到批准；举办外国的或者港澳台地区的文艺表演团体、个人参加的营业性演出,由符合条件的演出经纪机构举办；营业性演出不得含有法律禁止的内容；参加营业性演出的文艺表演团体、主要演员或者主要节目发生变更的,及时告知观众并说明理由,观众有权退票；除不可抗力外,不中止或者停止演出,演员不退出演出；不组织演员假唱,不为假唱提供条件；等等。

二、演出经纪人含义及其种类

演出经纪人是指在演艺活动中代表经纪对象,在演出相关领域的单位和个人之间进行沟通、宣传、谈判、代理签约、监督履约等方面,开展代理、行纪、居间等经纪活动并取得以佣金为主要收入的经纪人。演出经纪人主要是居间、代理、行纪,具体是了解、接触、选择经纪对象,协调、谈判、签署、履行经纪合同,取得佣金及费用补偿；经纪对象为演出双方的委托、演出产品,即是演员、节目、剧团、演出项目等；工作性质具有服务性与有偿性、履行契约法律性、非连续性、活动过程隐蔽性、活动方式综合性,兼顾社会效益。演出经纪人具体经纪活动主要包括：了解、接触、选择经纪对象是首要工作环节；协调、谈判签署经纪合同是一个主项工作；履行经纪合同；获得佣金和费用补偿；自身管理工作；演出公司和复合演出经纪人兼营业务。演出经纪人与"穴头"有本质的区别,"走穴"是旧时期梨园行话,指戏班到各地跑码头流动演出,现在是指未经过批准擅自邀请专业演员组团或组台进行营业性演出,"穴头"是走穴演出的组织者,是非法的演出经纪人。演出经纪人也不是演出组织者,后者还包括演出商、剧场等演出场所,有演出活动的旅游、娱乐场所、艺术表演团体演出需要人等,并且演出组织者一般是演出经纪和演出经营混同,不进行分业经营。

对演出经纪人可以根据不同标准进行不同分类,总体上,我们可以依据理论标准与法律规定,划分演出经纪人类别。理论上,对演出经纪人也有多种分类依据,但是一般根据三大标准分类。第一类,按经纪对象的数量分为专项演出经纪人和综合演出经纪人。演出经纪人的经纪对象包括演员、节目、剧目、剧团或演出项目等。专项经纪人是经纪某一个经纪对象的演出经纪人,一般是个体演出经纪人。综合演出经纪人是同时经纪两个以上经纪对象的演出经纪人,多是合伙演出经纪人、法人演出经纪人。第二类,按演出经纪人业务活动性质分为简单演出经纪人和复合演出经纪人。演出经纪与演出经营分开是国际常见做法,许多国家以法规的形式明确禁止经纪人从事经纪活动之外的经营性活动。简单演出经纪人是仅仅从事演出中介服务业务,不从事经纪以外商业活动,通过撮合经纪对象而收取佣金的演出经纪人。复合演出经纪人是指开展演出经纪业务的同时,还进行演出经营业务活动,并赚取利润的演出经纪人。我国相关法规规定,注册资金为20万元的演出经纪事务所,只能开展演出中介活动,禁止演出经营业务。作为演出经纪机构的演出经纪公司(注册资金在100万以下)只限于演出经纪活动范围,是简单演出经纪人。注册资金在100万元以上的演出经纪机构和演出公司可以兼营演出经营范围,为复合演出经纪人,可以同时从事演出经纪和演出经营活动。第三类,按是否具有演出经纪人从业资格划分为职业演出经纪人和非职业演出经纪人。职业演出经纪人是取得演出经纪人从业资格,在演出经纪机构或自己独立从事演出经纪工作的演出经纪人。没有取得演出经纪人从业资格,却实际上从事演出经纪工作的人员,为非职业演出人①。从广义经纪角度来看,职业演出经纪人和非职业演出经纪人没有是否合法之说。但是根据我国职业资格中要求,2017 年 10 月国家人力资源社会保障部最新印发《关于公布国家职业资格目录的通知》(人社部发〔2017〕68 号)公布了 140 项国家职业资格目录,国家取消了百余项各类资格证书的考试,在国家承认 140 个职业资格证书中就有文化部负责法"演出经纪人员资格",排列第 12 位。基于这一标准,以后从事演出经纪活动而没有演出经纪人资格证书的将视为非法演出经纪,非职业演出经纪人将是非法经纪人。

我国现有法规对演出经纪人也有不同分类,并且有其发展过程。早期不同法规对演出经纪人这类的规定存在矛盾,如《经纪人管理办法》规定演出经纪人包括个体演出经纪人、合伙演出经纪人、法人经纪人。但是,修改前的《营业性演出管理条例》《营业性演出管理条例实施细则》和社会习惯,分为演艺经纪人、演出经纪人。其中演出经纪人又分为演出经纪机构(包括一类、二类、三类演出公司)、个体演出经纪人、合伙演出经纪人。而且 2005 年以前的《营业性演出管理条例》《营业性演出管理条例实施细则》只规定了演出经纪人是单位,包括法人和非法人单位。2005 年修订并实施的《营业性演出管理条例》将演出经纪人分为个体、合伙、法人演出经纪人。根据 2008 年的《营业性演出管理条例》及其实施细则,《国务院关于非公有资本进入文化产业的若干决定》、文化部、民政部《关于印发〈文化类民办非企业单位登记审查管理暂行办法〉的通知》,文化部、财政部、人事部、国家税务总局《关于鼓励发展民营文艺表演团体的意见》《文化部关于完善审批管理促进演出市场健康发展的通知》《经纪人管理办法》等法规,法定演出经纪人类型可以分为:个体演出经纪人、合伙演出经纪人、法人演出经纪人、其他联合演出经纪人等四大类。

首先,演出经纪机构。演出经纪机构是指具备法定条件,从事演出经营及从事演出活动的策划、组织、联络、制作、营销、代理等服务的经营单位。我国对演出经纪机构定义,在 1998 年法案中,演出经纪机构是指具备规定条件,从事演出活动的策划、组织、联络、制作、营销、代理等服务的经营单位。② 2004 年法案分类规定,演出经纪机构是指具备规定条件,从事演出经营及演出经纪活动的单位,根据其可以从事的业务范围,分为演出公司和演出经纪公司。其中,演出公司是指可以从事演出的策划、组织、联络、制作、营销等经营活动和演出的代理、行纪、居间等经纪活动的经营单位;演出经纪公司是指只能从事演出的代理、行纪、居间等经纪活动的经营单位③。2005 年法案十分简单,演出经纪机构是指具备规定条件,从事演出经营活动和经纪活动的经营单位;2009 年及 2017 年法案修订的定义为演出经纪机构是指具备规定条件,从事下列活动的经营单位:演出组织、制作、营销等经营活动;演出居间、代理、行纪等经纪活动;演员签约、推广、代理等经纪活动④。它们要求具备法定条件,属于特别许可成立。在 20 世纪,人们通常把它们等同于文艺演出经纪机构,实际上,两者有严格的区别,但两者都具有法人性质。对演出经纪机构,人们又进行了一系列分类,如根据从事的业务范围,演出经纪机构分为演出公司和演出经纪公司。其中,演出公司是混业经营,即可以

---

① 《演出经纪人培训教材》编委会.演出经纪人培训教材[Z].北京:中国戏剧出版社,2010:33-35.
② 参见 1998 年中国《营业性演出管理条例实施细则》(文化部令第 14 号)第 7 条。
③ 参见 2004 年中国《营业性演出管理条例实施细则》第 7 条。
④ 参见 2017 年中国《营业性演出管理条例实施细则》第 5 条。

从事演出业务和演出经纪业务;演出经纪公司是只能从事演出的代理、行纪、居间等经纪活动的经营单位,是负有限责任的企业法人,它不能够从事演出经纪业务。实践上和 2005 年以前相关法规把演出经纪机构分三类:一类演出经纪机构,可以直接与中国香港特别行政区、澳门特别行政区、台湾地区及外国的演出单位或个人签订引进或派出演出合同并经营其演出活动;二类演出经纪机构,可以在所在地省级行政区范围内承接一类演出经纪机构引进的演出活动;三类演出经纪机构,只限经营国内演出团体或个人的演出活动。一类和二类演出经纪机构是能够承担涉外演出业务的经纪机构,可以同时经营三类演出经纪机构的业务①。

其次,演出经纪人事务所。演出经纪人事务所也叫合伙演出经纪人,是由两个以上具有演出经纪资格证书的人员合伙设立的演出经纪人。演出经纪人事务所由合伙演出经纪人按照出资比例或者协议约定,以各自的财产承担责任。2007 年我国新修改的《合伙企业法》规定了有限合伙企业与特殊普通合伙企业,所以演出经纪人事务所可以成为这两类合伙企业。

再次,个体演出经纪人。个体演出经纪人是具有演出经纪人资格证书的自然人。2005 年 9 月实施修订后的《营业性演出管理条例》新增加了个体演出经纪人,个体演出经纪人对自己的演出经纪活动独立承担无限清偿责任。目前,个体演出经纪人是中国演员的经纪人主体,而且主要是演艺人员自己的亲友,具有很明显的血缘性,这是我国演出行业不正常现象的反映。

最后,专业演出场所经营单位设立的演出经纪机构。遵循演出市场规律,促进文艺表演团体和专业演出场所建立长期稳定的合作关系,促进演出产业发展,通过简化审批手续和审批环节,以降低演出经营成本和票价,政府鼓励剧场、音乐厅等专业演出场所经营单位申请设立演出经纪机构,自主组织、制作和经营演出活动。有两年以上营业性演出从业经历的专业演出场所经营单位,经过批准设立演出经纪机构的,可以申请在内地举办涉外或者涉港澳台演出活动②。

三、演出经纪人资质条件

演出经纪人取得资格,需要具备业务素质条件和程序条件。演出经纪人业务素质,国外的一些著名的演出经纪人教育、专业水准相当高,中国戏剧学院也做了尝试。一般来说,从业资格认证有两种认证方式。一种是全国范围统一资格认定方式,在全国范围内统一时间进行统一科目试卷考试。这种资格认证,具有权威性高、证书认同程度广的特点。另一种是分级认证方式,即经认证管理机关(部门)授权,地方有关部门进行培训和考核工作。分级认证有明显的地方主义色彩。

认证制度是强制性规定,取得演出经纪人主体资格具体要件有实质和形式两方面。首先在实质方面,不同演出经纪人行为主体资格实质条件不同。法人经纪人条件根据《民法总则》《公司法》《经纪人管理办法》《营业性演出管理条例》《营业性演出管理条例实施细则》等确定,非法人经纪人确定依据还有《合伙企业法》《个人独资企业法》。演出经纪机构一般具备以下条件:一定数量的专业人员、单位基本条件、涉外演出经纪机构有一定期限演出经营

① 参见 1998 年中国《营业性演出管理条例实施细则》(文化部令第 14 号)第 13 条。
② 参见文化部《关于完善审批管理促进演出市场健康发展的通知》(文市发〔2006〕18 号)。

经历。演出的自然人符合行为能力、智能、经历、住所、违法记录、考核等条件。其次在形式方面,演出经纪机构有业务主管部门以及符合申请、备案程序,自然人还必须取得经纪机构同意。对取得资格者进行监管,是通过演出经纪人主体资格变动申报责任制度来实现的。

规范演出经纪人资格,有利于提高演出经纪人队伍的素质,有利于发展演出市场,有利于行业自律实现公平,有利于演出市场开放与引进,有利于国际交流,有利于实现文化演出的"二为"目的。建立与完善演出经纪人资格制度意义。第一,规范演出经纪人资格是提高演出经纪人队伍整体的素质的需要。演出经纪人资格制度,一方面要求演出经纪人符合条件,包括素质要求、知识结构要求、考试要求;另一方面,要求演出经纪人有好的演出经纪技能与更新演出经纪观念。完善的演出经纪人资格制度能够产生优秀演出经纪人榜样作用与制约机制,从而促进演出经纪人有良好整体素质提升。第二,完善演出经纪人资格制度是规范演出市场的迫切要求。据统计,2003年4月前上海没有取得演出经纪人执业资格的从业人员是已注册的10倍以上,在一些地区比例甚至超过20倍,给演出市场造成混乱。演出市场混乱现象,如"穴头"的非法组织演出、演出中介违规操纵演出、演员罢演与随意演出、演出质量下降、观众权益受损,需要依法治理。同时,政府依法管理演出市场,树立演出经纪人诚实经纪、惩治"戏霸"、健全演员职业道德规范,引导实现有序竞争。此外,通过制度实现行业自律,提高演出经纪人协会地位与演出经纪地位,促进演出市场发展。第三,演出经纪人资格制度是发展演出市场的客观要求。国内演出市场发展迅速,但市场秩序混乱,这与无资格经纪人活动有很大关系。市场经济发展证明,良好的市场秩序,必须有健全的中介人员,演出经纪人资格制度完善与我国演出市场健康发展休戚相关。此外,改革开放与中国加入WTO的承诺,演出市场的国内保护与过渡期已经结束,面对国际演出市场的竞争,必须熟悉演出规则,需要大批优秀演出经纪人,演出经纪人资格制度也必须与国际接轨。

现在我国演出经纪人资格确认的法律依据主要有两大体系。一是法律依据。有关法律包括《民法通则》及其司法解释中关于自然人主体资格能力与行为能力的规定,《公司法》《合伙企业法》《个人独自企业法》及《登记管理条例》《营业性演出管理条例》等关于主体条件规定,经济法与知识产权法关于经纪运行的规定,以及相关的行政法与地方法规。二是部门规章。如,1995年制定、2004年修改、国家工商行政管理局颁布的《经纪人管理办法》,文化部制定的《营业性演出管理条例实施细则》,2012年文化部印发《演出经纪人员管理办法》。

(一)演出经纪人资格的取得程序

演出经纪人的行业具有涉及领域宽、范围广、产品特殊和经营难度大等特点,特别是演出行业的社会属性特点,使得演出经纪人的素质要求更具高度。国际通行做法是从事演出经纪活动必须取得从业资格证书,我国也是同样。我国演出经纪人取得从业主体资格条件包括业务素质和程序。当前,我国经纪人认证制度在程序上做了强制性规定,对演出经纪人业务素质没有具体规定。在国外,一些著名的演出经纪人受过良好教育、专业水准相当高;而中国演出经纪人业务素质没权威性标准,中国戏剧学院曾经做过尝试。演出经纪人行为主体资格认证程序一般有全国统一资格认定方式和分级认证方式,在我国,以前由工商局负责,包括资格审查、考核两步。没有演出经纪人的明确等级和资格认证体系。2005年以后,全国开始规划演出经纪认证制度,在文化部市场司领导下,由演出经纪人从业资格评审委员会负责,并由演出经纪人从业资格评审委员会委托中国演出家协会具体执行,文化部门成为演出经纪人资格的主要监督部门。2013年以后,我国演出经纪人资格工作是文化部指导监督中国演出行业协会组织实施演出经纪人员资格认定工作,中国演出行业协会负责演出经纪资格证书的核发与管理。[①]

首先,通过演出经纪人从业资格考试。演出经纪人从业资格考核,采取资历评价和笔试相结合的考核办法,两方面审核均合格者才能够取得从业资格证书。考试采取统一大纲、分级认证的方式进行。对目前已经从事演出经纪人、演出经营多年的演出团体、演出经纪机构、演出场所的主要负责人和业务骨干,实行个案处理原则,即提出书面申请及从业资格证明且资格确认时间在两年内完成的,可以免去笔试。我国演出经纪人资格证取得程序和要求有所变化。

我国 2013 年以前的演出经纪人资格认证工作在文化部市场司领导下,由演出经纪人从业资格评审委员会负责,并由演出经纪人从业资格评审委员会委托演出行业协会——中国演出家协会具体执行。经资格评审委员会授权,中国演出家协会颁发全国统一的考试科目大纲,经各地文化局或各省演出家协会协同工商局进行必要的培训、考试工作,资格认证工作在资格评审委员会的统一领导下进行,原则上每年进行一次,对审核通过者登记备案并颁发全国统一的演出经纪人从业资格证书,作为演出经纪工作的上岗证书,持有此证书者方可以个人、合伙、公司形式从事演出经纪人活动。进行演出经纪人资格认证的具体程序主要有四个阶段。(1)提出申请报名。报名申请考核的人员应具备下列基本条件:热爱祖国、遵纪守法、无严重违法、违规行为记录;遵守职业道德、有相关工作经验 2 年以上;具有大专以上学历或中级职称或五年以上演出经营管理经验者;能够独立承担民事责任;非国家公务员、现役军人。报名时间在考试前 6 个月开始,向演出经纪人从业资格评审委员会报名,并填写有关表格。报名工作由各省市文化厅局组织和公告,公告在地方主要报纸、媒体、考试网站及中国演出家协会会刊、中国文化报刊登,报名工作可委托县以上(含县)文化局进行并负责报名人的资格初审工作。(2)考前培训工作。2002 年 10 月 1 日开始执行的《营业性演出管理条例实施细则》已明确规定,各级文化行政管理部门根据演出管理工作需要,建立演出从业人员岗位培训制度。文化部规定了演出经纪人资格的培训教材、考核大纲及考试办法。培训班原则上自愿参加,各地文化局、地方演出家协会在取得演出经纪人从业资格评审委员会批准(备案)后,才可组织有关培训工作,培训费用标准须经演出经纪人从业资格评审委员会批准并报当地物价局备案。(3)考试事宜。在文化部市场司统一领导下进行,由评审委员会会同各省市自治区文化厅具体实施,文化部市场司、人事司负责监审。文化部拟订全国统一的考试大纲,由省级文化行政管理部门会同有关部门如演出家协会组织考试。根据文化部市场司、中国演出家协会编制的《演出经纪人从业资格考试大纲》及《演出经纪人从业资格考试辅导教材》规定,考试科目有演出经纪人相关法规(包括演出经纪人法律制度、合同法律制度、企业法律制度、著作权与有关商法制度、价格及税收法律制度);演出经纪人专业知识(包括演出经纪人知识、演出常识、舞台知识、戏曲鉴赏知识、经纪人操作艺术、演出管理知识、市场基本理论知识)等。考试时间暂时由演出经纪人从业资格评审委员会会同各省级文化厅共同商定后,提前半年上报文化部批准,演出经纪人从业资格考试,每年每省或大区举行一次。(4)资格认证证书。合格者由演出经纪人从业资格评审委员会颁发演出经纪人从业资格证书。

---

① 参见文化部《演出经纪人员管理办法》(文市发〔2012〕48 号)第 6 条,第 7 条。

2013 年以后演出经纪人资格证考核由中国演出行业协会统一组织实施,制定演出经纪资格证书考试大纲,每年应当组织两次全国性考试,统一印制演出经纪资格证书,证书全国统一编号。演出经纪人的考试报名的条件是凡年满 18 周岁以上,中专以上文化程度,具有完全民事行为能力的(含我国香港特别行政区、澳门特别行政区、台湾地区人员),可以通过考试取得演出经纪资格证书。考试的内容包括演出市场政策法规、演出市场基础知识、演出经纪实务以及从业规范、艺术基础理论,归入《政策法规与经纪实务》及《舞台艺术基础知识》教材。舞台艺术基础知识包括音乐的社会功能、传统音乐、西方音乐、中国音乐名家名曲、近现代名家名曲、外国音乐名家名曲、流行音乐基础知识,舞蹈的种类、中国舞蹈名家名作、外国名家名作、世界流行舞蹈,戏剧功能体裁、西方喜剧发展历史线索、中国话剧发展、西方名家名作、中国名家名作,中国戏曲声腔与剧种、戏曲表演常识、戏曲经典剧目与名家,曲艺种类、中国曲艺名家、杂技概论、杂技欣赏。《政策法规与经纪实务》包括文化市场概论、演出市场的形成与发展、演出市场基本制度、演出市场法规、演出概论,经纪人概述、演出经纪人、演出经纪人的素质要求、演出经纪业务内容、演出经纪人的经纪技巧,演出制作团队及分工、演出制作流程、舞台工程基础知识,演出市场细分与定位、演出市场营销的基本概念、演出市场营销的战略、演出产品的属性和生命周期、项目运作的主要环节和方法,合同基本常识、演出合同基本知识、演出合同的类型及要素、签订演出项目合同的步骤要点,艺人经纪人概述、艺人经纪实务、媒体公关与危机管理。考试时间、考试地点应当提前 2 个月向社会公布,考试结束后 30 日内公布合格名单并核发演出经纪资格证书。全国统一时间考试,上机考试两门按照顺序连续进行,前一科交卷后才能进入下一科,每门时间 45 分钟,共计 90 分钟。考试题型是客观题 80 道题,包含单选、多选、判断题,共计 100 分。合格标准是总分不低于 100 分,且《政策法规与经纪实务》不低于 60 分。考试合格携带自己的身份证前往报名时管理协会所在地领证。

其次,演出经纪人从业资格证管理。演出经纪资格证书是专职演出经纪人员的从业资格证明,全国通用。演出经纪人从业资格证书实行注册登记制度,演出经纪资格证书有效期为 5 年,有效期满到原发证单位办理换证手续,逾期未办理的,注销演出经纪资格证书。其他情形,不影响演出经纪人从业资格证效力,之前规定失效,如:凡脱离演出工作在 2 年以上者,所取得的资格自行失效;再从事演出经纪活动,重新取得演出经纪人从业资格证书。任何单位和个人不得伪造、变造、出租、出借演出经纪资格证书。演出经纪人员从业单位发生变更的,演出经纪人员到原发证单位办理变更手续。主管部门颁发、换发演出经纪机构营业性演出许可证时,核验并登记演出经纪人员的演出经纪资格证书。主管部门审批营业性演出活动,核验负责该项业务演出经纪人员的演出经纪资格证书[1]。

最后,在我国,从业资格证书只作为行业准入标准,从事经纪活动,还应取得合法的工商行政登记手续。演出经纪人从业资格证的使用。演出经纪人资格证书仅仅是行业准如标准,如果持证人执业,还必须到工商登记部门办理登记。即获得演出经纪人从业资格证者,持该证件到工商登记,依据法律法规成为个体演出经纪人、合伙演出经纪人、个人独资经纪企业、合伙经纪企业、演出经纪公司,独立进行演出经纪人业务。至于演出经纪人资格证的

---

[1] 参见文化部《演出经纪人员管理办法》(文市发〔2012〕48 号)第 2 条,第 9 条至第 11 条,第 15 条,第 16 条。

级别鉴定,目前还没有进行要求。此外,演出经纪人资格证书与技术职称没有必然直接联系。

（二）演出经纪人具备的素质条件

演出经纪人的业绩是与从业人员所具备的专业素质息息相关的,因此,演出经纪人在一般经纪人所需要的素质基础上还要具有更突出的专业素质。但是,由于演出经纪人具备哪些综合素质,没有统一规定,而且很难确认,如经纪人"四必须":必须诚实、信用,具有良好的品德;必须忠实保护客户的利益;必须遵纪守法,其经营活动符合法律、法规以及行业管理的规定和要求;必须业务精、能力强,具有强烈的事业心和责任感。还有经纪人"八不能":不能从事或参与涉及国家专控商品、涉及国家机密的经纪活动;不能从事走私违禁品、假冒伪劣商品的经纪活动;不能从事国际社会禁止的经纪活动;不能超越客户的委托范围和权限,越权进行有关的经纪活动;不能私自设立和收取账外佣金或索要额外报酬;不能承办或接受能力以外的经纪活动;不能超越中介服务地位,进行实物买卖或私下交易;不能违反国家的有关税法,进行骗税、逃税活动。依据实践上要求依据国内外研究,演出经纪人综合素质分为经纪人的一般素质和演出经纪人的专业素质。

演出经纪人的一般素质方面主要有四类。一是遵纪守法、诚信和具有职业道德。遵纪守法、诚信和具有职业道德是演出经纪人从业的最基本的素质。演出经纪人遵守法律的基本内涵是:在资质上,依法取得从业资格、依法取得经纪执照;在经纪活动中,依法经纪,不从事黑市经纪活动;在权利义务上,依法行使权利,依法履行义务。诚实信用要求演出经纪人在经纪活动中应讲信用,恪守诺言,诚实不欺,追求自己利益与社会利益的平衡;不恶意进行经纪磋商、不隐瞒经纪对象重要事实或者提供虚假情况、不泄露或者不非正当地使用经纪中获得的演出秘密,履行通知、协助等义务。演出经纪人基本的职业道德内涵包括:遵纪守法,诚实信用;恪守契约,竭诚行事;平等对待,新入行演员与名演员同等对待,平等公正、实事求是地提供服务;利益均衡,正确处理社会、委托方和自己之间的利益关系;财物分开,廉洁竞争,自己的与委托人财物分明,不损公肥私,不为了拓展业务而行贿受贿、恶性竞争等。二是演出经纪人的技能素质。演出经纪人是特殊的中间商,在市场经济条件下,演出经纪人能力的强弱是演出活动运作的成败关键,因此演出经纪人有较强的技能素质。演出经纪人具有良好的语言表达能力、洞察和判断能力、社交与管理协调能力等等一般能力;演出经纪人需要根据艺术产品的特点和供求规律,掌握演出市场分析的技术和方法,如演出市场调研分析能力、社交公关能力、商务谈判能力、演出营销管理能力和经营核算等。三是健康的心理素质。演出经纪人有宽广的胸怀、开朗坦率的性格、热情友善的风格、良好稳定的情绪、宽松平静的心态,有较强的自我控制力、快速的反应力,能冷静迎接竞争。四是个人艺术品位。演出经纪人与演艺行业联系密切,需要良好的艺术感悟力和较高的艺术欣赏、鉴别水平,甚至一定艺术专长;同时还具有信誉意识、现代市场营销观念、鲜明的形象标准等。

演出经纪行业涉及领域宽阔、演出产品环节强,演出经纪对象社会化程度高,演出经纪人的专业素质优显重要。主要包括:(1)相当的文化素质修养和艺术产品鉴赏水平。由于职业的特殊性,演出经纪人具有相当的文化修养与较全面的知识结构。演出产品具有意识形态和商品属性,又有自然性和社会性,演出经纪人的思想政治水平、正确的道德观念、传统文化意识成为必然要素,如果不具备与演出相适应的素养,就会对经纪对象和经纪经营效益带来直接损失。如,某影星的经纪人让影星穿伤害国人感情的时装演出;某影星的经纪人让影星在公开场合发表分裂国家和有伤民族感情的言论;一些演出经纪人教唆演艺人员表演脱衣等有伤风化节目,结果,这些演艺人员与经纪人付出了沉重代价。同时,演出经纪人良好的文化程度、文化知识结构、文化品位、文化艺术感悟力和艺术鉴赏水平、某艺术专长等,无疑带给演出经纪人巨大优势。(2)一定的演出经纪理论水平。演出经纪人不能局限于日常的事务性、实务性工作,努力学习经纪理论,才能在更高的层次上推进自己的事业发展,增强自己的竞争力。演出经纪人对自己业务工作有理论,通过实践总结理论,再用理论回馈实践,经纪事业才能达到更高的层次。(3)较高的专业法律素质。演出行业涉及的部门繁多、门类复杂、产品特殊,要求演出经纪人熟悉和掌握所涉及的专业法律知识,包括演出法、合同法、著作权法、行政法、财税法、公司法、广告法、消费者权益保护法、侵权责任法、反不正当竞争法,涉及产权、市场、演出、经纪等法律法规。从现有法律看,优秀的演出经纪人需要掌握400多件法律法规,熟悉数百项演出经纪的规章与制度。(4)深刻了解演出过程,有较强的市场运作能力。演出作为一项综合的艺术,不可控因素多,而演出经纪活动的中介性质,决定了演出经纪人要成功地进行自己的业务运作,就必须对自己的经纪经营对象有深刻的了解,切实把握演出生产的流程,熟悉演出生产工作的规律,包括对演出项目的审批、剧本创作、演出生产、艺术品管理、演出市场流通等熟悉。根据艺术产品的特点和供求规律,掌握演出市场分析的技术和方法,寻找适合演出市场的卖点,实施演出策划、组织、市场的开发与管理。(5)国际能力素养。了解国际演出经纪经营知识,尊重、善用游戏规则,入世后,演出经纪人具有国际素质,通晓国际规则,具备跨国界文化沟通能力和战略思维及世界眼光,特别提高如下能力素质:外语应用能力,外语的听、说、读、写实用能力;跨国界文化沟通能力,了解世界历史、文化、民族与宗教等;信息处理能力,它是人才应具备的一个基本能力;创新能力,演出经纪的方式、经营策略、经纪对象开发、企业的经营管理要不断创新。

四、各类演出经纪人资质条件

多数文化主体资质采取许可设立原则,经营经纪业务的各类经济组织具备有关法律法规规定的条件。演出经纪人取得演出经纪人主体资格,具备的法定要件可以概括为实质要件和形式要件两方面。在实质要件方面,不同演出经纪人行为主体资格实质条件法定依据有所区别:法人经纪人依据《民法》《公司法》《演出经纪人管理办法》《营业性演出管理条例》《营业性演出管理条例实施细则》等确定,非法人经纪人还依据《合伙企业法》《个人独资企业法》等。演出经纪机构具备一般条件包括一定数量的专业人员、经济组织基本条件、涉外演出经纪机构有一定期限演出经营经历与业绩,演出经纪个体符合行为能力、智能、经历、住所、无违法记录、考核等条件。演出经纪机构都应该"具有相应业务水平的经纪人员"与"相应业务水平",后两者可以通过下列方式认定:参加过行政主管部门或行政主管部门与其他部门联合举办的演出经纪从业人员培训班并取得结业证书;参加过专业机构(含大专院校)举办的培训班并取得结业证书;其他能够证明其业务水平的书面材料。至于个体经纪人有"艺术水平和资信情况证明",可以通过下列方式认定:文艺表演团体在其所在国(地区)的法人登记证明;演员个人的文艺表演类专业毕业证书或其他能够证明其表演技能的材料;其他能够证明其艺术水平和资质情况的材料①。经纪人名称中的行业表述为"经纪"字样;经纪人

---

① 参见《关于对〈营业性演出管理条例实施细则〉有关条款解释意见的复函》(文化部令2004年第30号)。

的经营范围有明确的经纪方式和经纪项目。在形式要件方面,演出经纪机构有业务主管部门以及符合申请、备案程序;演出经纪个体还必须取得经纪机构或者有关单位同意。演出经纪人领取营业执照、聘用或解聘经纪执业人员后,自聘用或解聘之日起一定时期内,将聘用合同及聘用的经纪执业人员的姓名、照片、住所、执业的经纪项目、执业记录及解聘合同等资料提交给经营执照原办理机关备案。

我国对演出经纪机构采取许可设立原则外,还依据演出经纪机构注册资金来源采取区别对待的原则,即国内外资本的进入有区别地对待;同时,中国内地(大陆)资本与港澳台地区资本也有所区别。对中国资本设立在中国内地(大陆)演出经纪机构,总的原则是中国内地(大陆)设立演出经纪机构手续从简,香港特别行政区、澳门特别行政区资本在内地设立演出经纪机构要求相对严格,台湾地区资本在中国大陆设立演出经纪机构参照国外资本。我国上述原则既反映了国家主权性,又体现了"一国两制"实现程度的区别,还信守了中国加入WTO后的国家承诺。

(一)演出经纪机构

演出经纪机构是依法成立并具体从事演出活动的策划、组织、联络、制作、营销、代理等服务的法人经营单位。符合公司法规定条件的,向工商行政管理机关申请,设立经纪公司。演出经纪机构通行条件包括:有单位的名称、组织机构和章程,有业务主管部门,有 5 人以上具有高中以上学历或获得中级以上职称的专职业务人员,有固定的地址和业务范围,有与规模相适应的资金。中国演出实践中出现的和 2005 年以前规定的三类演出经纪机构,都要求有 5 人以上的专职业务人员,又分别做出特别规定。一类演出经纪机构是经文化部认定有对外文化交流业务的国有经济单位,注册资本 100 万元以上,有外汇财务管理制度及相应的财会人员,经营二类演出经纪机构的业务 2 年以上,业绩良好。二类演出经纪机构是国有经济单位,注册资本 50 万元以上,经营三类演出经纪机构的业务 1 年以上,业绩良好。三类演出经纪机构注册资本应在 20 万元以上。[①] 党中央各部门(含部队)、文化部直属单位设立营业性演出单位,应报文化部审批发证;此外一类演出经纪机构应由所在地省级主管部门报文化部审批,经批准的,由省级主管部门核发演出证;设立二类和三类演出经纪机构应由所在地省级主管部门审批,并报文化部备案。上述规定可知,我国在此前的演出经纪机构,特别是涉外演出经纪机构,仅仅限于国有资本,其他社会资本禁止设立,而且,设立程序与审批权限也具有明显的国家包办演出的痕迹。依据现行的有关法律与规章,演出经纪机构的设立,具有自己的条件。

如果设立公司经纪人是法人经纪人,按照《民法总则》《民法通则》《公司法》《营业性演出管理条例》及其实施细则、《经纪人管理办法》《演出经纪人管理办法》的有关规定,经纪公司的设立条件包括:具有相应的组织机构和固定的业务场所;注册资金在 10 万元以上;有与其经营规模相适应的一定数量的专职人员,其中取得经纪人资格证书的不得少于 5 人;兼营特殊行业经纪业务的,具有 2 名以上取得相应专业经纪人资格证书的专职人员;专门从事某种特殊行业经纪业务的,具有 4 名以上取得相应经纪资格证书的专职人员;《公司法》及有关法规规定的其他条件。

---

① 参见 1998 年中国《营业性演出管理条例实施细则》第 14 条。

在设立演出经纪机构的实质条件方面,设立演出经纪机构虽然具有相应要素,但也有自己的特殊要求。第一,有单位的名称、组织机构和章程。省级文化厅(局)审批的文艺演出经纪机构,不得冠以"中国""中华""中央""全国""国际"或缀以"中心"等字样。第二,有具备相应业务水平的从业人员。演出经纪机构应有3名以上专职演出经纪人员和与其业务相适应的资金,有健全的财务制度和相应的财会人员。文艺演出经纪机构应有专职从业人员个人身份、履历和就业证明,拟聘用人员须有原工作单位人事部门证明或所在地街道办事处证明。其中,专职从业人员中一般人员应具高中以上学历证明,主要人员大专以上学历证明且有从事艺术工作或组织演出活动3年以上经历证明,财会人员有相应的资格证明。2004年文化部办公厅对"具有相应业务水平的经纪人员""相应业务水平"认定方式做出解释:参加过主管部门或主管部门与其他部门联合举办的演出经纪从业人员培训班并取得结业证书;参加过专业机构(含大专院校)举办的培训班并取得结业证书;其他能够证明其业务水平的书面材料。同时,文化部办公厅把"艺术水平和资信情况证明"认定方式解释为:文艺表演团体在其所在国(地区)的法人登记证明;演员个人的文艺表演类专业毕业证书或其他能够证明其表演技能的材料;其他能够证明其艺术水平和资质情况的材料。[①] 第三,具有固定地址和业务范围,与其规模相适应的资金、来源合法的注册资金与设施。其中,设立中外合资经营的演出经纪机构,中国合营者的投资比例应当不低于51%;设立中外合作经营的演出经纪机构,中国合作者拥有经营主导权。香港特别行政区、澳门特别行政区的投资者可以在内地投资设立合资、合作、独资经营的演出经纪机构、演出场所经营单位;香港特别行政区、澳门特别行政区的演出经纪机构可以在大陆设立分支机构。台湾地区的投资者可以在大陆投资设立合资、合作经营的演出经纪机构,但大陆合营者的投资比例应当不低于51%,大陆合作者应当拥有经营主导权;禁止设立独资经营的演出经纪机构。[②] 第四,涉外演出经纪机构与分支机构。外国投资者可以与中国投资者依法设立中外合资经营、中外合作经营的演出经纪机构,禁止设立外资经营的演出经纪机构。考虑香港特别行政区、澳门特别行政区事实上回归中国的实际,2008年国务院修改《营业性演出管理条例》:"香港特别行政区、澳门特别行政区的投资者可以在内地投资设立合资、合作、独资经营的演出经纪机构、演出场所经营单位;香港特别行政区、澳门特别行政区的演出经纪机构可以在内地设立分支机构。"[③]据此,香港特别行政区、澳门特别行政区的演出经纪机构经批准可以在内地设立分支机构,分支机构不具有企业法人资格,演出经纪机构对其分支机构的经营活动承担民事责任;演出经纪机构须在内地指定负责该分支机构的负责人,并向该分支机构拨付与其所从事的经营活动相适应的资金;该分支机构可以依法从事营业性演出的居间、代理活动,但禁止从事其他演出经营活动。

在设立演出经纪机构的形式条件方面,包括申报的材料和审批程序。我国法律的规定随着演出情势不断完善。1998年法案规定:经营业绩良好的营业性演出场所,可以申请在本场所内经营与其规模和性质相适应的组台演出的经纪资格,报省级主管部门审批;党中央

---

① 参见文化部办公厅《关于对〈营业性演出管理条例实施细则〉有关条款解释意见的复函》(2004年8月5日)。

② 参见2016年中国《营业性演出管理条例》第11条。

③ 参见国务院关于修改《营业性演出管理条例》的决定(2008年国务院令第528号)。

各部门(含部队)、文化部直属单位设立营业性演出单位,报文化部审批发证;除前款外,设立一类演出经纪机构由所在地省级主管部门报文化部批准,由省级主管部门核发演出证;设立二类和三类演出经纪机构由所在地省级主管部门审批,并报文化部备案;设立文艺表演团体和演出场所由所在地县级以上地方主管部门审批发证。① 2004 年设立演出经纪机构向具有审批权限的主管政部门提出申请取得许可证,2017 年提交材料包括申请书、营业执照、法定代表人或者主要负责人的身份证明、演出经纪人员的资格证明,法人或者其他组织申请增设演出经纪机构经营业务的,提交申请书和经纪人资格证;②比较 2009 年,少交了名称预先核准通知书、住所、资金证明材料。第一,设立演出经纪机构申报材料。中国境内设立演出经纪机构申请人,向省级政府文化主管部门提出申请,并提交有关文件:申请书,演出经纪机构名称预先核准通知书、住所,法定代表人或者主要负责人的身份证明,演出经纪人员的资格证明,资金证明。香港特别行政区、澳门特别行政区的演出经纪机构申请在内地设立分支机构的申请人须提交有关文件:申请书,分支机构的名称、住所,分支机构负责人任职书及其身份证明,演出经纪从业人员的资格证明,演出经纪机构在港澳的合法开业证明,演出经纪机构章程、分支机构章程,演出经纪机构的资金证明及向分支机构拨付经营资金的数额及期限证明,其他依法需要提交的文件。比较而言,要求香港特别行政区、澳门特别行政区的演出经纪机构申请人提供其本人基本情况、拨付资金数量与期限以及根据国家规定的相应法律文书,要求显然低于一般要求,充分尊重了"一国两制"的基本制度,符合社会发展的实际。台湾地区在大陆设立中外合资经营、中外合作经营的演出经纪机构,参照设立中外合资经营、中外合作经营的演出经纪机构的要求。其中,设立中外合资经营、中外合作经营的演出经纪机构申请人,除了提交中国境内设立演出经纪机构规定的文件外,还须提交下列文件:可行性研究报告、合同、章程;合资、合作经营各方的资信证明及注册登记文件;中国合资、合作经营者的投资或者提供的合作条件,属于国有资产的,依照有关法律、行政法规的规定进行资产评估,提供有关文件;合资、合作经营各方协商确定的董事长、副董事长、董事或者联合管理委员会主任、副主任、委员的人选名单及身份证明;其他依法需要提交的文件。中外合资、合作经营演出经纪机构的董事长或者联合委员会的主任由中方代表担任,并且中方代表在董事会或者联合委员会中居多数。第二,设立演出经纪机构的审批程序。中国内地、香港特别行政区、澳门特别行政区,申请人按照国家规定的审批权限向省级主管部门提出申请;受理申请的部门审核机构名称与组织章程、申报单位的法人代表或负责人的任职文件、申报单位的财务制度文件、专职从业人员的资历证明、经营地点与营业用房和必备设施的使用证明、单位注册资金的验资证明、申报单位上级主管部门的批准文件以及规定的申报材料等文件、证明。经审核批准的,审批部门颁发营业性演出许可证。取得营业性演出许可证的申请人,应持证向工商行政管理部门申请注册登记,取得营业执照。而台湾地区以及外国资本申请人,可以由省级政府主管部门批准,报国务院主管部门备案。审批主管部门的审查意见之日起 20 日内做出决定③。申请人在取得营业性演出许可证后,应依照有关外商投资的法律、法规的规定办理审批手续。香港特别行政区、澳门特别行政区的投资者可以在内地投

---

①　参见 1998 年中国《营业性演出管理条例实施细则》第 15 条、第 17 条。

②　参见 2017 年中国《营业性演出管理条例实施细则》第 8 条。

③　参见 2016 年中国《营业性演出管理条例》第 15 条。

资设立合资、合作经营的演出经纪机构,该类演出经纪机构可以在内地设立分支机构。审批手续按原始申请条件办理。

演出经纪公司有一些特别要求,依据中国法律主要包括:有 20 万元以上注册资本;有与其经营规模相适应的一定数量的专职人员,其中有 3 名以上获得演出经纪人资格的业务人员,有 1 名以上具有外语专业四级以上证书或者同等学力的人员;有取得专业证书的财务管理人员①;兼营特殊行业经纪业务的,具有 2 名以上取得相应专业经纪资格证书的专职人员;专门从事某种特殊行业经纪业务的,具有 4 名以上取得相应专业经纪资格证书的专职人员;公司法及有关法规规定的其他条件。申请设立演出经纪公司,报所在地省级主管部门审批核发演出证。演出公司申请取得承担涉外演出业务资格,向所在地省级主管部门申请审核,报国务院主管部门备案,由所在地省级主管部门核发演出证。

(二)个体演出经纪人

个体演出经纪人是指具备法定条件,以从事营业性演出的居间、代理活动为职业,领取营业执照并在文化主管部门备案的经纪人员。个体演出经纪人取得演出经纪人资格证以后,依法到工商行政管理部门办理注册登记,领取营业执照并在文化主管部门以及工商管理部门备案。其实我国 1995 年《经纪人管理办法》就明确规定:经纪人可以是"经纪业务的自然人"②。个体演出经纪人早已客观存在,早期的"穴头"是个体演出经纪人的雏形,"走穴"和"穴头"是 20 世纪 80 年代市场上最活跃的文化经济现象。改革开放以后,一些人组织一些明星大腕组成演出队、演出小组到各地演出,但当时"穴头"一直没有合法的地位,20 世纪 90 年代,文化管理部门曾多次研究要赋予合法身份,加以规范。但由于当时的市场条件并不成熟,所以一直到 1997 年《营业性演出管理条例》发布,才明确了演出主体的概念,对演出主体进行许可证式管理,之后演出机构逐渐取代了"穴头"。2005 年修改的新《营业性演出管理条例》第一次赋予了个体演出经纪人的法律地位,过去的个体演出经纪人现在正式被赋予了演出代理的权利。曹方振于 2005 年 10 月到北京朝阳区文化委员会审批窗口正式申请个体演出经纪人注册备案,成为国内法律承认的个体演出经纪人中第一人。

成为专业个体演出经纪人,获得个人经纪人资格资格,1995 年与 1998 年《经纪人管理办法》要求经纪人具备如下条件:具有完全民事行为能力、具有从事经纪活动所需要的知识和技能、有固定的住所、掌握国家有关的法规和政策、申请经纪资格之前连续 3 年没有犯罪和经济违法行为,通过考核取经纪人员资格证书③。而 2004 年《经纪人管理办法》规定的资格条件是符合《城乡个体工商户管理暂行条例》,向工商行政管理机关申请领取个体工商户营业执照即可④。成为个体演出经纪人,依据中国法律资质条件包括有固定的业务场所、有一定的资金、有经纪资格证书、有一定的从业经验、符合《城乡个体工商户管理暂行条例》的其他规定。个体经纪人以自己的名义从事经纪活动,并以个人全部财产承担无限责任。

其他个体演出经纪人,具备下列条件者,经工商行政管理机关考核批准,取得演出经纪资格证书后可以从事演出经纪活动。这些条件有:具有完全民事行为能力;具有从事演出经

---

① 参见 2004 年中国《营业性演出管理条例实施细则》第 14 条。
② 参见 1995 年中国《经纪人管理办法》第 2 条。
③ 参见 1998 年中国《经纪人管理办法》第 6 条。
④ 参见 2004 年中国《经纪人管理办法》第 6 条。

纪活动所需要的知识和技能;有固定的住所;掌握国家有关的法律、法规和政策;申请演出经纪资格之前连续 3 年以上没有犯罪和经济违法行为;从事演出经纪业务的,还具备相应的专业演出经纪资格证书。具有演出经纪资格证书的非演出经纪行业现职人员,经所在单位同意,可以在演出经纪人事务所或者演出经纪公司兼职从事演出经纪活动。

以从事营业性演出的居间、代理活动为职业的个体演出经纪人,在县级主管部门备案时,出具演出经纪资格证书。① 个体演出经纪人备案证明由省级主管部门按照文化部原设计要求统一印制,式样、规格及制作材料规范,在备案机关下设"有效日期"一栏。申请者持演出证依法到工商行政管理部门办理注册登记,领取营业执照。个体演出经纪人自领取营业执照之日起 20 日内向所在地县级政府主管部门备案。为方便个体演出经纪人依法从事演出经营、经纪活动,《实施细则》放宽了备案条件。已领取营业执照的个体演出经纪人申请备案的,县级行政部门及时出具备案证明;未取得营业执照的个体演出经纪人申请备案的,县级行政部门依规定备案。个体演出经纪人备案证明主要包括内容:(1)基本情况。名称指经依法核准的字号名称,无字号名称的,本项目不填写。经营者姓名,填写申请人姓名,家庭经营的,参加经营的家庭成员姓名应当同时填写。住所,填写户籍所在地或者常住地详细地址。资金数额,用大写数字填写。从业人数,指参加经营活动的所有人员,包括经营者、参加经营活动的家庭成员、帮手和学徒。经营范围,演出经纪人填写"演出居间、代理业务"。(2)行政事项。备案号,用备案机关地区简称加阿拉伯数字编号,工商注册机关指领取营业执照的工商行政管理机关,注册号指工商行政管理部门核发的营业执照上的注册号,注册时间指工商行政管理部门核发的营业执照上的时间。备案机关,加盖备案的文化主管部门公章。公章以圆弧内下端空白处居中横套"年月日"。有效日期,填写从发证之日期顺推 2 年的日期。②

(三)演出经纪人事务所

事务所是处理事务的场所、机构,大多都是接手他人的委托而成立的机构。演出经纪人事务所由具有经纪资格证书的人员合伙设立,以从事营业性演出的居间、代理活动,是在工商行政管理部门领取营业执照并在文化主管部门备案的经纪人合伙组织。演出经纪人事务所依据中国有关法律,可以成为特殊普通合伙企业。合伙经纪人是指具有经纪人资格证书的人员,合伙设立的经纪人事务所或其他合伙人经纪组织。根据《合伙企业法》规定,合伙经纪企业具备下列条件:有两个及以上能够依法承担无限责任合伙人,有书面合伙协议,有合伙人实际缴付的出资,有合伙企业的名称,有经营场所和从事合伙经营的必要条件,需有五名取得演出经纪人资格证书人员。经纪人事务所由合伙人按照出资比例或者协议约定,以各自的财产承担责任。合伙人对经纪人事务所的债务承相连带责任。

我国在 20 世纪 90 年代,具体规定了演出经纪人事务所所具备的条件:有固定的业务场所;有一定的资金;由 2 名以上具有经纪资格证书的人员作为合伙人发起成立;兼营特殊行业经纪业务的,具有 2 名以上取得相应专业经纪资格证书的专职人员;专门从事某种特殊行业经纪业务的,具有 4 名以上取得相应专业经纪资格证书的专职人员;合伙人之间订有书面合伙协议;法律、法规规定的其他条件。设立演出经纪人事务所形式条件与设立个体演出经

---

① 参见 2012 年文化部《演出经纪人员管理办法》第 3 条、第 4 条。
② 参见文化部办公厅《关于贯彻〈营业性演出管理条例实施细则〉的通知》2009 年 11 月 6 日。

纪人的形式条件是一致的[①]。21世纪,随着国家法规的完善,修订经纪事务所制度,使之与法律一致,个体经纪人符合《城乡个体工商户管理暂行条例》规定条件,个人独资经纪企业符合《个人独资企业法》规定条件,合伙经纪企业符合《合伙企业法》规定条件,经纪公司符合《公司法》规定条件。经营经纪业务的各类经济组织应当具备有关法律法规规定的条件,法律、行政法规规定经纪执业人员执业资格的,经纪执业人员应当取得资格。经纪人名称中的行业表述为"经纪"字样;经纪人的经营范围明确经纪方式和经纪项目。经纪人领取营业执照、聘用或解聘经纪执业人员后,自聘用或解聘之日起20日内,将聘用合同及聘用的经纪执业人员的姓名、照片、住所、执业的经纪项目、执业记录及解聘合同等资料提交给当地工商行政管理机关备案。[②] 作为一般条款,这种规定符合演出法律要求,也保障了法律的连贯性与一致性;但考量演出行业的特殊性,可以就演出经纪人资格取得条件予以专业化,而不采取否定相关法律规定的方式进行立法。

---

① 参见1995年中国《经纪人管理办法》(国家工商行政管理局令第36号)第8条。

② 参见2004年中国《经纪人管理办法》(国家工商行政管理总局令第14号)第6条至第12条。

第五章

演出主体权利

演出主体权利是演出法中根本性的问题。不论是在专制社会还是在民主社会,也不论在演出法中坚持权利本位、义务本位,或权利义务平衡本位的价值取向,演出主体权利体系都是演出活动规制的关键问题。随着时代的发展,演出活动形式与内容的丰富多样,演出主体权利的种类、各种权利的性质和内容也更深度地发展,演出主体权利体系也必然随之发展。在演出主体权利体系中,不同的权利特点都能得到充分表现,有利于改变司法实务界因为没有明确的法律理论与立法依据而对演出案件茫然无措尴尬境地。由于演出机构与一般的企业权利是十分相似的,其权利类型、权能内容、权利行使方式也极为接近,所以演出主体权利侧重点在于表演者权,本书也仅仅就表演者权进行论述。

第一节　演出主体权利体系

一、演出主体权利的概念

演出主体权利有广义和狭义之分。广义的演出主体权利,是指演出主体依法享有的人身、财产权利,享有的法律强制保护的、他人负有不作为义务的一种权利,它包括演出者作为自然人和法人、组织所应该享有的一般性法律关系主体的权利,也包括演出者作为自然人和法人、组织所应该享有的演出法律关系主体的权利。狭义的演出主体权利,是指演出者在演出活动中对自己的演出依法享有的他人禁止侵犯的、专有的精神权利与财产权利,仅包括演出者作为自然人和法人、组织所应该享有的演出法律关系主体的权利。一般使用狭义上的演出主体权利。演出主体权利有别于其他相关权利类型,具有特殊性。因为,演出主体权利渊源——演出,不是单纯劳动权,不归属劳动法保护的范畴;演出产品的经济价值是随着演员知名度和观众的喜欢程度而变化的,具有很大的价格单一性和人身性质。而且,演出主体权利内容具有明显的财产性、人格性、身份性的综合统一。

确定演出主体权利性质,需要对演出法律的基本类型进行考察,在大陆法系中,一般把法律分为公法与私法,公法与私法划分形成的过程就是公共权力不断受到限制的过程。国家产生之初,法律"诸法合一",法律只能是"公法",到了19世纪初自由资本主义阶段,"私域"与"公域"实现了分野,权利也被相应地分为公权与私权,前者如自由权、受益权、荣誉权、参政权等,后者如人格权、财产权、物权、债权、亲属权、继承权、无体财产权、社员权等①。传统上,演出主体权利被看成"私权",而"私权"分类标准千差万别。如依权利的客体所体现的利益为财产权、人身权;依权利的效力特点为支配权、请求权、形成权、抗辩权;依权利的效力所及相对人的范围为绝对权与相对权;依各权利的地位划分为主权利与从权利、原权利与救济权;按权利与权利人的联系为专属权与非专属权;按权利现实取得分既得权与期待权等等。一般来说,依权利的客体所体现的利益标准,来认识演出主体权利的整体情况和各种权利的特性,最为常见。然而,由于演出主体权利的内容极为复杂,随着社会的发展、法律权益价值的取向,演出主体受保护的利益也在不断发展。20世纪以来演出主体权利内容的变迁,演出主体权利属于新型综合性权利,适用社会法调整。不受保护的"利益",则对应权利失去价值,如在封建社会之前,戏主对演员人身占有与权利的垄断,表演者权不受保护;相反,"利益"得到保护,对应权利地位也可以得到提高,如现代社会表演者权日益得到全面保护;某些"利益"重新定位,对应权利性质发生变化,如表演者公众传播权、视听表演者租赁权。

二、演出主体权利体系

(一)演出主体权利体系的演变

在演出法的历史中,演出主体权力体系经过了一个演变过程。演出主体权利的产生是随着演出者的演出行为而产生的。但是,工业革命之前,当时演出仅仅是一种自发行为或国家没有承认演出的权利意义,演出者的权利没有法律价值,演出者只取得现场演出报酬。黑格尔指出"凡现实的东西都是合乎理性的"②,即"存在即合理",演出主体权之所以被许多国家法律确认,是因为其演出主体权利具有不可被替代的价值。随着传播技术发展,国家承认演出人员是劳动者,他们的法律关系主体地位的取得、演出者的法律独立的权利得到社会认可,演出主体权利益保护的缺失日益凸现出来。于是,在20世纪上半叶,专门保护作品传播者的法律制度相继在多国产生。遗憾的是,演出主体权利被归结为民事权利体系,后来又被纳入著作权体系。

最初的演出主体权利体系,主要体现为民事财产权体系,人身非财产权多限于个体演员的姓名权,常常以走红演员作为演出团体的宣传卖点。这是由于演员的地位不高,权利得不到充分尊重,最突出的表现是演出主体的"双重雇佣制":演员被演出团体"雇佣",即演员因为演出从演出团体拿报酬,其他一切权利归演出团体;同时,演出团体与演出资助或出资者也常常以约定的形式,"雇佣"演出团体演出,演出团体取得演出报酬后,因演出而产生的一切其他权利归出资方。此时,演出主体权利体系内容包括报酬权——表演者从所在演出团体获取报酬权、因为契约而产生的财产权——演出团体从出资者处获得戏金权。这种权利体系是因为演出市场不发达、传媒技术相对落后、演出消费水平不高的必然结果。这种演出主体权利体系反映出表演与受众(特别是出资者)的权利不对等,演出主体权利制度是演员的"义务本位"、出资者的权利本位取向。这种演出主体权利体系构建在演出领域持续了很长的时间。

---

① 上官丕亮.论公法与公权利[J].上海政法学院学报(法治论丛).2007(3):68-69.
② 黑格尔.小逻辑[M].贺麟,译.北京:商务印书馆,1996:43.

随着演出市场发展、人们需求的多样性、特别是知识产权制度的发展,人身权中的经济因素日益重要,于是就在财产权外需要建立一类混合性的权利。演出主体权利体系按照知识产权体系建立,其中,在英美法系国家,演出主体权利单一地等同于著作权;而在大陆法系国家,演出主体权利因情形有所不同,有些国家把它归入著作权中的"邻接权",如德国、法国等,有些国家则直接适用著作权法;还有欧亚大陆法系的东欧国家,如乌克兰、白俄罗斯、乌兹别克斯坦、格鲁吉亚、阿塞拜疆、立陶宛、摩尔多瓦共和国、拉脱维亚、吉尔吉斯斯坦、塔吉克斯坦、亚美尼亚、土库曼斯坦、爱沙尼亚等以民法典形式把演出主体权利纳入民法权利体系。在确定演出主体权利体系时,一个十分重要而困难的问题是如何确立财产权和人身权的划分标准,它经历了金钱价值标准、行为利益标准,如德国、日本法律,然后是权利人处分标准,即把财产权界定为"其他一切权利为财产权";而独联体国家直接将演出主体权利分为专有权、身份权、非人身财产权三大类。可见,确定一种权利的性质(属性)而将其归类,与一个国家的法律规定有密切关系。

我国演出主体权利体系,就表演者权而言,是采用著作权法模式,而且定性为邻接权,与大陆法系一致。由于我国著作权立法起步较晚,演出主体权制度得确立更晚。1910年,清政府颁布了《大清著作权律》,1915年北洋政府颁布修订《著作权法》,但这些法律中都没涉及演出主体权利的问题。1928年民国政府颁布的《著作权法》及1944年的《修正著作权法》均未将表演者权收录其中,《著作权法》及《修正著作权法》的总纲中规定了著作权人的表演权。当前,香港特别行政区法未明确规定表演者的精神权利,而中国台湾地区和澳门特别行政区规范对表演者权有明文规定。《中华人民共和国著作权法》于1990年9月7日第七届全国人民代表大会常务委员会第十五次会议通过,根据2001年10月27日第九届全国人民代表大会常务委员会第二十四次会议修正,又于2010年2月26日第十一届全国人民代表大会常务委员会第十三次会议获得通过;2012年3月31日,国家版权局在官方网站公布了《著作权法》修改草案征求公众意见。其中,1990年《著作权法》对演出主体权利的保护作了规定,表演者对其表演享有表明表演者身份、保护表演者形象不受歪曲、许可他人从现场直播、许可他人以营利目的录音录像并获得报酬的权利。[①] 2001年《著作权法》的修改案根据《伯尔尼公约》尤其是《与贸易有关的知识产权协议》的要求,将表演者的权利由原来的四项扩至六项,实际权能增加了四项,接轨国际保护水平。增加了表演权的权能是表演者对其表演享有下列权利:"公开传送其现场表演,并获得报酬;许可他人复制、发行录有其表演的录音录像制品,并获得报酬;许可他人通过信息网络向公众传播其表演,并获得报酬。"[②]2010年《中华人民共和国著作权法》修正案还增加了权利人的质权,即"以著作权出质的,由出质人和质权人向国务院著作权行政管理部门办理出质登记"。[③]

(二)演出主体权利体系的基本架构

由于历史原因,我国文化艺术法律理论与实践起步较晚,国内涉及对演出问题的法律研究,最早是从国内行政管理开始的,后来法学界多是从著作权方面来阐释。随着文化产业发展,特别是演出市场迅猛发展,在中国还没有演出法典的情形下,以演出主体权利的内容(被

---

① 参见1990年中国《著作权法》第36条。
② 参见2001年中国《著作权法》第37条。
③ 参见2010年中国《著作权法》第26条。

保护的利益)为标准,构建健全而又科学的演出主体权利制度,不仅能有效地促进演出团体的健康发展,而且能在全社会为演出资源的合理流动提供一个新的平台,还能够实现文化资源与演出资源效益最优化。

演出追求的利益实现程度决定于演出中的人力资本的有效运用。在演出各环节中,就演出制作团队而言,包括艺术创作组、舞台管理组、舞台技术组,他们工作非常繁杂。艺术创作组由艺术总监、导演、舞美设计、灯光设计、音效设计、服装设计人员构成。艺术总监负责或组织人员创作选定题材剧本,组织剧目价值论证并确定剧目生产,定剧目创作生产的主创人员,制定尽可能详细的剧目生产时间安排表和经费预算,与导演交换意见以确保艺术质量的,及时协调冲突,调动全体剧目创作生产人员的工作热情,督查创作生产进度和艺术质量,保证剧目合成彩排成功。舞台管理组的工作内容包括:协助导演制定日程表、准备排练场和排练用具,绘制填写各类图标,协助技术组人员制定进场与装台方案,安排进场、装台、安排布景迁换以及后勤,配合导演的技术合成、整理舞台提示,负责提示、通知、指挥与处理紧急事项,安排演后的拆台、离场、物品保管及资料的整理建档。舞台剧创作在不同阶段,如主创人员确定阶段、主创人员作品初创阶段、作品初评阶段、剧本修改加工阶段、作品确定阶段、舞美与服装设计确定阶段、其他初期的演出准备工作。剧场装台与合成阶段包括制作人组织生产剧目阶段、总导演组织生产阶段、对创作作品进行共同创作阶段、舞台排练阶段、音乐排练阶段、舞美制作阶段、合成阶段、剧场装台对光对景阶段、彩排阶段、制作节目单。组织演出创作流程包括:组建导演组,讨论确定演出主题及表现形式;根据演出主题甄选节目和演员,并联络确定;进行舞美设计、服装设计、视频内容设计、特效设计等相关创作;根据演员和节目进行演出整体编排,撰写串场词;确定是否需要节目主持人,并联络确定。这些工作都是人力工作,其成效的高低,在很大程度上取决于演出主体权利体系的科学性。为此,法律确认演出主体的权利,健全演出主体权利流动的通道,这样的演出主体权利安排就会刺激演出者增加自己权利存量、增加演出者权的权能,而且可以繁荣文艺与提高演出消费,实现演出者和社会双赢。反之,如果演出主体权利界定不清,演出者信息不对称,可能导致演出法价值发生倾斜,有悖法律自身价值。同时,建立反歧视机制,对一些演出主体权利不予立法的,可以先做出演出政策安排,实现演出主体社会地位平等,打破所有制、行业、部门界限,消灭演出主体权利的"身份"差别;通过媒体监督演出活动,建立演出信用法律体系。与此同时演出主体权利也需要遵循市场规律,规范天价的明星出场费和奇高的票价,确立权利本身的公信力,演出主体行使权利能够符合人们的正确预期,演出主体权利体系就能够发挥其基本的规范性价值——保障演出市场秩序性和稳定性。

从法学的层面来看,演出主体权利的法律制度安排主要集中在演出主体权利客体的范畴以及演出主体权利的权利属性。在现有法律制度框架内,虽然演出法律制度不完善或者缺失,但是演出主体权利还是可以依据现有的正式法律渊源予以确立,并在未来不断完善。由于演出主体权利主要发生在演出活动过程中,而演出活动的双重性质决定了演出主体要遵循公法与私法,因此演出主体权利是一种汇合权与独立新型权。在知识经济时代,可以通过保护演出主体的权利,使演出活动的经济功能释放出来,但是,由于演出主体权利没有得到充分承认,实践中演出主体权利保护、权利交易、权利实现的途径不多、不畅。所以,演出主体权利制度可以通过承认演出主体权利,保护演出主体,充分发挥他们的创造性,引导社会尊重演出者,改变政府、演出团体、社会与个人在演出生产经营中的无规则状况。建立演出主体权利体系,保障所有的演出主体在演出主体权利法律制度框架内,对自己的演出享有排他的法律权利,包括自由流动权、处分权、增益权、经济分配权等;保障演出主体权利所有的权利价位平等,演出者具有与产权人同等的权利地位,使演出主体同时享有非物质财产权、物质财产权及综合性权利。

演出主体权内容经历了一个不断发展的时期,而且在不同时期的内容不同,就是同一项内容本身的内涵也随着时代的变迁而不断丰富。从演出主体权的产生来看,演出主体权的法律性质从自由协商型权利即完全的私权利,转向法律强制型权利即复合的新型权利。具体而言,演出主体权力体系划分为人格权、身份权、财产权、知识产权、受益权五个大类。一是人格权。它是演出主体权力体系序列中的第一位权利,这是由演出法律关系主体特性决定的。人格权应该包含人与人之间相互独立的地位这一含义,人格权包含自然人人格权与法人人格权。我国学者一般认为,人格权作具有专属性、绝对性、支配性,但是这种观点仅仅对个人人格权基本适用,对于法人的人格权不适用。而且,在国外的立法中,存在人身权推定的规定。人格权以人格利益为客体,不具有财产的性质,但是人格权却同财产权密切相连,人格权表现出同财产权的相关联性①。自然人人格权的应然内涵可以归纳为生命权、健康权、姓名权、肖像权、名誉权、人格尊严权、自由权、隐私权等。法人人格权问题理论上存在肯定说、否定说、拟制说,但是法律赋予法人以"人格"。二是身份权。它是指演出主体基于某种特定的身份而依法享有的,支配与演出有关的身份利益的一种权利。在不同的历史发展阶段身份权有着不同的含义,身份权的具体内容包括亲权、荣誉权。三是演出主体财产权。它是权利主体的权利与义务的统一。演出主体财产权因为主体类型分为演员个人财产权与演出组织的法人财产权。一般意义上的财产权是权利主体对其财产可自由拥有、使用、管理、收益或处分的权利。演出组织的法人财产权是指演出组织者对出资者授予其经营管理的财产,依法享有独立支配权,并依据财产权享有独立权利、承担责任,而出资者仅仅以出资为限承担责任。关于法人财产权的性质,我国法学界众说纷纭,有双重所有权说、相对所有权说、经营权说、综合权利说等数十种。四是知识产权。它是演出主体对其演出成果,依法享有的知识产权的专有权利,具有人身权与财产权的双重性、专有性、地域性、时间性。演出者知识产权保护客体是演出主体的智力创造,即演出成果,国际公约和国际组织普遍承认知识产权独立地位。五是受益权。它是演出主体向国家索取公益给付,以真正实现其基本权利价值的权利,它既可以是期待权,也可以是既得权。受益权源于英国的信托,20世纪后逐渐为大陆法系国家陆续引进。受益权在保险合同、信托合同、居间合同、委托合同、行纪合同等得到体现。具体内容可以包括诉权、请愿权、工作权、受教育权、公物或公共设备利用权、俸给请求权、养老金请求权等。我国《宪法》对受益权也有明确规定,包括国家赔偿权、劳动福利权、受奖励权、受培训权、休息权、退休保障权、物质帮助权、社会保障权、特殊人群获助权、受教育权、文艺帮助权。② 如公民行使监督权受损赔偿权,规定"由于国家机关和国家工作人员侵犯公民权利而受到损失的人,有依照法律规定取得赔偿的权利"③也规定了劳动保障权、劳动力提升权、奖励权、劳动者休息权,规定国家"创造劳动就业条件","提高劳动

---

① 王利明,杨立新,姚辉.人格权法[M].北京:法律出版社,1997:3-5.
② 参见中国《宪法》第41至第47条。
③ 参见中国《宪法》第41条。

报酬和福利待遇"，国家对公民"劳动就业训练"，国家"奖励劳动模范和先进工作者"，"劳动者有休息的权利"，国家规定"职工的工作时间和休假制度"与退休制度，"退休人员的生活受到国家和社会的保障。"①还规定了国家物质帮助权、特殊人员帮助权，规定国家"发展社会保险、社会救济和医疗卫生事业"，"公民在年老、疾病或者丧失劳动能力的情况下，有从国家和社会获得物质帮助的权利"，"国家和社会帮助安排盲、聋、哑和其他有残疾的公民的劳动、生活和教育"②。此外还规定了公民受教育权及文化活动权，规定"公民有受教育的权利"，国家培养"青年、少年、儿童"全面发展，"公民有进行科学研究、文学艺术创作和其他文化活动的自由"，国家对有益于人民的文化创造性工作"给以鼓励和帮助"③。在我国演出实践中，演出主体的受益权，特别是民营团体的表演者的受益权，没有得到平等、充分的保障。

演出主体权利体系，可以归结为两大类，即演出主体的人格权和演出主体的产权。基于演员的自然人属性和演出单位的法人属性，在本书中主要是根据演员权利特性进行阐述，以更好地体现演出主体权利的特殊性。普通的民事权利不是本书的着力点。

第二节　表演者权体系

在演出法律关系的内容——表演者权利与义务中，表演者权利是演出法律关系的核心内容。在当代法治环境中，法律理念已经从"义务本位"向"权利本位"转变，文化活动包括演出活动，已经从政治的附庸转变为独立的产业活动；表演者（包括一般意义上的演员）工作内涵中心，从服务意识形态需要为重点转变为以市场需求满足为重点。与此相适应，表演者权利与义务的中心发生转移，即在法律规定的范围内正当地行使权利，是表演者权利与义务关系的重点。表演者权利的法律保护是当今演出法律价值的"权利本位"的体现，由此，"表演者"概念就成为演出法中一个极为重要的上位概念。

一、表演者权的概念

表演者权利的产生是随着表演者的表演行为而产生的，而现代意义表演者权的源起19世纪上半叶。在远古之初，录音录像技术和无线电技术出现以前，当表演仅仅是一种自发行为或权利集团没有承认表演的权利意义的时候，表演者亲自登台演出而无法取得现场表演报酬以外的任何权利。行为心理学认为，人的需求是有层次的，人们的物质需求得到满足后，就会追求文化艺术享受；消费经济学认为，追求最大效用是消费者的最终目标。随着传播技术的发展，一方面，科技提高了人们文化艺术消费的现实可能性，演出消费的需求和消费目标变得更加容易达到，演出产品的质量直接影响人们的精神需求的满足，表演者状况影响演出质量；另一方面，科技使演员与观众分离成为常态，演员对自己的演出难以控制，演员的创造性劳动得不到或者很少得到回报，表演者权益保护的缺失日益凸现出来。为平衡表演者与观众的利益，国家逐步承认表演人员的劳动，承认他们是法律关系的主体，因此表演

---

① 参见中国《宪法》第42条至第44条。
② 参见中国《宪法》第45条。
③ 参见中国《宪法》第46条、第47条。

者就有了法律上独立的权利。可见,表演者权利是基于利益冲突的平衡的产物,在20世纪上半叶,表演者权制度相继在各国产生。遗憾的是,各国有关法律对表演者权的概念规定过于简略或者没有规定。

表演者权有广义和狭义之分。广义的表演者权,是指作为一般法律关系主体的自然人和法人、组织所享有的普通权利。狭义的表演者权,是指表演者在表演活动中对自己的表演成果,依法享有的权利,仅包括表演者作为自然人和法人、组织作为演出法律关系主体享有的权利。一般使用狭义上的表演者权。表演者权是独立的新型权利,保护的是表演者在表演活动中的表演形象等相关的各种权利。表演者权与表演权是不同的两个概念,表演权也称公演权、上演权,是指著作权人依法享有的对其作品公开表演的权利,即以公开表演作品,以及用各种手段公开播送作品的表演的权利。国际上一般认为表演权是著作权的派生权利,在权利性质上是著作权,还有自己的特征,如以著作权法上"作品"为表演对象,且是公开发表的作品。行使权利主体是著作权人和第三人包括著作权集体组织、经纪人,而且主要是第三人直接行使。

与表演权以及其他权利比较,表演者权具有三个特征。一是表演者权客体类型唯一性,仅仅是表演。表演是表演者自身在表演作品时的形象、动作、声音等一系列表演活动,但有形作品的存在与否并不一定是表演者权的必备条件。二是表演者权主体标准唯一性,仅仅以实际表演为标准,不论表演者身份、地位、民族、年龄、表演对象等,无论何种形式,只要对某一作品(含有形和无形)进行表演,表演者就是表演者权主体,即使是对同一部作品的创造性表演,或者对同一部作品进行不同形式的表演。如,将《黄河颂》以戏剧、音乐、舞蹈、曲艺等艺术形式表现,则剧团或演员、歌手、舞蹈者、小品相声演员便是表演者权的权利人。正因为如此,我国著名芭蕾舞《红色娘子军》从首次登上舞台至今进行了数千次公演,共有22位演员先后扮演琼花,16位演员扮演过洪常青,他们都有表演者权。此外,当作者表演自己的作品时候,如即兴舞蹈、演唱自己作词作曲的歌曲,就会产生表演权与表演者权在主体上的竞合,这时权利人可以选择表演权或者表演者权来保护自己的权益。三是表演者权内容复杂性,即表演者权不仅包括人身权和财产权,还因科技发展如网络产生的延续权、提供已固定录像制品权、出租权等等。

二、表演者权内容体系

20世纪以来,表演者权的种类、权能和内容深度变化发展,表演者权体系也必然随之发展。国际上对表演者权保护首先是通过著作权法进行的,呈现"著作权法制"与"著作人权利法制"。"著作权法制"追求经济利益保护,主要为英美法系国家所采用,认为著作权法保护保护表演者权目的是给予投资者与创作人经济回报,所以演出者与其他著作人基本相同,就其表演可以享有经济上的利益,表演与作品均等受著作权法保护。"著作人权利法制"是基于"天赋人权"的理念,认为著作权法保护表演者权的目的是保障创作者的天赋人权,重点在于确保著作人对自己创作的控制,所以享受"邻接权",这主要为大陆法系国家采用,如欧洲、拉丁美洲及其他成文法国家。可见"著作人权利法系"国家对于演出者的保护反较"著作权法系"国家为积极。[①]　此外,采取知识产权法体例的表演者权立法又可分为两种:一种是专门

---

① 章忠信."表演"于著作权法之保护[J].律师杂志(台湾),2001(257).

制定表演者权法,如巴西、卢森堡等少数国家;另一种是把表演者权归入著作权法,如日本、德国、俄罗斯、中国等多数国家。前述分类,体现了立法者对于"创作高度"的价值判断,"价值判断在法律制度中所起的主要作用,在于它们被整合进了作为审判客观渊源的宪法规定、法规,以及其他种类的规范之中"①。

国际公约对表演者权的保护也是在逐步完善发展的。1886 年在瑞士首都伯尔尼通过了世界上第一个国际著作权条约即《保护文学艺术作品伯尔尼公约》(简称《伯尔尼公约》,1896 年于巴黎补充,1908 年于柏林修订,1914 年于伯尔尼补充,1928 年于罗马修订,1948 年于布鲁塞尔修订,1967 年于斯德哥尔摩修订,1971 年 7 月 24 日于巴黎修订)。该公约具体规定了公开表演权,即戏剧作品、音乐戏剧作品和音乐作品的作者有权授权公开表演和演奏其作品,包括用各种手段和方式公开表演和演奏,授权用各种手段公开播送其作品的表演和演奏②。而且,《伯尔尼公约》虽然没有正式文本确认,但强烈关注表演者权。1928 年在罗马修正案外交会议中,意大利曾提案在《伯尔尼公约》中明定保护演出者权利规定,对表演者进行保护来对抗广播其表演的广播组织和利用机械手段对其作品进行改编的活动,并建议如果这种活动是在公开广播或公开表演时进行的,必须对表演者支付合理的报酬。欧盟、大多数非洲与拉丁美洲国家认为应赋予演出者于电影片上的权利,但因为美国及印度两大影片出产国强力反对,最终未能达成协议。1948 年在布鲁塞尔会议召开国际会议修订《伯尔尼公约》时,比利时政府和英国政府对表演者权保护问题再次提出讨论。比利时政府又一次建议在《伯尔尼公约》中加入新条款,以保护唱片演出者,大会再次提请各国政府研究保护表演者权的问题,但无果而终,世界各国最终放弃了企图通过修改《伯尔尼公约》来保护表演者权的努力。

为此,保护知识产权联合国际局与国际劳工组织及联合国教科文组织共同寻找解决问题的办法,于 1961 年在罗马召开的外交会议通过了《保护表演者、录音制品制作者和广播组织国际公约》(以下简称《罗马公约》)。《罗马公约》关于表演者权基本内容为:表演者以国民待遇对象表演是在另一缔约国进行的,或者表演已被录制在受本公约保护的唱片上或者表演未被录制成唱片,但在广播节目中播放;表演者就录音制品享有专有权方面,实行非自动保护原则,须在录音制品上附加三种标记,即录音制品录制者或表演者的英文(Producer-Performer)字首略语、录音制品首次发行之年、录音制品录制者与表演者的姓名,表演者专有权内容,即未经表演者许可,禁止广播或向公众传播其表演实况、录制其从未被录制过的表演实况、复制以其表演为内容的录音制品等③。随着世界经济、贸易格局的巨大变化,知识产权保护愈加受到重视,《与贸易有关的知识产权协议》(Agreementation Trade-Related Aspects of Intellectual Property Rights,简称 TRIPS),1993 年 12 月 5 日通过,1995 年起生效,是当前世界范围内知识产权保护领域保护水平高、保护力度大、保护程度高的一个国际公约。TRIPS 对表演者权的保护是在若干的国际知识产权公约基础之上,规定了一个最低的保护标准,各国仍可以自行提供较高的保护。偏重关于与贸易有关的著作财产权而非人

---

① 博·E 登海默. 法理学:法律哲学与法律方法[M]. 邓正来,译. 北京:中国政法大学出版社,2001:504.

② 参见《保护文学艺术作品伯尔尼公约》第 11 条。

③ 参见《罗马公约》第 4 条、第 5 条,第 7 条、第 11 条。

格权,保护标准较《罗马公约》低。非《伯尔尼公约》或《罗马公约》成员体必须依各该公约保护知识产权。TRIPS 关于表演者权的保护主要体现在三个方面:(1)对将表演者的表演固定与录音制品的情况,表演者应有可能制止未经其许可而为的下列行为:对其尚未固定的表演加以固定,以及将已经固定的内容加以复制;(2)表演者还应有可能制止未经其许可而为的下列行为:以无线方式向公众广播其现场表演,向公众传播其现场表演;(3)表演者及录音制品制作者享有的保护期至少自有关的固定或表演发生之年年终到第 50 年年终,保护期则应自有关广播被播出之年年终起至少 20 年。①

随着科技的发展,联合国世界知识产权组织于 1996 年在瑞士日内瓦总部的日内瓦国际会议中心召开了"关于著作权与邻接权相关问题之外交会议",在有 120 多个国家代表参加的外交会议上缔结的条约,主要为解决国际互联网络环境下应用数字技术而产生的版权保护新问题。会议通过了《世界知识产权组织版权条约》,截至 2006 年 10 月 13 日加入的国家已达 60 个,是对《伯尔尼公约》《与贸易有关的知识产权协定》的发展与补充。WCT 规定的表演者权内容如下:版权保护"延及表达",作者对"原件或复制品"的发行权、电影作品与录音制品制作者的出租权以及向公众传播的权利②。同时,也通过了《世界知识产权组织表演和录音制品条约》(WIPO Performances and Phonograms Treaty,WPPT,简称《WIPO 表演和录音制品条约》),截至 2004 年 12 月 31 日有 48 个国家签订本公约。《WIPO 表演和录音制品条约》规定了表演者的提供已录制表演的权利,即表演者授权通过"有线或无线的方式"向公众提供其以录音制品录制的表演,使之被公众择地择时获得;提供录音制品的权利的主体是录音制品制作者,即授权通过"有线或无线的方式"向公众提供其以录音制品录制,使之被公众择地择时获得。③ WCT 及 WPPT 规定,表演者就网络传输可以享有复制权、发行权、(特定作品的)出租权、传播权,将原《伯尔尼公约》确立的"主要是对音乐作品的传播权,扩大适用到所有作品和网络环境中","填补了伯尔尼公约的空白,又给各国立法留下了回旋的余地"④。世界积极加强表演者权利保护,2000 年 12 月 7 日至 20 日在日内瓦召开外交会议,来自 120 多个国家的代表首次对表演者的音像表演权的规则达成一致意见,包括:国民待遇、精神权利,涉及复制权、发行权、出租权、广播权、向公众传播权等经济权利;承认音像表演者的精神权利,禁止对其表演进行任何有损其名声的发行或修改。在 2002 年度大会上,与会国家同意再次召集关于音像表演的外交会议,将此议题保留在 WIPO 2003 年大会的议程上;2003 年的特别会议邀请 WIPO 所有成员国以及感兴趣的政府间组织和非政府组织参加,旨在就悬而未决的问题达成协商一致,以确认 2002 年 12 月已取得的一致意见得到支持,为顺利缔结保护音像表演的条约铺平道路,将保证表演者的权利,并为电影和电视节目的国际交流提供便利⑤。自 2012 年 6 月 20 日外交会议,154 个世界知识产权组织成员国和 49 个国际组织积极磋商,《视听表演北京条约》于 2012 年 6 月 26 日在京成功签署,标志着谈

① 参见 Agreement on Trade-Related Aspects of Intellectual Property Rights(TRIPS)Article 9-Article14。

② 参见《世界知识产权组织版权条约》第 2 条、第 6 条、第 7 条、第 8 条。

③ 参见《WIPO 表演和录音制品条约》第 10 条、第 14 条。

④ 李卉,屈广清.电子商务中的版权国际保护制度分析[J].河北法学,2005(5):28.

⑤ 参见世界知识产权组织成员国保持表演者权利方面的势头 http://www.wtolaw.gov.cnp2002-10-28 11:21:56pWIPO 日内瓦世界知识产权组织网站。

判了近二十年的视听表演者版权保护的国际新条约在中国北京正式达成。我国于 2014 年 4 月 24 日,第十二届全国人民代表大会常务委员会第八次会议表决通过批准《视听表演北京条约》。《视听表演北京条约》是关于表演者权利保护的国际条约,该条约赋予了电影等作品的表演者,依法享有许可或禁止他人使用其表演的权利,词曲作者和歌手等声音表演者享有的复制、发行等权利,电影演员等享有视听作品中的表演者权。

根据《视听表演北京条约》规定以及其他国内外立法实践,表演者权内容体系可以归纳三大类。第一类,表演者精神权利。这类权利特点有:权利的独立性,不因为经济权利状况变化而丧失;权利的永恒明示性,即使用表演的其他人用恰当方式承认表演者,除非因使用表演的方式表明可以不提及表演者;权利的同一性,即使用者不得进行有损表演者声誉的歪曲、篡改或其他修改,但以新技术使用不造成重大声誉损害为限;权利人身后效力法定性,即权利人死后,精神权依据内国法规定而定。第二类,表演者经济专有权利。这类权利的主要权能有:表演者发行权,即表演者享有授权通过销售或其他所有权转让形式向公众提供其表演的原件或复制品的专有权,但遵循权利用尽原则;表演者复制权,即表演者享有授权以任何方式或形式对其表演直接或间接地进行复制的专有权,包括在电子媒体中以数字形式存储受保护的表演;表演者转让权,即表演者同意将其专有权转让,此种同意或合同应采用书面形式,因表演的任何使用而获得使用费或合理报酬;表演者对其尚未录制的表演的经济权利,即表演者授权广播和向公众传播其尚未录制的表演,或者录制其尚未录制的表演。第三类,表演者综合权利,即非人身财产权。这类权利的主要权能有:表演者出租权,即表演者授权将其表演的原件和复制品向公众进行商业性出租的专有权,以不严重损害表演者的专有复制权为限;表演者提供已录制表演的权利,即表演者授权向公众提供其表演,使之被公众择机获得;表演者向公众传播权,即表演者授权广播和向公众传播其表演的专有权。

第六章
演出主体精神权

演出主体精神权即是人格权以演出主体的人格利益为客体（保护对象）的权利。因为人格权是直接与权利主体的存在和发展相联系的。人格权是演出主体权利中最基本的也是最重要的一种，对人格权的侵害就是对权利者自身的侵害。所以它在演出主体权力体系中应该居于首位。随着时代的发展逐步深入，人格利益的范围日益扩大，人格权的内容也日益丰富。演出主体人格权常常包括两类：一是一般性人格权。直接以权利人的人身为客体，如生命权、身体权、健康权；以权利人的独立人格利益为客体，如姓名权（名称权）、自由权、名誉权、肖像权、隐私权、尊严权、荣誉权、知悉权等等。另一类是特殊人格权。演出主体人格权又分为演员人格权和演出组织者人格权。

第一节　演出主体精神权概述

一、演出主体一般人格权

演出主体人格权，是演出主体基于自己的演出依法享有的以人身利益为内容的权利，所包含的是与演出者身份有关的一些内容，如演出主体资格、表明身份权以及保护表演的完整性等。演出主体人格权是演出主体人格的一种延伸，是演出主体人格和风格的体现，拥有人格权是演出主体自身权利保护的重要内容。可以说，演出主体权的人格权是涉及演出主体的人格，是根本的、非经济的、与个人相关联的、绝对的权利。演出主体是集人格权与财产权于一体的权利主体，演出主体人格权是演出主体所享有法律赋予的、与其本身不可分而无直接财产内容的权利。人格权是演出主体的最基本权利，与财产权共同构成两大演出主体权利。

人格权作为与财产权相对应的演出权利，它与演出主体的本身密不可分，以演出主体本身为存在的基础，通常要依附于特定的演出主体，一般不能转移，但作为演出主体的存在形态之一的组织，其名称权可以依法转让。同时，演出主体人格权不直接体现演出权利主体的财产利益，但又是取得财产权利的前提和基础。演出主体人格权通常与演出主体存亡相一致，不能够分立，但部分身份权，如荣誉权、成员权等也可因法定和约定原因而丧失。人格权是绝对权与支配权的统一。在各国立法中，凡是认为演出主体权包括人格权内容的国家，不论"二元论"学说或是"一元论"学说,都是以演出主体权利保护作为立法的出发点和制度价值判断,法律一般承认表明演出主体身份的权利和保护表演形象不受歪曲的权利。对演出主体人格权利保护不但在理论上有争议,各国立法也存在较大的差异,在 1961 年以前,许多国家法律并没有明文授予演出主体人格权,《罗马公约》规定了"精神权利",即表明作品的作者身份的权利,以及反对对作品进行任何篡改、删改或其他修改,或与作品有关的将有损于作者名誉或名声的其他毁损行为的权利。联合国教育、科学及文化组织 1954 年 5 月 14日在海牙通过《关于发生武装冲突时保护文化财产的公约》,决心采取一切可能步骤以保护文化财产,规定文化识别标志单独使用仅用以识别"身份证"①。本条约签署国有安道尔、澳大利亚、奥地利、比利时、巴西、缅甸、白俄罗斯、中国、古巴、捷克共和国、斯洛伐克共和国、丹麦、柬埔寨、厄瓜多尔、埃及、萨尔瓦多、法国、德意志联邦共和国、希腊、匈牙利、印度、印度尼西亚、伊朗、伊拉克、爱尔兰、以色列、意大利、日本、约旦、黎巴嫩、卢森堡、墨西哥、摩纳哥、荷兰、新西兰、尼加拉瓜、挪威、菲律宾、波兰、葡萄牙、罗马尼亚、圣马力诺、利比亚共和国、西班牙、叙利亚、乌克兰、苏联、英国、美国、乌拉圭、南斯拉夫等 50 个国家。批准或加入书交存国家有阿尔巴尼亚、奥地利、比利时、巴西、保加利亚、缅甸、白俄罗斯、喀麦隆、古巴、塞浦路斯、捷克斯洛伐克、柬埔寨、多米尼加共和国、厄瓜多尔、埃及、法国、加蓬、德意志民主共和国、德意志联邦共和国、加纳、几内亚、罗马教廷、匈牙利、印度、印度尼西亚、伊朗、伊拉克、以色列、意大利、约旦、科威特、黎巴嫩、列支敦士登、卢森堡、马达加斯加、马来西亚、马里、墨西哥、摩纳哥、蒙古、摩洛哥、荷兰、尼加拉瓜、尼日尔、尼日利亚、挪威、阿曼、巴基斯坦、巴拿马、波兰、卡塔尔、罗马尼亚、圣马力诺、沙特阿拉伯、利比亚共和国、南也门(也门民主人民共和国)、西班牙、苏丹、瑞士、叙利亚、坦桑尼亚、泰国、土耳其、乌克兰、苏联、布基纳法索、南斯拉夫、刚果民主共和国等 68 个国家。说明文化身份标志的表明权利得到许多国家认可。继而在《武装冲突情况下保护文化财产公约实施条例》对相关人员身份的识别,规定识别标志的特别身份证的制作格式、作用及其使用,"非有正当理由",不得剥夺这些人员的身份证的权利②。联合国教育、科学及文化组织大会第十一届会议于 1960 年 12 月 14 日在巴黎通过的《服务贸易总协定》(General Agreement on Trade in Service,GATS),是 WTO 服务贸易法的基本规范和核心规范,其第二条"豁免清单"规定不适用"在永久基础上有关公民身份"。所有的国际知识产权组织对成员国身份权利都有相应规定,如《建立世界知识产权组织公约》第六条、第九条。2015 年 11 月 20 日,在巴黎举办的联合国教科文组织第 38 届大会上,由国际博物馆协会与联合国教科文组织共同起草的《关于保护与促进博物馆和收藏及其多样性、社会作用的建议书》正式通过,该《建议书》将"遗产"认为"反映和展示身份认同",成员国应注意保护博物馆与收藏的"独特身份",博物馆能够在"塑造公民身份"等方面发挥重要作用③。1971年巴黎修订 1952 年于日内瓦签订的《世界版权公约》明文规定,许可证的申请许可期限计算包括翻译权所有者的身份不明、"复制权所有者的身份不明"的起算日④。《保护文学和艺术作品伯尔尼公约(1971)附件》第二条、第三条规定了翻译权所有者、复制权所有者的身份不

① 参见《关于发生武装冲突时保护文化财产的公约》第 17 条。
② 参见《武装冲突情况下保护文化财产公约实施条例》第 21 条。
③ 参见《关于保护与促进博物馆和收藏及其多样性、社会作用的建议书》第 6 条、第 13 条、第 17 条。
④ 参见《世界版权公约》第 5 条之三、第 5 条之四。

详,许可证申请书副本寄出日期算起。1989 年 11 月 20 日由联合国大会通过的《儿童权利公约》在"序言"中指出"人人有资格享受这些文书中所载的一切权利和自由",不因种族"身份"等而有任何区别,具体分布规定了缔约国尊重并确保儿童享受权利,不因儿童"身份而有任何差别",不因儿童家庭成员的"身份"而歧视;缔约国尊重儿童"维护其身份""重新确立其身份";缔约国取适当措施确保"申请难民身份的儿童"的可适用权利①。1886 年签订于伯尔尼、1896 年在巴黎补充完备、1908 年柏林修订、1914 年在伯尔尼补充完备、1928 年罗马修订、1948 年布鲁塞尔修订、1967 年斯德哥尔摩修订、1971 年巴黎修订后于 1979 年 10 月 2 日更改的《保护文学和艺术作品伯尔尼公约》,规定了作者身份权的独立性,即不受作者经济权利的影响,即使经济权利转让之后,"作者仍保有要求其作品作者身份的权利,并有权反对对其作品的任何有损其声誉的歪曲、割裂或其他更改,或其他损害行为",并规定身份权"在其死后应至少保留到作者经济权利期满为止",并由内国法所授权的人或机构行使,身份权的补救方法由内国法规定②。此公约还规定了身份作为"不具名作品和假名作品"保护期的计算标准:根据作者采用的假名可以毫无疑问地确定作者身份时,经济权利保护期为终身加五十年;如不具名作品或假名作品的作者在保护期间内公开其身份,经济权保护期为作者已死去五十年。③ 1979 年修订版除了规定录音物的标记可以附带地包括演出主体的姓名外,公约允许盟成员国法律规定作者享有向公众传播广播的作品权利,规定的"条件均不应有损于作者的精神权利"④。《WIPO 表演和录音制品条约》明确规定表演者享有精神权利,即要求承认其系表演者的权利,以及反对任何将有损表演者名声的歪曲、篡改或其他修改的权利⑤。这比《罗马公约》更明确,也是国际公约首次设专条保护"表演者的精神权利",保护演出主体人格权。TRIPS 不保护演出主体的精神权利,但规定"不减损各成员方"按照《伯尔尼公约》《罗马公约》等可能承担的"现有义务"⑥,因此不否定演出主体精神权的保护。《视听表演北京条约》规定表演者享有精神权利,即要求承认其是表演者的权利(除非使用表演的方式决定可省略不提其是表演者),以及反对任何将有损表演者声誉的歪曲、篡改或其他修改的权利,但同时应对视听录制品的特点予以考虑。⑦ 可见保护演出主体精神权是国际公约保护的基本趋势。中国台湾地区著作权相关规定把演出主体视为演艺作品的作者,演出主体自然就同作者一样享有人格权。我国著作权法规定了演出主体表明其身份、保护表演形象不受歪曲两项人格权利。

从一般人格权来看,演出主体人格权是以演出主体全部人格利益为标的的概括性权利,包括人身自由、人格尊严、人格独立与人格平等,常常具有公法权利性质。一般人格权具有概括性、普遍性、法定性的三大特有人格权属性。从具体人格权来看,演出主体人格权具有如下最主要的四大类型内容。(1)生命权是自然人演出主体个人拥有的;广义上,演出组织

① 参见《儿童权利公约》第 2 条、第 8 条、第 22 条。
② 参见《保护文学和艺术作品伯尔尼公约》第 6 条之二。
③ 参见《保护文学和艺术作品伯尔尼公约》第 7 条。
④ 参见《罗马公约》第 11 条之二。
⑤ 参见《世界知识产权组织表演和录音制品条约》第 5 条。
⑥ 参见 Agreement on Trade-Related Aspects of Intellectual Property Rights（TRIPS Agreement）Article 2。
⑦ 参见《视听表演北京条约》第 5 条。

的存在、发展与变更也有一定期限,即演出组织的生命周期,也可以称之为演出组织的生命权。(2)名字权包括自然人姓名权与组织名称权。姓名权是自然人演出主体如演员个人依法享有的决定、使用、改变自己姓名并排除他人侵害的权利;每个表演者个人也可自主决定自己的名字,以及自己的笔名、艺名、别名等其他名字。对于演出组织是名称权,即是剧团、艺术表演团体、合伙经纪人等社会组织依法享有的决定、使用、改变其名称,并排除他人侵害的权利。根据民法、合伙企业法、企业名称登记注册管理规定、公司法等法律规定,有自己的名称是演出组织成立的前提条件之一。演出组织名称由三部分组成:字号(或者商号)、行业或者经营特点、组织形式,还应冠以企业所在地的省或市或县行政区划名称。中国营业性演出管理条例及其他演出法规都做出规定,字号由演出组织选择,应当由两个以上的字组成,但禁止使用县以上行政区划名称作字号,依照国家行业分类标准划分的类别确定,同时还应在其名称中标明其采取的是有限责任公司、股份有限公司、特殊普通合伙企业等企业组织形式。演出组织对其名称享有专用权,可以排除任何人的干涉与妨碍,但在使用其名称时也有一定的限制:只能够同时使用一个名称,在登记主管机关辖区内禁止与已登记注册的同行业企业名称相同或者近似;禁止使用有损国家、公共利益,引人误解或欺骗公众的名称,也禁止使用外国国家(地区)名称、国际组织名称,政党名称、党政军机关名称、群众组织名称、社会团体名称及部队番号,汉语拼音字母、数字;对一些特殊用语的使用,如"中国""中华""国际"等字词的使用规定了其适用的相应条件。名称权可以转让,但转让具有不可分性,报原登记主管机关核准。(3)声誉权包括名誉权、荣誉权、秘密权。名誉权是演员个人或演出组织对自己在社会生活中获得的社会评价、人格尊严享有的不可侵犯的权利。名誉权包括表演者个人名誉权和法人名誉权。荣誉权是指演员个人、演出组织所享有的,因其突出成果而获得荣誉的权利。荣誉的取得必须经过特定的程序,由国家机关或社会组织给予表彰的方式授予,是一种褒扬和嘉奖。其中,秘密权,包括隐私权与商业秘密权;隐私权是演员个人不愿公开或让他人知悉个人秘密的权利,包括通信秘密权与个人生活秘密权。演出组织的商业秘密权,即演出组织对采取保护措施,能够对自己带来经济利益的经济信息而享有的权益。(4)特征标志权,主要包括自然人演出主体如演员肖像权和演出组织标志权。肖像权指演员个人享有通过造型艺术或其他形式来再现自己形象的专有权,通常表现为肖像的决定权和实施权。未经肖像权人同意,任何人禁止以营利为目的在各种载体中使用其肖像。标识权是演出组织就自己的标识所产生的权益依法享有的权益,常常是知识产权的一种。

二、表演者精神权

表演者精神权是演出主体精神权的特例,即作为表演者专属的精神。对表演者人格权利保护不但在理论上有争议,各国立法也存在较大的差异,各国法律赋予表演者的权利内容也不尽相同。依据德国法规定,艺术表演者享有署名权、身份确认权,也有权禁止歪曲和损害其表演而危及其声誉和荣誉的行为,并分别规定了艺术表演者精神权保护期限。[①] 在法国,最高法院早在 1937 年就确认了表演者人格权,即表演者对其表演享有人格权和禁止他人未经许可利用的财产权,1992 年法律规定艺术表演者精神权涉及"姓名""身份""受尊重"

---

① 参见德国《关于著作权和有关权利的保护法》第 74 至第 76 条。

权利,而且该权利"不因失效而丧失",还可以"转移"给继承人①。这一立法例显然突破了狭隘的身份权概念及传统的精神权不能被继承的理论。意大利法律也规定:在演出中担任主演的表演者和演奏者有权要求在唱片、影片或类似音像制品上清晰"载明其姓名"②。美国法典赋予表演者署名权和保护作品完整权,但更多强调的是视觉艺术作品。③英国法律规定戏剧、音乐作品的作者以及导演有要求"申明"身份权利,但同时规定了非侵权情形④。2018年版的现行俄罗斯法律制度设计表演者有非财产权利和其他权利,就其规定的具体内容来看,非财产权利是相当于传统人身权,如身份权、署名权、完整权、发表权等,而其他权利是综合性的产权,而且进入公共领域以后,演员产权中的"相关权利"是以版权为前提但又独立于版权,规定"无论是否有版权,相关权利都会被承认"⑤。巴西法律也规定,表演者人身权包括保护表演完整权和表明身份权,但同时规定,不改变"表演者表演的本质"的前提下可以对表演进行删节、配音、编辑等。⑥西班牙法律也规定表演者享有通过对其表演作品署名的方式,享受原始权利,并且有权反对任何有损于其声望的歪曲、篡改和侵犯表演行为。南非赋予音乐人有权反对他人"损害或可能损害作者荣誉或声誉"地对其作品进行歪曲、篡改和其他修改的行为⑦。相对其他发达国家,南非的表演者精神权保护多限于作品完全权上,其他方面精神权利立法不完整。中国台湾地区著作权规范把表演者视为演艺作品的作者,表演者自然就同作者一样享有人格权。中国著作权法规定了表演者表明其身份、保护表演形象不受歪曲两项人格权利。

国际条约对表演者精神权保护在1961年以前略显不足,自《罗马公约》起才开始保护表演者精神权,TRIPS也没有明确规定,而WPPT明确了表演者人格权。WPPT是国际公约中首次明确保护表演者人格权,依据WPPT规定,表演者享有要求表明其为表演人,也有权反对有损其声誉的任何歪曲、篡改或其他修改⑧,可见WPPT明定表演人对其现场表演或被录制在录音物上的表演享有"人格权",包括"姓名表示权"及"禁止不当修改权",而且,WPPT规定,在保护期间,在加入WPPT前未赋予表演者人格权的国家,可以仅保护至表演者死亡时为止,在加入WPPT前已赋予表演者人格权的国家,其保护期间不得短于财产权的保护。《视听表演北京条约》对表演者的权利保护更为详尽。

根据国际做法及中国立法,表演者特有的精神权内容,一般分为表明身份权、保护演出完整权。也有国家如俄罗斯规定了身份权、署名权、作品完整权、发表权等(《俄罗斯联邦民法典》第1226条智力权利、第1255条著作权)。

---

① 参见法国《知识产权法典》L. 212-2 条。

② 参见《意大利著作权及相关权利保护法》第 83 条。

③ 参见 US. Copyright Act of 1976,17. USC §106A. Rights of certain authors to attribution and integrity。

④ 参见 *COPYRIGHT,DESIGNS AND PATENTS ACT* Chapter IV Moral Rights77-78。

⑤ 参见《俄罗斯联邦民法典》第 1226 条、第 1255 条、第 1303 条。

⑥ 参见《巴西著作权法》第 90 条。

⑦ 参见《南非著作权法》第 20 条。

⑧ 参见《表演和录音制品条约》第 5 条。

第二节 演出主体精神权权能

一、演出主体的发表权

(一)演出主体的发表权概念

发表权专属于著作权人享有,其他人未经许可,不得擅自行使该项权利。李雨峰亦指出"发表权……即决定作品是否公之于众、何时何地以何种方式公之于众的权利"①。发表权是智慧权利人对自己的智慧成果享有"精神利益和物质利益"的共同体现,是一项重要权利。世界上很多国家都对发表权进行保护,包括法律条文直接规定发表权概念,也包括在判例中给予保护。发表权,有的国家也称为"披露权""宣传作品权"以及"公开传播作品权"。如法国、葡萄牙、喀麦隆等少数国家用"披露",披露权是指"作者拥有的决定是否和以何种方式将作品公之于世或是否将其保留在自己私生活范围内的权利",它还包括"向公众传播作品主要内容或说明该作品的权利"。这里的"披露权"是比发表权含义更广的概念②。保加利亚、古巴、土耳其等国用"决定发表",德意志联邦共和国干脆就用"传播",奥地利用"告之"③。德国理论称之为"作品内容的首次公开权",即如果著作人未同意发表著作或其主要内容或对著作的介绍,公开报道或介绍著作内容的权利就属于著作权人④。发表权即"是否发表作品,以何种方式、在何时何地何种条件下发表作品,是作者的第一种权利"⑤。而学界通说认为,是否发表,何时何地以何种方式发表都是发表权的权能所及。如李明德所言,发表权"是指作者有权决定其作品是否发表,何时发表,以及以何种方式发表的权利"⑥。可见,演出主体发表权是指权利人决定演出是否公之于众、以何种形式发表和在何时何地发表的权利。所谓"公之于众"不取决于听众或者观众的数量,很多情况下取决于作者的主观意向与提供作品的方式,包括把演出提供给家属、亲友,或向某些专家请教是否公之于众。发表权具有如下基本特征:发表权是权利人的自主权利,即权利人自行或者经权利人许可将作品向不特定的人公开,而不以公众知晓为构成"公之于众"的条件⑦;发表权是著作人首要的人身权,发表权位居署名权、修改权、保护作品完整权之首⑧,是其他人身权乃至复制权、发行权、传播权等经济权的起点;发表权是一次性穷竭权利,即权利人完成"公之于众"行为,他人合法取得该作品后就可以使用该作品。对发表权性质,我国学者有不同认识:有学者认为"著作财产权包括发表权,发表是使用行为之一"⑨;也有学者认为"发表权首先应当是一项著作人身权……但

---

① 李雨峰,王迁,刘有东.著作权论[M].厦门:厦门大学出版社,2006:58.
② 利娅·利普希克.著作权与邻接权[M].北京:中国对外翻译出版公司,2000:120.
③ 程德安.发表权的行使与媒介的市场竞争[J].编辑之友,2006(4):79.
④ 参见《德国著作权法》第 12 条.
⑤ 沈仁干,钟颖科.著作权法概论[M].北京:商务印书馆,2003:76.
⑥ 李明德.著作权法概论[M].沈阳:辽海出版社,2005:83.
⑦ 参见《最高人民法院关于审理著作权民事纠纷案件适用法律若干问题的解释》第 9 条.
⑧ 参见中国《著作权法》第 10 条.
⑨ 孙国瑞,杨淑霞.知识产权法学[M].北京:中国民主法制出版社,2005:28.

发表权的行使又能带来一定的经济利益……在权利的人身属性和财产属性中,人身属性是首要的,财产属性是次要的"①;还有学者认为发表权是选择权,"发表权有两层含义:第一,对发表与否的选择权……第二,对如何发表的选择权"②。"发表权是著作权人对作品是否公开的选择权。"③在理论界,发表权含义可以归结为三种:发表权是作者"决定作品是否公之于众的权利",强调精神性、隐私性,属于人身权;发表权是作者"将作品公之于众的权利",就是以发行、表演、展览或播放等方式传播作品,包括发行权、表演权、展览权或播放权等权利,此层面上的发表权属于财产权;发表权兼具人身权和财产权的性质④。发表权属于精神权是国际通行立法惯例,诚如意大利戴森克蒂斯所指出的,"正如文学作品的经济权利中处于首位的是出版权一样,作者就一切作品享有的精神权利,处于首位的是发表权"⑤。

国际一般权利公约确认了发表权,如规定:人人有权享有"发表意见的自由"权利,包括持不受干涉的自由、"通过任何媒介"传递思想的自由⑥。联合国大会进一步通过公约确认"人人有自由发表意见的权利",不论国界,也不论"艺术形式"等任何其他媒介传递各种消息思想的自由,该权利行使带有特殊的义务和责任,"只应由法律规定"并尊重他人的权利或名誉、保障国家安全或公共秩序或道德⑦。联合国教育、科学及文化组织大会于1978年通过的《种族与种族偏见问题宣言》依据《世界人权宣言》所载原则,要求种族或民族群体间的联系必须是相互交往的过程,使他们的"意见能自由发表并得到充分听取而不受阻碍"⑧。1989年由联合国大会通过的《儿童权利公约》要求缔约国应确保儿童"自由发表自己的意见",为此目的,儿童应有"自由发表言论的权利",该权利包括通过口头、书面或印刷、艺术形式或儿童所选择的任何其他媒介,传递思想的自由,而不论国界。此项权利的行使限制约束仅限于法律所规定所必需:尊重他人的权利和名誉、保护国家安全或公共秩序或道德⑨。1883年巴黎签订、1979年在斯德哥尔摩修订的保护工业产权公约,要求联盟各成员国向国际局提供其发表的保护工业产权对国际局工作有用的出版物⑩。《伯尔尼公约》修订后规定,"公开发表"作品及其公开传播方式,属于各成员国国内立法的范围,作者享有专有权利;成员国的法律允许通过报刊、广播或对公众有线传播发表的,给予保护,"公之于众的条件",也由各成员国的法律规定⑪,但是公约本身没有专门保护发表权的条款。1981年关贸总协定中的知识产权协议中,1994年乌拉圭回合谈判的最后文件,1999年由GATT总干事亚瑟·邓克尔提出的《与贸易有关于知识产权(包括假冒商品贸易)协议(草案)》规定了发表期限起算标准,

① 张革新.现代著作权法[M].北京:中国法制出版社,2006:90.
② 霍进喜.论发表权[J].黑龙江教育学院学报,2002(6):156.
③ 杨静.论发表权侵权行为的认定:从一个著作权纠纷案谈起[J].云南大学学报:法学版,2006(4):99.
④ 衣庆云.对发表权诸问题的再认识[J].知识产权,2010(4):57.
⑤ 郑成思.版权法(修订本)[M].北京:中国人民大学出版社,1997:137-138.
⑥ 参见《世界人权宣言》第19条。
⑦ 参见《公民权利和政治权利国际公约》第19条
⑧ 参见《种族与种族偏见问题宣言》第5条。
⑨ 参见《儿童权利公约》第12条、第13条。
⑩ 参见《保护工业产权巴黎公约》第15条。
⑪ 参见《伯尔尼保护文学艺术作品公约(1979年)》第2条之二、第10条之二。

除摄影作品或应用艺术作品之外,作品的保护期不短于自"授权发表之年"的年底起的 50 年。而且,基于透明度原则,缔约方的规范性文献和终局司法文书都应以本国语言"公开发表"、双边或多边有关的协定也应"公开发表"①。联合国教科文组织大会于 1980 年在贝尔格莱德举行第 21 次会议通过的《关于艺术家地位的建议》,考虑到在公共场合发表当代艺术品,提请各成员国考虑艺术活动的特殊性,限制艺术家发表作品自由时候,提供财政资助②。1946 年美洲国家著作权公约明确规定艺术作品著作人在其作品方面有权"以印刷品形式或任何其他形式发表其作品";各缔约国同意承认发表作品之著作权并予以保护,公约的任何条款均不得解释为废除或限制著作人对未发表作品之权利,或解释为阻碍著作人禁止不经其同意而发表其作品的权利③。

德国在精神权下面设立专门"发表权"——权利人有权决定是否、如何发表其著作。如果权利人未同意发表著作或其主要内容,对著作的介绍、公开报道或介绍著作内容的权利属于创作者。④ 依据俄罗斯法律,发表方式有:刊登、录音制品的公布、公开展示、公开演出、进行无线或有线播出以及以其他任何方式使作品公之于众,使录音制品首次被公众能够获得;创作者如根据合同将作品转让给他人使用视为同意发表。⑤《意大利著作权法》和《法国知识产权法典》还对作者遗作的发表权问题进行规定,"遗作的发表权属于作者的法定继承人或遗嘱继承人,但作者生前明确禁止发表或委托他人发表的除外"⑥。印度则对表演有专条法规,认为发表是"通过发行复制品或向公众传播的方法,向公众提供作品"⑦。我国 1984 年《图书、期刊版权保护试行条例》首次明确保护发表权;我国《著作权法》确认的十六种著作人权利中,发表权被列入各种类型权利之首。我国现行法规定,发表权是指"决定作品是否公之于众的权利"⑧。

(二)演出主体的发表权实现

"发表权是由发表的决定、行使和实现三个环节构成的"⑨。发表权是权利人发表的权利,包括决定权和决定权的实现。其中,决定权包括公之于众的决定权、不公之于众的决定权;何时、何地、何种方式公之于众的决定权。除个别情况外,一般三个环节并不能同时完成,多数情况是由于发表权实现的不确定性,一个发表的决定,会产生结果实现或未实现的发表权。法律有关规定体现了发表行使的不确定性和多次性,如法律规定图书"重印""再版""脱销"时,著作权人决定权;作者未收到作品刊登通知,可以另行投稿⑩。国家版权局、国家发展和改革委员会于 2014 年 8 月发布文字作品报酬办法,规定著作权人许可使用者通过

---

① 参见《与贸易有关的知识产权协议》第 12 条、第 63 条。
② 参见《关于艺术家地位的建议》第 6 条。
③ 参见《美洲国家关于文学、科学和艺术作品著作权公约》第 2 条、第 4 条。
④ 参见《联邦德国著作权及有关保护法》策 12 条。
⑤ 参见《俄罗斯联邦民法典》第 1268 条、第 1338 条。
⑥ 参见《意大利著作权法》第 24 条。
⑦ 参见《印度著作权法》第 3 条。
⑧ 参见中国《著作权法》第 10 条。
⑨ 詹启智.著作权论[M].北京:中国政法大学出版社,2014:18.
⑩ 参见中国《著作权法》第 32 条、第 33 条。

转授权方式在境外出版作品①,确定报酬办法。此外,现场表演的生产过程与消费过程的同一性,表演结束,消费完成,表演的整个过程就是表演的"发表"过程,可见表演者在开始表演时候就在行使自己的发表权,而且,由于表演权复杂性,演员的每次表演都是在行使发表权。至于机械表演,更加是对表演权的确认,因为机械表演的对象就是已经"发表"了的表演。

　　权利人行使发表权的形式、办法、途径多种多样,其中投稿、交稿、表演艺术作品的表演等是权利人行使发表权的最主要的形式或途径。关于发表权能否单独行使的问题,有否定说,认为"发表权通常不能单独行使,需要和其他著作财产权的任何一种一起行使"②。我国《著作权法》第三次修改中有学者认为"当作者第一次行使自己经济权利的时候,例如复制、发行、表演、展览自己作品的时候,就同时行使了发表权"③,因而建议取消发表权。笔者认为,发表权作为一种独立权利,当然可以单独行使,否则就没有设立发表权的必要,因为"通常情况下,作者在决定发表自己的作品的同时也就决定把作品的相关使用权许可给他人,当然,在交易活动中,发表权也具有自己独立的地位"④。当然,权利的行使和权利制度的效果不完全一致,发表权的决定、行使、实现的各环节则是可以单独完成的。另外,发表行为的实现不是发表权的实现,因为"所谓公之于众,是指公开作品,使作品处于能为公众所知的状态"⑤。公之于众的方式很多,如出版、发行、广播、上映、口述、演出、展示和网络传播等方式,并且受之的公众是非特定关系的人,如非权利人的亲属、挚友、师生、鉴定、编辑、合同、侵权等特定关系。发表权的实现需要具备或符合一定的条件。发表权的实现符合相对人的需要,对于演出而言,演出需要满足观众的需求,观众对于演出有接受、拒绝的权利。发表权的实现多借助媒体,演出被媒体传播是演出成功的重要因素,如报刊、出版社、广播电台、电视台、网络、研讨会、论坛等常常是实现发表权的平台。发表权的实现受时效性的影响,演出特别是现场演出,因为创作与消费的同一性,在节目创作过程、彩排过程、演出过程、演出前宣传与演出后衍生品开发,均具有严格的时效要求,时间性一直是演出环节的重要影响因素。发表权的实现通常以部分财产权转让为条件,如演出中的许可网络转播、演出成果原件复制、复制品的发行、编排等。当然,"发表作品不仅意味着决定接受将作品放到评论面前,这里还有对发表方式的选择。作者肯定要能够选择他想要提供作品的公众,他可以用一切手段全面披露,也可以选择范围有限的公众和使用有限的方式……"⑥可见,演出主体的发表权实现形式是多样的,形态也是多样的,如剧本的转让发表、小型演出、单独演出、合奏演出,巡回演出,自己亲自演唱或转让他人演出,等等,因此,"发表权的实现条件是相对的,发表权的实现则是绝对的"。实践中,演出主体发表权的实现,适用推定情形:许可他人在相关媒体行使相关财产权的并切实发表;转让相关财产权的行为;权利人明确不发表;保护期内,作者生前未明确表示不发表⑦。我国著作权法对"发表"术语的使用比较复杂,共有 20 次使用"发

---

① 参见中国《使用文字作品支付报酬办法》第 10 条(国家版权局、国家发展和改革委员会令第 11 号)。

② 张革新.现代著作权法[M].北京:中国法制出版社,2006:91.

③ 李明德,管育鹰,唐广良.《著作权法》专家建议稿说明[M].北京:法律出版社,2012:20.

④ M 雷炳德.著作权法[M].张恩民,译,北京:法律出版社,2005:236.

⑤ 刘春田.案说著作权法[M].北京:知识产权出版社,2008:55.

⑥ 克洛德·科隆贝.世界各国著作权与邻接权的基本原则:比较法研究[M].高凌瀚,译.上海:上海外语教育出版社,1995:40.

⑦ 詹启智.发表权论[J].三峡大学学报(人文社会科学版),2014(3):67-68.

表",其中,第二条的"是否发表"描述发表权的决定权;第二十二条、第二十三条分别使用"已经发表"9次和1次,阐述发表权的实现;第二十一条、第四十三条分别使用"未发表"2次与1次,体现了发表权的未实现状态、发表权的实现环节;在第二十一条中2次用了"首次发表",描述发表权的实现;第二十一条中用"……上发表",说明发表权的行使与实现;第四十三条的"已发表",体现了实现权的完成;第四十七条2次单独使用"发表"一词,限定发表权的未行使、未实现。由此可见,"发表权包括决定、行使、实现三个环节,发表是发表权的决定、行使、实现的统一,是发表权的最终结果"[1]。国际上,不同国家规定了发表权实现不同方式,基本是本国国情的反映。菲律宾法律在精神权部分,规定发表权独立,作者不基于财产权而有权"不予发表其作品";不可以强迫作者将"已经存在的作品予以发表"[2]。法国法律规定,"仅作者有权发表其作品",在不违反法律和出版合同的条件下,作者"自行确定发表的方式和条件"[3]。缅甸法律规定,"发表是指向公众发行作品的复制品,但不包括公开表演的戏剧或音乐作品"[4],马来西亚法律规定类似,但规定"文学、音乐作品的表演和艺术作品的展出并不构成该作品的发表"[5]。

二、演出主体表明身份权

演出主体表明身份权因为演出主体不同而有所不同,作为演出组织者,其表明身份权主要是标志组织者名称权和组织者角色地位权如投资者、举办者、合作者、制作者等权利地位权利。演出活动中的个体享有表明身份权,其中最为主要的当然是表演者表明身份权。编剧、灯光、舞美、服装、化妆、道具、灯光、音响、摄影等"幕后"人员,表明身份的权利参照表演者表明身份权;导演、艺术总监等演出管理策划者的权利参照组织者角色地位权确定。

我国法律同时规定了署名权和表明身份权,署名权即作者"表明作者身份,在作品上署名的权利"[6]。表演者对其表演享有"表明表演者身份"的权利[7]。由于在一般情况下,演出是一种传播行为,演出活动中的核心展现者是演员,所以法律对演员即表演者和其他人员做了权利的区分。一方面,只要付出具体的创造性劳动的演出创作者,如编剧、灯光、舞美、服装、化妆、道具、灯光、音响、摄影人员,对自己的创作成果(无论与整部演出是否可以分割),享有作者地位的精神权利,即署名权。署名权是指演出创者表明自己创作者的身份,在"作品"上署名的权利包括署真实姓名、不署名、署假名(笔名)等,也有权禁止他人在自己的作品上署名。创作者署名一般都是为了表明自己身份。在此种情况下,表明身份的权利,是署名权的题中应有之义,我国法律规定的署名权,实际上也包括了创作者表明身份的权利。另一方面,实际表演者享有特殊的表演者表明身份权。表演者表明身份的权利是表演者权利的基础,表演者有权要求对其现场表演及在载有其表演的书刊、影片、唱片、影像等音像制品或者封面上载明其姓名,表明自己身份。表演者不署名,或署假名、艺名,或署假身份的,也是

① 詹启智.发表权论[J].三峡大学学报(人文社会科学版),2014(3):69.
② 参见《菲律宾著作权法》第193条、第194条。
③ 参见《法国知识产权法典》L.121-2。
④ 参见《缅甸著作权法》第1.2条。
⑤ 参见《马来西亚著作权法》第4.2条。
⑥ 参见中国《著作权法》第十条(二)。
⑦ 参见中国《著作权法》第三十八条(一)。

表演者不表明作者身份权利的一种表现形式。

　　基于演出特殊性,演员或者表演者在演出中的核心地位,即无演员的演出,就无所谓的演出关系,所以本书侧重阐述表演者表明身份权。由于每个演员的表演具有自己的特点,现场表演具有产销同时性,在数字时代表演者身份随着公开传播而被无限放大,对表演者权益产生极其重要影响,因此表演者表明身份权是表演者权的基础。表演者表明身份权,是表演者在其独立或者参加的表演中表明自己表演者身份的权利。演出主体获取表演者表明身份权的前提条件是实际表演,如果没有实际表演,即使是拥有演员地位的演出主体如做协助工作的演员、后勤的演员,也无权在表演中标明表演者身份。另外,表演者表明身份权一般包括标明表演者的姓名及在表演者担任的角色或职位,这有别于一般演职人员的姓名权或者演出组织单位的名称权。在表演者表明身份权中的"身份"并非社会中的"身份",如公务员、商人人员职业性类别,也非市长、署长等职位岗位,而仅仅限于与这次表演有关的角色或表演活动的职务以及表演者的姓名,如王某于 1980 年 10 月 25 日在湖南花鼓戏《刘海砍樵》演出中,扮演女主角"九妹",则这次《刘海砍樵》剧目宣传材料、本次演出的成果原件及其复印件如音像制品、光碟或其包装上应标明类似"九妹扮演者王某"字样,而且字体大小和标注的位置也不能够有损表演者利益。

　　对于表演者表明身份权的法律保护方式,大陆法系国家采取类似著作人格权的保护方式,如德国把表演者表明身份权放在著作权法中的邻接权第三节中的"对文艺表演者的保护";日本著作权法对署名权规定很详尽并有自己的特色,依据该法规定,署名权对提供或提示给公众的对原作的二次著作物有同等效力,并且使用人在无特别声明时可按照已署的称谓表示姓名,在符合使用目的和状况并认为不会损害"著作人就是创作者"之主张的利益时,只要不违反惯例,可省略姓名[①]。而英美法系国家则以名誉权方式保护,无明确表演者权之法律规定,在美国法典的版权部分,仅仅列举了"某些作者的署名权"[②]。《罗马公约》规定,对于录音制品,缔约国根据其国内法律:如果复制品或其包装物上没有注明主要表演者,则标记包括录音制作国家在内拥有"表演者权利人的姓名"[③];但是未详细规定表演者表明身份权。表明身份是确定艺术作品权利主体的最主要依据,"只要其名字以通常方式出现在该作品上,在没有相反证据的情况下,即视为该作品的作者","即使作者采用的是假名,只要根据作者的假名可以毫无疑问地确定作者的身份";"当作者公开其身份并证实其为作者时",出版假名作品出版者就应立即停止适用作者权;"对作者的身份不明但有充分理由推定该作者"是同盟国国民的,该国法律维护和行使作者权利[④]。联合国教科文组织大会于 1980 年 9 月 23 日至 10 月 28 日在贝尔格莱德举行第 21 次会议通过的《联合国教科文组织关于艺术家地位的建议》在"定义"规定,基于本《建议》的宗旨,艺术家的"地位"意味着"让艺术家得到和他们身份相称的关注",即艺术家的地位与其身份密切相关[⑤]。表明身份对文化的认同作用非常突出,联合国教科文组织大会第 25 届会议于 1989 年 11 月 15 日在巴黎通过《保护传

---

① 参见日本《著作权法》第 19 条。

② 参见美国法典的《著作权法》部分第 106 条之二。

③ 参见《保护表演者、录音制品制作者和广播组织的国际公约》第 11 条。

④ 参见《保护文学和艺术作品伯尔尼公约》第 15 条。

⑤ 参见《联合国教科文组织关于艺术家地位的建议》第 1 条。

统文化和民俗的建议》,认为民俗是将不同人和社会团体"标明其文化身份"的一个手段,在进行民俗的鉴别时,是通过并为能"标明其身份的群体",如家庭、职业者、国家、地区、宗教、种族等,加以保护①。1995 年 6 月 24 日签订,1998 年 7 月 1 日生效的《国际统一私法协会关于被盗或者非法出口文物的公约》把身份作为提起文化返还的确定时间,如规定返还被盗文物的请求,自请求者知道该文物"占有人的身份"之时起三年期限内提出,归还请求应在请求国知道文物"占有人身份"时起的三年之内提出②。《与贸易有关的知识产权协议》赋予成员权利授予权利持有人获得信息权,即只要并非与侵权的严重程度不协调,司法当局有权责令侵权人提供"侵权服务的第三方的身份"及其销售渠道等信息③。1981 年达成 1993 年 12 月 15 日结束、1994 年 4 月 15 日签署的关贸总协定乌拉圭回合谈判的最后文件《关贸总协定中的知识产权协议》、1999 年由 GATT 总干事亚瑟·邓克尔提出的《与贸易有关于知识产权(包括假冒商品贸易)协议(草案)》也有基本相同规定,只不过后者称为"通告权"。责任承担也与身份密切相关,如《欧洲共同体 1976 年产品责任指令草案》第二条对生产者推定排除规定,"若不能查明商品的生产者,应视商品的每一个提供者为该商品的生产者,除非他在合理时间内将生产者或其他提供商品者的身份通知受害者。"《视听表演北京条约》则明确规定,表演者精神权利独立经济权利,甚至在经济权利转让之后,表演者仍对其现场表演或以视听录制品录制的表演,有权"要求承认其系表演的表演者,除非因使用表演的方式而决定可省略不提其系表演者"④。显然《视听表演北京条约》对表演者表明身份权保护力度很大,这也是一种保护趋势。

演出主体有权以任何方式表明身份,而该方式须是很大可能使观看或聆听有关表演、展览、放映、广播或有线传播节目的人知悉其身份,只要该项识别清楚和合理地明显。如身份被识别时指明用假名、英文名缩写或其他特定形式的识别方法,则必须采用该形式,否则可采用任何合理形式。表明身份权可以在复制品之上或之内,在表明身份情形并不适当的情况下,演出主体有权以最大可能使取得该等复制品的人知悉其身份的其他方式表明身份。凡有文字作品或戏剧作品,音乐作品,或由拟在音乐伴随下唱出或讲出文字作品,用作商业发表、公开表演、广播或有线节目传播,或影片或声音记录的复制品是向公众发放或提供的,或在某影片的声带中,而该影片是公开放映的或该影片的复制品是向公众发放或提供的,则创作者即具有被识别的权利;如有人演绎前述作品,表明身份权延续至演绎作品。同时,舞美是以平面美术作品表述或拍摄成照片的,而该作品或该照片的复制品是向公众发放或提供的,创作者具有表明身份权。表明身份权可在转让版权的文书中加入说明演出者身份,或由演出者或导演签署的文书一般性地体现,或就任何指明或指明类别体现。演出主体放弃对演出载体原件或放弃其复制品占有情形下,确保当时已在演出载体上进行身份识别,或已在附连原件或复制品的东西上进行身份识别;演出权人特许情况下,加入一项由批准特许的人签署或由他人代其签署的书面陈述,指明演出者身份。演出主体表明身份权的例外情况:电脑程序、字体设计、由电脑产生的作品、原始权归雇主、合理使用。

---

① 参见《保护传统文化和民俗的建议》第 2 条。
② 参见《国际统一私法协会关于被盗或者非法出口文物的公约》第 3 条、第 5 条。
③ 参见《与贸易有关的知识产权协议》第 47 条。
④ 参见《视听表演北京条约》第 5 条。

表演者表明身份权基本内容包括：表演者决定是否在表演产品、载有其表演的影视制品或复制品以及网络产品上标识表演者姓名、表演的角色或职位；表演者决定表明身份权的方式，如署真名、笔名、艺名、假名，或者不署名，署名的先后顺序；表演者有权禁止未参加创作的人在表演产品及其衍生产品上表明自己的身份权；表演者有权禁止他人盗用自己的身份，在他人表演产品及其衍生产品上使用；表演者有权决定在自己的表演原件及其复制件、演出相关材料中的恰当位置，用适当的方式表明自己的身份①。表演者表明身份权的实现方式，一般国家法律都无明确规定，从理论上说，权利主体对自己的私有权利有处分权，所以，权利主体可以作为也可以不作为方式行使。其中，表演者权主体积极作为方式通常形式有：（1）现场表演时候，在表演广告、宣传栏、节目单或者文艺刊物刊登的剧照上标明表演团体和演员的身份；（2）现场表演或转播时，在演出预告、公众展示节目中，显示或提到表演者的身份；（3）在某些演出中，于节目表演之前由主持人介绍表演者；（4）由广播电台、电视台播报或网站在网络上显示表演者身份；（5）视听作品可以在节目播映过程中，通过字幕在屏幕上显示表演者的身份；等②。再者，由于表演项目的不同，表演者表明身份权行使也有差异。一般来说，如果一个节目是由单独表演者或少数表演者共同表演完成的，如独唱、独舞、相声、杂技等，表演这个节目的演员都有权向公众表明自己的表演者身份。如果一个节目由众多表演者共同完成的，如合唱、交响乐、电影、晚会等，按照惯例或者约定将导演、领唱、指挥、第一提琴手、主要演员等向公众表明，其他次要表演者的姓名不予公示。如果一场表演由某个表演单位组织并由该单位人员表演，主要演员与该单位同时享有署名权，同时公开表明身份；如果一场表演由多个表演单位共同举办并表演的，各表演单位也都享有署名权③。表演者无论以哪种方式行使表演者表明身份权，其时间、地点、内容、范围等都要以有关法律规定、社会公共利益和公序良俗为底线，否则可能导致该权利行使无效的后果。即使在表演者以不作为方式行使该权利或者签署了无法表明自己表演者身份的假名，表演者也有权通过其他的证据来证明自己的表演者身份。

此外，在文艺演出中，还有一种"模仿秀"现象。模仿秀是商品经济的产物，建立在人格权的经济价值基础之上。模仿秀演员处于何种地位，是否享有表明身份权，在理论和实践中存在争议。模仿秀即表演者利用自身的优势，通过举止、声音、表情等来模仿特定人物的表演行为的模仿艺术行为，可以分为声音模仿、动作模仿和综合模仿等。"模仿秀"具有以下几个特征：模仿者模仿的对象往往是文学艺术领域中的明星，模仿者模仿的内容是被模仿者的表演形象，"模仿秀"的演出效果力求逼真④。"模仿秀"是基于特定人格特征商业价值的利用，人格权商品化制度只是商品化权制度的一个方面，我国立法应当确立人格权的商品化现象⑤。由此，模仿秀演员在不损害被模仿对象权益的前提下，以"创造性"为标准分析其模仿行为，如果该行为具备创造性，这种模仿秀行为是一种表演，表演者享有表演者表明身份权；

---

① 郑智武.民间表演艺术表演者权论[M].杭州：浙江工商大学出版社，2016：130.

② 刘春田.知识产权法（第五版）[M].北京：中国人民大学出版社，2016：91.

③ 郭子男.论表演者权[D].北京：中国政法大学，2003.

④ 徐康平，徐冉.论模仿秀的法律属性：基于著作权法的视角[J].北京工商大学学报（社会科学版），2011，6(26)：116-117.

⑤ 王利明.试论人格权的新发展[J].法商研究，2006(5)：26.

如果不具备创造性,其模仿秀行为是一种公众娱乐行为,模仿者不视为表演者,不享有表演者权。

三、演出主体保护演出完整权

演出主体保护演出完整权主要涉及的保护对象是针对剧本创作者的剧本、表演者的表演、灯光师的灯光造型设计、舞美作品的设计等在演出个环节中能够独立存在的艺术载体,但是,就演出而言,最为主要的是演员塑造的舞台艺术形象,所有的演出要素都是围绕演员塑造的这一"角色",因此在演出层面上说,其他环节都是为舞台演出服务,保护演出完整权大多是指保护表演的完整权。因此,在法律层面是剧本、舞美、词曲、音响、灯光等作为独立存在的"作品"时,独立享有著作权法上的保护作品完成权;而化妆、服装、道具等在演出中完全难以独立作品化的工作就被表演者塑造的艺术形象吸收,不享有独立的完整权。从实践上看,由于一切演出活动都是为了舞台演出,或者严格地说是为了演员塑造的艺术形象,因此演出主体保护演出完整权主要是指表演者保护表演的完整权,所有的演出主创人员如编剧、编曲、导演、指挥,以及独立创作的舞美、音响、灯光等人员劳动成果被表演者聚集,从而参照适用表演者保护表演完整权。简而言之,在演出环节,具有创造性的演出活动成果,其创造者参照表演者而享有表演者保护表演完整权而享有相应的权利,即他们在本权能语境中参照视为"表演者"、他们的劳动成果如剧本、作词、作曲、灯光舞美设计、演员化妆脸谱与头发造型、道具设计、服装设计等符合著作权法"作品"条件的劳动成果或者作品,可以视为"表演"。演出主体保护演出完整权制度主要功能是,让演出主体可以保证自己的演出,特别是演出中艺术形象或者演出固定模式,以理想状态充分、完整地展现在公众面前,使自己的劳动成果得到尊重,即保护表演形象、演出固定模式不受歪曲和篡改,也不被任意增加或删减、随意篡改,以维护自己的艺术声誉、使演出合理传播。演出主体保护演出完整权是对演出主体的保护和尊重。

(一)演出主体保护演出完整权内涵

演出主体保护演出完整权即演出主体保护其表演形象、演出内容、演出方式不受他人故意歪曲、篡改,或者演出角色不被他人丑化,或者整个演出不被他人擅自删除、增添或者做其他损害性的改变,或者他人用非正当手段对演出进行改动或曲解的权利。从本质上来说,演出主体保护演出完整权是演出成果同一性保持权,是演出艺术形象与演出内容的综合体现。因此,演出主体保护演出完整权主要目的是为了维护演出主体的艺术声誉。演出主体特别是表演者,他们的艺术声誉是由其表演形象决定的,表演形象体现了表演者的表演风格和艺术修养,也是表演的基本内涵。演出主体保护演出完整权目的之一是让受众通过消费完整的演出而全面知晓演出内涵,并通过该演出内涵而展示演出主体自身的综合艺术素养。而歪曲、篡改演出往往涉及演出的思想主张或情感倾向,必然破坏演出的原有形式,损害原演出形式上的完整性。演出主体保护演出完整权不同于修改权,后者是演出主体对自己的演出对象进行完善的权利包括赋予新的含义、局部修改或全部修改。我国法律赋予作者修改权是非强制权①,"修改"是对作品内容作局部的变更以及文字、用语的修正,反映创作者认识

---

① 参见中国《著作权法》第10条。

的深化。修改可以是创作者自己,也可以授权他人修改,在某些情况下,法律赋予报社、期刊社等一定范围内修改作品权利,但多限于对作品作文字性修改、删节。至于他人为了自己特定目的,以便合理、善意地利用演出而对演出进行合法的改动,这是法律规定的演出主体的义务,不是修改权。显然演出主体保护演出完整权包括修改内涵。

演出主体保护演出完整权主要体现在三个方面。一是演出形象不受歪曲,包括禁止其他人歪曲性传播和利用演出形象、不恰当地使用形象原有意义、对演出形象攻击性的评价和描述、将演出形象与原表演割裂等。而是真实、恰当地利用演出,禁止以虚假、扭曲、丑化、反向性地利用演出,禁止随意删节、增加、剪接、特技等改变演出内容;禁止运用高科技手段改变原有演出风格。三是演出要素不被改动、曲解、阉割、丑化,即使合理使用演出要素,也本着善意不改变演出"本体状态"。关于"歪曲""篡改"含义,国际上学界和实务界理解都存在差别。以法国、日本为代表的国家采取"主观说",该学说认为:"对作品的变更是否构成歪曲、篡改以作者对该作为的主观反应判断"[①]。以德国、意大利为代表的许多大陆法系国家采取"客观说",该学说认为:"并不是所有作者反感的作品变更都构成歪曲和篡改,只有这些变更损害作者声望和荣誉时,才会被视为侵犯保护作品完整权"[②]。

(二)演出主体保护演出完整权实现

演出人享有禁止他人以歪曲、割裂、篡改或其他方法改变其演出的内容、形式或名目致损害其名誉的权利。如经处理后演出受歪曲或残缺不全,或在其他方面对演员或导演的荣誉或声誉具损害性,则该项处理属侵权行为。不完整之作品,经创作者书面同意,才可由他人完成。演出主体确保演出的真实性及完整性,并对任何删除或歪曲、曲解演出原意及其他能影响演出者的名誉或声誉的行为提出反对。演出主体可以提出反对的目的使其演出不受贬损处理,即禁止他人擅自对演出进行任何增加、删除、修改或改编,但他人经过权利人许可可以翻译演出成果、将音乐作品编曲或改作而只涉及转调或转音域,其他不对演出主体荣誉或声誉具损害性处理方式。由于演出主体不同,提出反对的理由有差别,如:文字作品、戏剧作品或音乐作品创作者,有权反对任何人将受贬损处理的作品作商业发表、公开表演、广播或包括在有线传播节目服务内,或向公众发放或提供受贬损处理的作品的影片或声音记录的复制品,或向公众发放或提供包括受贬损处理的作品在内的影片或声音记录的复制品;美术、服装、道具等艺术作品的创造者,反对任何人将受贬损处理的作品作商业发表或公开展览,或将受贬损处理的作品的影像广播或包括在有线传播节目服务内,或者公开放映包括受贬损处理的作品的影像在内的影片,或向公众发放或提供该影片的复制品,或向公众发放或提供表述受贬损处理的下列作品的平面美术作品或照片的复制品;录音录像创作者,有权反对任何人将受贬损处理的影像公开放映、广播或包括在有线传播节目服务内,或向公众发放或提供受贬损处理的影像的复制品。对于仍未归入公产范围的演出,如其真实性或完整性受到威胁,收到有关通知的人在缺乏正当理由下不对演出加以保护,演出主体应自行通过适当途径对演出加以保护;对于已归入公产领域范围的演出,其完整性保护由当地政府负责。演出主体与一名或多名出版人订立将其演出分阶段独立出版合同后,仍有权与另一出版人订立将该等演出完整出版的合同;除另有约定外,订立完整出版作品合同,并不导致出版人

---

① 李扬. 网络知识产权法[M]. 长沙:湖南大学出版社,2002:90.

② 孙琳. 表演者权研究[D]. 石家庄:河北经贸大学,2011:40.

获许可将完整出版内所包含的任何演出独立出版。

国际不同国家对演出主体保护演出完整权的实践,值得借鉴。现列举几个国家的做法。

美国法律规定向国会图书馆交存复制件应是最佳版本的"完整复制件",提交的录音作品应是最佳版的"完整录音制品";为了版权登记而交存的物品,应交存未出版的"完整"的复制件或录音制品,或已出版的"最佳版本的完整"复制件或录音制品,或美国以外首次出版的"完整的初版"复制件或录音制品①。

英国法律规定权利人的"反对对作品进行损害性处理的权利",该权利中的"处理"是指对作品的任何添加、删节或代换或改编,而不是对文学或戏剧作品的翻译,或者对音乐作品所进行的涉及不超过一个音调或音域变化的安排或改写,以及如果对作品的处理达到了歪曲、割裂作品的程度,或者在其他方面有损于作者或导演的声望或名誉②。

俄罗斯法律对演出主体完整权规定的内容有:(1)单位完整的名称、旗帜、标志、其他符号和标志。(2)2014年的联邦法修正案单独设立"作品不可侵犯权和保护作品不受歪曲的权利",即未经创作者同意,禁止他人对其作品进行"修改、缩减和增补",也禁止擅自"附加插图、序言、跋语、注释或做任何说明"。在创作者去世后,由专属权人的有权许可才能对作品进行修改、缩减或增补,但并不能够"歪曲创作者的构思","破坏作品的完整性",与创作者生前"书面形式中明确表达的意志相抵触"。完整权的救济是指当发生篡改、歪曲或以其他形式进行有损名誉、人格或信誉的修改,或者蓄意实施这种行为,创作者有权请求维护其名誉、人格和信誉,利害关系人可以请求维护作者去世后创的名誉和人格。(3)表演者享有保护表演不受歪曲的权利,即表演者有权禁止他人对自己表演在录音、无线或有线广播过程中进行歪曲其意义或破坏其整体性的修改。2014年联邦法修正案还赋予录音制品制作者保护录音制品完整的权利,即录音制品制作者在他人在使用录音制品时,禁止他人歪曲录音制品的权利,包括完整的单位名称,用俄语的简称的名称,以及民族和外语的任何语言的简称③。乌克兰、白俄罗斯、乌兹别克斯坦、哈萨克斯坦、格鲁吉亚、阿塞拜疆、立陶宛、拉脱维亚、吉尔吉斯斯坦、塔吉克斯坦、亚美尼亚、土库曼斯坦、爱沙尼亚等国的民法典有相似规定。德国法律对保护演出完整权的规定比较完整,内容全面,主要有:演出主体有权"禁止"对演出的歪曲或其他侵害,以防止其与演出间的精神及人身合法利益遭到损害;艺术表演者有权"禁止因歪曲"和损害其表演而危及其声望和名誉的行为;共同表演的艺术表演者在行使权利时"相互间应适当照顾";电影制作者以及参与电影制作的有关保护权所有人,有权禁止对演出进行"粗暴歪曲"或其他粗暴损害行为,他们相互间应适当照顾;电影制作者还有权"禁止任何歪曲和缩短图像载体或音像载体从而危及其对载体"享有的合法利益的行为④。

日本法律将保护作品完整权称为保持作品同一权,日本法律规定的表演完整权的具体内容主要包括表演者表演形象不受歪曲、表演内容不被篡改,根据这项权利,表演者可以反对有损于其利益的对表演的披露,阻止对表演的歪曲或者更改。印度法律赋予作者要求"尊重作品的完整性",以及反对任何有损于作者合法权益或声誉的对作品进行"歪曲、修改、变

---

① 参见《美国版权法》第47条、第408条。

② 参见《英国版权法》第80条。

③ 参见《俄罗斯联邦民法典(2018)》第1231.1条、第1266条、第1315条、第1323条。

④ 参见《联邦德国著作权及邻接权的法》第14条、第83条、第93条、第94条。

更或其他有损作品的行为",可以限制或要求赔偿有关的任何歪曲、篡改、修改或其他行为使作品失真,导致损害他的名誉或声誉的行为,这一权利是"不可放弃与不可剥夺之权利"①。有的国家如奥地利,法律甚至赋予了表演者阻止将表演的复制转移到其他物质载体上的权利。

我国法律规定权利人享有"保护作品完整权",即:保护作品不受歪曲、篡改的权利;表演者有权保护其"表演形象不受歪曲";侵权演出主体完整权的行为人承担停止侵害、消除影响、赔礼道歉、赔偿损失等民事责任②;经过原权利人许可的影视演绎作品,视为已同意改动,但"改动不得歪曲篡改原作品";原始权利人死亡后,其保护演出完整权由创作者的继承人或者受遗赠人保护,无人继承又无人受遗赠的,其保护演出完整权由著作权行政管理部门保护③。

---

① 参见《印度版权法》第 14 条、第 57 条。
② 参见中国《著作权法》第 9 条、第 37 条、第 46 条。
③ 参见中国《著作权法实施条例》第 10 条、第 15 条。

第七章

演出主体产权

演出主体产权是演出主体权制度的重要起源,是对演出传播利用方式的控制,可以给演出主体和传播人带来经济上的利益。演出主体的财产权是演出主体产权最初、最核心的内容。录音技术发展使人们在实现自己追求艺术享受的梦想的同时,演出主体为了保护自己的财产利益——主要的现场表演而应该得到的报酬,权利的要求日益突出,在国家制度不断完善的基础上,演出主体产权就产生了。演出主体的财产权诞生之后不断发展,演出主体产权内容伴随新技术进步的历程而不断丰富。留声机、收音机、电影、广播电视、录音机、录像机、电脑……随着科技的发展,演出主体产权的含义和保护方式不断受到新技术的挑战,产权的类型不断变化和充实。而法律力求以最大的灵活性适应未来科技的进一步发展,使产权保护制度的发展一直追赶着新技术前进的步伐。

第一节　演出主体产权概论

一、演出主体产权概述

纵观国内外产权领域,理论界对产权理解无统一认识。从制度经济学角度看,产权概念源于经济制度学,《新帕尔格雷夫经济学大辞典》定义的产权是"Property Rights","产权是一种通过社会强制实现的对某种经济物品的多种用途进行选择的权利"[①]。依据该定义,产权是一种物上选择权。经济学家也从不同角度对产权进行定义,如阿尔钦认为,"产权是一个社会所强制实施的选择一种经济品的使用的权利"[②];哈罗德·德姆塞茨则认为,产权"即指使自己或他人受益或受损的权利"[③]而 S 佩杰威齐(Svetozar Pejovich)认为"产权是因存

---

① 约翰·伊特韦尔,默里·米尔盖特,波得·细曼等.新帕尔格雷夫经济学大辞典(第 3 卷)[Z].北京:经济科学出版社,1992:1101.

② A A Alchian. Uncertainty, evolution and economic theory. Journal of Political Economy ,1950(58):211.

③ H 德姆塞茨.产权论[J].经济学译丛,1989(7):23-24.

在着稀缺物品和其特定用途而引起的人们之间的关系"①。从法学角度看,产权"是指存在于任何客体之中或之上的完全权利,它包括占有权、使用权、出借权、转让权、用尽权、消费权和其他与财产相关的权利"②,产权法学上的产权首先是财产所有权。目前,在世界范围的国际国内立法实践中,演出主体产权一般被纳入知识产权范畴,其本质是一种知识产权,"知识产权的对象是人的脑力、智力的创造物,对这类知识财产及与之有关的各类信息享有的各种权利即知识产权"③。基于国内外理论与实践,演出主体产权可以有个基本定义:演出主体产权是演出主体对演出的使用而享有的的利益或者保有演出载体所寄寓权利的资格。演出主体产权是一种使用权,表现在物的选择权上就是物权;是一种期待权,因为演出是一个完整过程,是一个复杂知识产权客体,每一个演出环节的主体"权利之取得,虽未完成,但已进入完成之过程,当事人已有所期待"④。演出主体产权也是一种明确的、可操作性的"权利束",相较其他权利,它具有较强的价值流动性或者可转让性,因而各项具体权利具有可操作性,当然,在这个"权利束"中,各种具体权利的数量及其强度具有差异性。

在我国,学者对一般产权进行了不同分类。"广义产权论"认为,"广义产权"是"广领域""多权能"的,产权包括经济领域、跨领域的产权,包括决定个人财产权、法人财产权、使用权或经营权、收益权、处置权、让渡权等等⑤。而"狭义产权论"则认为,产权是财产或者有形资产权利,包括占有权、使用权、收益权以及处置权。演出主体产权按权利主体性质,可以分为政府演出产权、非法人演出产权、法人演出产权。政府演出产权主要适用于进入公共产品领域的演出产品,法人演出产权是指除政府机关以外的法人享有的演出产权。非法人演出产权指个人、非法人经济组织享有的产权。

演出主体产权内容难以界定,但在市场经济时代,演出市场化的背景下其价值非常重要。演出主体产权以演出主体享受因为演出活动中除人格利益和身份的利益以外的外界利益为内容的权利都是产权。以与演出主体的人格相分离的演出利益为内容,而又不属于其他权利的权利,均属演出主体产权,但主要的是财产权,财产权是通过对有体物和权利的直接支配行为而享受演出活动中的利益的权利⑥。具体而言,演出权的权利内容包括以实体形式利用演出载体的专有权如演出主体的复制权、传播权、展览权、出租权,以非实体形式利用演出载体的专有权如表演、广播电视传播权、录制权、网络传播权等。

二、演出主体财产权

演出主体财产权,是指演出主体因为演出所能得到的财产权益,以及实现其利益的各种手段和方式。演出主体财产权的主体的范围是现实地享有或潜在可以取得因为演出所带来的财产的演出者;客体的范围是演出法律及其他法律允许演出主体可得享有的物质利益。因为演出主体财产权体现了演出主体同演出消费者之间以对演出的一定利用方式为标的的

① R 科斯,A 阿尔顿,D 诺思,等.财产权利与制度变迁:产权学派与新制度学派译文集[M].刘守英,译.上海:三联书店,1994:204-205.
② 戴维·M 沃克.牛津法律大词典[Z].李双元,等译.北京:法律出版社,2004:75-76.
③ 世界知识产权组织.知识产权法教程[M].中国专利局,译.北京:专利文献出版社,1990:2.
④ 申卫星.期待权基本理论研究[M].北京:中国人民大学出版社,2006:32.
⑤ 常修泽."广义产权论"三大要义与产权保护制度[J].产权导论,2017(3):14-18.
⑥ 谢怀栻.论民事权利体系[J].法学研究,1996(1):68-74.

交易关系。因此,演出主体财产权的情形常因各个国家的社会制度而有不同、法律规定不同而区别,如有些国家就没有出租权。演出主体财产权具有财产价值,可以用金钱计算,但是演出主体财产权有许多情形不能够完全按照经济价值进行评价,如报酬权、传播权、许可权等;再如演员的剧照、个人资料等可以成为权利标的,具有经济价值。由于演出主体权利的独立性与综合性,演出主体财产权的专属性受到较多的限制,如我国表演者财产权属于有限许可权。实际生活中,演出的传播方式多种多样。理论上,演出主体对所有商业性的利用其演出的行为,都有权从中获得财产上的收益。

演出主体财产权具体种类、内容比较复杂,根据演出主体对权利的控制程度,可以把它们分成独立财产权与非独立许可权。作为独立财产权利,演出主体财产权是演出主体能够独立自主进行处分的财产权利,不需要他人同意,是对世权。演出主体财产权都是针对演出主体的现场表演来确立的,其基本权能是授予权或禁止权与固定物的控制权,前者包括控制对现场表演进行固定的权利,控制将现场表演向公众广播或传播的权利,后者包括控制对首次固定物进行复制的权利,控制将这些固定物向公众广播或传播的权利。演出主体财产权另一内容是演出主体的非独立许可权,演出主体在行使权利时受到一定制约,非独立许可权是建立在他人财产权利之上的权利,是"准对世权"。由于演出主体财产权客体往往与著作权的客体存在竞合关系,一方权利的行使可能受到另一方权利的制约,如对演出的录制涉及被表演的"作品",法律如确认演出主体享有与作者一样的许可或禁止二次使用的权利,可能导致作者与演员对录制品产生相反的做法,为此,大多数国家法律均采用法定许可的方式解决这一问题,即演出主体只享有获酬权。在中国,法律一般不承认演出主体的发展权、追悔权和收回权。当然,尽管法律可以将演出主体的财产权归纳为各种不同的权利,但是它们之间往往是有着内在联系的。其中的任何一项都和其他项权利密不可分,对其中任何一项权利的侵犯也都很可能同时侵犯了演出主体另一项权利。

回顾演出法发展历程,演出主体财产权也是随着演出主体地位的提升、演出消费日益扩大,特别是传媒技术随着网络的迅猛发展而不断丰富与发展,演出主体财产权的实质内涵也在不断深化。美国法律最初对演出主体财产权不予保护,经济全球化与文化产业贸易全球化促进了有关演出的国际公约发展,美国法律直到 20 世纪 90 年代才确立演出主体财产权,这与美国法律侧重保护音像制品者权利的价值取向有关①。日本法律对演出主体财产权的规定十分详尽,包括录音权和录像权、广播权和有线播放、用有线广播播放被广播的表演、为了广播的固定、通过专供广播用的固定媒介物等进行的广播、商用唱片的二次使用、借贷权等。而且日本法律对演出主体财产权有明确的规定,对每一项权能的行使都规定了限制条件。在国际条约方面,1961 年《罗马公约》规定演员财产权②,确立保护表演者权最低标准。《世界知识产权组织表演和录音制品条约》(简称 WPPT)实际是"邻接权"条约,其目的是在数字领域,特别是互联网领域更好地保护表演者和录音制品制作者的权利,对于演出主体保护仅及于其在录音物上的权利,并不及于视听物上的权利。《与贸易有关的知识产权协议》(简称 TRIPS)与《罗马公约》规定基本一致,但 TRIPS 要求对演出主体的保护义务仅及于录音制品上的表演。《视听表演北京公约》补充完善了演出主体的财产权内容。中国法律

---

① 章忠信. 表演人权利之保护[J]. 知识产权,2003(2).
② 参见《罗马公约》第 7 条。

确立的演出主体财产权有四项:现场直播和公开传播其表演录音录像;对其表演录音录像;复制、发行录有其表演的录音录像;网络传播其表演。但是演出主体这四项权利的行使均与著作权人的权利相关,第三人要行使这四项权利中的任何一项权利,都需要经演出主体和著作权人双重许可,并双重付酬。因此,为避免权利的冲突,法律或法规对演出主体、著作权人两者的权利关系以及演出主体权利的限制应作出规定。我国现行著作权法未限制对表演者权的保护仅及于录音物上的权利,所以表演者权及于视听物,保护标准显已高于 WPPT 之标准。

　　基于演出主体即演出载体的特殊性,在演出主体产权体系中,表演者财产权是一项最主要的制度设计,个体演出创作人员可以参考表演者财产权而享受自己的财产权。纵观国际立法实践,可以看出多数国家都依据本国情形在相关法律中对表演者财产权做出了规定,但规定内容不尽相同,如美国法律规定现场演出者有固著权、固著物权、传播权、散布权、公开表演权、公开展示权等,而日本法赋予表演者录音权和录像权、广播权和有线播放权、固定权、商用唱片的二次使用权、借贷权、报酬权、接受使用费权等①。表演者财产权的具体内容可归结为录制权、公众传播权、复制权、发行权、出租权、提供已录制演出权利、报酬请求权、延续权、散布权等。当然,与人格权及身份权不同,表演者财产权保障自产生伊始就具有相对性。国际公约对表演者财产权的保护制度也日臻完善,如《罗马公约》规定的表演者财产权包括广播或向公众传播权、录制表演、重制表演录制品权②,WTO 使保护表演者权扩到更广阔领域,TRIPS 规定表演者享有固定权、复制权、公众传达权等③,TRIPS 要求对与表演者的保护义务仅及于录音制品上的表演。为适用数字化发展,WPPT 不仅深化了《罗马公约》或 TRIPS 已经规定的复制权、报酬请求权等表演者财产权内涵,而且新设了表演者的发行权、出租权、提供已录制表演权等财产权类别。特别是,WPPT 对表演权的"专有权利"性质进行规定,这在国际公约中还是首次。《视听表演北京公约》也进一步完善了表演者财产权内容。

三、民间表演艺术表演者特殊产权内容

　　人类发展史表明,艺术重要起源是民间表演艺术的载体——宗教仪式,而"宫廷艺术"成为社会表演艺术和民间表演艺术的分野。民间表演艺术表达伴随人类生活不断丰富,"百戏"在东汉时已涵盖杂技、武术、幻术、滑稽表演、音乐演奏、演唱、舞蹈,至唐宋时演变成"社火"。民间表演艺术丰富的表达形式滋育了历代艺术精英,"是精英艺术的永不枯竭的生命之源"④。民间表演艺术是一个特殊的范畴,是指由特定区域中普通人群或个人长期集体公开表演、传承,反映该群体历史、文化内容,并和普通人生活完全融入的、非官方的艺术表达形式。在理论上,民间表演艺术有广义、狭义之分。广义的民间表演艺术系指进入艺术品生产价值链的民间共同体的表演艺术表达,是在受到特定区域自然条件、民族成分、民族文化、审美情趣等方面因素的影响产生的文化现象,包括官方认可的源于民间的表演艺术、群众自

---

①　参见 1986 年《日本著作权法》第 91 条至第 95 条。

②　参见《罗马公约》第 7 条。

③　参见 TRIPS 第 14 条。

④　刘春田.知识产权法(第二版)[M].北京:高等教育出版社,北京大学出版社,2003:56.

发的源于民间的表演艺术。狭义的民间表演艺术是未进入艺术品生产价值链、仅存在民间的表演艺术表达,是区域性明显的文化遗产。民间表演艺术区别于宫廷艺术的主要点在于:前者由普通群众创造、源于普通群众的生活、生产及风俗习惯,表演相对集中在特定的时间和场合,如祭祀仪式、庆典、庙会、社火活动等①。然而,民间表演艺术表达形式衰退严重,据不完全统计,自 20 世纪 50 年代起,我国已收集民间歌谣 302 万首,民间戏曲剧种 350 多个,民间曲艺音乐 13 万首,民间器乐 15 万首,民间舞蹈 1.71 万个②,到目前为止,我国地方戏种多数已经消亡。如何将民间表演艺术纳入法律保护已成为世界焦点议题之一,其中的关键是民间表演艺术表演者权保护。在此,仅就演出语境中的几个重要的民间表演艺术表演者权进行阐述③。

首先,民间表演艺术集体表演者追索权,亦称"延续权""追索报酬权",是指民间表演艺术集体表演者及其继承者,在一定时期内对受让人依法转让其集体表演的民间表演艺术作品而增加的收入,享有分享一定比例的权利。其基本内涵是集体表演的民间表演艺术作品被依法取得受让权者出售后,无论该作品的被转卖次数与流转形式及受让人如何,只要转受人在转售中获得了高于购买时支付的金额,即获得了净增加值,则原集体表演者有权就每次转售增值价值提取一定比例作为回报。从国际立法实践看,经济不发达国家立法保护者较多,而发达国家少有相关立法,同时英美法系国家更是打着"自由贸易"的旗号,淡化相关立法保护。因此迄今为止,世界上确认了追索权的大约 43 个国家中大多数是大陆法传统的国家,而英美法传统的国家少有确认者④。

其次,民间表演艺术表演者集体权。作为一种民间表演艺术表演者集体权制度内涵,"集体"是指为了表演者联合体和个人的共同价值、共同活动目的,各表演者结合成有组织的整体。民间表演艺术表演者集体权是以有效的集体表演民间艺术表达为前提,该表演必须是法律的调整对象,权利主体是以民间表演艺术表演者集体为立足点,而非单一民间表演艺术表演者(尽管不排斥单一表演者),因此权利主体是民间表演艺术创立者群体,权利客体即法益具有共同的指向性,即集体表演民间表演艺术目的所决定的共同利益,如违背民间表演艺术表演者集体意志或社会公共的利益不是本权利客体,正如耶林则指出"主观权利是法律秩序授予个人的一种法律权能,就其目的而言,它是满足人们利益的一种手段"⑤。在性质上,民间表演艺术表演者集体权,是表演者权的一种特例,是表演者权利体系的内容之一,是一种新型综合性质的权利⑥。民间表演艺术表演者集体权对象是民间表演艺术表达,即是一种通过特定社会群体或民族长期传承而进行的非个人的、连续创作的产物,包括民间音乐、民间舞蹈、民间戏剧、民间宗教仪式等形式。权利主体是民间艺术表演者集体,这个集体可以是一个或几个民族,也可以是一个或多个村落,还可以指诸多表演者个体的联合体,但也

① 郑智武.论法律语境中的民间表演艺术表达形式[J].北方民族大学学报(哲学社会科学版),2013 (1):85-86.

② 方李莉.保护民间传统文化:"申遗"不是风潮[J].中华读书报,2003-06-05.

③ 郑智武.民间表演艺术表演者权论[M].杭州:浙江工商大学出版社,2016:235-268.

④ 利娅·利普希克.著作权与邻接权[M].北京:中国对外翻译出版公司.2000.138-142.

⑤ 哈贝马斯.在事实与规范之间:关于法律和民主法治国的商谈理论[M].童世骏,译.上海:生活·读书·新知三联书店,2003:103.

⑥ 郑智武.论表演者权体系[J].中北大学学报,2010(4):58.

许并不能够确定集体中具体的个体主体。因为权利保护时间是建立在对受保护客体可利用价值实现的时间预期基础之上的法律设计,而民间表演艺术自创作到每一历史单元传承者的再创作,导致资源价值实现预期不确定性,所以,法律上难以界定民间艺术表演者集体权的保护期起始点和终结点,因此"设定任何受保护的时间都是不现实、不可能的"①。为此,突尼斯样板版权法认为,对民间作品的保护不受时间限制。当然,每个具体的表演者因生理及其创造性贡献,相对于整个民间表演艺术来说是明确、具体的,他们的表演者权不应被剥夺。此外,民间表演艺术表达创设与发展的群体性,要求使用者区别利用民间表演艺术表达:在传统和习惯范围内属于合理使用,以营利为目的并于特定区域之外使用应取得有偿许可。加之民间表演艺术的特殊性,需要多形态法律对权利主体交叉保护,从而使法律应然效力受到约束,如对魔术表演,单一选择《版权法》《消费者权益保护法》《劳动法》对表演者的权利很难得到周全保护。

最后,表演者合作权。表演者合作权是指多个表演者之间或者表演者组织为了共同的表演目的而进行相互配合、协作,进而取得因为表演而产生的共同利益的权利。表演者合作权是合作权的一种特例,是一种综合性的权利,也是表演者集体权的一种表现形式。表演者合作权并非指广义的表演者的各种权利,而是仅仅指表演者对于合作表演而产生的表演者权,当然该表演者权是作为一个整体的表演者权②。表演者合作权区别于表演者合作制,后者是表演者群体为了谋求自身的经济利益,在自愿互利的基础上结合起来的表演经济组织制度。表演者合作权也区别于表演者对表演的共有、表演者集体权、表演者委托权、表演者被雇佣权。表演者合作权可以进行不同的分类,如根据表演者合作权主体性质不同,可以分为个体表演者合作权、表演者集体合作权、个体表演者与集体表演者合作权;根据权利与义务联系程度,表演者合作权可以分为表演者有限合作权与表演者无限合作权;按照有无要式依据,分为规范的表演者合作权与非规范的表演者合作权。根据国内外立法实践,表演者合作权有其特定内容体系:合作表演者共有权,即合作表演者对合作表演的作品享有共同的权利,而且该权利不可分割,权利主体平等享有,采取协商一致的办法处理该表演作品的权利,任一合作者均禁止妨碍其他合作者的依法有效行使表演者权;合作表演者相对独立权,就是每个合作表演者对合作表演作品中他所表演的具有独立意义的那一部分表演表达形式,保留自己独立的表演者权;合作表演者自决权,即合作表演者通过意思自治形式,如契约、行动,表明合作表演者之间的关系及其由此产生权利分配、权利处分保障;合作表演者请求权,即指任一合作表演者在合作表演遭受现实或潜在的危险时候,对合作表演者致险主体主张合作者权的权利。

第二节　演出主体主要产权权能

由于演出行业的特有规律,演出主体产权体系有自己的特殊性,依据国内外法律实践及

① 唐广良.三大主题的关联性[N].北京:中国知识产权报,2001-11-01(3).
② 郑智武.中外民间艺术表演者合作权立法比较[J].北方民族大学学报:哲学社会科学版,2011(3):53.

发展趋势,立足我国法律现有规定及立法趋向,演出主体产权主要按照利用演出的具体形态,结合演出中演出主要人员的权利状况,演出主体主要产权权能分为:物质性演出载体产权,包括演出主体的复制权、发行权、出租权等,这方面的产权主体主要是演出举办者、投资人、剧本作者、编剧、舞美创作者、服装及道具制作者;非实体性演出载体产权如演出主体录制权、公众传播权等,这方面的产权主体主要是自然人表演者、灯光与音响制作者、化妆师、音乐创作者、导演、艺术总监等;综合性产权,即该权利依据对象很复杂,是物质载体与非物质载体的结合,不能够单独脱离,如报酬权等,这方面的产权主体主要是多种身份兼备的演出人员。演出主体演出产权,就是演出主体使用自己的演出而产生的专有权利,该权利内容较为广泛,而且随着使用演出成果方式的扩大而不断丰富、变化。本节依据我国著作权法规定,列举最主要的几种演出主体产权权能进行论述。

一、演出主体的物质性演出载体产权

(一)演出主体复制权

演出主体复制权,是演出主体有权许可或禁止他人对载有其演出的录制品进行直接或间接地复制的专有权。复制权是演出主体经济权的一项最基本的权利,是演出主体经济权的使用权的最基本权能。复制,是对作品的最初始、最基本、也是最重要和最普遍的传播利用方式。复制,指以印刷、复印、临摹、拓印、录音、录像、翻录、翻拍等方式将作品制作一份或者多份的行为。不论复制是以什么样的方式进行的,是否改变了原来的载体,只要是以某种形式再现了原演出,就是一种复制行为,如直接将演出重新制作到相同或不同的媒体上,也就是直接从母带的复制。复制也包括部分复制,即只复制唱片或演出活动录制品的一部分。在现代社会中,复制的手段手法与传统复制有很大的不同,出现了将演出存储于电子媒介之中,在电脑上以电脑文件的形式复制、上传和下载的行为。但是网络数字复制行为的复制范围是否包括临时复制,是有待研究的问题。复制权就是将作品制成有形的复制品的权利,这项权利可以授权他人行使,并可因此获得报酬,是演出主体财产权的一项最基本的权利。中国法规定了"复制"的定义,其中有"录音"一项,但是,这里"录音"是狭义的机械复制,同时又规定制作录音制品要经演出主体许可。而将音乐演出制作成唱片包括录音磁带、CD 等,首先要对演出进行适合演出或者演奏的改写、配器等,还要请演员演出或者演奏,再进行制作、复制、发行唱片,是个复杂的过程。许多国家的著作权法和国际条约都规定了复制权。

国际上法律一般不保护网络运作不可避免的临时复制行为。如美国法规定:临时复制是利用该计算机程序及机器的基本步骤而且不用其他方式使用,或者只是为了存档目的;"复制件"是除录音制品外,以现在已知的或以后发展的方法固定于其中的物体,包括除录音制品外,作品初次固定于其中的物体①。德国规定反复再现音像序列(音像载体)而在设备上将著作进行的转移也属于复制;还规定了演出主体复制权的绝对性,即他人"只有经艺术演出主体许可"才可将表演录制到音像载体上,才可复制音像载体②。法国《文学与艺术产权法》将"复制"定义为用各种可使公众间接得知的办法对作品加以有形的固定③。法国法律把

---

① 参见《美国著作权法》第 117 条、第 101 条。

② 参见《联邦德国著作权及有关保护权法》第 16 条、第 75 条。

③ 参见中外版权法规汇编组.中外版权法规汇编[M].北京:北京师范大学出版社,1993:375.

演出主体的复制权行使的前提条件规定为是通过视听传播企业的授权后,而且复制表演限于节目目的[①]。有些国家法列举了复制的方式,如英国法律规定复制包括利用电子手段将作品存贮于任何介质中,复制包括制作暂时性的或附属于作品其他用途的复制件[②]。但英国版权法没有明确规定演出主体复制权,而是把表演归入作品,适用作品复制的完整规定。日本法律指出,复制是指使用印刷、照相、复印、录音、录像或其他方法进行有形的再制作,其中的"其他方法"是兜底规定,具有灵活适应性,还规定了复制权是专有权性质,并规定了合理使用情形与适用[③]。意大利法直接规定了专有复制权,内容与日本著作权法类似,通过直接规定专有复制权的对象,来描述复制方式与含义,即以任何方式制作作品的复制品,如通过手抄、印刷、摄影、录音、其他任何复制过程[④]。西班牙在"其他知识产权及对数据库的特殊保护"中对复制进行了较全面规定,赋予了演出主体复制的专有权利,并应以书面形式授权,通过合同转让、让与或许可他人使用[⑤]。东欧国家的俄罗斯、乌克兰、白俄罗斯、乌兹别克斯坦、哈萨克斯坦、格鲁吉亚、阿塞拜疆、立陶宛、摩尔达维亚、拉脱维亚、吉尔吉斯斯坦、塔吉克斯坦、亚美尼亚、土库曼斯坦、爱沙尼亚都在民法典规定电台和电视台从演出现场直播公开演出的作品是复制行为,但却是合理使用行为。可见,在计算机和网络出现之前,各国法律界定"复制"行为用以"固定"作品手段和"物质形式"种类都是有限的,"固定"手段限于印刷、复印、临摹、录音、录像、翻录、翻拍等。用以承载表演的"物质形式",即表演的"载体"限于纸张、磁带、录像带、胶片等有限的几种。

在国际公约方面,各个相关公约都对演出主体复制权做出了规定。《世界版权公约》规定他人行使权利包括保证演出者基本产权,其中有准许以任何方式复制的专有权利,但是缔约国可以根据其国内法做出符合本公约精神和内容的例外规定[⑥],同时授予缔约国在符合非歧视待遇原则下的自由权。《伯尔尼公约》第十四条赋予演出主体的专有权利,授权他人将表演复制成电影[⑦]。《罗马公约》《保护录音制品制作者防止未经许可复制其录音制品公约》都规定"复制品"的定义。《罗马公约》对演出主体复制权的规定与演出主体公开传播权同等,即演出主体在"防止可能发生"未经他们同意,复制他们演出的录音或录像,或者制作复制品的目的超出演出主体同意的范围,或者与制作复制品的目的不同[⑧]。根据 TRIPS 对演出主体保护的规定,对于将演出主体的演出固定于录音制品的情况,演出主体可以制止他人未经其许可将已经固定的表演内容加以复制,并规定录音制品的商业性出租以不产生实质性损害权利持有人的复制专有权的后果为条件,但没有承认演出主体复制权的专有性[⑨]。在网络环境下,网上复制品的载体是软磁盘、硬盘、光盘、计算机磁带等新型载体,直接上网、上载、下载、发件、浏览演出的行为可以导致复制。虽然有些国家法未以列举方式规范复制范围,也未限制复制方式,因此,一般以判例或解释方式,或修改法律以及制订单行条例,将复制权延伸至电子复制。WPPT 规定,复制权完全适用于数字环境,尤其是以数字形式使用演出和录音制品的情况。WPPT 确认了演出主体复制权的专有权性质,规定复制包括直接或间接地在电子媒体中以数字形式存储受保护的演出或录音制品,同时规定这种复制延伸到数字环境,在电子媒体中以数字形式存储受保护的表演或录音制品,构成复制①。WCT 则规定缔约方遵守《伯尔尼公约》所规定的复制权完全适用于数字环境,尤其是以数字形式使用作品的情况,在电子媒体中以数字形式存储受保护的作品是"复制"②。

就中国法律对复制权立法规定而言,四大区际法域各有特点。中国大陆法律采用狭义的复制概念,与公约及许多国家复制的概念不同,复制权是以印刷、复印、录音、录像、翻录、翻拍等方式将作品制作成一份或者多份的权利③,删去了 1990 年《著作权法》规定的"临摹"。虽然没有明文列举演出主体复制权利具体内容,但明确规定了演出主体对其表演享有许可他人复制有其表演的录音录像制品,并获得报酬的权利④。香港特别行政区法明确定义复制权是演出主体根据版权条例授权制作或禁止制作该复制品的权利。根据规定,演出主体复制权的法定内容是他人经过演出主体同意复制录制品,即任何人在获得某合资格表演的演出主体的同意,就该合资格表演的整项或其任何实质部分的录制品制作复制品。根据香港特别行政区《版权条例》规定,演出主体复制权的形成应该具备的条件如下:(1)合格的表演,即由以香港特别行政区或其他地方为居籍或居于香港特别行政区或其他地方或有香港特别行政区或其他地方居留权的个人在香港特别行政区或其他地方做出的表演;(2)合格复制品,即该复制品是直接或是间接制作的,并不具关键性,而且该复制品非供复制者私人和家居使用;(3)合格复制,即指以任何实质形式复制该录制品,包括借电子方法将录制品贮存于任何媒体;(4)合格的表演的演出主体许可,即以任何法定形式"同意"⑤。中国台湾地区著作权相关规定采用"重制"术语包含复制,并规定为演出主体专有权但对演出主体公开传播权的复制被排除在外⑥。澳门特别行政区法令定义"复制"更注重复制品与被复制对象"质量"的标准,即指以某被固定之作品或以该被固定作品中的质量或数量上属重要的部分制作成复制品⑦。澳门特别行政区法从舞台表演角度规定演出主体复制权,而且还规定了一般许可和强制许可,前者条件为传播目的,后者前提是"必须取得"。澳门特别行政区 43/99/M 号法令第九十二条规定:复制为使作品舞台表演的全部或部分,得以透过声音或影像无线电传播而被传送,得被复制成录音制品或录像制品,必须取得作者的许可,但尚有其他必须取得许可时,仍须取得该许可。

(二)演出主体发行权

发行权是演出主体的经济权中的一项很重要的经济权利,在前网络时代,演出主体发行

---

① 参见 WPPT 第 7 条。
② 参见 WCT 第 1 条。
③ 参见中国《著作权法》第 10 条(五)。
④ 参见中国《著作权法》第 37 条(五)。
⑤ 参见香港特别行政区《版权条例》第 203 条。
⑥ 参见台湾地区著作权相关规定第 22 条。
⑦ 参见《澳门特别行政区第 43/99/M 号法令》第 56 条。

权对保障演出主体经济利益有重大作用,被学者认为发行权是行使著作权人其他权利的必要保障①。演出主体发行权,指演出主体有权许可或禁止他人向公众提供一定数量的载有其演出的复制件的专有财产权,或者是演出主体自己或授权他人以出售或者赠予的方式向公众提供演出原件或者复制件的权利,包括出售、散发、赠予等多种方式。演出主体可以发行载有其演出活动的录制品,如录像带、磁带等等,这些录制品可以是首次制作的,也可以是复制品。网络技术彻底改变了演出产品流通途径,当 BBS 站、FTP 站、其他网站的经营者或其他用户将演出产品置于其网络服务器上,演出产品复制件数量的绝对增加,就可能导致演出主体发行权的侵权。发行,是指为满足公众对演出的需求,向公众提供一定数量演出节目的复制件的行为。"发行"需要符合两个法定要件:一是必须向公众提供作品的复制件,演出主体发行权的对象载体是其表演的复制品,如电影声带、录像带、磁带、网络等等,当然特殊情况下也可以是首次制作品,而且其数量必须满足公众的合理需求。二是必须通过作品有形载体的流通提供作品复制件②。发行权区别于有体物的处分权,因为演出主体发行权是演出主体将其表演提供给社会、满足公众需要的权利,至于演出主体行使发行权受到复制、发行单位及相关法律制约,不能够否认演出主体发行权的存在③。演出法把为该行为作为一项法定权利赋予演出权人,旨在维护演出主体传播的权利。只要提供的方式合法,演出节目原件或复制件所有权发生了转移,都属于发行行为,如出售、出租、散发、粘贴、赠送等。我国《著作权法》关于发行权的定义没有概括发行行为的全部内容④。事实上,演出主体的发行权不仅包括演出主体销售、出版其被固定其表演的有体物的权利,而更是强调演出主体将其演出表现形式的成果提供给社会、满足公众需要的权利。一般法律都规定发行权,如中国台湾地区相关规定提及的"权利人散布权"⑤。从演出者层面看,发行标的须与固定演出的载体有关,即演出原件和复制品,发行方式是通过销售或其他所有权转让形式向公众提供作品,不包括所有权未变而占有权发生变化的形式,例如出租,发行权是演出主体的专有权利。而且由于发行权地域的独立性,演出主体还可以行使发行权下的子权利——进口权,即发行权主体用境外的国家或者地区商业性进口权利仍属于演出主体的原件或者复制品,来保护自己的权益,使演出主体权更完整。

国际关于版权的主要公约基本规定了演出主体的发行权。《罗马公约》规定的演出主体发行权主要内容为:发行是指向公众提供适当数量的某种唱片的复制品,发行权标的物仅仅限于唱片的复制品,商业性的发行包括直接用于广播或任何向公众的传播,由国内法律规定⑥。《伯尔尼公约》及其附件规定了文学艺术作品的作者发行专有权利,各成员国政府有绝对的强制许可发行权⑦。在巴黎修订的《世界版权公约》规定与《伯尔尼公约》基本相同。《保

---

① Craig Jayce, William Patry, Marshall Leaffer, Peter Jaszi. Copyright Law (the third edition)[M]. New York: Mattew Bender & Company. 1996:531.
② 王迁.论网络环境中发行权的适用[J].知识产权,2001(4):8-12.
③ 胡康生.中华人民共和国著作权法释义[Z].北京:法律出版社,2002:105.
④ 参见中国《著作权法》第10条"即以出售或者赠予方式向公众提供作品的原件或者复制件的权利"。
⑤ 参见中国台湾地区著作权相关规定第3条。
⑥ 参见《罗马公约》第1条、第5条、第11条、第12条。
⑦ 参见《伯尔尼公约》第14条;《附件》第1条。

护录音制品制作者防止未经许可复制其录音制品公约》规定"公开发行"指将录音制品的复制品直接或间接提供给公众或任何一部分公众的行为,各缔约国应当保护其他缔约国国民公开发行权①。《与贸易有关的知识产权协议》规定发行权是法定专有权,并适用权利穷竭原则②。WPPT规定的演出主体发行权内容主要是:发行是指经权利持有人同意并在以合理的数量向公众提供复制品的条件下,将录制的表演或录音制品的复制品提供给公众的行为;发行权标的包括录制的表演或录音制品范围比《罗马公约》宽泛;演出主体享有授权通过销售或其他所有权转让形式向公众提供其以录音制品录制的表演的原件或复制品的专有权,已录制的表演的原件或复制品坚持权利竭尽原则;缔约国有权制止任何人明知,或有合理根据知道其行为侵权而故意从事发行、为发行目的进口、广播的复制品③。WCT与WPPT规定相似,两者规定不同之处主要有:该权利中的"复制品"和"原件和复制品"受发行权和出租权的约束,专指可作为有形物品投放流通的固定的复制品;WCT不要求缔约国对依照法律未授予其对录音制品权利的作者规定商业性出租的专有权,这与TRIPS协定第十四条第(4)款相一致;WCT增加了《伯尔尼公约》所涵盖的故意或明知已被未经许可发行的复制品④。WCT和《表演和录音制品条约》规定缔约各方采取补救办法,制止任何人"未经许可发行、为发行目的"进口、广播,或向公众传播或改变权利管理电子信息的演出或演出的复制品⑤。

　　"发行权"是许多国家法律明确赋予权利人的一项专有权利。一般国家的法律都规定了发行权或者发行的定义。在美国法律中,没有明确规定"发行"及"发行权"概念,但在"出版"概念中提及"发行",向公众发行有版权作品的复制件或录音制品,出版物的发行是指除向各版本图书馆免费分送以外,应公开发售⑥。英国法律对"发行"概念采用概括前提与列举法来加以规范,首次出版、首次公开放映、广播或被收入电缆节目服务属于"发行",而且在确定"发行"时应排除非法行为⑦,发行权行使对象仅限于合格的复制品,即复制品是指在英国或其他地方将先前未投入流通领域的复制品投入流通领域⑧。德国规定,发行权是将原件或复制件提供给公众或使之进入流通领域的权利⑨。乌克兰、乌兹别克斯坦、格鲁吉亚、阿塞拜疆、立陶宛、摩尔达维亚、拉脱维亚、吉尔吉斯斯坦、塔吉克斯坦、亚美尼亚、土库曼斯坦、爱沙尼亚、俄罗斯等东欧国家的民法典明确赋予演出主体用尽国内救济的一切手段保护自己的发行权,这里"一切方法"自然包括有体发行和无体发行如网络发行。韩国法律上的发行是指为一般公众的需要,复制、散发创作品,属于"公开发表"权范畴⑩,这种交叉性规定实质扩大了发行权的效力范围,覆盖了"发表权"这一传统人身权领域。西班牙知识产权法对演出

---

① 参见《保护录音制品制作者防止未经许可复制其录音制品公约》第1条、第2条。

② 参见TRIPS第6条、第28条。

③ 参见WPPT第2条、第8条、第15条、第19条。

④ 参见WCT第6条、第7条、第12条。

⑤ 参见世界知识产权组织《版权条约》第12条、世界知识产权组织《表演和录音制品条约》第19条。

⑥ 参见《美国著作权法》第101条、第106条、第707条。

⑦ 参见《英国版权法》第13条。

⑧ 参见《英国版权法》第16条、第18条。

⑨ 参见《德国著作权法》第17条。

⑩ 参见《韩国著作权法》第2条。

主体发行权的规定非常详尽,在该法中,"发行"是个上位概念,是指通过出售、出租、出借或者其他任何方式使公众得到作品原件或者复制件,该项权利在第一次出售时穷竭①。而且西班牙在《其他知识产权及对数据库的特殊保护》列举了发行的内涵,发行是指通过出售、出租、出借或者其他任何方式使公众得到作品原件或者复制件,并对发行的下位概念"出租""出借"以及对排除情形做出规定,特别专题规定表演者发行权内容,表演者依据发行权一般规定,授权发行的专有权,该权利可以通过合同转让、让与或许可使用②。日本法律规定发行的概念,是指享有复制其著作物的专有权的人或获得权利人许可的人根据权利性质能够满足公众需求而制作和颁布了相当数量的复制品的发行③,而且规定,按通常的方法,以众所周知的假名作为发行的人名,在不具名或假名著作物的复制品上署名的人,即推断该人为著作物的发行人④。意大利法规定了专有商业发行权的对象,即是为营利目的将作品或其复制品纳入流通⑤。我国法律关于发行权的定义没有概括发行行为的全部内容,依照规定,发行权是以出售或者赠予的方式向公众提供作品原件或者复制件的权利,演出主体对其表演享有许可他人发行录有其表演的作品,并获得报酬权利。可见,我国演出主体的发行权限于许可权,方式限于出售或赠予,对象是录音录像制品包括作品原件或者复制件,权利体现形式是获得报酬权利,但是没有专有权性质⑥。香港特别行政区版权法规在"权利的期限"列举了"发行"行为,包括录制品当首次发表、公开播放、放映、广播、在有线传播节目服务内或向公众提供行为;通过向公众发放作品的复制品行为是发行的"下位"概念,即由版权拥有人或在其同意下将以前从未在香港特别行政区或其他地方发行的复制品发行的作为;同时限制权利,即在决定该录制品是否属已发行时,不得考虑任何未经授权的作为,向公众发放作品的复制品不包括以前曾发行的复制品的任何其后的分发、售卖、租赁或借出⑦。澳门特别行政区法规规定了发行权行使具体方式、权利用尽原则、租赁,依照规定,权利主体拥有做出或许可他发行专属权,以任何方式公开发行原作或其复制品,对某受保护作品之原作或其复制品做出处分行为,即导致对该等物品之专属发行权完尽,但不影响倘有之商业租赁专属权之继续存在⑧。中国台湾地区对发行权规定较为简略,即发行是指权利人重制并散布能满足公众合理需要之"重制物"⑨。

此外,网络环境下演出主体发行权,国内外立法也有加强的趋势,各国通过不同的方式调整本国立法:如美国采取隐含式,即发行权覆盖网络传播行为;澳大利亚则是独立式,即发行权之外再规定网络传播权;还有新增式,即重新设立网络传播权,如欧盟《版权指令》、日本版权法、中国2001年《著作权法》及2006年的《信息网络传播权保护条例》⑩。西方国家中,

---

① 参见《西班牙知识产权法》第19条。

② 参见《西班牙知识产权法》第17条、第19条、第109条。

③ 参见《日本著作权法》第3条。

④ 参见《日本著作权法》118条。

⑤ 参见《意大利版权法》第17条。

⑥ 参见中国《著作权法》第10条、第37条。

⑦ 参见香港特别行政区《版权条例》第24条、第214条。

⑧ 参见澳门特别行政区《著作权法》(第43/99/M号法令)第56条、第58条。

⑨ 参见中国台湾地区著作权相关规定第3条。

⑩ 张建华.《信息网络传播权保护条例》释义[M].北京:中国法制出版社,2006:76-78.

主张以"发行权"调整网上作品传输的有美国和欧盟。1995年美国《知识产权工作组报告》认为:"没有理由区别对待以传输方式向公众发行和以其他传统方式发行",因为"无论通过哪一种发行手段,消费者都会获得作品的复制件",因此,建议"修改著作权法,明确承认作品的复制件可以通过传输向社会公众发行,而且该传输行使了著作权人的排他性权利";并将"发行权"界定为"著作权所有者享有通过出售或所有权转移的其他方式,或者通过出租,或出借,或通过传输向公众发行有著作权作品的复制件或录音制品"①;同时认为"权利穷竭"不适用于网络传输②。美国1997年《数字时代著作权强化法案》规定:发行人"同时删除或销毁"其演出复制件,对演出的复制不构成侵权③。但1998年的"千禧年数字化著作权法案(Digital Millennium Copyright Act)"完全没有涉及对"发行权"的修改④,从而使得发行权如何适用于网络环境这一问题在美国悬而未决。美国《数字千年版权法》规定,禁止任何人明知未经版权所有人或法律授权许可,"发行或为发行而进口",或者明知或有合理的根据知道会诱发、促成、便利或者隐瞒对权利的侵犯行为,仍然发行、为发行而进口演出作品及其复制品或录音制品⑤。英国修正法律,禁止他人破解技术措施中有"复制发行权"的主体与排他许可人不是同一人⑥。1995年欧盟委员会公布的《信息社会的著作权与相关权的绿皮书》认为:网络环境中对作品的利用可以是无限次重复进行的,这实际上是一种"服务"⑦。欧盟《版权指令》也规定,成员国应制止任何人未经授权故意从事"发行、为发行进口、广播"⑧。我国学者讨论网络环境中的发行权,如"纳入版权保护体系的网络传输"⑨,"多媒体作品在网络上传播是否构成发行?"⑩等,而网络传输具体方式如"上载""发件""下载""作品直接上网"和"浏览"的法律性质,有学者认为"发件"、"作品直接上网"和"上载"可构成"发行"行为,而"下载"和"浏览"不构成"发行"行为⑪。也有学者全面否认网络传输的发行性质,认为"通过网络向公众提供的作品,是脱离了载体的作品,谈不上复制件本身的提供问题"⑫。我国《著作权法实施条例》第五条用"等方式"来兜底;2006年为保护著作权人、表演者、录音录像制作者的信息网络传播权,鼓励创作和传播,国务院公布《信息网络传播权保护条例》⑬。我国法律

---

①　Information Infrastructure Task Force. Intellectual Property and the National Information Infrastructure (the Report of the Working Group on Intellectual Property Rights)[R]. Washington, D. C. 1995:213.

②　Digital Era Copyright Enhancement Act [R]. the United States. 1997:93.

③　Digital Era Copyright Enhancement Act [R]. the United States. 1997.

④　Craig Joyce, William Party Marshall Leaffer, Peter Jaszi. Copyright Law (the fourth edition) (1999 cumulative supplement)[M]. New York: Mattew Bender & Company. 1999:683.

⑤　参见《美国数字千年版权法》第1202条。

⑥　参见2003年《英国版权法修正案》第296条。

⑦　Commission of the European Communities. Follow-up to the Green Paper on Copyright and Related Rights in the Information Society [R]. Brussels. 1996.

⑧　参见欧盟《版权指令》第7条。

⑨　薛虹. 纳入著作权保护体系的网络传输[J]. 中国法学,1998(3):107.

⑩　刘晓红. 多媒体技术的应用与美欧著作权法的对策比较(上)[J]. 情报理论与实践,1997(5):28.

⑪　王迁. 论网络环境中发行权的适用[J]. 知识产权,2001(4):8-12.

⑫　应明. 作品在计算机互联网络上向公众传播行为的法律调整[J]. 著作权,1997(1):10.

⑬　参见中国《信息网络传播权保护条例》第1条。

规定:以营利为目的,未经权利人许可,复制"发行"文字作品、音乐、电影、电视、录音录像、录像作品及其他作品可以构成犯罪[①],我国港澳台地区法律对网络发行规定与国际规定基本一致。

(三) 演出主体出租权和提供已录制演出权

演出主体出租权,指演出为了直接或间接的经济利益而在有限期间内将演出成果或者演出录像提供给使用人使用的权利。演出主体出租权所指向的对象是演出作品或者演出录像,是无形的智力成果,演出主体一般并不拥有载有演出成果或者演出录像所有权,但有出租权。根据这项权利,演出主体享有将其演出的录制品的原件和复制件向公众进行商业性出租的专有权,即使该录制品已由演出主体发行或是授权他人予以发行。租赁经营者除了有经审批获得的租赁经营权、租赁物的所有权外,还要经过演出主体的授权,才可以出租演出作品或者演出录像。出租与出售或散发等行为的本质目的是一致的,但出售和散发行为的后果是演出成果固定原件或复制件的买受人或获得人拥有了该物的所有权。出租关系中的承租人则是在约定的期间内通过租赁物权而对载于该物之上的演出成果或者演出录像享有非商业性的利用权,在期限届满之后,应将租赁物返还出租人。录音录像制品被租用后,不仅其经营者获得收入,演出主体也应有权获得相应的报酬。国内外现行法律规定,享有出租权的是电影演出和以类似摄制电影的方法创作的演出主体。当今很多发达国家,作品复制件的出租业十分发达,录音、录像制品出租业务尤为普遍。出租作为演出主体权人的一项财产收益方式,从出租活动中获取一定的物质收益,促进了演出成果的广泛利用与传播,出租业者从中获得可观的收益。我国最早知识产权出租可以追溯至书籍出租行,现在出租业仍有很大的市场潜力。目前,我国与演出相关法律并没有规定演出主体的出租权,正在修订的著作权法遵循了世界贸易组织的 TRIPS 规定,对演出主体的出租权做出了明确规定,未来将有所突破。如 2001 修订的著作权法定义"出租权"是有偿许可他人临时使用电影作品和以类似摄制电影的方法创作的作品、计算机软件的权利[②],出租权标的限于影视类作品或数据库材料。2010 修订版权,接轨国际,规定作者或表演者将其著作物(电影除外)的复制物出借的公众使用的权利,出租权对象是除电影外的所有的"著作物",包括:被录制表演的商业用唱片[③]。西班牙法律规定,基于一定目的,表演者出租表演固定形式,是指在一限定时间内,为直接或间接的经济或商业利益,使这些表演能够被他人有偿临时获得,包括表演者就该表演订立了合同,除非合同中另有约定,"推定该表演者已将其出租权转让";表演者将其唱片或视听作品的原件或复制件的出租权转让或让与给了制作人,继受者享有出租权[④]。WCT 规定的出租权标的是计算机程序、电影作品、和缔约各方国内法规定的唱片原件或复制品,制作者享有授权将其向公众进行商业性出租的专有权,但不适用于程序本身并非出租主要对象的计算机程序。电影作品的广泛复制严重地损害了复制专有权,唱片的商业性严重损害出租专有权。这里的"复制品"和"原件和复制品"是专指可作为有形物品投放流通的固定的复制品,也不要求缔约方对依照该缔约方法律未授予其对录音制品权利的作者规定

---

① 参见中国《刑法》第 217 条。
② 参见中国《著作权法》第 9 条。
③ 参见《日本版权法》第 26 条、第 95 条。
④ 参见《西班牙知识产权法》第 109 条。

商业性出租的专有权,与 TRIPS 协定第 14 条第(4)款相一致①。TRIPS 指出:对于计算机程序及电影作品,成员授权其作者或作者的继承人许可或禁止将其享有版权的作品原件或复制件向公众出租;对于电影作品,成员不承担授予出租权的义务,除非有关的出租已导致对作品的广泛复制,严重损害了复制专有权②。1996 年的 WPPT 对表演者和录音制品制作者确立了出租权,公约规定:表演者、录音制品制作者按缔约各方国内法中的规定享有授权将其以录音制品录制的表演的原件和复制品向公众进行商业性出租的专有权,只要录音制品的商业性出租没有引起对表演者复制专有权的严重损害,其中的"复制品"和"原件和复制品"专指可作为有形物品投放流通的固定的复制品③。《视听表演北京条约》直接赋予表演者出租权,是对演出主体的出租权保护力度最直接的公约,并坚持复制权优先原则。依据该公约,表演者享有授权按缔约方国内法中的规定,将其以视听录制品录制的表演的原件和复制品向公众进行商业性出租的专有权,即使该原件或复制品已由表演者发行或经表演者授权发行,但商业性出租已导致录制品的广泛复制而严重损害表演者的专有复制权除外④。

演出主体提供已录制演出权,是指演出主体可以授权他人通过有线或无线的方式向公众提供其以录音制品录制的演出,使该演出可为公众中在其个人选定的地点和时间获得,它是演出主体应享有专有权,是一种新型权利。信息、电子等科学技术使得互动式网络点播成为现实,而且原有的演出则成为点播的对象,因为录有演出主体演出录音物若已储存在某服务器,则将该服务器链接在对公众开放的网络系统时,即使未就该录音物加以重制,也会影响演出人的权利,所以规定演出主体享有提供已录制演出的专有权利。随着宽带进入寻常百姓家,网上大型的综艺活动直播已逐渐成为现实,作为信息直播的提供者就要经过演出主体同意并支付报酬才能够提供已录制演出权。我国新修订的著作权法呼应了这一权利保护要求,法律规定,演出主体有权"许可他人通过信息网络向公众传播其演出,并获得报酬"⑤,但没有明确,正在修改的法律也将明确这一权利。国际公约中确立提供已录制表演的权利是《世界知识产权组织表演和录音制品条约》和《视听表演北京条约》。两条约规定的提供已录制表演的权利内容基本相同,即表演者享有专有权,以授权通过有线或无线的方式向公众提供其以录音制品录制的表演,使该表演可为公众中的成员在其个人选定的地点和时间获得⑥。虽然如此,但是世界各国立法直接规定演出主体提供已录制演出权的,还没有看见立法例。

二、演出主体的非物质性演出载体产权

(一)演出主体录制权

演出主体录制权,是演出主体有权许可或禁止他人将演出主体的现场表演利用某种技术设备将之固定在一定物质载体上,主要指制作唱片,如歌曲磁带、CD 等。这是对演出主体

---

① 参见《世界知识产权组织版权条约》第 7 条。

② 参见世界贸易组织《与贸易有关的知识产权协议》第 11 条。

③ 参见《世界知识产权组织表演和录音制品条约》第 9 条、第 13 条。

④ 参见《视听表演北京条约》第 9 条。

⑤ 参见 2001 年《著作权法》第 37 条。

⑥ 参见《世界知识产权组织表演和录音制品条约》第 10 条、《视听表演北京条约》第 10 条。

实行保护的首要财产权。由于许多国家及一些国际条约没有明确规定录制、复制、录音等概念,或者把三者并列举出,导致对该权利的争议。有学者把"录制"对象做缩小解释,认为许多国家以及我国台湾地区规定都采取与公约一致的做法,没有规定演出主体的制作录音制品权,我国著作权法也没有明文列举这一权利的结论①。也有学者把各国法律与国际公约中的"复制"含义做扩大解释,认为把制作录音制品包括在其"复制"之中。这里的"录制品""录制"是指:自某项非录制演出直接制作的影片或声音记录;自该项演出的广播制作的影片或声音记录;或自包括该项演出的有线传播节目制作的影片或声音记录;或自该项演出的另一录制品直接或间接制作的影片或声音记录。"录音作品"是经录制一系列音乐的或其他的声音产生的作品,而不论体现这类作品的物体例如唱片、录音带或其他录音制品的性质如何,但是不包括伴随电影或其他音像作品的各种声音。制作录制品的复制品,指以任何实质形式复制该录制品,包括借电子方法将录制品贮存于任何媒体,该复制品是直接或是间接制作的并不具关键性。凡是对他人的演出录音录像的,均应取得演出者的许可,对录音录像复制发行的,同样需取得演出主体许可。从理论与实践来看,演出主体录制权内容主要包括:(1)演出主体同意他人进行非录制表演的录制权,即任何人在未获得合资格演出者的同意下,禁止直接自非录制演出录制、现场广播、任何有线广播节目服务、现场向公众提供该合资格演出的整项或其任何实质部分,其中"现场向公众提供"指借有线或无线的方式提供非录制演出,而提供的方法使公众人士可从其各自选择的地点观看或收听该演出;即禁止任何人在未获得某合资格演出者的同意下,就该合资格演出的整项或其任何实质部分的录制品制作复制品而非供他私人和家居使用。(2)演出主体同意他人向公众发放复制品,即禁止任何人在未获某合资格演出者的同意,向公众发放该合资格演出的整项或其任何实质部分的录制品的复制品。凡向公众发放录制品的复制品,即由演出者或在演出者的同意下将以前未曾发行的复制品发行的作为。其中,向公众发放录制品的复制品,包括发放非录制演出的原本录制品,不包括以前曾发行的复制品的任何其后的分发、售卖、租赁或借出。(3)演出主体同意他人向公众提供复制品,即禁止任何人在未获某合资格演出者的同意下,向公众提供该合资格演出的整项或其任何实质部分的录制品的复制品,包括提供非录制表演的原本录制品。(4)演出主体禁止他人使用在未获同意下制作的录制品,即任何人在未获得某合资格表演的表演者的同意下,恶意将该合资格演出的整项或其任何实质部分公开放映、播放、广播,或包括在任何有线传播节目服务内;在向公众提供录制品的过程中将该合资格演出的整项或其任何实质部分放映或播放,而该录制品是在没有获得该演出者的同意下制作的,且该人为恶意制作。(5)演出主体同意他人输入、交易、输出或占有录制品,即禁止任何人在未获得某合资格演出的表演者的同意下,将该合资格表演的录制品输入或输出而非供他私人和家居使用,或为任何贸易、业务的目的、与任何贸易或业务有关联的情况下占有、向公众提供、出售或出租、为出售或出租而展示、分发录制品。(6)演出主体同意他人制作受独有合约规限的演出录制品,即禁止任何人在未获得对某项演出具有录制权的人的同意或该演出者的同意下,制作该演出的整项或其任何实质部分的录制品而非供他私人和家居使用。其中,"独有录制合约"指演出者与另一人之间的合约,排他性许可该人有权制作该演出者的一项或多于一项表演的录制品,以期将该等录制品作商业利用;"具有录制权的人"即作为该项演

---

① 胡康生.《中华人民共和国著作权法》释义[Z].北京:法律出版社,2002:144.

出的独有录制合约的立约一方并享有该合约的利益的人，或合约的利益所转让予的合资格的人；"具有录制权的人"，即任何获该等并非合资格的人的特许而制作该项演出的录制品以期将该等录制品作商业利用的人，或特许的利益所转让予合资格的人；"以期作商业利用"指以期将录制品出售或出租，或公开放映或播放，或向公众发放或提供。(7)演出主体同意他人使用录制品，即禁止任何人未经录制权人或演出者适当的同意，使任何录制品公开放映或播放、包括在任何有线传播节目服务内被恶意第三人使用。

至于对现场演出拍摄照片是否侵犯演出主体权利，应依据情况而定。根据诚信原则、文化产品的精神性与消费的永久性特点以及法律的基本原理，如果拍照采用一般技术，不是整体记录演出过程的，而且完全出于善意目的并没有商业用途，拍摄照片行为不应该视为侵犯演出主体录制权。但如果演出主体或演出组织方已经通过适当途径如演出票、广告表明了拍摄的禁止，根据意思自治原则，拍摄照片行为侵犯演出主体录制权。另外，如果所拍摄的照片被用作未经授权的商业用途，或者改变了原先的拍摄照片的目的，或者拍摄照片超出了预定的使用范围，则拍摄照片行为是侵犯演出主体录制权。至于在演出二次使用的情况下，录制演出成果，也应该视为对演出主体权的一种侵犯。

同时，相关国际条约也做出了相应规定。《伯尔尼公约》没有明确规定演出主体录制权，但却规定了文学艺术作品的演出主体的复制专有权，并把所有录音或录像视为复制，把制作录音制品包括在其"复制"之中。如公约规定"保护的文学艺术作品的作者，享有授权以任何方式和采取任何形式复制这些作品的专有权利；所有录音或录像均应视为本公约所指的复制"，其中"作品"包括戏剧、音乐戏剧或电影作品的表演，音乐作品的演奏。《保护录音制品制作者防止未经许可复制其录音制品公约》第一条给予"录音制品"，即指任何仅听觉可感知的对表演的声音或其他声音的固定。《罗马公约》规定对演出主体的录制权保护的条件是"防止可能发生"危害演出主体权的情况，即未经演出主体同意录制其未曾录制过的表演、复制其表演的录音或录像、制作复制品的目的超出其约定范围。演出主体作为录音制品制作者时候，享有授权或禁止直接或间接复制其录音制品的权利，一旦演出主体同意其表演被置于录像或视听物上，则演出主体的录制权用尽，但是对任何不是原先合理使用目的的复制行为，演出主体有权禁止。TRIPS也对演出主体录制权予以确认，演出主体对于将演出主体的表演固定于录音制品的情况，应"有可能制止未经其许可"，对其尚未固定的表演加以固定。WPPT定义"录制"系指对声音或声音表现物的体现，从中通过某种装置可感觉，复制或传播该声音，而录制是"演出主体对其尚未录制的表演的经济权"，对于其尚未录制的表演授权他人广播和向公众传播其表演、录制其表演，除非该表演本身已属广播表演。演出主体对录制权的授权只针对"尚未录制的表演"。

世界有著作权法或者相关权益法的国家及地区，如德国、英国、意大利、西班牙、日本等多数国家法律都规定了演出主体的录制权，但是各国规定的方式不同。美国法律规定了"临时性录制品"，除电影或其他音像作品以外，根据许可或版权的转移，或依录音作品专有权利的限制，政府机构或其他非营利机构在一定条件下免责[①]。美国1995年《录音制品数字化表演权法》规定，演出主体对录音制品享有部分的表演权，包括数字化订购传输，但数字化传输权不包括现场表演和一般广播。英国法规定"录音"系指可从中再现出声音的声音录制品，

---

① 参见《美国版权法》第112条。

或者戏剧或音乐作品之全部或部分的录制品,对其中声音的复制可以再现出该作品或其一部分,而不论采用何种录制介质以及用何种方式复制或再现其中的声音①。俄罗斯法律规定:表演者使用表演的方式有录制表演,即借助于技术手段将表演的声音和/或图像及其表现固定在任何物质载体上,该声音、图像及其表现能够被多次重复感知、复制或广播;复制表演录制品,即制作一份或多份录音制品或部分录音制品;发行表演录制品是通过销售或以其他方式转让表演录制品的原件或复制件,复制件是记录该录制品的任何物质载体的形式;表演录制品公开发布,使任何人能够根据其选择在任何地点和任何时间获得表演录制品②。日本法律规定:"录音"指将声音录制在媒介物上或生产该媒介物;"录像"指将连续的影像录制在媒介物上或生产该媒介物③;表演者许可是指对于有他人录制的表演,有将其播放、有线广播的专有权利④。意大利版权法规定唱片或类似录音制品的制作者通过直接录音制成唱片或类似录制品的权利,演出主体对其表演对一切作品的表演,有权就其表演的录音要求合理报酬,但排除演出主体专为专项录音而演出和智力活动演出⑤。我国 2001 年修订的《著作权法》没有直接明确规定该权利,规定演出主体对其表演享有权许可他人录音录像、录音录像制作者制作录音录像制品,侵犯该权利的人承担停止侵害、消除影响、赔礼道歉、赔偿损失等民事责任⑥;其中"录音制品""指任何对表演的声音和其他声音的录制品"⑦。我国台湾地区的 2001 年相关规范也规定了演出主体的录制权,但是规定方式有自己的特色,首先,通过"重制"定义,把录制含义囊括其中,"重制指以印刷、复印、录音、录像、摄影、笔录或其他方法有形之重复制作";"于剧本、音乐著作或其他类似著作演出或播送时予以录音或录像,亦属之"。同时,把演出主体录制权归结为专有权,"著作人专有以录音、录像或摄影重制其表演之权利"⑧。中国香港特别行政区对演出主体录制权的规定非常全面,在"表演中的权利"部分规定:对任何演出的利用均须其演出主体的同意,禁止未获他的同意而做出录制品,其中"录制"就表演而言,指自某项非录制表演直接制作的影片或声音记录,自该项表演的广播制作的影片或声音记录,或自包括该项表演的有线传播节目制作的影片或声音记录,自该项表演的另一录制品直接或间接制作的影片或声音记录;并且赋予独立传播的专有权。当然,由于历史原因,香港特别行政区法规对演出主体权的设定,是比照英国 1988 年著作权法设定的⑨。可见,港澳台地区对演出主体录制权的立法保护水平较高。

(二)演出社会传播权

演出社会传播权是演出主体主要权利之一。从一定意义上来说,演出之所以形成产业,正是由于演出传播技术发达的结果,其权利内容无疑具有时代发展性。演出社会传播权,即演出主体将自己的演出允许他人通过广播、电视、网络等方式向公众传播的专有权利。社会

---

① 参见《英国著作权法》第 5 条。
② 参见《俄罗斯联邦民法典(2018)》第 1317 条。
③ 参见《日本著作权法》第 2 条。
④ 参见《日本版权法》第 91 条、第 92 条。
⑤ 参见《意大利版权法》第 78 条、第 80 条。
⑥ 参见中国《著作权法》(2001)第 37 条、第 40 条、第 46 条。
⑦ 参见中国《著作权法实施条例》(2001)第 5 条。
⑧ 参见台湾地区著作权相关规定(2001)第 3 条、第 22 条。
⑨ 参见香港特别行政区《版权条例》第 200 条。

传播权的权利内容包括两个方面：一是许可权，权利人的许可任何组织和个人向公众提供演出及其录像制品；二是获酬权，权利人许可他人向公众提供其演出及其录音录像制品，取得报酬。法定获酬权是合同权利的基础，是各国著作权立法普遍采用的规定。在录音录像技术和无线电技术出现以前，演出公开传播主要形式是演出主体重复性现场演出，观众即时现场观看，演出主体对自己的表演传播有很强的控制权。科技的迅猛发展使得我们无法以列举的方式穷尽演出向公共传播的手段。但是，演出主体有权自行授权演出向公共传播的途径，凡是对未经演出主体授权的传播行为，除法律允许的情况外，演出主体均可主张自己的权利。根据国内外法律及国际公约的规定，公众传播方式主要是广播电视、网络。一般来说，演出主体针对其未曾录制的演出享有向公共传播的权利，演出社会传播权有四大权能，一是演出主体广播权，即以无线或有线方式公开广播或者传播演出，允许以有线、无线传播或者转播的方式向公众传播、广播的演出，以及通过扩音器或者其他传送符号、声音、图像的类似工具向公众传播广播的演出的权利。我国按 TRIPS 要求做了修改，对演出主体权利的保护已与 TRIPS 的要求一致，但是表述与 TRIPS 规定不同，明确了被许可人虽经演出主体许可以上述方式使用作品，还应当取得著作权人许可，并支付报酬。外国法规定许可他人从现场直播和公开传送其现场演出，即许可他人通过广播或电视系统等通信手段把现场演出直接传送给用户的权利。"广播、电视"，既包括无线广播、电视，也包括有线广播、电视；有线播放还包括宾馆、饭店的闭路电视播放以及住宅区内各单元用电缆系统传送节目等等。2001 年我国著作权法增加了许可他人"公开传送其现场演出"的权利。二是演出主体网络传播权，指演出主体通过互联网或其他有线或者无线的信息传输网络向公众提供演出的权利，或者许可他人通过信息网络手段向公众传播其演出，并因此获取报酬的权利。它是信息技术的发展进步给演出主体权利制度带来的一个必然结果，公众可以在个人选定的时间与地点获得演出。近十余年来国际互联网络技术的迅速发展，演出的网上传播加快，一方面，固有作品形式的数字化，对传统意义上的复制、传播、合理使用等行为的法律界限提出了新界定的要求；另一方面，网络传播演出，虽然没有脱离固有演出形式范围，但却产生新的类型的社会关系，网络传播行为也应成为演出主体支配、利用和控制的对象。早在 1988 年的英国《版权法》、美国 1992 年颁布的《家用录音法》有保护技术措施的规定，德国、美国、加拿大、英国、法国、日本、澳大利亚、荷兰、意大利等国都给予保护；世界知识产权组织 WCT《表演和录音制品条约》赋予缔约国制定适当的法律保护网络传播权。我国修改后的《著作权法》规定的网络传播权的定义，直接来自于世界《知识产权组织版权公约》第八条的表述，其中规定：将演出通过网络向公众传播，属于著作权法规定的使用演出的方式，演出主体享有以该种方式使用或者许可他人使用演出，并由此获得报酬的权利①。然而，网络环境下网络传播权十分复杂，我国 2001 年《著作权法》的修改为解决网络环境下的新问题，赋予演出主体网络传播权，但该权利仅是一项禁止权而非许可权。《著作权法》规定，著作权人对其作品享有信息网络传播权，表演者、录音录像制作者对其表演、录音录像制品享有向公众传播并获得报酬的权利②。2006 年 5 月 18 日国务院令第 468 号公布，根据 2013 年修改《信息网络传播权保护条例》第二条明确"权利人享有的信息网络传播权"，除法律、行政法规另有规定的外，

---

① 参见《最高人民法院关于审理涉及计算机网络著作权纠纷案件适用法律若干问题的解释》第 2 条。
② 参见中国《著作权法》第 10 条、第 37 条、第 41 条、第 47 条。

任何组织或者个人将他人的作品、表演、录音录像制品通过信息网络向公众提供,向权利人支付报酬。因此,演出主体只有一种独立的权利,即禁止他人未经其许可而将其演出播放或录音录像,还有一项非独立的与著作权人共享的权利,即授权他人对其演出进行广播、录音录像。三是向公众传播。与"广播"立法实践类似,有相关立法的国家法律大多对"向公众传播"给予明确定义。西班牙知识产权法列举了向公众传播的方式,如舞台表演、公开放映或展示、广播或其他无线形式播送、卫星广播或者播放、电线、电缆、光导纤维或其他相应方式播送①。在国际公约中,《罗马公约》《伯尔尼公约》、TRIPS 没有给出具体定义,但 WPPT 明确规定,"向公众传播"表演或录音制品系指通过除广播以外的任何媒体向公众播送表演的声音或以录音制品录制的声音或声音表现物,包括在表演或录音播送地点以外,以有线方式对其进行的任何传播,或者使公众能听到以录音制品录制的声音或声音表现物②。四是现场直播。现场直播指以无线方式向公众播放演出主体现场表演的行为,对"现场直播"的界定要考虑自然条件、科技条件、人文条件,如大城市建筑物或是边、远、穷、山、荒等地区由于无线电讯号传送困难,必须用技术将直播信号转播的办法才能够进行传送,也应视为现场直播③。

国际公约中除《罗马公约》、TRIPS 外,《伯尔尼公约》、WPPT、WCT 均规定了演出主体公开权的专有性。《伯尔尼公约》依据对象分别规定公开传播权的方式,权利人授权广播或以无线传送方法向公众传播,或授权通过有线方式、扩音器或其他任何类似扩音器工具向公众传播广播演出④。《罗马公约》规定演出主体就其现场表演所享有禁止他人公开传播,还规定了集体表演的演出主体公开传播权⑤。TRIPS 赋予演出主体公开传播权,既保护声音也保护图像,但该权利限于"应有可能制止"并非确切阻却侵权行为⑥。WPPT 规定的演出主体公开传播权具有"授权"的专有权,而且授权传播对象是尚未录制的表演,如果该表演已经被录制或者本身已属广播表演,则不适用⑦。WCT 规定演出主体以授权将其表演以有线或无线方式向公众传播,同时把电子信息作品纳入演出主体公开传播权范畴⑧。《视听表演北京条约》明确设计了"广播和向公众传播的权利",即演出者应享有授权广播和向公众传播其以视听录制品录制的演出专有权,它是一项对于以视听录制品录制的演出直接或间接地用于广播或向公众传播获得合理报酬的权利。其中将"向公众传播"定义为通过除广播以外的任何媒体向公众传送未录制的演出或以视听录制品录制的演出,包括使公众能听到或看到,或能听到并看到以视听录制品形式录制的演出。"广播"指以无线方式的传送,使公众能接收声音或图像,或图像和声音,或图像和声音的表现物,包括通过卫星传送、传送密码信号、广播组织或经其同意向公众提供解码的手段⑨。

---

① 参见西班牙《知识产权法》第 20 条。

② 参见 WPPT 第 2 条(g)。

③ 胡康生.中华人民共和国著作权法释义[Z].北京:法律出版社,2002:140.

④ 参见《伯尔尼公约》第 11 条。

⑤ 《罗马公约》第 7 条、第 8 条

⑥ 参见 TRIPS 第 14 条。

⑦ 参见 WPPT 第 6 条。

⑧ 参见 WCT 第 8 条、第 12 条。

⑨ 参见《视听表演北京条约》第 2 条、第 11 条。

国内外法律对演出社会传播权制度日益完善,而且多将广播权与向公众传播权并列,部分国家法律与公约还增加了网络信息传播权。英国法律规定向公众传播是指通过电子传输向公众传播,并对演出实施广播,或者通过电子方式让公众可以在其自行选择的地点和时间获得该演出。英国的公众传播权限于电子传输和广播两种方式①。西班牙法律规定了无线广播和经过电线、电缆、光纤或其他类似办法,向公众传送演出。② 日本法律也规定了"广播权"与"有线播放权",但预先录音或录像的表演除外。③ 法国《知识产权法典》中的"文学和艺术法"部分将广播包含在"远程传送"之中,也明确提出了"网络作品传播"专节。德国法律规定演出社会传播权的主要内容是:通过音像载体或电台播送可公开感知艺术演出主体的演出;演出主体许可通过屏幕、扬声器或者类似技术设备在举行演出场地之外公开感知,或者通过电台播送其演出;广播权与之类似④。有学者将德国法律保护的传播方式归为:通过广播电视向公众发送,使用卫星、电视等特殊技术设施传播、转播,新技术改变卫星有线转播节目的途径且扩大接受范围⑤。此外,美国、韩国、加拿大、俄罗斯联邦、意大利等制定有著作权及相关权益法的国家均有相似规定,即在界定"广播""向公众传播""网络传送"等演出主体公开传播权方式,而且《意大利版权法》规定实际上承认了演出主体对公开传播权的延续性追续权,即演出主体对一切作品有权就其演出用于播放,还可以对再次播放已用上述方法播放的作品,并具有要求合理报酬的权利⑥。

我国法律对演出社会传播权的立法方面与时俱进。2001 年修订后的著作权法与国际接轨,增加了许可他人"公开传送其现场表演",表述与 TRIPS 的规定不同。TRIPS 规定"演出主体还应有可能制止未经其许可而为的下列行为:以无线方式向公众广播其现场表演,向公众传播其现场表演"⑦。我国著作权法表述为:演出主体享有"许可他人从现场直播和公开传送其现场表演"的权利;"许可他人通过信息网络向公众传播其表演"⑧"广播权,即以无线方式公开广播或者传播作品,以有线传播或者转播的方式向公众传播广播的作品,以及通过扩音器或者其他传送符号、声音、图像的类似工具向公众传播广播作品的权利;信息网络传播权,即以有线或者无线方式向公众提供作品,使公众可以在其个人选定的时间和地点获得作品的权利。"⑨我国著作权法对信息网络传播规定与《伯尔尼公约》规定也不同,包括"公众可以在其个人选定的时间和地点获得作品"情形,这既突破了广播传播中的广播信号地域覆盖范围的限制。此外最高人民法院司法解释将"表演通过网络向公众传播"定性为"使用表演的方式"⑩。香港特别行政区法规也承认演出主体的公开传播权,以广播作品或将作品包含在有线传播节目服务内的方式,受戏剧作品、音乐作品或艺术作品、广播或有线传播节目版权所限制,他人凭借特许或转让而广播戏剧、音乐作品或该等作品的改编本、声音记录或

---

① 参见《英国版权、外观设计和专利法》第 20 条。
② 参见《西班牙知识产权法》第 20 条、第 108 条。
③ 参见《日本著作权法》第 7 条、第 9 条。
④ 参见《德国著作权及相关权益法》第 20 条、第 74 条、76 条、第 77 条。
⑤ M 雷炳德. 著作权法[M]. 张恩民,译. 北京:法律出版社,2005:244-251.
⑥ 参见《意大利版权法》第 80 条。
⑦ 参见 TRIPS 第 14 条。
⑧ 参见中国《著作权法》第 37 条。
⑨ 参见中国《著作权法》第 10 条(十一)、(十二)。
⑩ 参见《最高人民法院关于审理涉及计算机网络著作权纠纷案件适用法律若干问题的解释》第 2 条。

影片,或将其包含在有线传播节目服务内,还特别规定,将演出主体的演出"向公众提供复制品"或"使用"的人,须取得演出主体"同意",赋予演出主体更加全面的公开传播权,具体规定为任何人在获某合资格演出的演出主体的同意后,向公众提供该合资格演出的整项或其任何实质部分的录制品的复制品,公开放映或播放或广播,或包括在任何有线传播节目服务内①。然而,香港特别行政区版权条例没有明确提出演出主体的公开传播权,但把"向公众提供的权利"作为演出主体三大经济权利之一予以规定。此外,该法规将"分发权利"规定为演出主体的经济权,即演出主体向公众发放或禁止向公众发放复制品的权利,任何人向公众发放复制品须获得某合资格表演的演出主体同意,才能够向公众发放该合资格演出的整项或其任何实质部分的录制品的复制品、发行复制品,但是已经发行的复制品的任何其后的分发、售卖、租赁或借出,或该等复制品其后输入香港特别行政区的除外②。仔细分析就会发现,演出主体的分发权利在本质上属于演出主体公开传播权的内涵,是后者应该具有的权能之一,但是相关的这一规定是演出主体的公开传播权更加具体及更具有可操作性。我国台湾地区法律规定了演出主体享有公开播送或以扩音器或其他器材公开演出的权利,但将表演重制或公开播送后再公开播送或者以扩音器或其他器材再公开演出的排除在外,"公开播送"包括有线与无线③。澳门特别行政区法规也做出了相应规定,但内容较为简单,从反向规定了公众的"接收自由"权④。

通过上述分析可以发现,我国现行法律规定对演出主体传播权既符合国际公约的有关规定,甚至某些规定直接源于公约条文,又在某些方面保护水平更高,但是确实存在一些缺点。首先,中国内地与澳门特别行政区的法律对演出主体传播权的规定过于抽象,仅仅规定"许可他人从现场直播和公开传送其现场表演","许可他人通过信息网络向公众传播其表演",而对"表演""现场直播""公开传送""公众传播"等具体内涵没有界定,而且传播方式基本没有得到列举。这样规定虽具有时代适用性,却使条文显得深邃难明,对司法裁量权与遵法守法带来困难。其次,我国法律没有承认演出主体公开传播权的"专有权"性质,在经济上演出主体行使该权利仅仅限于"获得报酬权",而且除香港特别行政区法律赋予演出主体的"同意"权外,行使该权利的方式是"许可他人"。同时中国内地《著作权法》第三章和实践中都对演出主体的"许可"做出了一些限制规定。再次,中国内地《著作权法》的第四章中关于"表演"的规定与国际立法体例有一定差距。各国相应立法一般对演出主体公开传播权都有排除性的制度安排,这样符合义务法定原则,有的甚至承认演出主体的追续权。中国内地《著作权法》虽在第二十二条、第二十三条规定适用于演出主体的权利的限制,但还是有法律条文效力外延绝对化、法律效力实质意义模糊化之嫌。最后,在中国内地(大陆)、香港特别行政区、澳门特别行政区、中国台湾地区四大法域,彰显了中国四大区际法律规定的差异,在某种程度也体现了中华法系、英美法系、传统大陆法系的某些差异。中国内地(大陆)新修改的著作权法基本与国际条约接轨,其规定内容与台湾地区新著作权法规接近,略显不同的是,台湾地区法规在规定各种传播方式的同时也规定排除法规适用情形。比较而言,香港特

---

① 参见香港特别行政区《版权条例》第 28 条、第 77 条、第 205 条、第 206 条。
② 参见香港特别行政区《版权条例》第 204 条。
③ 参见中国台湾地区著作权相关规定第 24 条、26 条。
④ 参见澳门特别行政区《著作权法》(第 43/99/M 号法令)第 136 条。

别行政区法规对演出主体公开传播权规定详尽,既规定了具体适用情形,也规定了救济措施,而且保护力度与法规适用外延明显周全,以演出主体"同意"为标准,使演出主体充分掌握了行使该权利的主动权。

三、演出主体综合性产权

(一)演出主体报酬权概述

演出主体报酬权是指演出主体依法使用成果的或转让而享有获得报酬的权利。报酬权表面上是最为单纯的经济权利,实际上是一种综合权利利益的表现,常常是基于演出的使用权、使用许可权、转让权、传播权、发行权、复制权等权利的行使而产生的权利。虽如此,报酬权还是独立的权利类型,并非是附属性权利,这是因为报酬的获取与其他权利的非同步性,如非排他许可转让演出,可以得到完全的报酬权,显然此时的报酬权与演出使用权不一定完全等价,也因为报酬权与其他权利的分离性,如合理使用中的演出被使用但无报酬权,法定许可使用时权利人无意定权利却取得报酬权。多数情况下,报酬权与其他权利并存。

演出主体可以对自己的演出在符合法律要求的情况下取得报酬权,是世界各国现代法律的普遍原则,也是所有相关国际公约的通行规定。世界各国就演出主体报酬权的立法各有特色,因为"财富的分配要取决于社会的法律和习惯,决定这种分配的规则是依照社会统治阶级的意见和感情而形成的。这在不同的年代和国家内是很不相同的"①。如美国法一方面,规定不直接或间接收费演出、公益演出无报酬;另一方面,规定演出主体对其演出复制件转移或许可在美国发行应获得报酬;设立机构保护演出主体报酬权②。英国法对演出主体报酬权的一般性规定还考虑二次许可以及出租方式,主要是在同一地区的二次许可或不同许可,应把第一次许可报酬作为考量因素,"出租"的目的是获酬③。英美法系国家,特别是美国,在演出领域,演员的地位相对弱势,资本力量强大,因为"一般资本和一般劳动,在创造国民收益上是相互合作的,并按照它们各自的(边际)效率从国民收益中抽取报酬。它们的相互依存是极其密切的;没有劳动的资本,是僵死的资本;不借助于他自己或别人的资本,则劳动者势必不能久存。……一方的发展是同他方的力量和活动分不开的;不过一方用牺牲他方的办法可以暂时(如果不是永久的)取得较大的国民收益份额"④。显然,美国凭借文化资本掠夺国外文化市场,这也是美国虽然"没有文化"却能够成为世界"文化霸权"国家的主要原因。依据联邦德国法律,通过音像载体或电台播送可公开感知演出,演出主体获得适当报酬,以"适当"二字加以定性与量化,也体现了演出主体权的公平性⑤。现实中,演出者的"知识和技能的扩散对于整体生产率的增长和一国内与各国间不平等的削减起着关键性的作用"。但是"一个至关重要的事实是无论传播知识和技能的力量有多么强大,特别是在促进

---

①　约翰·穆勒.政治经济学原理及其在社会哲学上的若干应用(上)[M].胡企林,朱泱,译.北京:商务印书馆,1991:227.

②　参见《美国版权法》第 110 条、第 601 条。

③　参见《英国版权法》第 134 条、第 178 条。

④　马歇尔.经济学原理(下)[M].朱志泰,陈良璧,译.北京:商务印书馆,1997:215.

⑤　参见《联邦德国著作权及相关权利法》第 76 条、第 77 条。

国家之间的趋同过程中,它都可能被强大的敌对力量阻挠和击溃,从而导致更大的不平等"①。所以德国法律通过这种弹性规定来体现公平,对冲外来文化冲击力的不平等。日本法也有类似规定,即演出主体二次使用的报酬的权利、商用唱片的二次使用也可以取得报酬权、出租商用唱片获得"相应数额"的报酬②。意大利著作权法规定:演出者除演出报酬之外,有权就其演出用于播放、录音、制片要求合理报酬;对再次播放或复制已播放或复制过的作品,演出者也有要求合理报酬的权利;还规范了演出主体报酬权的代收对象及年限③。

　　俄罗斯对报酬权也做了不同情形的规定,有些规定也有特色,如:创作者合收入分配原则意思自治优先,作曲者的报酬权;职务演出报酬的数额、支付报酬的条件和程序由合同规定,如有争议由法院判决,公益演出按照职务演出报酬规则;还规定了演出产权人追索权中,对提取增值收入的百分比数量、给付报酬的条件和程序由政府规定。④ 此外还规定了国家对报酬的干预权,这是由于劳动收入分配不平等、资本所有权及其收益的不平等以及这两个方面之间的相互作用,导致社会要素报酬分配不平等,而且"资本导致的不平等总比劳动导致的不平等更严重,资本所有权(及资本收入)的分配总比劳动收入的分配更为集中"⑤。国家的这种干预权,在国际上不多见,但是国家对演出产权人利用产权规定最低报酬费率、支付方法和支付期限,这有利于具有专长而缺乏对自己演出过程或载体进行市场运作的演出者,潜心进行演出创作具有极为重要的意义,对演艺界新人更是一种有力保护。西班牙法也有相似规定,它对演出主体报酬权规定详尽,既规定"作者的报酬"的一般适用,又具体规定演出主体报酬权的特例,程序与实体规定结合,报酬的计量具有类别性,如作者有权从放映者所得收入中"按比例提成",政府监督机制;演出主体授权公众传播演出及其录制品、为商业目的使用演出"合理"的报酬依约定分配或"各取一半"⑥。秘鲁还规定了民间演出主体报酬权,即为商业或工业应用的目的所签订的许可协议应规定合理报酬,原住民因对利用其集体知识的所补偿包括用于其可持续发展的初始基金或其他等额报酬,至少达到产的销售总额的5%税价值。⑦

　　国际条约对演出主体报酬权规定,不同时期各有侧重,也是"一定的分配关系只是历史规定的生产关系的表现"⑧。《罗马公约》规定:演出主体对无线广播电台或电视电台传播其现场演出后,如欲再作其他利用还可以获得报酬;为商业目的而发行录音制品获得"适当"使用报酬,但是此项规定并非强制性义务。⑨ WPPT 对演出主体报酬权规定更加全面,如演出主体为商业目的发行的录音制品获得一次性"合理报酬",具体由国内立法做出规定⑩,但

---

　　① 托马斯·皮凯蒂.21世纪资本论[M].巴曙松,陈剑,余江,等译.北京:中信出版社,2014:22-23.

　　② 参见《日本著作权法》第89条、第91条、第92条、第95条。

　　③ 参见《意大利著作权法》第80条、第84条、第85条。

　　④ 参见《俄罗斯联邦民法典(2018版)》第1229条,第1258条、第1263条、第1293条、第1295条、第1298条、第1314条。

　　⑤ 托马斯·皮凯蒂.21世纪资本论[M].巴曙松,陈剑,余江,等译.北京:中信出版社,2014:248.

　　⑥ 参见《西班牙知识产权法》第90条、第108条、第109条、第116条、第122条、第134条。

　　⑦ 参见《秘鲁为原住民建立源于生物资源的集体知识保护制度的法律》第7条、第27条。

　　⑧ 马克思恩格斯文集(第7卷)[M].北京:人民出版社,2009:997.

　　⑨ 参见《罗马公约》第7条、第12条。

　　⑩ 参见 WPPT 第15条。

WPPT 比照《罗马公约》赋予成员国内国法的保留权。《视听表演北京条约》赋予成员国自主确定报酬权,即缔约国可以规定视听录制品录制的表演直接或间接地用于广播或向公众传播获得"合理报酬"的权利,还可以在立法中对行使该项获得合理报酬的权利规定条件。①

中国四大区际法域也与其他国家立法一样,对演出主体报酬权予以承认,当然由于传统的区别还是有所区别。中国法律规定了报酬权,即演出主体许可他人从现场直播和公开传送其现场演出、录音录像、复制发行录有其演出的录音录像制品、通过信息网络向公众传播其演出,获得报酬,也规定了演出主体与录音制作人、广播电台、电视台关于报酬的请求权的关系:录音制作者使用他人已经合法录制为录音制品的音乐作品制作录音制品,除著作权人声明不许使用的禁止使用外,可以不经著作权人许可,但应当按照规定支付报酬;广播电台、电视台播放他人已发表的作品,可以不经著作权人许可,但应当支付报酬;广播电台、电视台播放已经出版的录音制品,除当事人另有约定外,可以不经著作权人许可,但应当支付报酬②。前述规定基本反映了"一定的生产决定一定的消费、分配、交换和这些不同要素相互间的一定关系。当然,生产就其单方面形式来说也决定于其他要素。……不同要素之间存在着相互作用"③。可以看出,中国法律规定付酬针对著作权人与表演者,没有完全直接覆盖演出创作其他人员,这是立法的不足。不过,2001 年《著作权法》同 1990 年《著作权法》相比,现行法律删除了原条文中的"以营利为目的",扩大了演出主体产权范畴。基于皮凯蒂考察发现的规律,即"劳动收入分配中收入最高的 10% 的人一般拿到总劳动收入的 25%~30%,而资本收入分配前 10% 的人总是占有所有财富的 50% 还多(在有些社会高达 90%)。更令人惊讶的是,工资分配底层的 50% 总能占到总劳动收入的相当大比例(一般为 25%~33%,与最上层 10% 的人大体一样多),而资本收入分配底层 50% 的人一无所获,或者接近一无所获(总是低于总财富的 10%,一般低于 5%,或者相当于最富有 10% 的人的 10%)。劳动方面的不平等一般较为轻微或者比较适度,甚至是合情合理的(在某种程度上这种不平等是合理的——这一点不应被放大)。相比而言,资本方面的不平等则总是很极端"④。中国法律对使用演出报酬,规定了两种标准,即意定标准(由当事人约定使用作品的付酬标准)和强制标准(由行政主管部门会同有关部门制定的付酬标准)。当事人约定不明确的,按强制标准支付报酬。⑤ 这两种报酬的标准使用上,当事人可以参照强制标准,也可以根据演出的质量、反映效果、使用的次数、演出传播时间长短、演出产生的经济效益和社会效益等因素确定意定标准。在不同的演出类型中,报酬标准的依据选择应该有所区别,对于一般性商业演出的使用,坚持意定标准优先原则,如果合同没有规定或者规定颁布明确的,当事人应补充约定,对于不能够达成补充约定的,才适用强制标准;对于非商业性演出的使用,如法定许可的范围内使用他人演出的,应当以强制标准支付报酬。根据国家版权局 1993 年 8 月 1 日发出《关于颁发〈报刊转载、摘编法定许可付酬标准暂行规定〉等三个规定的通知》(国权〔1993〕41号),根据中国《著作权法》(1990 版)第三十二条第二款、第三十五条第二款、第三十七条和

① 参见《视听表演北京条约》第 11 条。
② 参见中国《著作权法》第 37 条、第 39 条、第 42 条、第 43 条。
③ 马克思恩格斯文集(第 8 卷)[M].北京:人民出版社,2009:23.
④ 托马斯·皮凯蒂.21 世纪资本论[M].巴曙松,陈剑,余江,等译.北京:中信出版社,2014:248.
⑤ 参见中国《著作权法》第 27 条。

第四十条第二款的规定,其他人有法定许可权,著作权人有报酬权,为保证著作权合理报酬,国家版权局先后制定《报刊转载、摘编法定许可付酬标准暂行规定》《演出法定许可付酬标准暂行规定》和《录音法定许可付酬标准暂行规定》,自1993年8月1日起执行;文化部关于转发《书籍稿酬试行规定》的通知(已失效)、文化部出版局关于实行《美术出版物稿酬试行办法》的通知;后修订部分规章失效,于2013年12月1日起施行《教科书法定许可使用作品支付报酬办法》、2014年9月29日国家版权局与国家发改委第11号令颁行《使用文字作品支付报酬办法》、中国音乐著作权协会2005年的《表演权的收费标准》等。香港特别行政区《版权条例》没有明确规定演出主体报酬权,这主要是因为香港特别行政区版权法规明确规定了各条款对应的英国版权法,而且从刑事保护角度进行了规定。该法规规定:"报酬"指并非只具象征式价值的报酬;任何人如为复制业务的目的或在该项业务的过程中,将某版权作品在书本、杂志或期刊发表的一份翻印复制品,而该复制品属该版权作品的侵犯版权复制品,该人即属犯罪;被控人如证明有关的某版权作品的侵犯版权复制品并非为谋利而制作,亦非为报酬而制作,即可作免责辩护①。澳门特别行政区第43/99/M号法令对演出主体报酬权保护设计是通过对"舞台表演"规定来体现的并规定了具体的计算方式与支付时间,精简而又具有很强的可操作性。依据该法令规定,报酬权体现在三方面。一是凡将某受保护作品进行舞台表演,即使属限制入场或非具营利目的都必须取得作者许可,表演权被推定有偿性质,但业余爱好者的表演权、自由供私人使用作品除外(其中私人使用范围包括专供复制作品人自用而进行的复制,戏剧作品、戏剧音乐作品或电影作品的表演只要非以谋利为目的及非在开放予公众之地点内进行);二是舞台表演合同应准确定出许可进行表演作品的条件,尤系期间、地点、作者之报酬及支付报酬之方式等;三是报酬计算与给付,报酬计算方式包括固定总金额、以各场表演收入百分比计算、按每场表演而收取特定金额,或在其他基础上定出可以支付报酬的多种方式:按每场表演的收入而定的演出进行后十日内支付,按每场表演的收入而定的权利人有权亲自或透过其代理人查核每场表演的收入。②至于台湾地区对演出主体报酬权的规定,更具有行政保障性质,而且对于强制许可的报酬率或计算办法,由主管机关确定,表现在:对为编制法定教科用书,或用于编制附随于该教科用书且专供教师教学用的辅助用品,或为教育目的在合理范围内公开播送他人已公开发的著作,利用人应将利用情形通知产权人并支付使用报酬;录有音乐的销售用录音著作发行满六个月,欲利用该音乐著作录制其他销售用录音著作者,可以申请强制授权并支付报酬后另行录制;著作产权人为行使权利、收受及分配使用报酬,经著作权专责机关之许可,可组成著作权中介团体。③

在此,就我国主要关于演出主体报酬权的具体计算方法包括法规和行业规范,做一些列举和诠释。

1.演出法定许可付酬标准。国家版权局1993年8月1日颁行的《演出法定许可付酬标准暂行规定》(国权〔1993〕41号),虽然已经被2002年5月8日实施的《国家版权局关于废止〈关于广播电视节目预告转载问题的意见〉等行政规章和规范性文件的决定》废止,但是它既有时代意义,也有参考价值,其主要具体内容有四个方面。一是演出作品一般付酬办法,

---

① 参见香港特别行政区《版权条例》第119条。
② 参见澳门特别行政区第43/99/M号法令第60条、第91条、第94条、第99条。
③ 参见台湾地区著作权相关规定第47条、第69条、第81条。

即从每场演出的门票收入抽取一定比例向著作权人付酬,付酬比例标准是按每场演出门票收入(指扣除演出场地费用后的实际收入)的7%付酬,但每场不得低于应售门票售价总额的2.5%;如果一场演唱会中翻唱了多首歌曲,则按曲目数量平均付酬给著作权人。二是存在债权债务关系当事人,逾期履行产生的逾期利息,如特别法没有规定则适用《民法》的一般规定。三是同一演出涉及多部作品的报酬办法,即每场演出涉及两部或两部以上的作品,先按一般办法计算报酬总额,再根据各部作品的演出时间所占整场演出的比例,确定每部作品的具体报酬。四是演出改编作品,依原创作品方法具体报酬后,向作品的著作权人支付70%,向原作品著作权人支付30%;原作品已超过著作权保护期的,只按上述比例向被表演作品的著作权人付酬。[1]

2.录音法定许可付酬标准。根据国家版权局《录音法定许可付酬标准暂行规定》及其《补充通知》的规定阐释。国家版权局1993年8月1日颁行《录音法定许可付酬标准暂行规定》,在1994年10月7日颁行《关于〈录音法定许可付酬标准暂行规定〉的补充通知》(国权〔1994〕65号),规定的主要内容有以下几个方面。一是确定根据,按照1990年我国《著作权法》第三十七条、第三十九条和第四十二条的规定,录音中使用他人已发表的作品应向著作权人付酬,复制发行他人的录音制品和广播节目应向著作权人和表演者支付报酬[2]。二是付酬方式,录制发行录音制品采用版税的方式付酬,即报酬为录音制品批发份×版税率×录音制品发行数。三是计酬标准,录制发行录音制品付酬标准为:不含文字的纯音乐作品版税率为3.5%;歌曲、歌剧作品版税率为3.5%,其中音乐部分占版税所得的60%,文字部分占版税所得的40%;纯文字作品(含外国文字)版税率为3%;国家机关通过行政措施保障发行的录音制品(如教材)版税率为1.5%。四是同一录音涉及多部原作报酬,即录音制品中涉及两个或两个以上作品的,按照版税的方式以及相对应的版税率计算出录音制品中所有作品的报酬总额,再根据每一作品在整个录音制品中所占时间比例,确定其具体报酬。五是使用改编作品进行录音,依计酬标准和同一录音涉及多部原作报酬的规定确定具体报酬后,向作品的著作权人支付70%,向原作品著作权人支付30%;原作品已超过著作权保护期或不适用著作权法的,只按上述比例向被录制作品的著作权人付酬。六是录音制作者复制他人制作的录音制品和广播节目,除合同另有约定的,也适用前述规定;向表演者付酬的,其付酬方式、同一录音涉及多部原作报酬、使用改编作品进行录音适用对前述对应规定并按前述付酬

---

[1] 参见国家版权局《演出法定许可付酬标准暂行办法》(国权〔1993〕41号)第2条、第3条、第4条。

[2] 参见1990年中国《著作权法》第37条录音制作者使用他人未发表的作品制作录音制品,应当取得著作权人的许可,并支付报酬。使用他人已发表的作品制作录音制品,可以不经著作权人许可,但应当按照规定支付报酬;著作权人声明不许使用的不得使用。录像制作者使用他人作品制作录像制品,应当取得著作权人的许可,并支付报酬。录音录像制作者使用改编、翻译、注释、整理已有作品而产生的作品,应当向改编、翻译、注释、整理作品的著作权人和原作品的著作权人支付报酬。第39条录音录像制作者对其制作的录音录像制品,享有许可他人复制发行并获得报酬的权利。该权利的保护期为五十年,截止于该制品首次出版后第五十年的十二月三十一日。被许可复制发行的录音录像制作者还应当按照规定向著作权人和表演者支付报酬。第42条广播电台、电视台对其制作的广播、电视节目,享有下列权利:(一)播放;(二)许可他人播放,并获得报酬;(三)许可他人复制发行其制作的广播、电视节目,并获得报酬。前款规定的权利的保护期为五十年,截止于该节目首次播放后第五十年的十二月三十一日。被许可复制发行的录音录像制作者还应当按照规定向著作权人和表演者支付报酬。

方式的各类作品标准的 50％付酬[①]。此外,对于以转载、摘编的形式使用他人作品的,按照国家版权局 1991 年 8 月 27 日颁发的《关于当前报刊转载、摘编已发表作品付酬标准的通知》(〔1991〕权字第 29 号)的规定,以报刊转载、摘编的形式使用作品、以表演和录音的形式使用作品尚未向著作权人支付报酬的,付酬标准可以参照《书籍稿酬暂行规定》(〔1990〕权字第 11 号)第三条第(1)项规定的著作稿基本稿酬标准幅度的平均额执行;对转载、摘登后不足 500 字的按上述标准做半计酬[②]。

3. 表演权报酬。中国音乐著作权协会 2005 年的《表演权的收费标准》,属于行业标准,该标准分类规定了报酬权。一是现场表演,按每场演出门票收入(扣除演出场地费用后的实际收入)的 7％付酬,但每场不低于应售门票售价总额的 2.5％。其中,应售门票是指本场演出平均票价与演出场地实际座位数的乘积,而演出平均票价依申请人演出前提供的预计出售门票的价位及其相应票数的清单计算。二是机械表演(背景音乐)收费标准分情形确立。其一夜总会、歌舞厅(含卡拉 OK 歌厅)、迪斯科舞厅等,按营业面积收费:营业面积不足 100平方米的,每平方米每天收费 0.15 元;营业面积超过 100 平方米的,增加的部分每平方米每天收费 0.12 元。其二酒吧、咖啡厅、餐厅等场所按营业面积收费:仅提供机械表演的营业面积不足 40 平方米的,每平方米每天收费 0.025 元,营业面积超过 40 平方米的,增加的部分每平方米每天收费 0.02 元;提供机械表演和现场表演的,营业面积不足 40 平方米的,每平方米每天收费 0.05 元,营业面积超过 40 平方米的,增加的部分每平方米每天收费 0.04 元;所附卡拉 OK 歌厅按标准一的规定另行计算。其三宾馆:按床位收费,每个床位每月收费1.75 元;宾馆所附夜总会、歌舞厅、咖啡厅、餐厅、卡拉 OK 歌厅(含 KTV 包间)等场所按相关标准另行计算。其四商场、超级市场等场所按营业面积收费(所附餐厅、卡拉 OK 歌厅等按相关标准另行计算):营业面积不足 1000 平方米的,每年每平方米收费 2.18 元;营业面积在 1000～5000(不含 5000)平方米的,每年每平方米收费 2.30 元;营业面积在 5000～10000(不含 10000)平方米的,每年每平方米收费 2.42 元;营业面积在 10000～20000(不含 20000)平方米的,每年每平方米收费 2.54 元;营业面积在 20000 平方米以上的,每年每平方米收费2.66 元。其五航空:国际运营线,每运载 1000 名乘客每千米 0.10 元,但每班次最低收费不得低于 30 元;国内运营线,每运载 1000 名乘客每千米 0.05 元,但每班次最低收费不得低于6 元。其六铁路:特快线路,每车次每天每千米 0.008 元;快速线路,每车次每天每千米0.007 元;普通线路:每车次每天每千米 0.005 元。其七展览(车展、时装展等)场所按照展台费的 1％计算,但收费不低于如下标准:仅使用机械表演的,每展台每天 200 元;使用机械表演和现场表演的,每台每天 500 元;展台以 300 平方米为单位,不足 300 平方米的按 300 平方米计算,超过 300 平方米且不超过 600 平方米的按 600 平方米计算,之后依此类推[③]。

4. 使用文字作品报酬。2014 年 9 月 23 日国家版权局与国家发展和改革委员会联合公布《使用文字作品支付报酬办法》,11 月 1 日执行,改修了 1999 年制定《出版文字作品报酬规定》。授权他人使用文字作品获得报酬是著作权人的基本权利。15 年来使用文字作品的付

---

① 参见国家版权局 1993 年 8 月 1 日颁行《录音法定许可付酬标准暂行规定》、1994 年 10 月 7 日《关于〈录音法定许可付酬标准暂行规定〉的补充通知》(国权〔1994〕65 号)。

② 参见国家版权局《关于当前报刊转载、摘编已发表作品付酬标准的通知》(〔1991〕权字第 29 号)。

③ 参见中国音乐著作权协会 2005 年的《表演权的收费标准》。

酬标准不符合居民收入水平、物价上涨幅度和居民消费价格指数上涨等情况,随着信息技术应用,以纸介质出版方式之外的其他方式和网络环境下使用文字作品的情况等已经成为一种常态。因此法律法规进行了重要更新,《著作权法》于2001年和2010年修订,2002年和2005年分别实施的《著作权法实施条例》和《著作权集体管理条例》专门就使用作品支付报酬的方式做出了具体规定,原有规定与这些法律法规存在冲突。2013年9月,国家版权局通过中国政府法制信息网公布《办法》(征求意见稿),对草案进行了反复论证、测算、修改。根据1999年至2013年全国城镇居民人均收支基本涨幅在1至3.5倍,图书、期刊、报纸平均单册(份)定价涨幅为1至2倍的情况,付酬标准调整为原创作品每千字80~300元(2至3倍),改编作品每千字20~100元(2倍),汇编作品每千字10~20元(2倍),翻译作品每千字50~200元(2.5倍),报刊刊载及转载作品每千字100元(2倍)。未提高版税率标准,版税是以比例的方式计算稿酬,不受物价涨幅等的影响,不给使用者增加不合理的负担。现有规定以指导性为主、指令性为辅的原则,既有强制性的内容,也有非强制性的授权规定。指令性是强制性的规定,体现在两个方面:一是报刊转载、摘编使用他人已发表作品的付酬必须适用规定的标准;二是当事人没有约定或者约定不明的,应该适用付酬标准。具体主要内容如下:一是基本原则是,除法律、行政法规另有规定外,以当事人约定优先。以纸介质出版方式之外的其他方式或在数字或者网络环境下使用文字作品,使用者可以参照纸质方式付酬。以纸介质出版方式使用文字作品支付报酬可以选择版税、基本稿酬加印数稿酬或者一次性付酬等方式。其中,版税是指使用者以图书定价×实际销售数或者印数×版税率的方式向著作权人支付的报酬,基本稿酬是指使用者按作品的字数,以千字为单位向著作权人支付的报酬,印数稿酬是指使用者根据图书的印数,以千册为单位按基本稿酬的一定比例向著作权人支付的报酬,一次性付酬是指使用者根据作品的质量、篇幅、作者的知名度、影响力以及使用方式、使用范围和授权期限等因素,一次性向著作权人支付的报酬。二是具体标准和计算方法。(1)版税率标准和计算方法。原创作品:3%~10%。演绎作品:1%~7%。采用版税方式支付报酬的,可以约定,预付首次实际印数或者最低保底发行数的版税,其中首次出版发行数不足千册的,按千册支付版税。(2)基本稿酬标准和计算方法。原创作品:每千字80~300元,注释部分参照该标准执行;演绎作品:改编每千字20~100元,汇编每千字10~20元,翻译每千字50~200元。支付基本稿酬以千字为单位,不足千字部分按千字计算。支付报酬的字数按实有正文计算,即以排印的版面每行字数乘以全部实有的行数计算。占行题目或者末尾排不足一行的,按一行计算。诗词每十行按一千字计算,作品不足十行的按十行计算。辞书类作品按双栏排版的版面折合的字数计算。(3)印数稿酬标准和计算方法。每印一千册,按基本稿酬的1%支付;不足一千册的,按一千册计算。作品重印时只支付印数稿酬,不再支付基本稿酬。采用基本稿酬加印数稿酬的付酬方式的,可以约定在交付作品时由使用者支付基本稿酬的30%~50%。除非合同另有约定,作品一经使用,使用者应当在6个月内付清全部报酬。作品重印的,应在重印后6个月内付清印数稿酬。三付酬基本要求。一次性付酬的,可以参照基本稿酬标准及其计算方法。使用演绎作品,除合同另有约定或者原作品已进入公有领域外,使用者还应当取得原作品著作权人的许可并支付报酬。无书面合同,或者合同未约定付酬方式和标准,应当按付酬标准的上限分别计算报酬,并不能以出版物抵作报酬;通过转授权方式在境外出版作品,但对支付报酬没有约定或约定不明的,使用者应当将所得报酬扣除合理成本后的70%支付。四报刊报酬。报刊刊载作品只适用一次性付酬方式。报刊刊载未发表的作品,除合同另有约定外,自刊载后1个月内,或者报刊转载、摘编其他报刊已发表的作品自报刊出版之日起2个月内,按每千字不低于100元计算;不足五百字的按千字作半计算;超过五百字不足千字的按千字计算①。

(二)演出主体其他产权

演出作品的方式多种多样,以演唱、朗诵、演奏等各种形式再现作品都是演出;演出可以在舞台上进行,也可以在舞台下进行;可以是对已经发表的作品的演出,也可以是对尚未发表的作品的演出。从理论上讲,演出有多少种使用方式,演出主体就有多少种权利。根据法律基本原则,权利范围包括法律不禁止的一切利益与责任,因此凡是没有进行明文限制,与演出有关的权利归演出主体。因此可以设定相应演出主体的其他权利。如"追索权",又称为"追续权",是指演出主体享有的分享其演出作品转售收入的权利,其目的是为了实现利益的均衡。演出主体,特别是青年演出主体对自己的演出而取得的报酬往往很少,等成名后才有价值,但是演出常常是有时间性限制的,所以这种价值的滞后性不符合演出主体付出的劳动。再如散布权,指演出主体享有授权以销售或其他移转所有权的方式,对公众提供录有其演出的录音物的专有权利,受"第一次销售理论"或"耗尽原则"限制,中国法律没有规定。再如机械演出权,是指借助于用机械设备如录音机、录像机、VCD、DVD等机械设备把歌曲或歌词、诗歌放出来,如宾馆、饭店、商店、歌舞厅为顾客播放音乐、歌曲等。简言之,演出主体机械演出权是指演出主体从机械演出其录音录像制品中获取收益的权利。国际上,法律规定的机械演出权的适用范围是相当宽泛的,是指用各种手段公开播送演出的演出主体权利,但是不包括广播电台、电视台的无线播放,也不包括电影演出等的放映行为,前者是演出主体的广播权,后者是作品的放映权。演出主体机械演出权在性质上是演出主体人格权与财产权的统一体,因为如果两者分离,演出主体机械演出权客体——以物质载体固定的演出就成为法律不予保护的演出,该权利失去存在的价值。目前来看,演出主体机械演出权内容主要体现为报酬权。我国1990年颁布的《著作权法》规定的演出权仅指现场演出,1992年国务院制定的《实施国际著作权条约的规定》中首次规定对外国作品的机械演出权进行保护;2001年修订《著作权法》增加了机械演出权②,自此,我国开始保护机械演出权。

第三节　演出主体权的行使

一、演出主体权的归属

演出主体权利行使的前提是明确权利归属,基于演出作品——除三自(自创、自编、自演)演出作品外,具有复杂性,如完美和瑕疵情况存在,也考虑演出情形的复杂性,所以演出主体权归属就不那么容易确立。在一般情况下,演出主体权的主体是演出主体,演出主体对自己的演出享有演出主体的专有权。应该在确定演出主体权属于演出主体原则的基础上,

---

① 参见《使用文字作品支付报酬办法》(2014年国家版权局与国家发改委第11号令)。
② 参见《著作权法》第10条规定:"演出权,即公开演出作品以及用各种手段公开播送作品的演出的权利。""公开演出作品"即为现场演出,"用各种手段公开播送作品的演出"即为机械演出。

再根据目前各类表演的特点确定其权利归属,一般存在三种情形。一是,对于演出主体独立性演出,即演出主体对自己独立承担责任的演出享有完全的演出主体权,这符合法律权利与义务相统一的一般原理,也跟著作权法原则一致,国内外法律都没有异议。具体而言,个体演员独立举办个人演出活动,一切演出主体权自然归该演员所有;由表演单位主持并提供主要物质条件,而且单位承担一切相关责任的演出,演出主体权应属于演出单位。二是,对于演出主体职务性演出的演出主体权归属,视情况而定。(1)一般职务性演出。演员为完成所在演出单位的工作任务而作的演出,演员作为演出主体享有演出主体权中的表明身份权、保护演出形象不受歪曲权和受奖励权或报酬权,其他财产权利应属演出单位所有。(2)特殊职务性演出。演出主体的演出是指按照演出单位意志编排,由演出单位主持和指导并提供物质条件,又由演出单位承担责任的,演出单位可视为该演出的演出主体。如演出单位组织编排和演出的戏剧、歌舞剧、音乐等。演出主体权一般情况下属于演出主体,但演员应该享有表明身份权、获得报酬权、奖励权以及对该演出财产权的延续权。(3)演员受演出主办者聘用所做的演出。这种受聘的演出,演员按约定的演出场次、演出期限或演出剧目进行,主办者则按约定的方式支付报酬。这类演出的演出主体权归属应该以约定优先,无约定的情况下,可参照"特殊职务性演出"原则处理,演员作为演出主体享有身份权和保护演出形象不受歪曲权,演出主办者则可享有演出的播放权和录制权等财产权利。三是,对于演出主体合作性演出,根据合作法律原理,如果属于法人型合作演出,参照"演出主体独立性演出"规则处理,该演出主体权都属于合作法人。合作型合作演出,一般情况下,演出主体权应属参加演出的演出主体(包括自然人、法人、组织)共有,另外双方另有约定的可以依据约定执行。合伙型演出,该演出主体权属于合伙演出主体(包括自然人、法人、组织),但是,财产权依据约定优先原则处理。

至于演出瑕疵作品的演出主体权归属,更显复杂。瑕疵作品是指不具有著作权法律保护的作品,也就是说著作权法没有明确规定这类材料属于"作品"范围。在实践中,这类作品主要有二类:一类是非著作权作品,指不违法但是没有得到法律明文规定保护的作品,如即兴演出、口头作品、武术、杂技等等;另一类是违法作品,指明显违法而且被法律禁止的作品,如盗版作品、剽窃他人的作品。而演出这些作品,因为问题的复杂性和或者立法本身的欠缺,法律没有明确规定演出主体的权利。理论界对这类作品的演出主体权归属问题存在如下几种不同观点。

(一)关于演出非著作权作品的演出主体权归属。

演出主体权是著作权观点的学者,根据演出主体权从属于著作权的理由,认为演出主体没有演出著作权法律规定的"作品",演出主体就不享有演出主体权。而持演出主体权是邻接权观点的学者,根据演出主体权是基于演出活动本身的创造性,而不是基于所演出的作品,认为只要演出活动本身合法,就应给予演出主体权保护。一般而言,只要演出主体演出的"作品"是法律不禁止的,就应该享有相应的演出主体权。从理论上来看,第一种观点明显有悖"法律不禁止即是权利"的原理,而且不符法律行为理论,及法律行为包括合法行为、违法行为、中性行为,也背离社会文化艺术实践,是与法律社会价值背道而驰的。第二种观点虽然直接且符合一般性思维,但否定了演出主体权的独立性。从各国和国际条约立法实践看,它们都有对非著作权法中"作品"演出主体权有确认的趋向,如我国著作权法规定了兜底条款,即作品包括"法律、行政法规规定的其他作品"①;相关公约最低要求规定适用各国的国内法,这意味着从另外一个角度承认了对于非著作权作品的演出主体权。从权利本位的社会实践看,演出主体演出自己创作的作品当然享有的演出权与演出主体权,如以一般作品来限制"三自作品",对演出主体显然不利,但承认著作权与演出主体权同时产生,却与"演出非著作权作品不能享有演出主体权"相违背的②。

(二)关于演出违法作品的演出主体权归属

持演出主体权的邻接权性质观点的学者,认为对演出主体权予以保护;而持演出主体权的著作权性质观点的学者认为,"毒树之果"不可食③,应该予以制裁。法律的基础价值是"惩恶扬善",对制作违法作品的人严惩合乎法律价值,但忽视与该违法作品相关人的利益,也有悖法律价值。正因为如此,对演出违法作品的演出主体权归属的确定,应该坚持如下标准:参照商业活动中的善意制度,应使符合条件的善意使用者不因为他人过错而付出代价;发挥法律预测功能,减少法律时滞性,在正当范围内平衡创作者、传播者、使用者之间利益;运用法经济学原理,综合评价演出违法作品的法制成本,保持守法成本远低于违法成本,鼓励艺术追求。因此,演出主体善意、经济、正当地利用违法作品演出,享有演出主体权,否则,法律应予以制止。

二、演出主体权行使限制

权利冲突是社会正常现象,表现为利益冲突与意志冲突,权利限制是减少权利冲突的基本机制,"对自由的限制换得了对自由的保障"④。在权利限制理论中,学者认为权利是"固有事物",国家法律可以在"权利外部设置限制",形成"受限制的权利",但这种限制只有在均衡本权利与其他权利或者公共利益时才体现出来;也有理论认为权利是由国家法律界定的,基于公共利益要求对权利进行"内部限制"⑤。无论哪种理论,在国际实践中表现为"权利竭尽"原则的贯彻上。"权利竭尽"原则也就是说演出主体的发行权仅存在于第一次出售的演出的录制物上,当录制物被演出主体售出或转让其所有权后,其权利就已耗尽,取得该录制物所有权之人可以基于对该录制物所有权的物权的支配权利,可以自由再次发行该录制物。虽然,不同国家法律对"权利穷竭"原则有不同规定,如德国的版权法规定"一次用尽",而在法国、比利时等国是"永远不竭",但是,承认"权利竭尽"原则作为对演出主体权限制的国家越来越多,如澳大利亚、新西兰、瑞士、日、美等国。国际条约也把"权利竭尽"原则作为对演出主体权限制明文规定,如《伯尔尼公约》、TRIPS、WPPT。

法律基于效用和公平的原则,对演出主体权予以保护,同时基于权利人与社会公共利益

①　参见中国《著作权法》第3条第9项。

②　郭子男.论表演者权[D].北京:中国政法大学,2003:4.

③　"毒树之果"是美国刑事诉讼中对某种证据的定性,意指"根据以刑讯逼供等非法手段所获得的犯罪嫌疑人、刑事被告人的口供,并获得的第二手证据",以非法手段所获得的口供是毒树,而因此获得的第二手证据是毒树之果。

④　奥特弗利德·赫费.政治的正义性:法和国家的批判哲学之基础[M].庞学铨,李张林,译.上海:上海世纪出版集团,2005:3.

⑤　Robert Alexy, A Theory of Cpnstitutional Rights[M]. translated by Julian Rivers, Oxford University Press,2002:178-179.

的协调以及文化资源公共财产性质,法律演出主体权须加以一定的限制,这是世界各国通行制度。就权利内容而言,演出主体人格权受永久性的保护,除了一些特殊权能,如演出主体的演出完整权外,对演出主体人格权的限制仅仅限于保护期限;对演出主体经济权的限制,无论在其行使方式还是保护期限都严厉而广泛。

(一)演出主体权的限制主要情形

权利限制的类型理论上可分为:自愿限制,指权利人以单方同意或者协议方式承受他人在自己产权上设置的负担;强制限制,指以保障公共利益、第三人利益为目的,公权机关强制对利人的利益上设定的负担,这是一种"权利克减"或"紧急失权"[①],国际实践主要表现为合理使用、强制许可以及权利期限的界定上。从权利限制的具体效力看,权利人有容忍义务[②],国家立法权有优先效力[③],使用人有免责效力。由于自愿限制不是严格意义上多数公权力限制,所以权利限制一般是指国家立法层面的强制限制,就演出法领域而言,常见实践限制情形包括合理使用、法定许可、强制许可、保护期限。特别是由于演出具有特定环节性,所以他人著作权也能够对演出主体权的限制。当演出主体演出他人的作品时候,演出主体必然要与其他著作权人发生联系,演出主体权要受到原作品作者权利的限制。这些限制主要表现为:除有法律特别规定的之外,演出主体演出他人作品应征得该作品作者的同意或授权,否则演出主体不能演出该作品或者违法演出该作品;演出主体就演出受益以支付许可费或者直接设定分享比例或者报酬的形式,向该作品的权利人支付报酬;演出主体尊重原作品作者的人格权,在演出作品时候,演出主体应该表明原作者姓名并忠实原作进行演出。此外,法定或依法推定的适用对演出主体权的限制,由于演出内容的意识形态性,国际社会对演出主体权的行使,常常通过法律或者以法律解释方式来明确或推定限制。如哥伦比亚的法律认为,与视听作品的制作有关的演出合同,暗含着有利于视听作品制作者的法定或依法推定,因为演出主体和录制者的目的在希望录制的作品能够得到广泛传播这一点上是相同的,因而演出主体允许演出被录制、复制及向公众传播[④],演出主体对于已经公开播送或公开传播的演出不再享有公共传播权。

从全世界范围看,常见的权利限制有十余种类型,我国《著作权法》做了十四类规定[⑤]。在此,根据我国法律可以分析出演出主体权的限制主要情形。合理使用各国都有规定,其基本条件是不经权利人许可且向其支付报酬,但指明作者姓名、作品名称,并不侵犯权利人享有的其他权利。但各国具体条件不同,如美国规定合理使用,判断因素包括:使用目的是否为商业目的而使用;作品的性质因作品类型的版权利用形式其合理界限不同;被使用部分与整个作品的比例是否适当,使用行为对作品潜在的市场价值重大影响。[⑥] (1)个人素养提升,如为个人学习、研究或者欣赏而使用,这是文化存在的基本价值。至于作品的范围没有限

---

① 莫纪宏,徐高.紧急状态法学[M].北京:中国人民公安大学出版社,1992:243.

② 李友根.权利冲突的解决模式初论[J].公法研究(第二辑)[C].北京:商务印书馆,2004:283-319.

③ 卡尔·拉伦茨.德国民法通论(上)[M].王晓晔,邵建东,程建英,徐国建,谢怀栻,译.北京:法律出版社,2003:86-87.

④ 参见《哥伦比亚著作权法》第14条。

⑤ 参见中国《著作权法》第22条、第23条。

⑥ 参见《美国版权法》第107条。

制,中国、俄罗斯等多数国家法律规定是"已经发表",但也有其他国家不强制要求,如意大利"通过手抄或其他不适于流通或公开传播的方式,复制单一作品或其中部分"①,日本"有限范围内使用"时,可以进行复制②。(2)阐释问题需要,如为介绍、评论、摘录、引用或复制某一作品或者说明某一问题而引用,这也是文化传承发展的应有之义。我国相关法律的限制条件是"适当"和"已经发表",国际规定有差异,如德国是"已出版"单独著作的"片段"③,意大利"片段"或"部分章节"④,而匈牙利宽松规定引用"某些部分"与使用引证的作品的特点和目的相称⑤,《伯尔尼公约》也规定为"正当需要范围内"⑥。(3)新闻使用,即为报道时事新闻在媒体中使用,在我国相关法律的限定条件是"时事""已经发表""不可避免",也是国际通行做法,如《伯尔尼公约》《日本著作权法》第四十一条与《匈牙利作者权法》第十九条及第二十条有相似规定。(4)媒体时事性文章使用,即报纸、期刊、广播电台、电视台等媒体刊登或者播放其他媒体已经发表的关于政治、经济、宗教问题的文章,但作者声明不许刊登、播放的除外。这也是国际公约和多数国家法律的规定,如《意大利版权法》第六十五条、《德国著作权法》第四十九条的规定,但《伯尔尼公约》规定的不同在于"具有同样性质"作品⑦。(5)公众集会讲话传播,即媒体刊登或者播放在公众集会上发表的讲话,除非演讲者禁止刊登、播放。公众集会讲话虽本身具有公开性质,但公众集会性质与原有决定讲话目的差异,因而并非所有讲话都需公开,国际上多数国家法律多有一致性规定。如《意大利版权法》第六十六条、《德国著作权法》第四十八条规定,《伯尔尼公约》第二条将公开讲话处置权赋予成员国国内立法。(6)教学科研利用,即为学校课堂教学或者科学研究,翻译或者少量复制已经发表的作品,但禁止出版发行。教学和科研活动都需要知识的积累,离不开对已有成果利用,为此,许多国家法律以及国际条约都把为教学或者科学研究的目的而少量复制他人作品纳入合理使用的范围。如《日本著作权法》中的第三十三条规定了"学校教育目的"、第三十四条规定"学校教育节目的广播"、第三十五条规定"教育机构复制"、第三十六条规定"试题"复制,可见对教育的偏爱。⑧ (7)执行公务,即国家机关为执行公务目的,在合理范围内使用已经发表的作品。执行公务需要与使用范围匹配,不能随意扩大,国外对"合理范围"作了规定,如德国法律规定,为诉讼程序的顺序进行允许"单个复制物",为司法及公安目的可以复制"肖像"⑨。(8)馆藏保存需要,即图书馆、档案馆、纪念馆、博物馆、美术馆等,为陈列或者保存版本的需要,复制本馆收藏的作品,但不能在馆与馆之间复制藏品,如《日本著作权法》第三十一条、《意大利版权法》第六十八条对此有详细规定。(9)免费表演,即非营业性的演出,表演已经发表的作品,既不向公众收取费用,也不向表演者支付报酬。免费表演不同于公益性义演,因为义务演出组织者向公众收费,支付演员的演出费与作者付酬。各国具体规定的存在

---

① 参见《意大利版权法》第 68 条。

② 参见《日本著作权法》第 30 条。

③ 参见《德国著作权法》第 51 条。

④ 参见《意大利版权法》第 70 条。

⑤ 参见《匈牙利作者权法》第 17 条。

⑥ 参见《伯尔尼公约》第 10 条。

⑦ 参见《伯尔尼公约》第 10 条。

⑧ 参见《日本著作权法》第 33 条至第 36 条。

⑨ 参见《德国著作权法》第 45 条。

差别,如日本法律规定"不以营利为目的",且"不收取听众或者观众的费用"①;而美国法律规定,宗教性演出或者为残疾人表演才是合理使用。(10)室外艺术作品,即对设置或者陈列在室外公共场所的艺术作品进行临摹、绘画、摄影、录像。设置或者陈列在室外公共场所的艺术作品主要指设置在广场、街道、路口、公园、旅游风景点及建筑物上的绘画、雕塑、书法等。条件是"室外公共场所"与"临摹、绘画、摄影、录像",而不能用直接接触的方式使用这些艺术作品,比如不能拓印。室外公共场所的艺术作品本来就是供人利用的,所以单独立法的不多,不过其他国家也有这种规定,如俄罗斯法律规定,除机械拓印外,用"任何方法"临摹和复制陈列公开场所(不包括展览会和博物馆)的造型艺术作品②。(11)主体语言转化少数民族语言,即在我国将中国公民、法人或者其他组织已经发表的以汉语言文字创作的作品翻译成少数民族语言文字作品在国内出版发行,是我国的特色规定,符合我国多民族国家的国情,世界上有类似规定的国家不多,《伯尔尼公约》和《与贸易有关的知识产权协议》也没有这样的规定。这一制度的条件是"文字作品""已经发表"、单向由汉语到少数民族语言、中国人织创作的、中华人民共和国领域内。(12)盲文豁免,即任何人可以将已经发表的一切作品改成盲文出版,这是人权的基本要求和实现。《俄罗斯民法典》第四百九十二条、我国台湾地区著作权相关规定第三十条有相似规定。(13)官方教科书,即为实施九年制义务教育和国家教育规划而编写出版教科书,除作者事先声明不许使用外,可以不经著作权人许可,在教科书中汇编已经发表的作品,但应支付报酬。根据法定许可使用他人作品时,向著作权人支付报酬,一些国家规定,编写出版教科书使用他人作品属于法定许可的范围,例如《日本著作权法》第三十三条规定的学校教材书包括中学或高等学校用书;《德国著作权法》第四十六条规定"只为教堂、学校或者教学使用的""汇编物"。

(二)限制演出主体权行使的立法实践

1.在国家或地区对演出主体权限制立法的发展。我国澳门特别行政区法规对演出主体权限制主要规定了私人自由使用权和法定改动权。(1)私人自由使用。除另有法律规定外,私人可以自由使用作品。其中"私人使用"是指戏剧作品、戏剧音乐作品或电影作品的演出、文学作品的朗诵、音乐作品的演奏及其他对已发表或出版的作品进行传播的方式,只要非以谋利为目的及非在公众开放的地点内进行。"自由使用"是指为达到时事报道的目的而将有关部分加插在时事报道内,在本地区的官方活动中及在宗教活动中演奏音乐作品或文学音乐作品,只要演奏者的演奏属无偿且如公众可欣赏该演奏亦属免费欣赏者,以摄影、录像、拍摄电影或其他类似的方式将安放在公众地方的艺术作品进行固定。但是,在私人自由使用时,不得妨碍该作品的一般经营,也不得以无合理解释的方式损害作者的正当利益。而使用者应该尽以下义务:尽可能指出作者的身份及作品的名称,由进行复制的实体给予作者一项按衡平原则定出的报酬;从规定看,私人自由使用类似于合理适用。(2)法定改动权:就某作品的使用具有无须经作者事先同意的法定使用权者,即有权透过翻译或其他形式改动作品,但仅以对所获准的使用属必要者为限③。

日本法律规定演出主体的权利的录音权和录像权专有权,不适用于获得拥有规定权利

① 参见《日本著作权法》第38条。
② 参见《俄罗斯民法典》第492条。
③ 参见澳门特别行政区第43/99/M号法令,第60条、第61条、第62条、第66条。

的人的许可在电影著作物上录音或录像的演出。而演出主体享有广播或有线播放专有权，不适用有线广播等媒体经权利人许可的录音或录像的演出。此外，广播事业者经权利人许可播放演出，但合同另有约定、为了不同节目进行录音或录像的不在此限[1]。

英国法律对演出主体权一般性产权限制体现在教育中使用演出。依据规定，以教育单位的教师和学生以及其他与该单位的活动有直接联系者为观众而演出，而且该演出是以教学目的或者是教师或学生在该单位活动过程中进行的演出。教育演出应同时具备主体的教育密切性、目的与过程的教育密切性、演出对象的有限性三个条件。而且，对精神权方面规定了例外情况，比较有特色的如"为任何商品或服务做广告而使用""避免犯罪""遵守法定职责"，避免节目中包含"品位不好或有违高雅""或有害公序良俗"的内容等[2]。

在美国，对音乐作品的著作权人的权利保护比较全面，而关于限制其他演出作品的权利的规定很全面。音乐作品的版权人通常将其作品的非戏剧的公开演出的许可授权给集体管理机构（CMOs）。美国的三个主要集体管理机构为 ASCAP（美国作曲家、作家和出版商协会）、BMI（美国广播音乐协会）和 SESAC（西塞克表演权协会）。集体管理机构代表权利人通常与其他国家的集体管理机构签订互惠的协议，许可所代表的权利人的作品。美国现行的 1976 年《著作权法》，经 1988 年修订，1998 年对《美国数字千禧版权法》第三章进行了完善。美国著作权法第 106 条至 122 条提供的版权人的专有权作了限制，涵盖演出和播放方面，包括文学、音乐、戏剧的舞蹈作品、哑剧、动画和其他影音作品，公开演出、公开播放。规定下列演出和播放行为不侵权。如除另有规定外，私人家庭中通常免费使用；公众场所播放合法广播或电视台发出的，或通过电缆或卫星发出的影音作品，非戏剧音乐作品的演出或播放的传送或转播，旨在供一般公众接收，但需满足下列条件：饮食场所的外的公共场所面积、播放扬声器预备影音设施数量、受众免费接收、不超范围传播或转播。而且，美国法律对某些演出和展出作了特别免责规定。如在播送过程中演出一部非戏剧性文学或音乐作品或展出一部作品，但须具备下列条件：演出或展出是非营利教育活动的正规部分、直接关系到播送的教学内容、主要目的是由受众收听收看；在礼拜堂或其他宗教集会场所做礼拜时演出；完全免费演出的条件是不直接或间接地索取入场费，收益扣除合理的演出费用以后专门用于教育、宗教或慈善事业，通知应用书面形式并由权利人或其代理人签字，通知至少在演出前七天向演出负责人发出；演出不向超出机构所在地以外播送，并且演出是在出售地点邻近进行；视听障碍的人播送条件是政府机构或非商业性教育广播台或者无线电转播授权或者电缆系统；由非营利组织主办或赞助的社交集会上演出。此外，美国法律通过自动点唱机进行公开演奏作品的专有权利进行限制，即公开演奏场所的业主对此类公开演奏不负侵权行为的责任，但如该业主亦即该自动点唱机的经营人，或拒绝或用邮件充分说明自动点唱机经营人的身份；自动点唱机的经营人通过提出申请，将证明张贴在点唱机上，支付版税视为取得强制许可证[3]。

2.国际条约对演出主体权的限制发展。《伯尔尼公约》规定"最小保留"或"最小例外"原则，最小例外原则应是对完全非商业性的限制或例外。在 TRIPS 第 9 条第 1 款缺乏明示排

---

① 参见《日本著作权》第 91 条、第 92 条、第 93 条。

② 参见《英国著作权法》第 34 条、205E、205G。

③ 参见《美国著作权法》第 110 条、第 116 条。

除的情况下,并入 TRIPS 的《伯尔尼公约》第 11 条,包括了这些规定的整个制度,这包括对相应的专有权提供最小例外的可能性。《伯尔尼公约》较小例外原则,并入了 TRIPS,并入该协议的《伯尔尼公约》内容,允许成员以强制性许可替代作者的专有权,或确定其他条件,只要他们不损害权利人获得公平报酬的权利。TRIPS 协议与《伯尔尼公约》的关系上规定:各成员应遵守《伯尔尼公约》(1971 年)的规定,但是,各成员据本协议不享有该公约授予或派生的权利。根据 TRIPS 协议第 13 条要求,各成员对专有权做出的任何限制或例外,仅限于某些特殊情况,且与作品的正常利益不相冲突,且不能不合理地损害权利持有人的合法利益。

《罗马公约》列举了对演出主体权限制内容,规定了使用邻接权所保护的演出、录音制品及广播节目时,可以不经权利所有人同意、也无须付酬的四种特殊情况:私人使用;在时事报道中有限的使用;广播组织为编排本组织的节目,利用本组织的设备暂时录制;仅仅为教学或科学研究目的而使用。此外,公约还允许成员国自行以国内立法规定颁发强制许可证条件,但颁发强制许可证不得与公约的基本原则相冲突。WPPT 将演出主体的公开演出权限于"以扩音器或其他器材"公开演出其演出,并不及于其他公开演出的行为,且演出被重制后或公开播送后再以扩音器或其他器材公开演出的行为,也不在演出的著作财产权范围内,也即对于演出"以扩音器或其他器材"对公众的演出,应经演出的著作财产权人的授权,一旦演出经其著作财产权人授权录制或进行现场转播后,对于该演出重制物的"以扩音器或其他器材"公开演出,或现场转播后的再"以扩音器或其他器材"公开演出,就不必再经演出的著作财产权人的授权。

三、演出主体权的实现

演出主体行使演出权的方式总体可以归为自己行使与授权他人(包括演出主体协会和演出经纪人)行使。演出主体权通常以下面几种方式来行使:自己以各种方式公开其演出,也称活演出或者现场演出;授权电台、电视台传播或者网络等方式现场转播其演出;授权他人将自己的演出录制成录音录像制品予以复制发行;演出被制成录音录像作品发行后,该复制件的购买人对其进行商业性使用的行为,也称机械演出行为,比如饭店、机场、酒吧、歌舞厅等娱乐场所使用上述录音录像制品的行为;演出主体将演出的录音录像复制件用来出租的行为。

法律规定对作品演出权的使用由演出主体与著作权人订立使用合同。但在国际惯例和实践上,演出主体权也往往许可演出经纪人公司或者演出经纪人个人行使,一般由演出举办者与演出经纪人公司或者演出经纪人个人订立演出合同。而且,由于著作权人可以许可著作权管理机构行使著作权,演出主体使用他人作品演出,一般由演出举办者与著作权人或著作权集体管理机构订立许可使用合同。所以,演员直接与著作权人订立合同很少,特别是著名演员。因此,这种被著作权集体或演出经纪人公司控制演出主体权,不利于对演出主体权的保护,从发展来看,为了保护公平,需要促进著作权人与演出主办者签订演出合同。

演员个人的人格权通过民事或契约法则来实现,至于组织演出主体人格权,根据拟制人格制度,演出单位可以通过一定方式对自己人格权利进行保护。演出主体经济权类型不同实现途径也有差异,多数情况下是通过演出主体许可来实现的。演出主体对独立经济权利,即禁止他人未经其许可而将其演出的录音录像、现场播放、信息网络传播及对录有其演出的录音录像制品的复制发行和通过信息网络传播,可以通过完全许可方式实现,其实现的方式与一般财产权没有区别。演出主体对非独立经济权利,因为它们与著作权人或录制者共享权利,其实现方式受到一定限制。这一规定与国际公约及各国立法相一致①。

具体权利实现方式,特别是演出主体产权实现方式有十余大类。复制,即以任何物质形式制作一份或更多份,包括临时存入计算机内存;发行,即通过出售或其他转让原作或其复制品的行为,复制件是记录该录制品的任何物质载体的形式;公开放映,即直接或借助于技术手段在屏幕上演示原件或复制件,以及不按先后顺序在超出通常家庭范围的人数众多的公开场所或自由出入场所放映某些镜头,而不问该载体是否被接收;进口,即为发行目的而进口原件或复制件;出租,即有偿让他人在约定期限内使用原件或复制件;公开表演,即由活的表演或借助于技术手段表演,以及在自由入场的公开场所或者在超出通常家庭范围的人数众多的场所放映作品,而不论该作品是是否被接收;无线播放是指通过广播或电视(包括转播)公开播放(包括展示或表演)演员作品,或者使演员作品产生视觉和/或听觉效果的任何行为而不论受众是否实际接收,或者卫星从地面站接收信号再从卫星转输信号从而使用作品能够为公众感知而不论受众是否实际接收,或者无线广播组织或经该组织的同意向不限范围的人群提供编码信号;有线播放即借助于电缆、导线、光纤或类似手段通过广播或电视使载体为公众感知(包括转播),或者由有线广播组织提供给不限范围的人群编码信号;转发,是指通过卫星通信,包括卫星通信,或是无线电或电视广播或电缆或电缆广播;翻译或改编,是指创作演绎演员作品,如加工整理、改编乐曲及类似作品,或对音乐数据库进行的任何改变,包括将它们从一种语言翻译成另一种语言;公开发布,使任何人能够根据自己的选择在任何地点和任何时间获得音乐载体;公开表演是在公共场所,借助技术手段进行表演,或者在超出通常家庭人数的不特定公众场合进行表演;职务作品使用规定,雇主有权在任务所限范围内使用并发表作品,但雇主与创作者(即工作人员)的合同有不同规定的除外。

此外,在同一个共有载体寄予的权益中,各共有权人按照法律规定或者共同约定,依份额或者平等地享有权利和承担义务,任何个体不得滥用权力或者妨碍其他共有人行使权利,损害其他共有人的利益。共有产权制度核心内容是共有种类认定,其中推定原则,以意思自主优先,共有人间无约定或约定不明确的,除共有人具有家庭关系等外,视为按份共有②,也有视为共同共有③;共有人平等、独立权利行使,以不损害其他共有人利益且善意为原则,归规定共同共有人行为受共有目的的拘束,按份共有人对他人转让份额有优先权。共同表演权人对于共同表演成果共同享有,对于不可分割的公共表演,每个表演者均有权独立采取措施保护该表演,具体行共有权的顺序是:共同表演团体的负责人行使;没有负责人时根据共同表演权人之间协议行使;共同表演权人之间无协议或者约定不明确的,共同表演权人共同行使。其中,不可分割的音乐表演,表演团体中每个成员无充分理由,无权禁止其他成员使用该共同表演成果;除非另有全体表演者公共约定的规定,对于具有独立意义的共同表演部分,创作该部分的表演者可以自主决定使用。

---

① 贾继红,关光明.表演者权利浅析[N].人民法院报,2003-12-07(11).
② 参见中国《物权法》第103条。
③ 参见《民法通则意见》第88条。

第八章
演出合同

合同在不同层面都均得到应用,如劳动合同、行政合同、民事合同、商事合同等。而演出合同是民事合同、商事合同,虽然也可能涉及少数行政合同,特别是在执行公益性演出中,至于劳动合同属于用工问题。因此这里分析的合同是平等主体的自然人、法人、其他组织之间设立、变更、终止演出过程中形成的法律权利义务关系的协议。

合同制度主要保护动态的财产关系。在实践中,对表演活动及其结果的使用,除法律规定外,主要通过签订演出合同进行。针对演出市场屡屡出现的演员罢演、公司倒卖批文、演出费用"三高"(高出场费、高场租、高票价)等问题,除完善演出市场准入制度促进规范竞争外,需要全面推行契约制度,强化演出市场的法治与诚信意识。为此,我国1998年、2004年的《营业性演出管理条例实施细则》设立"合同规则""演出合同"单章。演出合同是规范演出活动的基础,演出合同是在合理、平等的基础上签订的,受法律的保护,合法演出合同维护演出单位和个人的合法权益;合同有利于规范演出市场秩序,用合同的形式确定当事人权利、义务,达到保障合法、促进依法演出的目的;演出合同保障演出节目的质量与内容,促使演出单位或演员创新剧目,满足演出市场需求,促进艺术的生产。我国现有的演出法律制度只在原则性上规定,在营业性演出中,演出单位之间、演出单位与所邀请的演员之间应签订演出合同。要求在举办营业性演出活动中,演出单位之间、演出单位与所邀请的演员之间签订演出合同;非演出经纪机构(委托人)需要举办组台演出或涉外演出的,与演出经纪机构(受托人)签订委托合同;演出经纪机构举办组台演出,与所邀请的文艺表演团体、个体演员、业余演员签订演出合同;演出经纪机构、文艺表演团体邀请在职演员演出的,与其所在单位签订演出合同[1]。这些规定虽然都没有对合同形式提出要求,但是符合演出实际,特别是民间演出活动很多是口头形式。2004年修改案提出,举办营业性演出活动中,演出单位之间、演出单位与所邀请的演员之间、演出单位与有关的非演出单位之间签订"书面"演出合同;并大体对演出合同进行分类,包括演出经营合同、演出经纪合同、演出场地租赁合同、演出器材租赁合同、演出赞助或者投资合同等[2]。为适用演出市场发展,法律制度应强化经营性演出各个环节演出合同制度,并对合同的签订和内容进行可操作性的、详细的规制,用法治保障信用。根据中国有关法规和演出实践,演出合同种类有不同种类,根据演出主体类型常常采用的合

---

[1] 参见1998年中国《营业性演出管理条例实施细则》第24条、第26条、第27条。
[2] 参见2004年中国《营业性演出管理条例实施细则》第17条。

同,演出合同可以分类。对于文艺表演团体而言,演出合同主要包括演出项目合作投资合同、演出项目融资合同、演出项目赞助合同、演出剧本委托创作合同、外出导演及主要演职人员劳务合同、参加组台演出合同、巡演合同、演出剧目经纪合同、演出服装(道具)器材买卖(制作、租赁)合同、运输合同、演出宣传传播合同等等。对于演出场所经营单位,演出合同包括演出场所租赁合同、演出场所演出分成合同、票务代理合同,演出场所演出经纪合同、舞台舞美灯光音响设备买卖(租赁)合同、演出安全保卫合同等等。对于演出经纪机构,演出合同包括演出项目推广居间合同、演出项目推广大力合同、演出项目推广经纪合同、艺人经纪合同、投资创作演出剧目合同、国外来华演出巡演合同、承办组织演出合同、演出服装(道路具)器材买卖(制作、租赁)合同、运输合同、演出宣传传播合同等等。对于个体演员,演出合同包括参加组台演出合同、艺人经纪合同、举办个人演唱会合同、演出服装(道具)器材买卖(制作、租赁)合同等等。对于个体演出经纪人,演出合同包括剧目演出推广剧间合同、剧目演出推广代理合同、参加组台演出合同等等。对于票务公司,演出合同包括票务总代理合同、票务一般代理合同、票务设备买卖(租赁)合同、运输合同、演出宣传传播合同、投资演出项目合同等等。对于舞台舞美搭建公司,演出合同包括舞台舞美灯光音响工程承揽合同、舞台舞美灯光音响设备运输合同、舞台舞美灯光音响设备买卖、租赁合同等等。对于演出经纪人,演出经纪合同分为演出项目委托合同、演出项目行纪合同、演出项目居间合同。

可见演出合同之广泛,作为演出法视域下的演出合同,重点研究一般合同内涵覆盖以外的、具有演出根本特性的演出合同,所以本书中所指演出合同是特指与现场演出直接的演出经营合同与演出经纪合同,而不包括与演出有关的物品、设施等物质及其他辅助性合同,如物品购买合同、著作权合同、广告合同、场地租赁合同、运输合同、餐饮娱乐合同。

第一节　演出合同概述

一、演出合同的概念

演出合同有广义和狭义之分。广义的演出合同是指当事人为了实现演出活动的目的而达成的协议。狭义的演出合同是指演出组织者与演出实施者之间为开展特定的演出项目所签订的、规定双方演出权利义务关系的协议。所有演出合同一经成立,对合同当事人有约束力。对于演出合同,国内外对它有不同的理解,国内多把它等同于著作权人的表演权许可使用合同,即指著作权人与演出主体订立的容许演出主体以某种表演方式使用作品而由著作权人收取报酬的合同。这是邻接权法律制度国家或地区的通行做法。有些法域规定了演出合同概念,如澳门特别行政区法规定的舞台表演合同,是指作者许可一承办人促使将作品公开进行舞台表演之合同。[①] 而意大利法规定的公演合同,是指作者授权公演戏剧、音乐剧、舞蹈、哑剧或其他专供演出的作品的合同。[②] 如我国合同法规定了十五类合同,实践中大量的无名合同又称非典型合同,在法律上尚未确立一定的名称和规则的合同。

---

① 参见澳门特别行政区第 43/99/M 号法令第 94 条。

② 参见《意大利著作权法》第 136 条。

演出合同是指演出主体及其经纪代理人与演出实施者(包括演出举办者或承办者及其代理人)约定的,由演出主体依据演出实施者要求演出文艺节目,演出实施者依约支付报酬或者不支付报酬的合同。演出合同与演出相关合同存在区别。演出主体权许可使用合同,是指演出主体许可广播电台、电视台或音像录制者对自己的表演进行播放或者录音录像的合同。委托合同是委托人和受托人约定,由受托人处理委托人事务的合同。由特定的当事人亲自处置的事项,不委托受托人处置。行纪合同是行纪人以自己的名义为委托人从事贸易活动,委托人支付报酬的合同。委托人不对行纪人的行为承担法律后果。居间合同是指居间人向委托人报告订立合同的机会或者提供订立合同的媒介服务,委托人支付报酬的合同。凡具备从事居间人的知识、能力、从业条件的法人、公民均可以成居间人。

依据理论与合同法实践,演出合同在发生率性质上可以进行不同角度的分析。演出合同是双务合同,是当事人双方互相承担对待给付义务的合同,特别在聘用演员演出合同中,演员与聘用方均承担合同义务,双务合同是演出合同的主要形态。但对于免费演出合同是单务合同,即演出方没有演出对价回报,举办方不存在对待给付关系。演出合同多是有偿合同,特别是营业性演出合同,一方依据合同享有权益须给付相应代价。公益性演出合同多数是无偿合同,一方享受利益时不需要支付代价的合同,实践中主要有免费演出合同、无偿借用合同、无偿保管合同等。演出合同是诺成合同,缔约当事人双方意思表示一致、不需交付标的物就成立的合同。狭义演出合同的标的是演出,如果采取实践合同形式,就等于演出完成合同才能够成立,显然不可行。演出合同多数是不要式合同,法律规定对演出合同一般不会规定采取一定形式,允许当事人自由选择合同形式,但一般要求采取书面形式订立演出合同,特别是涉外演出合同。不过实践中,民间剧团演出合同存在大量的口头约定形式。演出合同多是无名合同或非典型合同,即一般法律上没有赋予演出特定名称并设有规范,因为演出形式繁杂,法律既无必要也没有可能穷尽演出形式。非典型合同大体可归为三类:纯粹非典型合同,即法律完全没有规定合同内容,或者合同内容不属于任何典型合同所涉事项的合同;混合合同,即由多个有名合同内容不同条款构成的合同;准混合合同,即在一个有名合同中规定其他无名合同事项的合同。从我国演出实践看,演出合同包含这三类非典型合同,其基本规则是:"法律没有明文规定"的适用合同法总则规定,并"可以参照""其他法律最相类似的规定"①。

演出合同具有三个主要特征。一是演出合同主体资格的特殊性。演出主体包括法人和自然人,法人是指具有演出许可证的组织,自然人是指依法持有演出许可证的个人。合同主体具备一定的资质和授权,至少有一方主体应该为艺术表演团体、演出经纪机构、演出场所经营单位、个体演出经纪人、个体演员等演出市场经营主体。其中邀请香港特别行政区、澳门特别行政区和台湾地区及外国文艺表演团体或个人举办营业性演出的,即涉外演出由具有相应资质的演出经纪机构与所邀单位、个人签订演出合同。当事人各方身份的合法性,保证为本合同所提供的各种文件资料的真实性、合法性。二是合同标的的特殊性与书面合同的程序性。演出合同标的是演出项目,至于与演出有关的道具、设施、舞台设备等不是演出合同标的。演出合同内容的意识形态性决定文艺演出带有强烈的意识形态和政治性,演出活动的内容不含有禁止性内容,演出具有特定性。我国法律规定,订立演出合同必须符合法

---

① 参见中国《合同法》第124条。

律、行政法规,需要审批的演出活动获得批准后其合同方可生效;变更经批准的合同的主要条款的,按规定重新报批①。三是演出合同当事人权利与义务复杂性。演出合同以设立、变更、终止演出权利义务关系为目的,这意味着,尽管演出合同主要是舞台演出关系的协议,但涉及各类权利义务关系,如演出设施设备关系、演出人员身份关系;当事人设立演出权利义务,或者通过演出合同使原有的演出权利义务改变,当然也可以凭借演出合同使原有演出权利义务消灭。演出主体通过表演合同而依法获得的演出主体权利,演出合同是当事人意思表示一致的协议,演出合同是双方或多方法律行为,须有演出方与受演方或多方当事人;当事人各方均从自己的利益出发做出意思表示,并且当事人的意思表示达成一致,使各方做出的意思表示内容互相吻合。此外,演出合同当事人权利不损害观众和委托人的合法权益;演出委托人或举办者除了保护自己的权益外,也不损害著作权人、演出者、观众和社会其他人的权益。

演出合同形式一般分为法定演出合同形式和任意演出合同形式。任意演出合同形式亦称合意合同形式,在不违背法律规定的条件下,由当事人协商选择。法定演出合同形式是由法律直接规定,当事人不能任意变更或选择。依据中国《合同法》以及《联合国货物买卖合同公约》规定,除另有规定外,合同可以采取书面形式、口头形式或者其他形式。澳门特别行政区第43/99/M号法令第九十四条规定,舞台表演合同须以书面方式做出。中国《著作权法实施条例》第三十二条的规定,著作权许可使用合同除报社、杂志社刊登作品外,采取书面形式。2006年《营业性演出管理条例实施细则》规定,签订演出合同必须符合法律、法规及本实施细则的规定,依法办理审批手续,变更经批准的合同的主要条款的,按规定重新办理手续。根据国家工商总局《经纪人管理办法》的规定,除即时清结者外,须与委托人签订书面合同。根据我国有关规定,演出合同订立范围包括举办营业性演出活动,演出单位之间、演出单位与所邀请的演员之间、演出单位与有关的非演出单位之间签订书面演出合同;邀请个体演员参加营业性演出签订演出合同;邀请营业性文艺表演团体的在职演员和专业艺术院校师生参加营业性演出,与其所在单位签订演出合同;营业性文艺表演团体或者演出经纪机构举办营业性演出的,与演出场所签订演出合同,参加组台演出的单位和个人与演出经纪机构签订演出合同。

根据不同的分类方法,演出合同可以分诸多种类,按照演出形式分:联合演出合同指文艺表演团体对联合演出签订明确双方权利义务的合同;组台演出合同指由演出经纪机构与参加演出的单位或个人明确双方演出权利义务的合同;出租场地演出合同是营业性演出场所与演出方就使用场地演出事宜签订的演出合同;借聘演职员合同是借聘单位与演员所在单位或个体演员之间为使演职员参加借聘单位的演出活动而确定的合同;演出委托合同是委托方将自己出资或发起的演出活动交给受托方处理的合同;涉外演出合同是具有资格的演出单位为引进外国的文艺表演团体、个人,或者为派出国内演出团体而签订的演出合同;募捐义演合同是就募捐演出活动而签订的演出合同。

二、演出合同的基本制度

演出合同遵循合同法基本规则,其订立与一般合同订立要求基本一致,合同订立程序包

---

① 参见1998年中国《营业性演出合同实施细则》第25条,2004年修改案第18条。

括要约与承诺。

要约又称发盘、出盘、发价、出价、报价等,依美国《第二次合同法重述》第 24 条的规定,要约是对即时进行交易的愿望的表达。大陆法系国家民法一般未对要约做出界定。两大法系对要约性质的理解也有不同,大陆法系认为要约是一种意思表示,是订立合同的一个环节或要素,不是法律行为或是一种附条件的法律行为;英美法系把要约视为当事人的一种允诺。关于要约的构成要件,英国合同法、美国《第二次合同法重述》、法国合同法、《欧洲合同法原则》《联合国国际货物销售合同公约》《国际商事合同通则》《合同法》等条规定要约成立具备的要件:要约是特定人向特定相对人发出、必须具有缔约目的和拘束力、内容必须明确具体。其中,合同公约规定"如果要约中定明了货物并且明示或暗示地规定数量和价格或规定如何确定数量和价格,即为十分确定"①。要约的生效时间,因要约的形式不同而有所差别:口头要约,除当事人另有约定外,随对方的即时承诺而生效;书面要约,各国立法例和学说有两种主张即发信主义与受信主义,世界上许多国家包括中国和国际公约都采用受信主义。英美普通法认为,除非要约人采用签字盖印式的要约,或者该要约有对方"对价"支持,否则,要约人不受该要约的约束。至于要约的撤回和撤销,英美法系限制较少,大陆法系一般不允许撤销要约。在我国,要约可以撤回和撤销,撤回要约的通知在要约到达受要约人"之前或者同时"到达受要约人;撤销要约的通知在受要约人发出承诺通知"之前"到达受要约人,禁止撤销情形有要约人确定了承诺期限或者以其他方式明示要约不可撤销、受要约人有理由认为要约是不可撤销并且已本着对该要约的依赖行事②。要约有效及生效基本情形:(1)要约必须具有订立协议的目的,而且要约内容明确具体;(2)书面要约,到达受要约人时生效;(3)数据电文合同,进入收件人指定特定计算机系统时生效;(4)未指定特定计算机系统的,进入收件人的任何计算机系统的首次时生效。要约失效情形:(1)拒绝要约的通知到达要约人;(2)要约人依法撤销要约;(3)受要约人在承诺期限届满未做出承诺;(4)受要约人对要约的内容做出实质性变更,即受要约人对合同主要条款修改。

承诺,是指受要约人同意接受要约的意思表示,又称接盘、接受。承诺的内容须与要约保持一致,受要约人禁止对合同标的、数量、质量、价款或者报酬、履行期限、履行地点和方式、违约责任和解决争议方法等的实质内容进行改变或者删除,否则该承诺成为新的要约。而公约规定有关货物价格、付款、货物质量和数量、交货地点和时间、赔偿责任或解决争端等变更,均视为实质变更,实质变更视为反要约或新要约。承诺的做出可以声明或行为表示,但缄默或不行为本身不等于承诺③。如果根据交易习惯或者要约表明可以通过行为方式做出承诺,则该行为也构成承诺。承诺的内容与要约的内容一致,是英美法与大陆法两大法系一致的原则。承诺在要约确定期限内到达要约人。德国法规定"对向非在场人发出的要约,只能在通常情况下可预期到达的时间内做出承诺"④。《国际商事合同通则》规定"如果未规定时间,应在考虑了交易的具体情况,包括要约人所使用的通信方法的快捷程度的一段合理

---

① 参见《联合国国际货物销售合同公约》第 14 条。
② 参见中国《合同法》第 17 条、第 18 条、第 19 条,《联合国国际货物销售合同公约》第 16 条。
③ 参见《联合国国际货物销售合同公约》第 18 条、第 19 条。
④ 参见《德国民法典》第 147 条。

的时间内做出承诺"①。承诺生效时合同成立,这是最普遍的规则。对于承诺的生效时间界定,两大法系不同。承诺生效时间上大陆法系国家采用到达主义,英美法系国家一般采用发信主义。大陆法系采到达主义或送达主义,即承诺的意思表示到达要约人支配的范围内时生效。如德国法规定承诺意思表示于"通知到达要约人时"发生效力②,《联合国国际货物销售合同公约》、中国《合同法》亦然:"承诺通知到达要约人时生效"③。英美法系采发送主义或送信主义,即承诺的意思表示是以邮件、电报方式做出,则承诺于投入邮筒或交付电信局时生效,除非要约人与承诺人另有约定。在英美法系国家,承诺的撤回是不可能的;大陆法系国家认为,受要约人有权决定承诺。一般情况下,承诺生效时合同成立,即承诺通知到达要约人时合同成立并生效。至于承诺迟延又称迟到的承诺,除要约人及时通知受要约人该承诺有效的以外,迟到的承诺无效;如承诺因意外原因而迟延的,除要约人不接受外,该承诺有效④。公约分情形规定逾期承诺的效力:(1)对于逾期的承诺,如果要约人毫不迟延地用口头或书面将接受的意思通知承诺人,则该逾期的承诺有效;(2)如果载有逾期承诺的信件或其他书面文件表明,它是在传递正常、能及时送达要约人的情况下寄发的,除非要约人毫不迟延地用口头或书面通知承诺人的承诺失效,则该承诺有效⑤。但是合同可以附条件、期限,合同生效依据条件与期限确定;法律、行政法规规定应当办理批准、登记等手续生效的合同,办理手续后生效。合同成立时间确认顺序规则:确认书设立时间,双方当事人最后签字或者盖章时间,一般承诺生效时间。合同的实际成立,即当事人未采用法定书面形式但一方已经履行主要义务,对方接受的,该合同成立。

关于演出合同效力有三种情形。一是演出合同的无效,指欠缺合同根本生效要件,自始、确定和当然不发生效力。无效演出合同的类型有:(1)当事人不具有行为能力。无相应民事行为能力人、法人超许可范围实施违反禁止性规定的行为,签订的合同无效。(2)意思表示不自由。意思形成和意思表示的自由是意思表示真实的前提,如欠缺自由,一方以欺诈、胁迫、乘人之危的手段订立损害国家利益的合同,属无效。(3)共同合谋损人。当事人故意制造假象,与相对人恶意串通,达到损害国家、集体或者第三人的利益的目的,这在一般情况下是损人利己的做法。(4)伪装。以虚假的合法行为做表象,掩盖非法的隐蔽行为的目的,即以合法形式掩盖非法目的,如合同中含有免除侵权人责任的条款无效;造成对方人身伤害的条款;因故意或者重大过失造成对方财产损失的条款。(5)违反法律或者公共利益。包括违反强制性法律规范,违反国家政策,损害社会公共利益。如演出场所不得为无演出许可证的文艺表演团体或者个体演员以及未经批准的演出活动提供场地服务;举办全国性的营业性演出活动或者举办冠以"中国""中华""全国"等字样的营业性演出活动,未报经国务院演出主管部门审批⑥。二是演出合同的可变更或可撤销。当事人一方请求法院或者仲裁机构变更或者撤销情形有可撤销行为的类型有:(1)重大误解。违背本意的主观过失,即行

---

① 参见《国际商事合同通则》第 2.1.7 条。
② 参见《德国民法典》第 130 条。
③ 参见中国《合同法》第 26 条。
④ 参见中国《合同法》第 28 条、第 29 条。
⑤ 参见《联合国国际货物销售合同公约》第 21 条。
⑥ 参见《营业性演出管理条例》第 17 条、第 24 条。

为人因对行为的性质、对方当事人、标的物的品种、质量、规格和数量等的错误认识,使行为的后果与自己的意思相悖,并造成较大损失的行为[①]。(2)显失公平。该行为属有偿行为、行为内容显失公平,受害人出于急迫、轻率或者无经验。一方当事人利用优势或者利用对方没有经验,致使双方的权利与义务明显违反公平、等价有偿原则的行为[②]。(3)乘人之危。即一方当事人乘对方处于危难之机,为牟取不正当利益,迫使对方做出不真实的意思表示,严重损害对方利益的行为[③]。但如果该行为损害国家利益时,为无效行为。(4)欺诈、胁迫。即一方当事人故意告知对方虚假情况,或者故意隐瞒真实情况,诱使对方当事人做出错误意思表示的,是欺诈;以给公民及其亲友的生命健康、荣誉、名誉、财产等造成损害,或者以给法人的荣誉、名誉、财产等造成损害为要挟,迫使对方做出违背真实的意思表示的,是胁迫[④]。欺诈、胁迫行为损害国家利益时,无效。演出合同无效、被变更或者撤销的效力:无效的合同或者被撤销的合同自始没有法律约束力;合同部分无效,不影响其他部分效力的,其他部分仍然有效;合同无效或者被撤销后,因该合同取得的财产予以返还,不能返还或者没有必要返还的折价补偿,有过错的一方赔偿对方损失,双方都有过错的各自承担相应的责任。三是效力未定合同。合同效力有待于第三人意思表示,在第三人意思表示前,效力处于不确定状态[⑤]。(1)无权处分,即无处分权的人处分他人财产,经权利人追认或者无处分权的人订立合同后取得处分权的,该合同有效。(2)欠缺代理权的代理,即行为人没有代理权、超越代理权或者代理权终止后以被代理人名义订立的合同,未经被代理人追认,对被代理人不发生效力,由行为人承担责任。代理人滥用代理权限签订的演出合同主要有:未经被代理人授权而擅自以被代理人名义订立的演出合同,委托期限届满、代理权消灭后以被代理人名义订立的演出合同,超越代理权限订立的演出合同,代理人以被代理人的名义同自己订立的合同,代理人以被代理人名义同自己所代理的其他人订立的演出合同,代理人与对方恶意通谋订立的损害被代理人利益的演出合同。(3)债务承担,合同债务承担须经债权人同意,在债权人同意之前,合同债务承担行为处于效力不确定状态。(4)限制行为能力人待追认,即限制民事行为能力人订立的合同,经法定代理人追认后,该合同有效,但纯获利益的合同或者与其年龄、智力、精神健康状况相适应而订立的合同,不必经法定代理人追认。

演出合同履行一些重要制度。演出合同当事人亲自履行是合同履行的一个基本原则,如果一方履行有困难,经过对方同意可以由第三人代理履行,如主办方、承办方、出资方等,但必须是演出门票还未出售时,如果出票已售,主办或承办演出的一方则与观众达成了一个演出合同,由他人演出,观众不同意则可以退票。对于演出合同的有关内容没有约定或者约定不明确的可以协议补充,不能达成补充协议的,按照演出合同有关条款或者演出习惯确定。演出合同欠缺的条款或者条款不明确是必要或实质性条款,如演出节目、主要演员或者报酬、履行地点等条款,当事人不愿意协商解决,这种演出合同不成立。双务合同中的三类

---

① 参见最高人民法院关于贯彻执行《中华人民共和国民法通则》若干问题的意见(试行)第71条。

② 参见最高人民法院关于贯彻执行《中华人民共和国民法通则》若干问题的意见(试行)第72条。

③ 参见最高人民法院关于贯彻执行《中华人民共和国民法通则》若干问题的意见(试行)第70条。

④ 参见最高人民法院关于贯彻执行《中华人民共和国民法通则》若干问题的意见(试行)第68条、第69条。

⑤ 参见中国《合同法》第48条、第51条。

履行抗辩权,其一同时履行抗辩权,即在未约定先后履行顺序的双务合同中,一方在对方未为对待给付之前,有权拒绝其履行要求。此项权利,称为同时履行抗辩权。其二顺序履行抗辩权,是指当事人互负债务,有先后履行顺序的,先履行一方未履行之前,后履行一方有权拒绝其履行请求,先履行一方履行债务不符合约定的,后履行一方有权拒绝其相应的履行请求。其三不安抗辩权,是指先给付义务人在有证据证明后给付义务人的经营状况严重恶化,或者转移财产、抽逃资金以逃避债务,或者有谎称有履行能力的欺诈行为,以及其他丧失或者可能丧失履行债务能力的情况时,有权中止自己的履行;后给付义务人收到中止履行的通知后,在合理的期限内未恢复履行能力或者未提供适当担保的,先给付义务人有权解除合同。①

合同变更是指合同主体和内容的变更,以及合同债权或债务的转让。合同变更后,当事人应按变更后的合同内容履行。合同的解除,是指合同有效成立后,当事人的单方行为或者双方合意终止合同效力的行为,分单方解除与协议解除、法定解除与约定解除。合同的法定解除条件情形包括:因不可抗力致使不能实现合同目的;毁约即在履行期限届满之前,当事人一方明确表示或者以自己的行为表明不履行主要债务;迟延履行即当事人一方迟延履行主要债务,经催告后在合理期限内仍未履行;合同目的的实现不能,即当事人一方迟延履行债务或者有其他违约行为致使不能实现合同目的;法律规定的其他情形②。

合同违约责任是合同当事人一方不履行合同义务或履行合同义务不符合合同约定所应承担的责任。违约责任具有补偿性质和一定的任意性,其构成要件是有违约行为与无免责事由。违约责任的基本承担方式是继续履行、采取补救措施和赔偿损失,还有其他责任形式,如违约金和定金责任③。其中法定损害赔偿遵循以下原则:完全赔偿原则,具体包括直接损失与间接损失,损失"包括合同履行后可以获得的利益";合理预见规则,以违约方在订立合同时预见到或者应当预见到的损失为限;减轻损失规则,即一方违约后,另一方应当及时采取合理措施防止损失的扩大,否则,不得就扩大的损失要求赔偿④。赔偿性违约金制度,各国法律规定法官对违约金具有变更权,我国《合同法》规定,以约定违约金低于造成的损失或过分高于造成的损失,经当事人请求,由法院或仲裁机构裁量予以增加或适当减少⑤。定金,当事人可以约定一方向对方给付定金作为债权的担保,债务人履行债务后,定金应当抵作价款或者收回;给付定金的一方不履行约定的债务的,无权要求返还定金;收受定金的一方不履行约定的债务的,应当双倍返还定金⑥。缔约过失责任,是指在订立合同过程中,一方因假借订立合同恶意进行磋商,或者故意隐瞒与订立合同有关的重要事实或者提供虚假情况,或者有其他违背诚实信用原则而致另一方信赖利益的损失,依法应承担的责任⑦。缔约过失责任的形式是损害赔偿,赔偿范围是相对人因缔约过失而遭受的信赖利益损失,包括直接损失和间接损失:(1)在合同不成立,或虽已成立但被宣告为无效或被撤销的情况下,直接损失通

---

①　参见中国《合同法》第 66 条、第 67 条、第 68 条。

②　参见中国《合同法》第 94 条。

③　参见中国《合同法》第 107 条。

④　参见中国《合同法》第 113 条、第 119 条。

⑤　参见中国《合同法》第 114 条。

⑥　参见中国《合同法》第 115 条。

⑦　参见中国《合同法》第 42 条。

常包括订立合同的费用(如旅差费、通讯费)、准备履行合同所支出的费用(如仓库预租费)以及上述费用的利息,间接损失主要指对方因此丧失商机所造成的损失;(2)由于一方当事人在订立合同的过程中未尽照顾、保护义务,未尽通知、说明义务而使对方遭受损害时,赔偿因此产生的实际财产损失。

第二节　演出合同内容

一、演出合同基本条款

合同的内容,是指合同当事人的权利义务,又称为合同条款,合同条款可分为必要条款和一般条款。必要条款亦称主要条款,是指合同必须具备的条款,确立标准主要有两种:法律规定、合同类型或性质决定、当事人约定,必要条款一般并不具有合同效力的评价意义,但可能影响合同的成立。一般条款即合同必要条款以外的条款包括:法律未直接规定、也非合同必备的、当事人也无意规定的条款;虽未写入合同或协商,但基于当事人的行为、合同明示、法律规定,理应存在的条款。《合同法》规定合同一般包括八大条款:当事人的名称或者姓名和住所、标的、数量、质量、价款或者报酬、履行期限与地点和方式、违约责任、解决争议的方法①。合同主要条款是指合同应该具备的主要内容,一般由当事人约定。依据国际惯例及中国《合同法》规定,合同主要条款包括当事人的名称或者姓名和住所、标的、数量、质量、价款或者报酬、履行期限地点和方式、违约责任、解决争议的方法。根据通说理论,当事人与标的是一切合同的必备条款,其他是任意条款。当事人可以参照各类合同的示范文本订立合同。

演出合同与一般合同一样,具备相应的条款,但是因为演出的特殊性,根据法律及合同法理论,演出合同主要条款显示其特有内涵:演出活动名称;参加演出的营业性文艺表演团体;主要演员;演出票务安排;演出投资或者赞助的分成或回报方式;杂费,包括演出场地和器材租赁费用、演出经纪佣金及费用支付方式,演职员食宿、交通、医疗、保险等各种费用,合同双方的名称、住所、通讯方式;其他需要载明的事项。合同签订日期和地点,当事人签字或者加盖公章,当事人认为需要约定的其他权利义务等事项,营业性涉外演出合同还载明合同当事人的国籍、住所、使用文字及其效力等内容。我国《演出法》规定的演出合同条款一般载明六大事项,即演出时间和场次、演出地点、主要演员和节目内容、演出票务安排、演出收支结算方式、其他需要载明的事项②。但是具体要求,在不同阶段有所区别,如1998年法律规定的演出合同应载明的12项是:演出活动名称;参加演出的文艺表演团体及主要演职员;演出节目内容;演出日期、地点、场所和场次;演出票价及售票方式;价款或酬金及支付方式;演出收支结算方式;演职员食宿、交通安排和各种附带费用;违约责任;合同发生争议时的解决方式;双方商定的其他事项;合同签订日期和地点,当事人签字或加盖公章;其中,涉外演出

---

① 参见中国《合同法》第12条。
② 参见中国《营业性演出条例》第30条。

合同还应当包括合同当事人的国籍、住所、使用文字及其效力等内容①。而 2004 年法律修改案对演出合同的"其他需要载明的事项",则是指 9 项,相较于 1998 年规定,其内容中无"主要演职员",增加了"演出投资或者赞助的分成或回报方式""器材租赁费用""合同双方的名称、住所、通讯方式",明确"演出经纪佣金及费用支付方式"、演职员"医疗、保险"费用②。

经纪合同应载明主要条款:委托人和经纪人的名称或姓名、住所,经纪的事项、完成的期限和具体要求,经纪人的权限范围,佣金的数额及支付的时间、方式,违约责任、纠纷解决方式以及双方认为约定的其他事项。

委托合同应载明主要条款:委托人拟邀请的文艺表演团体的名称或个人姓名、演出时间、地点、场次、主要节目、演出费用及支付方式等,委托双方的权利与义务及承担的费用,代理的有效期限及争议的解决方式,违约责任,双方约定的其他事项。

组台演出合同应载明主要条款:演出时间和场次,演出地点,主要演员和节目内容,演出要务安排,演出收支结算方式,演出活动名称,参加演出的营业性文艺表演团体,演出投资或者赞助的分成或回报方式,演出酬金,演出场地和器材租赁费用,演出经纪佣金及费用支付方式,演职员食宿、交通、医疗、保险等各种费用,争议的解决方式,违约责任,合同双方的名称、住所、使用文字及其效力等内容。组台演出合同特点,经纪机构必须是组台演出合同一方主体,由数个演出合同组成,由经纪机构分别与参与演出活动的各方分别签订包括与演出团体的演出合同、与演出场所签订的租用场所合同、与委托人或发起人签订的合同、与个体演员签订的演出合同。此类合同演出经纪机构承担义务条款:办理与演出有关的各项报批手续,安排节目内容,支付演职员的演出费,支付场租费,依法代扣代缴有关税收。其中,(1)演出经纪机构与演出团体合同应载明主要条款:演出活动的具体名称、演出的时间,演出的地区、演出场所,演出场次、每场演出时间,演出团体参加演出的主要演员名单、演出节目内容,演出场租费用的支付,演出票务安排、双方工作票的提取和分配,演出广告的宣传及费用承担,演出节目单的编排、印刷、发放,演出团体的演出费用标准,演出收入的分配办法、支付和结算方式,违约责任、发生争议的解决,双方商定的其他内容。(2)演出经纪机构与个体演员的合同的主要内容:演出活动的具体名称、演出的时间,演出的地区、演出场所,演出场次,个体演员参加演出的节目内容、节目时间,演出广告的宣传,演出节目单的编排、印刷、发放,个体演员的演出费用数额、支付和结算方式,个体演员参加演出活动的服装、道具,个体演员在演出期间的食宿,交通费用,个体演员在演出期间的医疗费用的担负等,违约责任、发生争议的解决,双方商定的其他内容。特别是演员个人的情况、个体演员演出节目质量条款。

联合演出合同应载明主要条款:演出活动的具体名称、演出的时间,演出的地区、演出场所,演出场次,双方参加演出的主要演员名单,各方负责的演出节目内容、节目时间,演出票务安排 票价、各方工作票的提取和分配,演出广告的宣传及费用承担,演出节目单的编排、印刷、发放及费用承担,演出收入的分配办法、结算方式,违约责任、发生争议的解决,双方商定的其他内容。特别需要注意的是,联合演出合同首先明确双方在合作演出中的具体分工,外地联合演出方的到达演出地的具体时间、演出中的食宿、交通费用、合同履行期限等,以双

---

① 参见 1998 年中国《营业性演出条例实施细则》第 29 条。
② 参见 2004 年中国《营业性演出条例实施细则》第 19 条。

方同台演出为合同的基本内容特征。

出租场地演出合同应载明主要条款：演出活动的具体名称，演出的具体时间，演出的场次安排、每场节目的总时间，双方工作票的提取和分配，演出场所的供电、供水、空调等设施条件的具体要求，场租费、支付方式，违约责任、发生争议的解决，双方商定的其他内容。订约时应特别注意演出场所为演出一方提供相关服务的条款。

借聘演员合同应载明主要条款：被借聘演职员的姓名、性别，被借聘的演职员去往地址、联系方式、联系人，借聘的具体起、止时间，借聘方需要该演职员承担的主要演出角色或演出的具体工作任务，被借聘演职员在被借聘期间的医疗费用、人身保险或人身意外伤害保险等，被借聘演职员在被借聘期间的食宿、交通费用等，被借聘演职员的劳务费用数额、支付方式、结算方式、延长借聘的有效通知方式、提前告知的期限，违约责任、发生合同争议的解决方式，双方约定的其他内容。注意一些特别需要明确的条款，如借聘期间与借聘单位保持有效的联系、约定联系方式和具体联系人，借聘方对所借聘演职员在被借期间的人身安全保障与人身意外伤害的投保，延长借聘时间与被借方单位同意，单位借聘费，演职员的个人演出劳务费转交等条款。

演出委托合同，是因委托人不具备营业性演出资格，而将出资或者发起的有关演出活动事宜委托给演出经纪机构承办的合同。委托演出合同按主体的不同可分为出资委托合同、发起人委托合同等，但其主要内容基本相同。委托合同一般条款有：委托人拟邀请的文艺表演团体的名称或个人姓名、演出时间、地点、场次、主要节目、演出费用及支付方式等，委托双方的权利与义务及应当承担的费用，代理的有效期限及争议的解决方式，违约责任，双方约定的其他事项①。而演出委托合同应载明主要条款有：演出活动的具体名称、演出的时间，演出的地区、演出场所，演出场次，参加演出的主要演员名单，演出节目内容、节目时间，演出票务安排、票价、各方工作票的提取和分配，演出广告的宣传及费用标准，演出节目单的编排、印刷、发放，委托方给付定金及具体数额、支付方式，委托方资金最后到达的期限时间，委托方有关冠名事项的具体要求，演出收入的分配办法、支付和结算的方式，违约责任、发生争议的解决，双方商定的其他内容。应特别条款包括：委托方资，出资方的资金在正式演出前全部到位，收入分配、冠名等事项，演出经纪机构同义务如项报批手续、安排节目内容、代为委托方转交演职员的演出费、场租费并依法代扣代缴有关税收。

演出经纪机构的涉外演出合同应载明主要条款：演出活动的组织单位或个人的国别、名称及所在地，演出活动的名称、演出的时间，演出的地区，演出场次、可以分为具体的晚、日场次，演出人员名单及人数，节目主要演员名单，演出节目内容、节目时间、长度，演出票务安排、票价，演出报酬、付款方式及收入分配办法，往返国际旅费、飞机票、道具运输费，演出期间的食宿费标准、交通费、医疗费、生活零用费、保险费，支付演出定金的时间、方式、比例、数额，违约责任，发生争议的解决，双方商定的其他内容。应特别注意的条款包括：外方的资信，演出的节目内容，入境演出的演前审批，外方的名称的外语或用当地官方语言拼写全称，出境的演出必须约定外方给付定金，相关费用具体标准、出境演出的外方支付距离中方签证到期前七天或更长时间，合同争议所适用的法律等。

---

① 参见 1998 年我国《营业性演出条例实施细则》第 30 条。

二、演出合同主要内容

演出合同的主要条款是演出合同的核心部分,是当事人据以履行合同的基本依据。其中合同首部具体内容包括甲乙各方单位名称、注册地址、法定代表人及合法代理人的姓名等基本情况、工商营业执照编号、演出许可证、通讯地址、联系方式、对合同的简要说明。演出合同内容因演出种类、演出剧目、演出主体的不同而具体确定,但一些主要内容可以规范。演出合同特有的内容一般包括:演出活动名称;参加演出的表演团体,单位必须写全称,即依法成立的法人名称,在涉外演出合同中外方的名称是用外语拼写,或用当地官方语言拼写的全称;主要演员;演出票务安排;演出投资或者赞助的分成或回报方式;杂费,包括演出场地和器材租赁费用、演出经纪佣金及费用支付方式,演职员食宿、交通、医疗、保险等各种费用;合同双方的名称、住所、通讯方式;其他需要载明的事项。详言之,演出合同一般包括以下几大主要内容。

(一)演出合同当事人

演出合同当事人一般就是指演出合同签订主体。演出活动是一种民商事法律行为,以意思表示为要素,并且按意思表示的内容发生法律效果;对于法律行为,演出法律对演出者的行为能力和意思表示均有一定的要求,并以此作为其有效要件。由于演出活动的特殊内容和自身特点,并非所有民事主体都能成为营业性演出合同的主体,只有具备演出资格的演出单位和个体演员才可以;如受演人举办营业性演出的,受演人应具有相应资质。在演出合同中,演出人大多是具有一定艺术水平的文艺团体或演员,而且能够独立承担民事责任。演出主体包括法人和自然人都需要具有权利能力和行为能力,才能够成为演出合同主体,从事演出活动,以自己的名义享受权利、履行义务。演出的艺节目如涉及他人的著作权的,应事先征得著作权人同意并签订合同,著作权人依约提供完整的上演作品并不妨碍作品的演出,演出主体按合同规定演出作品。详言之,演出合同主体有:文艺表演团体,主要有两种类型即国家核拨经费的文艺表演团体不需要工商注册登记,社会办的营业性文艺表演团体须持工商营业执照演出;营业性演出场所;演出经纪机构,分为一类演出经纪机构、二类演出经纪机构和三类演出经纪机构;个体演员;特殊主体包括农村及群众性业余文艺表演团体、在职演员包括文艺表演团体中演员与专业艺术院校在校学生、业余演员。联合演出合同的主体只能是依法成立的文艺表演团体,合法的营业性文艺表演团体之间可以进行同台合作的演出,省级以上的国有文艺表演团体可与香港特别行政区、澳门特别行政区和台湾地区的文艺表演团体及个人联合演出[①],合同主体中的一方是发起方或邀请方,演出场所参加演出的身份是出租场地。组台演出合同主体一方必须是演出经纪机构,另一方主体可以是文艺表演团体,包括外国文艺表演团体和个人、个体演员、业余演员、演出场所、以出资或发起者身份出现的主办人和其他委托人。出租场地演出合同主体一方是有营业性演出资格的演出场所,另一方是营业性文艺表演团体、演出经纪机构。借聘演员合同主体有演出经纪机构、文艺表演团体、影视制作单位、个体演员、在职演职员、业余演员。演出委托合同主体是演出经纪机构和委托演出的一方如演出出资者、发起演出活动者等。涉外演出合同主体,外方是外

---

① 参见中国《营业性演出管理条例》第 23 条、第 42 条。

国演出经纪机构、文艺表演团体或个人,中方是涉外营业性演出经纪机构、文艺表演团体,在我国,香港特别行政区、澳门特别行政区和台湾地区的文艺表演团体或个人的演出活动参照涉外演出规定。

合同中的当事人都列明到合同中去,并准确、清楚地标明各方当事人名称或者姓名和住所、可靠的联系地址;而且注明的演出方、受演方名称是具有法律效力的姓名与名称。在此,要突出以下事项:演出团体名称使用上,禁止以名称与原队成员以外其他人组建新队,亦禁止转让名称或许可他人使用名称。特别注意主要演员有关事项,包括姓名(包括其艺名、别名)、肖像及个人资料的使用权限,如可许可第三方使用上述姓名、肖像及个人资料,约定但产生的收入按协议分配;合同主体要具备一定演出合同的行为能力,原文化部会同演出经纪人从业资格委员会、中国演出家协会共同制定的《演出经纪人管理办法》规定了签约人的行为能力;法律文件及演出经纪、经营合同的签字人(经纪人方)必须是具有演出经纪人从业资格的人员。此外,根据国际惯例依据中国法律,演出合同需要约定对特定演职人员(主要是未成年人、残疾、病人等)的保护条件,包括未成年人的监护、教师、保姆条件;残疾、病人的医疗条件;受演方可以要求演出方提供健康证明。

(二)演出合同标的

演出合同标的是演出合同约定的权利与义务指向的对象。演出合同的客体有物和行为,要求合法、可行、客观。物是指当事人能够实际支配、具有一定经济价值、能够满足演出需要的客观存在的物体,如舞台灯光、音响设备;行为是指演出合同当事人依据自己意愿而做出外在表现,如演员个人的表演。如借聘演员合同的标的是借聘、演职员,但是演职员不仅仅是自然人,还包括由演职员的演出劳务,即行为。演出合同标的明确具体,特定化,清楚说明演职人员提供的劳务形式及其隶属机构和劳务独立性。演出活动概况或委托事项具体、准确。

演出项目的基本情况包括:演出项目名称、演出时间、演出节目时间长度、演出地点、演出场次、演出场所。演出内容:剧目、节目、曲目名称,演出活动的演出阵容(演员)。演出活动名称应具体明确,但冠以"中国""中华""全国"等字样的活动名称,须报经国务院文化主管部门批准;个人承办的组台演出活动、可以直接冠以个人的姓名。演出活动的名称应当是文明的、健康的、与演出的内容密切相关的,禁止冠以有封建、迷信或破坏民族团结之意的名称;对引进或派出的演出活动,对国外不熟悉的地名用外语拼写或按该国或当地官方的语言拼写全称。演出活动时间包括演出的年、月、日、上下午、时、分,演出节目的具体长度以分钟等计算,具体演出的时间规定中注意关于时、分的约定,因为演出有日场与晚场之分,而演员的报酬也按日场与晚场区分,时间规定是一种责任划分。演出时间长度要遵循规律,一般性的演出时间在2小时之内,标准时间是100分钟,超过2小时要安排中间休息15分钟,演出不要超过3小时。演出活动的场次,在多场演出的情况,演出场次需要明确规定并分别写清,尤其在涉外演出合同,因为涉外演出一般为巡回演出,承办方常以演出场次计算报酬和确定在外国演出的天数。对于演出场所,应写明确定的演出地点包括地区区域和该地区的具体演出场所,但是在诸如巡回演出、外国作巡回演出,由于演出的地点多,当事人不便于在合同中事先明确具体的演出场所,而演出场地好坏对演出活动有一定的影响,因此对演出场地事后补充的,演出负责人现场查看和认可,只要有可能就应明确演出场所。

（三）演出合同标的数量和质量

演出合同标的的质量与数量本质就是演出的具体条件和特征。演出合同标的中演出数量一般包括演出作品,角色,具体表演内容,镜头加减,演出场景,演出拷贝长度,银幕时间长度等。演出合同标的的质量,很难认定,全球也没有通行标准,实践中一般坚持诚信标准,即演员依据诚实信用,在演出中提供本人最高表演水平,尽力达到受演方的期望值,包括补拍、补演出条件,出席销售宣传地域,通常以国家、地区限制为准。

就艺术表演团体的艺术质量而言主要包括艺术创作质量与舞台演出质量。艺术创作质量评价因子有艺术作品立项论证、主创人员与主要演员资历、对剧本及导演主创意图、创作生产过程及质量问题处理、艺术作品成果质量。舞台演出是演出质量的最终体现,主要评价因子有:舞台纪律良好,如演职员就位、舞台监督、舞台设施、演出个人饰品、化妆、抢装补台、谢幕、剧情外的个人表演,良好演出条件如化妆室、更衣室、饮水供应、道具间等影响演出环境条件,现特殊情况的应对,如舞台监督和报幕员、备用音乐带、演员习性与风格等,演出前走台状况,完善的演出审查制度,演职人员服务意识等。依据我国《合同法》规定,当事人就有关合同质量要求不明确的并且难以确定的,应按照国家标准、行业标准履行,没有国家标准、行业标准的,按照通常标准或者符合合同目的的特定标准履行。

尽管演出是无形财产,属于服务性质,也会涉及质量高低的问题,并且应对此约定衡量的特定方法。演出质量有狭义和广义之分。狭义的演出质量是指其形式质量,包括技术质量和服务质量,如演员、演出形式、舞美效果、服装质量、演出节目单、表演、娱乐、服务水平等;广义的演出质量,包括演出内容质量,如演出地位、节目的艺术品位、演出内容价值取向、视听效果、演出内容的教育与审美的功能等。其中主要演员和节目内容体现了演出的质量和数量。从一定程度上来讲,演出艺术质量的高低在于主要演员的艺术表演。其中,演员包括在演出节目中的具体演员姓名、特邀演员和演出的人数等方面内容,特别是演出节目中有特殊要求的角色。如果只规定演出活动的总长度,不要求具体的剧目或节目内容,则演出质量难以保障。演职人员名单一经确定,不能随意改动,特别是主要演员的水平不能降低。但是演员可能会因某种缘故而不能或不愿参加演出,还要避免演出单位要求变更演员或更换节目。演出节目质量差,一味迎合少数人的低级趣味,节目掺杂庸俗或不健康的内容;营业性演出活动进行中发送或出售的演出节目单、表,应符合法律规定,不能有错、漏。涉及著作权的内容应特别约定,在演出活动中录音、录像或制作成 VCD 等涉及复杂的法律问题须经表演方的同意,并对其使用范围、目的以及使用性质、方式等进行具体约定,最好是另行签订合同。

（四）演出合同标履行的期限、方式和地点

演出合同履行的期限、方式和地点涉及当事人具体权利和义务,是确定当事人是否违约的重要因素。出合同履行期限包括履行合同的表演行为、支付演出费用或报酬、出资方资金到位的时间界限等,演出合同的种类不同,其履行的期限也有所不同。演出合同的履行地点因当事人的义务不同而可能不同,应根据情况做出特别明确的规定。演出合同的种类不同,履行方式也有所不同,可以按照有利于实现演出合同目的、公平原则确立。根据我国《合同法》规定,当事人就有关合同内容不能确定的,应遵循下列规则:履行地点不明确,给付货币的,在接受货币一方所在地履行;除不动产以外的标的,在履行义务一方所在地履行;履行期

限不明确的,债务人可以随时履行,债权人也可以随时要求履行,但给对方必要的准备时间;履行方式不明确的,按照有利于实现合同目的的方式履行。履行期限可以是即时履行的,也可以是定时履行的;可以是在一定期限内履行的,也可以是分期履行的。演出合同履行期间一般包括工作时间、演出时间、场次安排;使用人有权使用作品的起止时间;剧场现有设备、装台时间、装卸时间;组织观众、宣传限期;等。依据中国法律,著作许可合同有效期限禁止超过十年,合同期满可以续订。澳门特别行政区法令规定,承办人须在约定的期间内上演作品,如无约定,则承办人在订立合同时起的一年内上演作品,但属戏剧音乐作品者,上演期间增至两年。[①] 不同内容的演出合同,履行期限的要求不同,期限可以以小时、天、月计,也可以以演出周期、季节计,演出经纪合同或影视拍摄合同还可以以年计。对演出合同履行期限最好约定一个宽限期,否则可能会导致灾难性后果。关于演出合同履行地点、方式有其特定要求。依据有关法律精神,演出合同履行地点可能是确定风险的依据,也可能是发生纠纷后确定由法院管辖的依据。由于演出的特殊性,详细约定演出地点,包括主演与辅助地点,确定参加演出的交通、食物、住宿标准或方法,依据《劳动法》法律约定演出人员的演出活动及其保险的方法与标准。如果是影视片演出合同,对演员在字幕和影片和宣传片中出现的位置和方法进行约定。举办营业性演出,除确实需要的特制器材外,应当使用境内器材和灯光音响等设备[②]。

(五)演出合同价格、酬金

演出门票是演出单位与观众之间权利义务关系的合同形式;观众购票有权索取票券,除工作票和赠票外,票券是观众依法获得补偿的凭证;不能加价倒卖演出门票。[③] 演出票务安排包括售票方式及票价规定等内容,演出票价级差可以分为甲票、乙票、丙票、丁票、赠票、工作票等,售票及售票收入管理。演出收入的分配办法根据演出场次、演出活动规模、参加演出的人数等情况协商确定;一般演出收入可为全部的门票收入,募捐义演的演出收入则包括门票、捐赠款物和广告赞助收入。演出的收入分配办法可按百分比分配,也可按比例分成,或者是按每一场给付具体的定额;涉外演出合同一般多为包场定额的分配办法。

演出项目经费包括经费来源、总成本支出、资金的管理及使用。一般演出项目成本构成有剧团和演员的出场费、场租费、舞美、灯光、音响费、国内和国际的差旅及食宿交通费、宣传费、其他费用(小额杂费和不可预见费用,一般在总成本的 5%~10%)。公提费用包括旅运费(是指演职员的旅费和演出用品的运费)和宣传费(包括报纸广告、海报及其他双方协商同意的宣传品)。为利益所预付或实际支付的成本或费用,包括但不限于化妆、服装、购买书面材料、广告、宣传费用,与乙方职业活动直接相关的行政、审计费用,交通运输费用,长途电话费用等。募捐义演成本包括演职员食、宿、交通费用、演出所需要舞台灯光音响、服装道具、舞美及场地等租用费、宣传费用等在义演结束后十日内,主办单位将演出收支结算报审批机关备案。

价款一般指对提供演出的当事人支付的货币,禁止以货币以外的形式支付。报酬一般是指对提供劳务的当事人支付的货币,如运输杂费、装卸费、报关费以及一切其他可能支出

---

① 参见澳门特别行政区第 43/99/M 号法令第 96 条。

② 参见文化部《关于完善审批管理促进演出市场健康发展的通知》(文市发〔2006〕18 号)。

③ 参见 1998 年中国《营业性演出管理条例实施细则》第 34 条。

的费用,由谁支付由合同规定。为此,还特别要注意根据演出特点约定相关价款或酬金的确定办法。经纪人开展经纪活动的收入是佣金,分为法定佣金和自由佣金,在经纪合同中明确佣金的数量、支付方式、支付期限、经纪失败的报酬。佣金合同可以是经纪合同中的佣金条款,也可以是专有经纪合同。按照惯例,佣金的数量标准一般都是按交易成交额的一定百分比来确定的,佣金的确定方式有按交易成交额整体计提、按交易成交额分段计提、累计递减递增比例,可以按比例加封顶、保底,比例加奖金等方式来确定,也可以采用固定报酬方式。佣金给付方式可以以现金、转账结算及其他实物等形式进行。佣金可以预收,也可以是分期收取,还可以是事后收取。利润分配要考量正负利润分配比例、其他实物及门票的分配,以及等分配的时间和方式。合同价款支付时间和数额应和演出筹备进程相适应。演出合同价款或者报酬的支付方式、结算方式有现金结算、转账结算、同城转账结算、异地转账结算、托收承付、支票结算、委托付款、限额支票、信用证、汇兑结算、委托收款等。应在合同中明确由结算银行,如是先预付部分金额,在结算时应当折抵。在借聘演员合同中,借聘单位通过银行转入到演员所在的单位,由演员所在单位扣除个人收入所得税以后,给付演员。价款或酬金支付,可以由一方先行收取并及时交付毛收入的一定比例予另一方;从毛收入中扣除项目付给乙方的金额;日常运作所产生的开支应自行负担,不从毛收入中扣除。价款或酬金尽管遵循意思自治优先原则,但也要以不违背强制性规定为前提。中国《合同法》规定,当事人就有关合同价款或者报酬不明确并不能确定的,按照订立合同时履行地的市场价格履行;依法执行政府定价或者政府指导价的,按照规定履行;履行费用的负担不明确的,由履行义务一方负担。价款或酬金也可仅约定为付酬的标准和办法,演出费用分担明确,使用费原则上是当事人双方遵循价值规律自由议定。但付酬标准不能违背国务院著作权管理部门制定的稿酬标准,即约定要合法,否则,按照国家规定的稿酬标准付酬。关于支付稿酬的办法,可以在合同订立时付酬,也可以在合同履行过程中或合同履行完毕后付酬。有些法律对酬金计算方法规定明确,如澳门特别行政区法令规定作者因授予表演权而收取的报酬,是以固定的总金额、以各场表演收入的某一百分比而计算之金额、按每场表演而收取的特定金额,或者为一项在其他基础上定出之给付,也可以是一项结合多种支付报酬方式的给付。如报酬系按每场表演的收入而定,则应在有关表演进行后十日内支付,但另有约定者除外。报酬系按每场表演的收入而定时,作者有权亲自或透过其代理人查核每场表演的收入[①]。

(六)演出合同违约责任

演出合同的双方当事人应严格履行演出合同的约定,否则,依法承担违约责任。不可抗力不得滥用,因不可抗力不能履行合同的,根据不可抗力的影响,部分或者全部免除责任,但法律另有规定的除外;当事人延迟履行后发生不可抗力的,不能免除责任。演出合同的解除不影响可归责方损害责任的承担。澳门特别行政区法令规定舞台表演合同的解除情况有:在相应情况下,按照经做出适当配合的相应规定处理;入场观众明显及持续不足者,由承办人解除;作者之报酬系按表演之实际结果而定,而承办人使用任何欺诈手段以隐瞒该结果者,由作者解除[②]。意大利法律规定,如演出权被授予人在首场或首期演出后,经作者要求仍

---

① 参见澳门特别行政区第 43/99/M 号法令第 99 条。

② 参见澳门特别行政区第 43/99/M 号法令第 102 条。

未继续演出,作者证实对方违约的,可以依规定的后果要求解除合同①。我国《合同法》以及《侵权责任法》对违约责任有详尽规定。当事人可以在合同中约定违约责任,如约定定金、违约金、赔偿金额以及赔偿金的计算方法等。违约金的百分比由双方当事人商定,但高低适中,太高或者过低,当事人可以请求法院或仲裁机构调整。赔偿损失尽量做到公平、合理、可行。因违反演出合同约定,给观众造成损失的,应依法予以补偿。对不可抗力和完成演出的政治任务而发生的责任,坚持"程度相当"责任原则。

(七)演出合同救济

因演出合同发生纠纷,当事人可以通过和解或者调解解决合同争议,如协商解决不成,可向演出合同履行地或签订主管部门提请调解,也可依照合同约定方式解决。演出合同救济有公力救济与私力救济两种方法,具体包括协商、和解、调解、仲裁、诉讼。当事人不愿和解、调解或者和解、调解不成的,可以根据仲裁协议向仲裁机构申请仲裁;涉外合同的当事人可以根据仲裁协议向我国仲裁机构或者其他仲裁机构申请仲裁;当事人没有订立仲裁协议或者仲裁协议无效的,可以向法院起诉。对于合同纠纷处理,仲裁和诉讼争议解决方式只能选择一种。选择仲裁,仲裁协议中也应规定向我国仲裁机构申请仲裁,处理合同争议适用中国法律、法规当事人应当履行发生法律效力的判决、仲裁裁决、调解书;拒不履行的,对方可以请求法院执行。在演出合同中约定演出合同救济方法也是合同的重要内容,这在涉外演出合同中尤其重要。涉外演出合同生效适用法律,涉外合同的当事人可以选择处理合同争议所适用的法律,但法律另有规定的除外;涉外合同的当事人没有选择的,适用与合同有最密切联系的国家的法律;在我国境内履行的中外合资经营企业合同、中外合作经营企业合同,适用中国法律。② 签订营业性涉外演出合同应当以中文文本为准,处理合同争议应当适用中华人民共和国法律、法规③。我国有关法律与国际通行做法基本一致,采用专属管辖:签订营业性涉外演出合同以中文文本为准,处理合同争议适用中国法律、法规;涉外文化艺术表演合同纠纷的解决适用中国法律,法律、法规另有规定的除外;有关边境省、自治区同毗邻国家边境地区的文化艺术表演交流活动,按我国文化部有关管理办法执行;有关涉外文化艺术表演活动的财务管理,按中国文化部、财政部和国家外汇管理局的有关规定执行。

(八)演出合同其他条款

在演出合同中,除主要条款外,当事人还可以约定其他条款,这些条款包括两种情况:当事人未写入合同中,但基于法律规定、合同明示条款等理应存在的条款;留待今后协商再确定的条款。凡是当事人认为必要的内容都可以作为合同条款,如上演计划与传资料送达、演出手续、意外事故、水电公物费用、双方情况、演出结果的后续使用等。签订营业性涉外组织演出合同应当以中文文本为准,写明合同当事人各方认为应当写进合同的内容及合同附件的内容。根据需要和演出活动内容,由双方商定其他事项,如借聘演员合同中有关演员借聘期间的医疗费、演出补助费、交通费等内容;到外地的演出合同对演职员的食宿费、交通费、道具运输费、人身保险及各种附带的费用、广告宣传等规定;涉外演出合同中的往返国际旅

---

① 参见《意大利著作权法》第 140 条。
② 参见中国《合同法》第 126 条。
③ 参见 2004 年中国《营业性演出管理条例实施细则》第 20 条。

费、运费、保险费,当地食宿交通费、医疗费、宣传费、生活零用费的负担,当事人的国籍、住所、使用文字及其效力。有关订立合同往来联系的文书、电报、图表等。

三、演出合同当事人的权利与义务

(一)演出合同当事人一般权利与义务

演员在演出中的权利与义务较复杂,因为实践上大部分演员的演出合同是通过经纪人进行的,而且大多数演出也是承办或主办人通过演出经纪公司来组织的。

演出经纪合同委托人与受托人在遵循委托合同制度的同时,应履行自己的义务并享有权利。第一,受托方(包括受托人及其演出经纪人)对演出方承担合同义务,享有合同权利,并应及时向委托方(包括演员及其经纪人)报告进展情况。受托方具有披露实情义务,应向委托方如实提供市场的行情、演出方情况等经营信息,委托方对演出有知情权利。受托方可以根据委托合同以自己的名义与演出方签订演出合同,并及时将合同副本送交委托方。第二,在委托演出中,委托方有参与权。经受托方同意,委托方可以参加签订演出合同的谈判,但禁止自行对演出方做出对合同条款的承诺、变更或废除已达成的演出合同。第三,演员单独与演出方签约情况。如果演员本人与演出举办方签订合同,可以根据演员与其经纪公司的契约关系来确定演出合同当事人的权利与义务,即如果演员与其经纪公司在这项演出中没有契约关系,该演员就具有演出合同当事人的全部权利与义务;如果演员与其经纪公司就这项演出有契约限制,演员没有权利自己做主,演员就须承担双方合同责任。第四,委托方与受托方联合与演出方签约情况。委托方与受托方联合与演出方或其代理人签订演出合同的,应分别载明各方的权利与义务,禁止共同作为一个签约方。

在演出经纪机构主办、承办营业性演出的形势下,演出经纪机构应履行相应义务。坚持以亲自承办为原则,转移为例外,即未经作者同意,承办人禁止移转因舞台表演合同而生之权利[1]。演出经纪机构办理与演出有关的各项报批手续,包括取得著作权许可使用权,并对此负举证责任[2]。演出经纪机构承担当事人责任,包括安排节目内容,确定演出票价并负责演出活动的收支结算,支付演职员演出费、场租费,依法缴纳或代扣代缴有关税费。其中涉外演出经纪机构承办出入境手续、支付引进或派出团体或个人的演出费、巡回演出的全程联络以及节目安排工作。演出经纪机构作为承办人不在首演前公开未发表亦未出版作品,但按一般习惯为宣传之目的而公开者除外[3]。演出经纪机构依约演出,但是,艺术从业员因公众再三请求而演绎非节目内容作品,不承担任何责任或负担。如出于欺诈而将未宣布上演的作品安排在节目内,或出于欺诈而将本属节目内作品不安排在节目内的,须承担损害赔偿及其他责任[4]。

如《意大利著作权法》规定,演出主体享有一切演出主体权利,演出合同中指定的主要演员、乐团指挥,如无重大理由,禁止更换[5]。演出主体应在演出合同约定的范围内表演作品并

---

① 参见澳门特别行政区第 43/99/M 号法令第 101 条。
② 参见澳门特别行政区第 43/99/M 号法令第 100 条。
③ 参见澳门特别行政区第 43/99/M 号法令第 97 条。
④ 参见澳门特别行政区第 43/99/M 号法令第 98 条。
⑤ 参见《意大利著作权法》第 138 条。

获得收益,并为了更好地表演作品,可以对作品作一定常规的修改、变动,对已发表作品的表演,可不经著作权人许可。演出主体对尚未发表作品的表演,先经著作权人许可。未经作者同意,演出作品禁止增删更改,演出前应以习惯方式宣布作者及任何译者或编曲者的姓名,允许作者监督演出,按照演出合同的约定或者法律法规的规定支付报酬①。

承办人应在约定的期间内上演作品;如无约定,则应在合理期限内上演作品。承办人应进行必要彩排,以确保在适当的技术条件下进行表演,并在该等情况下竭尽全力使表演取得成功。承办人应尽可能预先在有关地点张贴节目表,该表内应以显而易见的方式载明作品、演出主体名称及身份,在其他宣传工具中也应如此载明。经除作者同意者外,承办人被禁止在获得提供的文本内做出任何更改②。

除约定外,剧作者权利有三项。第一,修改权,不论他方是否同意,剧作者在作品内引入作者认为必要修改的内容,只要该修改不影响作品整体结构,不降低作品的戏剧性或表演性且不影响彩排及表演安排。第二,建议权,剧作者就角色的分配提供建议,有权出席彩排并对演绎及舞台表演做出必要的指导,在选择作品的艺术指导合作人方面有建议权。第三,监督权,剧作者认为表演彩排不足时有权反对作品上演,但禁止滥用及不合理地拖延上演,否则剧作者应就有关损失及损害承担责任;剧作者亲自或透过其代理人对表演进行监察,如在合同内已约定交由特定的演员或演出主体负责作品表演,则须经各当事人同意方可更换演员或演出主体③。相应地,在没有相反约定的情况下,对剧作者公演权的授予应做到禁止专有或移转;如作品未印刷出版,剧作者应交付作品文稿,并保证所授予的权利在合同期间不受干涉④。

(二)常见与演出相关的几个有名合同当事人权利与义务

1. 委托合同。委托合同是委托人和受托人约定,由受托人处理委托人事务的合同。委托人可以特别委托受托人处理一项或者数项事务,也可以概括委托受托人处理一切事务。委托合同具有严格的人身属性,受托人应亲自处理委托事务,非经委托人授权或在紧急情况下为了保护委托人的利益,受托人不得转委托。委托合同的客体是办理委托事务的行为,但该委托事务不能违反法律、特定人身性事务。在明星经纪中确立委托事务非常重要,其中,演艺中介类明星经纪人,即为各种演出活动牵线搭桥而从中收取佣金的个人或组织,责任相对清楚;而专业型明星经纪人责任重,他们演出市场意识强、懂艺术管理,依托社会关系,帮助艺人开发的潜质、寻找发展机会,工作内容复杂,包括艺人签约前了解艺人的人品才艺,签约后做艺人的包装推广,培养艺人成"腕儿"。委托合同分为有偿的和无偿的合同,多是有偿的合同,演出经纪人因某些原因无偿提供代理服务。委托合同为诺成性合同而非实践性合同,演出经纪原则上要求书面合同,当然存在非书面形式。委托合同委托人或者受托人有任意解除合同权,但负致损赔偿责任;委托人或者受托人死亡、丧失民事行为能力或者破产的,委托合同终止,但当事人另有约定或者根据委托事务的性质不宜终止的除外。

受托人的主要义务。如我国《合同法》规定:(1)依委托人指示处理委托事务。按照诚实

---

① 参见《意大利著作权法》第 138 条。
② 参见澳门特别行政区第 43/99/M 号法令第 94 条、第 96 条。
③ 参见澳门特别行政区第 43/99/M 号法令第 95 条。
④ 参见《意大利著作权法》第 137 条。

信用原则行使权利,受托人忠实地、不超越、不违背、不曲解、不擅自变更委托人的指示,受托人在委托人授权范围内处理事务。需要变更委托人指示的,应当经委托人同意。因情况紧急,难以和委托人取得联系的,受托人应当妥善处理委托事务,但事后应当将该情况及时报告委托人。两个以上的受托人共同处理委托事务的,应对委托人承担连带责任。① 受托人应当向委托人如实提供市场的行情、演出方情况等经营信息。经受托人同意,委托人可以参加签订演出合同的谈判。但不得自行对演出方做出对合同条款的承诺、变更或废除已达成的演出合同②。(2)亲自处理委托事务。委托合同是基于当事人的相互信任,因此受托人亲自处理受托事务,未经委托人同意又非情况紧急的,受托人对转委托行为承担责任。但在紧急情况下受托人为了委托人的利益需要转委托的除外。经委托人同意,受托人可以转委托。转委托经同意转委托的,受托人仅就第三人的选任及其对第三人的指示承担责任。因委托人死亡、丧失民事行为能力或者破产,致使委托合同终止将损害委托人利益的,在委托人的继承人、法定代理人或者清算组织承受委托事务之前,受托人应当继续处理委托事务。因受托人死亡、丧失民事行为能力或者破产,致使委托合同终止的,受托人的继承人、法定代理人或者清算组织应当及时通知委托人。因委托合同终止将损害委托人利益的,在委托人作出善后处理之前,受托人的继承人、法定代理人或者清算组织应当采取必要措施③。(3)报告的义务。受托人根据委托人的请求或认为有必要的,及时向委托人报告委托事务情况,并征求委托人的指示,也可以特别约定减轻报告义务。委托合同终止时,受托人应当报告委托事务的结果。受托人对演出方承担合同义务,享有合同权利,并及时向委托人报告进展情况④。(4)披露的义务。受托人以自己的名义与第三人订立合同,第三人不知道受托人与委托人之间的代理关系的,受托人因第三人原因不履行义务,应向委托人披露第三人,委托人代位受托人行使对第三人的权利(但如知道该委托人不订立合同的除外)。受托人因委托人的原因对第三人不履行义务,受托人当向第三人披露委托人,第三人可以选择向受托人或者委托人主张权利,但选定后不能够变更。抗辩权也因此变化。受托人以自己的名义与第三人订立的合同,第三人在订立合同时知道受托人与委托人之间的代理关系的,该合同直接约束委托人和第三人,但有确切证据证明该合同只约束受托人和第三人的除外⑤。受托人根据委托合同以自己的名义与演出方签订演出合同,及时将合同副本送交委托人。委托人与受托人联合与演出方或其代理人签订演出合同的,分别载明各方的权利与义务,不得共同作为一个签约方⑥。(5)结果交付义务。受托人将其委托事务所产生的结果,包括因处理委托事务而取得的各种利益和权利交付给委托人。(6)谨慎处理义务。受托人应尽必要的注意义务处理委托事务,否则受托人承担损害赔偿责任,即因受托人的过错给委托人造成损失的,委托人可以要求赔偿损失。因受托人的故意或者重大过失给委托人造成损失的,委托人可以要求赔偿损失。受托人超越权限给委托人造成损失的,应当赔偿损失⑦。

---

① 参见中国《合同法》第 399 条、第 421 条。

② 参见 1998 年中国《营业性演出管理条例实施细则》第 31 条。

③ 参见中国《合同法》第 400 条、第 412 条、第 413 条。

④ 参见 1998 年中国《营业性演出管理条例实施细则》第 32 条。

⑤ 参见中国《合同法》第 402 条、第 403 条。

⑥ 参见 1998 年中国《营业性演出管理条例实施细则》第 32 条。

⑦ 参见中国《合同法》第 406 条。

委托人的主要义务:(1)及时接受委托事务结果和支付费用的义务。委托人应依据委托合同的规定及时接受委托事务所取得的结果,并承担相应责任。委托人应预付处理委托事务的费用。若受托人为处理委托事务垫付了必要费用,委托人应偿还该费用及利息。无论委托合同是否有偿,委托人都有义务提供或补偿受托人办理委托事务所支出的必要费用。受托人为处理委托事务而负担的必要的、合理的债务,有权请求委托人予以清偿或对尚未到清偿期的债务提供一定担保①。(2)支付报酬的义务。除无偿委托合同外,受托人完成委托事务的,委托人应向其支付报酬。支付报酬的标准和期限,应依法律规定或合同的约定。因不可归责于受托人的事由,委托合同解除或者委托事务不能完成的,委托人应向受托人支付相应的报酬。当事人另有约定的,须按照其约定②。(3)赔偿义务。受托人在处理事务过程中,因不可归责于自己的事由而受到损失的,有权要求委托人赔偿损失。委托人应对自己的委托负责,如因其指示不当或其他过错致使受托人遭受不应有损失的,应予以赔偿。委托人经受托人同意,在受托人之外委托第三人处理事务,因此给受托人造成损失的,受托人可以向委托人要求赔偿损失。

2.行纪合同。行纪合同是行纪人以自己的名义为委托人从事贸易活动,并且委托人须支付报酬的合同。行纪合同属于双务、有偿合同。行纪合同中的行纪人,根据各国民商法的规定,行纪人只能是依法从事行纪业务的法人,各国法律一般要求其应当取得法定的从业资格。中国法律没有明确限定行纪人是法人。为委托人的利益行纪人以自己的名义与第三人为交易活动,由此产生的权利义务由行纪人自己承担。行纪人应当在委托人指示的权限范围内利用委托人的费用办理经纪事务,委托人与行纪人之间是一种特殊的委托关系③,没有特别规定的,适用委托合同的有关规定规则。

行纪人的主要权利和义务。(1)行纪人的主要义务:为委托人从事贸易活动,并应当尽注意义务;依委托人指示处理事务,在委托人指定了买卖价格的情况下,除非委托人对价格有特别指示的,行纪人擅自买卖并补偿其差额的,该买卖对委托人发生效力,增加委托收入的,可以按照约定增加报酬④;妥善保管委托物;委托物处置经委托人同意,不能及时联系委托人的,可以合理处分;负担行纪费用,除约定外由行纪人负担。(2)行纪人的主要权利:请求报酬权,委托人逾期不支付报酬的,除另有约定外,行纪人对委托物享有留置权;介入权,只要委托人没有相反的意思,自己作为买受人或出卖人,并要求委托人支付报酬⑤;提存权,经行纪人催告,委托人无正当理由拒绝处分的委托物,行纪人可提存委托物。

委托人的主要权利义务。(1)委托人的主要义务:及时受领委托物的义务;支付报酬的义务,行纪人高于委托人指定的价格卖出或低于委托人指定的价格买入的,可按照约定增加报酬。(2)委托人的主要权利:验收权,如行纪人未按照指示实施行纪行为,委托人有权拒绝接受行纪结果,并可要求行纪人赔偿损失;损害赔偿请求权,如果第三人不履行义务致使委托人受到损害的,委托人有权要求行纪人赔偿损失。

---

① 参见中国《合同法》第 398 条。
② 参见中国《合同法》第 405 条。
③ 参见中国《合同法》第 415 至 423 条。
④ 参见中国《合同法》第 418 条。
⑤ 参见中国《合同法》第 419 条。

3.居间合同。居间合同是指居间人向委托人报告订立合同的机会或者提供订立合同的媒介服务,委托人支付报酬的合同,又称为中介合同或者中介服务合同。居间合同是居间人向委托人报告机会或者提供订立媒介服务,居间人协调双方意见以促使双方订立契约,但不是委托人与第三人合同的当事人。居间人对委托人与第三人之间的合同没有介入权。居间合同是双务、有偿、诺成、不要式合同。在演出经纪业务中,很多居间合同是以口头形式存在的,演员或表演团体一般规定有对居间业务的回报惯例。

居间合同当事人的权利义务①。(1)居间人的主要义务:报告订约机会或者提供订立合同媒介,居间人应就有关订立合同的事项向委托人如实报告。原则上不同时作为委托人和相对人的居间人,尤其是双方当事人皆采取隐名居间的情况下。忠实居间活动,居间人如实报告订立合同的有关事项和其他有关信息,保持行为的公正性、不从中盘剥渔利、不与第三人串通、弄虚作假、不恶意促成或阻碍委托人与第三人之间订立合同,如故意隐瞒与订立合同有关的重要事实或者提供虚假情况,损害委托人利益的,不能要求支付报酬并应承担损害赔偿责任。在隐名居间的情况下,不告知当事人姓名或商号并代为履行,保密义务也不能因此而欺骗相对人,居间人不得代有关当事人订约,如演出需要人隐名的情况,事先与演出需要人签订以不伤害演出方为前提的居间合同,如果观众是恶意需要演出,或违反常规观看演出,都会造成对演职人员的伤害。妥善保管其商业账簿及有关居间费用的有效凭证,它们是向委托人和第三人表明其资产状况的依据、主管机关审核其居间条件和资格的必备要件、请求委托人支付居间费用的根据。负担居间费用,居间人促成合同成立的,居间活动的费用,由居间人负担。(2)委托人的主要义务:支付居间报酬,居间人促成合同成立的,委托人应当按照约定支付报酬;因居间人提供订立合同的媒介服务而促成合同成立的,由该合同的当事人平均负担居间人的报酬。偿付费用,居间人未促成合同成立的,不得要求支付报酬,但可以要求委托人支付从事居间活动支出的费用。提供必要证明文件和有关有效凭证,委托人向居间人提供必要的资信状况报告、产品说明书、可行性研究报告等材料。

第三节　演出合同监管

市场经济是法制经济,演出活动须依法、合法、守法,在演出活动中的各个环节推行合同制,有利于明确演出各方的权利义务,预防违法。由于我国近代演出市场发育不充分,过去一段时间,曾经出现演出市场交易中利用演出合同进行欺诈的问题,特别是演出中介等领域出现了信用问题。依据京、津、沪、渝、穗五大城市工商行政管理部门合同监管工作联席会议调查,北京等 5 大城市企业合同平均履约率从 1993 年前的 85％ 下降到 1998 年的 40％ 以下,而欺诈等违法合同占到了书面合同总数的 3％②。在演出市场迅速发展的今天,中国演出市场为适应国际演出市场经营惯例,监管手段也由传统型逐步转向与国际惯例接轨型。国际贸易中的正规化、程序化、契约化要求演出市场主体必须有严谨规范的演出合同管理制度。中国早在 1997 年就开始强化演出合同的监管,1997 年国家工商总局发布《经纪人管理

---

① 参见中国《合同法》第 425 至 427 条。

② 郑汉瑾.强化合同监管刻不容缓〔EB/OL〕.http://www.chinalawedu.com/news//2005/1/htm.

办法》规定,除即时清结者外,须与委托人签订书面合同,并要求各地工商行政管理机关加强经纪合同的监督管理与鉴证工作,制定统一的经纪合同文本。党的十四届六中全会决议指出,合同欺诈已成为社会公害。1998 年文化部颁行的《关于贯彻执行〈营业性演出管理条例实施细则〉的通知》(〔1998〕18 号)要求演出单位要加强演出合同管理,制定本单位演出合同的谈判、起草、签署、备案和归档制度,逐步建立演出合同监督员制度。许多省也相应地颁布合同行为管理监督规定,如 2001 年《辽宁省合同监督条例》、2002 年《浙江省合同行为管理监督规定》。

一、演出合同的监管概述

演出合同的管理是指政府工商、文化行政主管机关和公安机关等有关行政部门,依照法定职权,对演出合同的订立和履行,进行监督与行政执法检查等活动的总称。演出合同管理维护文化市场秩序,增强合同当事人的法治观念,维护当事人的合同权益。演出法规中规定了有些演出活动在演出前需要报政府主管部门审批,还规定有的演出合同在演出活动未经批准前不予正式签订。如邀请香港特别行政区和澳门特别行政区、台湾地区及外国文艺表演团体或个人从事营业性演出的,由承担涉外演出业务的演出经纪机构承办,承办单位在演出日期前 30 日报批,经批准后,方可签订正式合同①。另外,在涉外演出活动中,杂技团携带熊猫出国演出,须经国家文化部会同外交部和林业部报国务院审批,携带其他珍稀动物出国或来国内演出,须报国家文化部审批,并办理有关动物检疫和进出境手续。

演出活动实施监督的主体是文化、工商、公安等行政机关,其中主管部门是营业性演出活动的主管部门,公安部门、工商行政管理部门按照各自的职责分工,依法管理营业性演出活动。演出合同的管理不是一般意义上的监督,因为文艺演出,仅有经济效益,更重社会效益,通过演出,宣传方针政策、弘扬民族文化、繁荣文艺事业,满足人们文化生活。因此,文化等行政管理部门对演出合同的主要内容进行审核,对演出活动进行审批,还通过执法检查,查处违反演出合同的行为,依法追究当事人责任。由于"竞争是工资的主要调节者","工资取决于劳动的需求与供给,即取决于人口与资本"②,加之缺乏健全的合同管理机制的环境,在演出实践中,出现了"阴阳合同",即公开的、大家可以了解的合同叫小合同,或者阳合同,阴合同是不公平但无法被法律规制的秘密、私下的合同。对于阴阳合同等潜规则,是演艺圈的一种怪象,甚至存在电视台的买片人、电影的发行方和剧组串联起来,共同捞钱的情况。例如,A 是演员,B 是演出产品购买方,B 要求只买 A 的作品,这样 A 就可以漫天要价,然后 A 与 B 分成。合同不明确存在很大风险:演出人员变相追加报酬,在演出合同约定演出报酬后,演员要求延长拍摄时间、修改演出情节;演员直接拿现款避税;虚构费用,巧立名目进行资本运作,诸如预付演出费购买明星的档期、预付费用请老艺人做监制;演员将演出报酬变相投资演出项目以投资伙伴名义分账;同一个演员与同一制片人签订不同角色合同,诸如签角色表演合同、编剧合同、监制等合同,而且这些合同分别跟演员的关联公司、演出经纪人、亲戚与朋友签订,如此同一演员实际是多份合同当事人。要规制阴阳合同,首先要完善演出

---

① 参见中国《营业性演出管理条例》第 29 条。

② 约翰·穆勒. 政治经济学原理及其在社会哲学上的若干应用(上)[M]. 胡企林,朱泱,译. 北京:商务印书馆,1991:380.

法律,无条件遵守现行法律是基本的、第一位的,同时也要对演出机构实行法人治理机制。工商行政管理部门和其他有关行政主管部门在各自的职权范围内,依照法律、行政法规的规定,对利用合同危害国家利益、社会公共利益的违法行为,负责监督处理;构成犯罪的,依法追究刑事责任[①]。其次需要畅通演出链各环节,编剧、演出、版权买卖、影像制品录制发行、放映交易等等,如法国规定,任何电影都必须放满两周,因为艺术片有一个口碑形成过程,这是院线放映制度反哺制作。再次使演出市场更多样化、更开放一些,除了美国大片,韩国电影、欧洲电影、伊朗电影、印度电影、罗马尼亚电影、俄罗斯电影都非常优秀,有了公平竞争,靠脸和身体而非演技吃饭的情况就会改变。在一些需要报批的营业性演出活动还没有被行政部门批准时,一般不正式签订合同或者应当在条款中明确约定"本合同待活动批准后生效"。如演出经纪机构承办组台演出,在演出日期前 20 日报向其发放演出许可证的部门审批,如果到外地举办演出,还应当报演出地的县级以上文化部门审批;举办全国性的营业性演出活动或者冠以"中华""中国""全国"等字样的营业性演出,报经国务院文化国家行政部门审批;占用公园、广场、街道、宾馆、饭店、体育场(馆)等地举办营业性演出活动的,报当地县级以上行政部门、公安机关等批准[②]。

　　监管演出合同的首要目的是维护当事人合法利益,而阳光监管是最有效的手段。为此,演出合同监管部门包括工商和文化行政主管部门以及演出家协会等部门,根据《合同法》和其他有关法律、行政法规,尊重和保护当事人享有的权利。推进演出团体信用制度建设,建立和完善信息公开查询系统,公开演出团体的工商登记、处罚情况及其他演出团体合同信用状况的客观资料。社会中介机构如演出经纪机构依法提供演出当事人合同信用状况的调查、咨询、评估等服务。对演出声明、商业演出广告、演出单据等的格式条款,市场经济相对发达的国家和地区,如英国、德国、瑞士、以色列和中国香港特别行政区,早在 20 世纪六七十年代就制定有专项法律予以规范。对格式演出合同监管主要体现在对其内容合法性审查与格式演出合同备案,演出经营者在开始使用格式演出合同之日起 30 日内,应将合同样本报核发其执照的演出合同监管部门备案。演出消费者认为格式演出合同损害其合法权益的,可以向演出合同监管部门投诉,并可以要求举行听证。演出合同监管部门要求修改的,演出经营者应当在规定期内修改并将修改后的演出格式合同报演出合同监管部门备案;演出经营者拒不修改的,演出合同监管部门可将该演出格式合同的有关情况向社会公告。

　　演出合同监管的重点是对演出经营者利用演出合同造成的违法行为进行监管。利用演出合同造成的违法行为,大体可以归为欺诈签订与履行演出合同行为和以合法的演出合同形式掩盖非法目的两大类[③]。欺诈签订与履行演出合同行为主要包括:以欺诈订约,如虚构单位或者冒用他人名义、虚假票据或产权证明担保订立演出合同;以欺诈履约,如无能力诱骗对方履行、收受对方财物后逃匿等。而以合法的演出合同形式掩盖非法目的的行为主要包括:贿赂订立假慈善演出合同,订立假的或者倒卖演出经纪合同,分包、转卖演出合同,参与行政性演出提成,对演员的垄断经纪合同、非法联合演出合同,恶意串通假募捐演出合同,演出场地为黄色演出提供方便的合同,有演出资格者为无演出资格的人提供签约条件等无效

---

① 参见中国《合同法》第 127 条。

② 参见 2016 年中国《营业性演出管理条例》第 24 条、第 27 条、第 32 条。

③ 参见 2002 年《浙江省合同行为管理监督规定》;2001 年《辽宁省合同监督条例》。

性非法行为。对利用演出合同违法行为的处理,因为涉及面广,而演出合同监管部门职权限制,因此文化、工商、公安、邮政、电信、交通和金融各相关部门协调联动,并与司法机关配合。国际上,常常赋予演出合同监管部门下列职权:询问权,查阅、复制资料权,嫌疑财物、场所检查权,嫌疑物质查封、扣押权,先行登记、抽样或者暂停等保全权,司法、行政建议权等。建立健全演出经纪人员警示、退出和职业禁止制度,提高全行业的社会认可度和诚信度,对严重的违法行为取消其演出经纪业务的资质,撤销其演出经纪人员的从业资格;对特别严重并造成极坏影响的违法行为,禁止其再行从事演出经纪活动。

演出合同的监管的主要基础就是有完备的演出合同档案,演出合同档案是指在演出活动中形成的演出合同、协议或意向文书、信件、数据电文(包括电报、传真、电子邮件)等所有文字数据材料,按照一定要求归类整理的系统化活动。演出合同档案是单位全部档案的重要组成部分。演出合同档案资料包括:有关演出计划申请文件及有关批复文件;演出合同谈判会议纪要;有关演出合同招标、投标及中标通知书等文件资料;演出合同相对方营业执照、法人代表身份证明书、授权委托书、代理人身份证以及其他有关文件;演出项目的增减凭证及我方人员的签证;演出合同履约过程中的往来函件;演出合同的变更、解除协议书;演出合同纠纷处理的文书;其他有关材料。开展演出合同档案管理,首先,要确立演出合同档案管理人员包括负责人、演出合同管理员、印章管理员、演出合同监督员及法律顾问等人员;其次,建立分工责任制度,对演出合同档案管理明确职责与权限;最后,按照惯例程序用印,演出合同经审批、审核无误、登记备案后用印。归档的演出合同协议必须是原件①。对归档的演出合同进行科学、细致的分类,做到"一事一档案、一人一档案"。利用演出合同做到出入登记详尽程序明确,每年对演出合同签订及执行情况进行检查与考核。随着电子数据技术广泛运用,管理者可以充分利用演出合同管理软件进行信息化管理。

二、演出合同信用评价

在现代演出市场中,信用已成为现代演出市场交易的一个必备要素和重要基础。国内外对演出合同进行监管,普遍采取预防为主的制度,因此建立演出合同信用评价机制是演出合同进行监管的必然选择。演出合同信用评价是指由演出主体自愿申报,经信用评估机构对演出主体演出合同信用状况进行评估并出具评估报告,由演出自律组织根据评估报告认定该演出主体申报时期的演出合同信用等级的评价活动。依据《合同法》和有关法律法规,借鉴国内外同类评价体系的经验和做法,演出团体演出合同信用状况的评价认定内容,由演出合同管理水平、演出合同履约能力、演出合同履约状况和演出团体演出合同社会信誉度等四部分组成。在我国,演出合同信用评价工作由文化管理与工商局统一管理,目前为止只对演出团体合同进行信用评价,而没有涉及个体演出合同,这主要是立足于可行性与管理需要的因素考量。

演出合同信用评价制度适用于合格的演出主体,因为信用必须有一定的时期做保证,所以申请演出合同信用评价的演出主体应当是依法成立、有两年以上经营业绩的演出主体。由于演出合同信用评价的非强制性,评价机构的民间性,一般要求演出主体是评价自律组织的成员。演出主体申报时,向评价机构提交申请书、营业执照复印件、评估报告、其他有关演

---

① 陈玲.论合同、协议的归档管理[J].沿海企业与科技,2005(7):25-24.

出合同信用的证明材料。评价组织受理演出主体申请后,依法规定对申报者的演出合同管理水平(如管理制度、管理人员资质及业务情况、合同规范和应用水平、签约率)、履约能力与状况(如主要财务指标、履约率、合同变更率、客户满意度)、社会声誉等内容进行查核,并确立演出合同信用等级:AAA,很好;AA,优良;A,较好;BBB,尚可;BB,一般;B,欠佳;CCC,较差;CC,很差;C,极差①。对不同等级可以采用不同的处理方式,包括向社会公示、颁发证书、推荐荣誉评选、建议免检免审、进入银行等资信系统、列入黑名单、予以资信警告等。演出合同信用评价等级一般有保有期与调整期,为此该制度设有演出合同信用等级的再认定措施,以避免欺诈与违法取得不适当的演出合同信用等级。

三、规范经纪人演出合同

要达到演出经纪人诚信演出,其主要约束机制首先是规范演出合同。在国外,演出经纪人主要是依据合同进行业务,主管机构对演出经纪人的诚信管理也主要是通过经纪人演出合同进行。外国演出经纪人依据合同对自己代理的演员全方位负责。但是,中国目前没有规范的经纪人演出合同。所以,制定规范的经纪人演出合同就成为我国建立演出经纪人诚信制度的主要内容。我国当前制定规范的经纪人演出合同,应该注意以下几个方面。

除即时清结者外,须与委托人签订书面合同。演出经纪人应该与文艺表演团体、演出经纪机构、参加组台演出的单位、演出场地、个人签订书面演出合同。而且,营业性文艺表演团体的在职演员和专业艺术院校师生参加营业性演出,应当有他们与其所在单位签订的演出合同。

演出合同因为有其特殊性,因内容不同而有区别,但是一般包括以下十五项具体内容:演出活动名称;演出时间、地点、场次;主要节目;演出报酬及税费支付方式;演出活动名称;参加演出的文艺表演团体及主要演职员;演出票价及售票方式;价款或酬金及支付方式;演出收支结算方式;演职员食宿、交通安排和各种附带费用;违约责任;合同发生争议时的解决方式;合同签订日期和地点,当事人签字或加盖公章;涉外演出合同还应当包括合同当事人的国籍、住所、使用文字及其效力等内容;双方商定的其他事项。此外,根据不同的演出内容,可以规定须记载条款和选择性条款,如演出合同的选择性条款包括合同解释、合同签订的时间地点、结算方式、演出过程日事务内容等当事人协商后确定的内容。

经纪人演出合同应该符合相应的特殊规则。第一,行政监管性规定,如经纪人演出合同必须经批准后,合同方可生效;对不符合演出合同须记载条款的,审批机关应当责成当事人限期修改,不修改的不予批准;变更经批准的合同的主要条款的,应当按规定重新报批。第二,涉外合同的特殊规定,如规定涉外营业性演出合同中文文本效力优先、中国法规是合同争议的准据法。第三,强化跨省"连贯"制度,跨省的文化艺术表演及展览交流活动,演出合同应该通用而且进行备案制度。最后,严格财务管理,按文化部、财政部和国家外汇管理局的规定执行。

明确演出经纪人义务。首先,演出经纪人遵守经纪人一般义务。演出经纪人如实提供市场的行情、演出方情况等经营信息。经纪人可以自己进行适当行为,但是不得自行对演出方做出对合同条款的承诺、变更或废除已达成的演出合同,并及时向委托方报告进展情况。

---

① 参见2003年《上海市合同信用评价管理办法(试行)》。

此外,合同应当分别载明各方的权利与义务,不应该同时签订多个合同,更不得共同作为一个签约方。其次,演出经纪人应当适当履行义务。主要有:办理与演出有关的各项报批手续;安排节目内容;确定演出票价并负责演出活动的收支结算;支付演职员演出费、场租费;依法缴纳或代扣代缴有关税费。其中,一类演出经纪机构承办涉外演出时应当负责统一办理入出境手续、支付引进或派出团体或个人的演出费、巡回演出的全程联络以及节目安排。

　　合同的监督管理需要演出单位管理,制定演出合同的谈判、起草、签署、备案和归档制度,逐步建立演出合同监督员制度。工商行政管理机关为实现对经纪合同的监督管理,须制定统一的经纪合同文本,开展经纪合同的鉴证工作。跨行政管辖区演出的,应提供演出地主管部门的同意函,办理手续并重新签订经纪演出合同,并在文化行政管理部门备案。

第九章

演出项目

项目是指在特定资源和目标的约束下的一系列独特而相互关联的活动。美国项目管理协会(Project Management Institute，PMI)在其出版的《项目管理知识体系指南》(*Project Management Body of Knowledge*，PMBOK)中将项目定义为：项目是为创造独特的产品、服务或成果而进行的临时性工作。演出项目就是为成功提供一场演出而开展的一系列独特而相互关联的临时性工作。例如2016年杭州G20峰会的开幕式演出就是演出项目。在演出领域，由于演出内容的特殊性，世界多数国家对演出项目都进行严格管理，而管理的一个重要措施就是建立演出项目的审查制度，但各国做法各有千秋。目前有三种做法。事前审查又称预防性审查，一般是在演出项目实施前，由演出单位专门部门、文化行政管理机关、演出行业协会等机构审查其合法性，如果发现其违法，可以要求演出项目实施单位甚至创作单位立即修改、纠正、停止该项目，以避免在演出之后产生不良的后果。这种方法最常用在影视演出、大型商业性演出项目。事后审查是指演出项目已开始执行、因对它的合法性产生怀疑而进行的审查。事后审查有两种形式：第一种，由执法部门进行审查，主要是文化、工商、财税等主动联合执法；第二种是控诉，即任何公民个人或组织认为某一演出项目的实施侵害了自己或其他人及组织的法定权利，都可以向法院起诉，由法院判决该演出项目的合法性。附带性审查，也是事后或事中审查，是司法机关在审理普通民事、刑事、经济或行政案件时，对涉及认定某一演出项目是否合法的问题，法院有义务对此做出一定的裁决。国际上，有些国家采用事先审查制度，有的国家是事后追惩制包括附带审查制度，还有的国家是事中审查制度。我国对演出项目主要实行预先审查与事后追惩相结合的制度。

第一节 演出项目确认标准

由于现场演出的生产与消费的同一性，演出内容对演出管理部门具有很大的不可控性，加之演出内容具有显性政策性，各个国家对演出项目的确认标准及其范围都没有明确的列举，而是采用原则性排除法来规定。而且世界各国的政治制度、文化资源、经济发展状况、教育发达程度以及价值观的差别，演出项目的确认标准内涵存在明显的差异，导致演出项目外延差别巨大。我国是采用列举大类方式，规定演出项目的范围。

一、演出剧目形成

演出项目的依托基础是演出剧目或者具体的演出节目。演出节目指文艺现场演出的项目或电台、电视台播送的现场演出项目,演出节目也是需要有剧本为依据。剧目是话剧等的名目或者传统戏剧和歌剧的名目等统称,如京剧《定军山》、音乐曲谱《二泉映月》、舞蹈《小天鹅》等。演出剧目的创作因艺术体裁而异,获取剧目有自创和外购及翻排三种方式,其中自创剧目的前提是主创班子,而主创班子状况决定剧目成败。艺术总监是剧目创作的总负责人,一般应具备足够的艺术权威、有较高艺术把握能力、协调能力、熟悉剧目创作流程。导演是剧目创作的灵魂和具体实践者,导演有极强的剧本把握能力、挑选判断演员的能力、创作管理能力、有全局观念与丰富经验及自己的艺术风格。舞台监督是演出全程事务的管理人员,需要具备判断果断力、亲和力、综合知识力、应变力、细致协调力。舞美设计是根据表演需要创造出最适合演出的空间环境和视觉环境,是一项抽象而又具体的艺术创作工作,优秀的舞美设计需要考虑演出主题、舞台实况、对演员与观众的尊重、相关方面的配合、制作能力和装置能力、实用性与科技术性等,最大限度完善所表演的艺术。灯光设计是创造性地制作表演所需要的灯光效果,以实现主创人员意图的工作,灯光设计师需要懂得舞台灯光原理、明确工作的配合性质、善于创造性地运用灯光技术、有新灯光设备的安全意识,灯光师熟练掌握光束灯、泛光灯、弗雷内尔聚光灯、轮廓聚光灯、电脑灯等常用灯光运用技能。演出服装能使观众全面了解角色,是无声艺术语言,演出服装为舞台增色添彩,舞台服装设计要体现演出的要求,服装需要体现演员适合性、人物的阶层性、吸引性、历史特定性、安全性、换装适合性、个性感染性。舞台化妆是运用面部化妆技术实现演出主体脸部表情向观众传达信息,使演员给观众符合演出的视觉体会。为此舞台化妆依演出形式和内容进行,适合舞美布景、服装、角色、灯光以及剧场空间,以简单手段取得相应的形式和效果,考虑实用性和安全性、化妆的主次和层次。

前述七大方面人员的配合工作,共完成一个剧目的创作,这七类人是剧目创作的核心人员,他们都要具备相应条件,有些国家规定了他们资格准入制度,我国曾经颁布过相应的职业资格考试标准,如《关于颁发〈职业技能鉴定规定〉的通知》(劳部发〔1993〕134号)、2002年成立文化部职业技能鉴定指导中心,实行《文化行业特有工种职业技能鉴定实施办法(试行)》,自此人力资源和社会保障部、文化部关于推行文化行业特有职业(工种)国家职业资格证书制度,2016年国家取消全国文化职业资格证的颁发。根据规定,职业资格证书是劳动者职业技能水平的凭证,是求职、任职、独立开业、单位录用的主要依据,也是劳动者境外就业、劳务输出进行技能水平公证的有效证件。文化职业技能鉴定的对象包括:文化类职业学校或培训班毕(结)业生;列入文化行业特有工种(职业)范围的从业人员;改变工种(职业)、调换新岗位的人员;其他必须经过技能鉴定方能上岗的人员。国家文化职业资格证书分一至五级证书,各级的基本条件都有规定。国家职业资格五级即初级,申报条件为经文化类培训班培训并取得毕(结)业证书,或本人通过拜师学艺、自学达到初级技能水平;或者已在技术工种工作且在本工种(职业)工作满两年的。国家职业资格四级即中级申报条件为取得初级技能职业资格证书后,并在本工种(职业)工作满五年以上,或经评估合格的中等专业学校、职业学校学习并取得毕(结)业证书,或经劳动管理部门同意并经教育部门组织的正规中级技能培训;或者本工种(职业)工作满七年的。国家职业资格三级即高级申报条件为取得中级技能职业资格证书后,并在本工种(职业)工作满五年以上,或在职业技术学院相关专业毕业,或经劳动管理部门同意并经教育部门组织的正规高级技能培训,或大学专科以上毕业且所学专业与从事职业相近的;或者在本工种(职业)工作满十二年的。国家职业资格二级即技师申报条件:取得高级技能职业资格证书且具备技师考评条件。国家职业资格一级即高级技师申报条件:取得技师职业资格证书(国家职业资格二级)且具备高级技师考评条件。其中,参加国家、部(省)级专业技术比赛获得前十名者、地(市)级专业技术比赛获得前五名者,视比赛项目和专业水平,经本单位劳动人事部门核实,报文化部职业技能鉴定指导中心备案,可进行高一级别的技能鉴定;报文化部人事司批准,可申报更高一级的技能鉴定或申报技师、高级技师的资格考评。有特殊贡献的技术人员,经文化部人事司批准,可不受工作年限限制[①]。文化行业内部鉴定职业与演出相关的职业有:剧作家、作曲家、词作家、戏剧导演、舞蹈编导、音乐指挥、电影电视演员、戏剧演员、舞蹈演员、曲艺演员、杂技魔术演员、歌唱演员、皮影戏演员、木偶戏演员、民族乐器演奏员、外国器乐演奏员、其他乐器演奏员、照明师、美工师、化妆师、置景师、道具师、舞台监督等二十三个[②]。实践中,理论知识考试采取闭卷考试的方式进行,考试内容主要是专业知识和政策法规,而且政策法规知识占总分20%以上,技能操作考核采取现场表演操作方式进行,理论知识考试和技能操作考核实行百分制,成绩合格者一般可取得资格证书。

　　剧目中的剧本主创人员组成和取得剧本是剧目形成的前提条件,对于演出来说,剧目的形成包括演出排练前期、排练制作、合成彩排、首演等过程,这些阶段顺利完成才能形成剧目。在这些过程中,各人员工作是不同的。艺术总监在排练前应根据剧场空间、演员阵容、演出形式以及资金情况选择剧本,组织主创人员班子确定方案,包括资金预算、排练时间、舞美方案。导演在排练前,应整理剧本纲要给其他主创人员和全体演员,与其他人讨论方案、组织试演、确定角色、提出剧目宣传建议;之后导演须按计划排练,推敲细节、修改排练、舞美等细节,跟进舞美制作的进度;进入技术合成阶段,须和舞台监督一起核对所有的舞台提示、排练计划、装备、布景、音响和灯光效果,安排剧照、道具、着装彩排、谢幕及幕间休息,并做好细节记录提供给全体演职人员完善工作;首演前组织全体演职人员开会、提示警示、演出纪律,演出后听取观众与专家意见并做修改准备。舞台监督在演出排练前,应和其他主创人员及后勤部门讨论各种方案、阅读剧本,准备排练用剧本、谱子,参与挑选演员,组织制作班子和其他人员,确定排练场地,列出道具、装置清单、发放剧本、标记排练场地,拟出并分发具体排练、场次、舞美制作等日程安排;应参加排练,记录排练工作、标记场次段落等,审查各种计划进度;彩排中,须确认所有设备均已到位、拟出分场提示表、道具使用表、场次顺序表、工作顺序表,拟出灯光和音响效果的提纲,在技术合成时全面核对检查并与导演研讨技术效果,发现并解决问题;全面检查、核各种细节再演,在演出后检查笔记,厘清下一步工作计划,通知相关人员。舞美设计师应在排练前对剧本做出基本构思,与导演研讨演出制作,研究剧场平面图和舞台立面图画出设计草图,做出布景简易模型,与其他主创人员讨论修改模型、拟定道具表;排练阶段,提供布景方案、技术和效果图,要求制作人员拟定制作进度表,选择道

---

①　参见中国《文化行业特有工种职业技能鉴定实施办法(试行)》(劳社部函〔2002〕3号)第13条至15条。

②　参见中国《文化行业特有工种职业技能鉴定实施办法(试行)》(劳社部函〔2002〕3号):"文学艺术工作人员"〔2-10(GBM2-5)〕。

具,始终保持与导演联系,保证布景按要求做完;应确认所有的布景、道具准备到位,安排运输并装台,参加技术合成或彩排,确定布景与灯光的效果;演出时监督修改、拆台或就位情况,演出后讨论。灯光设计师在排练前,须根据剧本与其他主创人员研讨模型、遮蔽、光线等细节,筹划布光;应和导演逐场次研究,确定灯光预设和变化提示、设备来源,制订灯光变化大纲;应参加技术合成,安装灯具、对光,准备好控制盘;演出后应广泛听取意见修订方案。服装设计师在排练前须根据剧本与其他主创人员讨论后制作全剧演出服装表,设计出服装图,并与导演、舞台监督确定服装设计图及数量;根据参演人员确定服装方案,尽可能参加服装的缝制,排练后期试装、修改;参加彩排,最后检验服装的安全性、应用性、方便性;演出后广泛听取意见修订方案。化妆师在剧目彩排合成阶段进入,应确保化妆及时、准确,演出后广泛听取意见以后改进。经过前述阶段、主创人员努力,在全体演职人员配合下,安排售票、前厅服务、餐饮住宿等完整过程逐步形成固定的演出方案,这样一个剧目才完全形成。

如果演出是经纪人承接的,由于演出经纪人自身条件限制,如演员、交通工具、组创人员等不足或者缺失,一些特殊因素也会制约演出项目的形成。因此演出项目的有效性或者可行性,需要考虑以下几个问题。首先是后勤保障因素。交通方面,需要与运输部门建立固定的业务,根据演出时间,按长途汽车、火车、飞机的顺序安排交通方式,如果是演出地在市内的,对运输车辆编号管理,保障行李与人员安全;中短程如 500 千米以内的演出目的地,以大客车为好;如果长途演出目的地,如 500 千米以上的,选择火车硬卧为主,人数与车票比例要妥当;特殊情况可以考虑飞机方式。此外,演出需要考虑出团队在演出当地临时用车、人员的杂费,事先做好日程表公布。住宿安排要求入住离开时间、地点准确、额外收费项目明确,房间入住表明确人员名单、房间号、当地交通方式、饭店协调人联系方式。饮食按照演出项目特点,采取"倒三餐"方式,即演出前的晚餐简单、演出后吃正餐、夜宵丰富,酒水与赞助饭店清楚说明。后勤保障通常依据合同确定,也有合同约定外的事项,临时协商解决。其次是演出因素。办理演出手续管理机关包括文化、公安、税务等,各地做法不尽相同,找当地同行协助办理,特别是大型演出场地,由当地交通、公安机关协助。演出内容合法,特别是组台演出节目进行预演查看,尤其是明星参演节目;组台演出中因为同台演员不熟悉,舞台监督协调十分重要;演出的善后工作,特别是大型演出十分复杂,主要是财务、行政、剧团送行及租借器材返还等,长远考量。舞美的大部分作息时间与剧团不一致,需要提前安排。收集演出资料,包括演出过程资料如文件、资料、舆论评价等档案性材料。最后,演出事故的处理。合同中尽量明确责任,以便于分清演出责任方。常见的演出责任有:演出质量、演出安全、误演责任,有约依据约定,没有约定双方协商,协商不成,依据《合同法》《侵权法》等相关法律确定。

二、演出项目分级制度

演出项目分级制度指的是演出或者依法成立的具有公共事业性质的行业组织根据一定的原则把演出的产品按其内容划分成若干级,给每一级规定允许面对的公众群体的制度。演出项目分级是一个标准,也是一个参考值,一般指标体系以年龄为基础,用字母和数字作为标记,比如 D 代表性暗示、L 代表语言、S 代表性、V 代表暴力,来提醒演出与节目是否适合观看。演出本质是为消费者服务,但是在商业利益面前,演出分级制度无能为力,一些演出经营者向青少年观众推销暴力、色情内容的演出节目;诸如色情、暴力等概念的界定也有一定的难度。对项目审查,在电影领域,许多国家如美国、英国、日本等都有分级制度,但是大多数国家分级制度不具有法律效力,不过在行业内部具有约束力,对观众只起提示的作用,由观众实行自我保护。在演出项目方面,目前没有权威的分级标准,可以参考电影分级的办法,审查并确立演出内容,也不失是一个可行的途径。

演出项目一般遵循守则的入戏原则:不得降低观众的道德标准;必须反映正确的生活标准;不得嘲讽自然和人类法则或者同情违法犯罪。因此严禁有裸体或挑逗性的舞蹈镜头、露骨的犯罪过程描绘、引起邪念的性感亲吻、羞辱国旗的表演等等。这是国际共同确认的惯例。如美国演出项目也可能会因为性、暴力和宗教等原因触犯多数人的审美和道德价值观,所以美国演出项目内容一直存在着创作自由与"非礼勿视""非礼勿听""非礼勿为"之间的矛盾。按照美国最高法院的判例,所有艺术表达形式都受宪法第一修正案有关言论自由的保护,1940 年美国南方田纳西州的孟斐斯市禁演过反映黑人遭受种族歧视的内容。从 20 世纪30 年代到 60 年代,美国行业协会定有"电影制作守则"(The Motion Picture Production Code),除了行业自律,美国各州设立有公权力性质的电影审查委员会审查,审查演出内容如具有"不道德""亵渎神圣"或者"有害"的影响则禁止公演。美国对演出项目的审查可以从美国的电影分级制度与美国电视分级制度中窥见其一般。联邦通讯委员会是监管美国通讯广播的政府机构,对违反规定的节目可能会上门警告、罚款甚至吊销广播执照。在美国 1968年自愿分级制度取代"电影制作守则"并且行使至今,它既避免由政府官员来审查电影艺术和管束电影工作者,又及时帮助家长做出什么电影适合他们的孩子观看的决定。

美国电影自愿分级从 G 到 NC-17。其中最无禁忌的是 G 级,是"普通观众"级,这是可以放心让孩子观看;PG 是"建议家长指导",可能包含某些对幼小儿童不太适合的内容,由家长来决定是否让孩子观看以及如何指导孩子;PG-13 级是警告家长,可能包括不适合 13 岁以下儿童观看的内容,比如不算严重的暴力、裸体、性感、粗话等等;R 级也就是"限制级",评级委员会认为有一些成人内容,包括不断出现暴力、裸体、吸毒或粗话等等,没有家长或成年监护人的陪伴,17 岁以下未成年人不得观看;最为儿童不宜的级别是 NC-17,即"不许 17 岁以下未成年人观看",使用的标记是 X 级,有暴力、性、变态或吸毒等成人内容,看这个级别的电影必须把孩子留在家里花钱请人照看了。虽然名为自愿评级,但"未评级"影片仅限于指定的少数艺术片影院放映。美国电视节目分级制度由 1997 年 1 月开始实施,和电影分级类似。TV-Y 是指适合包括 2~6 岁幼童在内的所有儿童观看的节目;TV-Y7 是指可能含有年龄 7 岁以下儿童不宜观看内容的电视节目;TV-Y7-FV 是电视节目中含有相较于 TV-Y7 级别来说更多的虚构暴力画面;TV-G 是指普遍级的电视节目,适合所有年龄层观看;TV-PG是节目中有些内容可能不适合儿童,可能有少量的暴力、性题材和不当行为,建议家长提供指引观看的节目,而且进一步二级分为:D——含性暗示对话(some suggestive dialogue),L——含少量不雅用语(infrequent coarse language),S——含少量成人情节(some sexual situations),V——含部分暴力画面(moderate violence);TV-14 是指该节目可能不适合于14 岁以下未成年人收看,节目可能涉及大量暴力、成人情节、不雅用语或者性题材的内容。如晚间 9 点以后播放的夜间脱口秀、电视台播放的 PG-13 或 R 级的电影;TV-MA 是指这级电视节目可能含有不适合 17 岁以下未成年人或只适合成年观众收看的内容,节目会过量地涉及暴力、性和裸露镜头和不雅用语内容。

加拿大电影也分三大类型六级:(1)无条件容许何年龄人士观看:"普通"级

(General)——适合所有年龄人士观看；"家长指导"级（Parental Guidance）——容许所有年龄人士观看，但主题及内容不一定适合所有儿童，宜在家长指导下观看。(2)有条件容许儿童青少年观看："十四·陪看"级（14Accompaniment）——任何十四岁以下的观众必须在成人陪伴下才能观看；并向家长提出警示：影片可能包含暴力、粗俗语言或性爱相关内容；"十八·陪看"级（18Accompaniment）——任何18岁以下的观众必须在成人陪伴下才能观看；并向家长强烈提出警示：影片可能包含显而易见的暴力、频密的粗俗语言、性爱行为或恐怖内容。(3)绝对不容许儿童及青少年观看："限制"级（Restricted）——只容许18岁或以上人士观看，影片可能包含显而易见的性爱或暴力内容；"成人"级（Adult）——只容许18岁或以上人士观看，影片可能包含显而易见的性爱或暴力内容。

英国电影分级制度中，电影有六个级别："U"级，适合所有观众；Uc级，特别适合儿童观看；PG级，家长指导级；12级，适合12岁以上的人观看；15级，适合15岁以上的人观看；18级，适合18岁以上的人观看。

法国电影、电视节目有4种等级：禁止不满10岁儿童观看的影片；禁止不满12岁儿童观看的影片；禁止不满16岁青少年观看的影片和禁止18岁以下未成年人观看的影片；还有TP级，即所有人可以观看的影片和TP+avert级，为大众可看，但要警惕某些内容。

新加坡电影分级制度分成3类：G级为普通级，其中再分为适合所有年龄的电影和需要家长从旁指导的PG级电影；NC16级为16岁以下不宜；R(A)级为限制级（艺术）电影，只供21岁以上的成人观赏。新加坡的电影具体分成6个级别，此制度（R21级别除外）也适用于电视节目：G级别，普通观众级，适合所有人观赏；PG级别，家长指导级别，建议在家长指导下观赏；PG13级别，特别辅导级，13岁以下儿童建议在家长陪伴下观赏；NC16级别，适合十六岁以上人士观赏；M18级别，适合成年人观赏；R21级别，适合二十一岁以上成年人观赏。

马来西亚的电影、电视节目分成3个级别：U，适合任何年龄的人士观看；PG13，13岁以下须家长陪同才可观看，它可能包含了一些不适合儿童的镜头；18SG，18岁以下禁止观看，含有暴露、血腥、恐怖镜头；18SX，18岁以下禁止观看，含有性爱镜头（非裸露）；18PA，18岁以下禁止观看，含有政治、宗教性质电影；18PL，18岁以下禁止观看，含有两个或以上性质的综合电影。

日本于1956年日本映画伦理委员会（映伦）成立，电经过映伦审核分级后才能上映，20世纪90年代发生过恐怖杀人案件后，开始注意暴力和恐怖电影的分级问题。现行日本的电影分级制度是1998年制定的，一共分为四级：G级，没有任何限制；G-12，12岁以下的人要有家长陪同才可观看剧情包含性、暴力、恐怖，以及儿童可能会模仿的不良行为的电影；R15+，15岁以下禁止入场剧情包含比较深度的性、暴力、恐怖、集团排挤，以及青少年可能会模仿的不良行为的电影；R18+，18岁以下禁止入场剧情包含比较深度的性、暴力、恐怖、青少年可能会模仿的不良行为、鼓励使用毒品的表现、反社会行为。

韩国于1998年建立电影分级制度，电影分为5个等级：全民、12岁以上、15岁以上、18岁以上可以观看和限制放映（19岁以上可以观看）。

伊朗的影片被分为A、B、C三级来决定电影的发行渠道和宣传方式，伊朗的电影分级与欧美电影分级不同，它与电影内容无关，A、B、C的级数是电影质量的分级。A级可以在官方的电视台上发布广告，在最好的院线最佳时间上映；C级则被禁止在电视上播广告，也只有较差的，少量有限的影院在非高峰时间播放。

我国内地(大陆)暂不实行电影分级制度,但对演出、电影、电视、娱乐、广播影视、影像制品、网络等涉及演出内容进行概括性抽象分级。(1)我国演出项目禁止内容:危害国家统一、主权和领土完整的;危害国家安全、荣誉和利益的;煽动民族分裂,破坏民族团结的;泄露国家秘密的;宣扬不正当性关系,严重违反道德准则,或内容淫秽,具有强烈感官刺激,诱人堕落的;宣扬封建迷信,蛊惑人心,扰乱社会公共秩序的;渲染凶杀暴力,唆使人们蔑视法律尊严,诱发犯罪,破坏社会治安秩序的;诽谤、侮辱他人的;有国家规定禁止的其他内容的。(2)审查中要求"删改标准",个别情节、语言或画面有下列内容、应当删剪、修改。①夹杂有淫秽庸俗内容,不符合道德规范和观众欣赏习惯的;不恰当地叙述和描写性及与性有关的情节,正面裸露男女躯体;以肯定的态度描写婚外恋、未婚同居及其他不正当男女关系;具体描写腐化堕落,可能诱发人们仿效;造成强烈感官刺激的较长时间的接吻、爱抚镜头及床上、浴室内的画面;具体描写淫乱、强奸、卖淫、嫖娼、同性恋等;内容粗俗、趣味低下的对白;庸俗、低级的背景音乐及动态、声音效果。②夹杂有凶杀暴力内容的:美化罪犯形象,引起人们对罪犯同情和赞赏;具体描述犯罪手段及细节,有可能诱发和鼓动人们模仿犯罪行为;刺激性较强的凶杀、吸毒、赌博等画面;描述离奇荒诞,有悖人性的残酷的暴力行为。③夹杂有宣扬封建迷信内容的:细致描写看相算命、求神问卜,以及长时间的烧香、拜神、拜物等场面;鼓吹宗教万能、宗教至上和显示宗教狂热的情节。④可能引起国际、民族、宗教纠纷的情节。⑤破坏生态环境,肆虐捕杀珍稀野生动物的画面和情节的。6.其他应当删剪、修改的内容。

中国香港特别行政区电影分三大级五小级,即第Ⅰ级,适合任何年龄的人观看。第Ⅱ级,儿童不宜观看。其中第ⅡA级,儿童不宜——在内容和处理手法上不适合儿童观看,影片可能使用轻微不良用语和少量裸体、性暴力及恐怖内容,建议有家长指导;第ⅡB级,青少年及儿童不宜——观众应预期影片内容不适合成分的程度较第ⅡA级强烈,强烈建议家长给予指导,影片可能有一些粗鄙用语及性相关的主语词,可含蓄地描述性行为及在情欲场面中出现裸体,影片可能有中度的暴力及恐怖内容。第Ⅲ级,只准18岁(含)以上年龄的人观看。

中国台湾地区准演之电影片分为四级:(1)限制级(简称"限"级)即禁止未满18岁的人观赏,不适合少年及儿童观赏,禁止内容包括描述赌技、吸毒、贩毒、狎妓、抢劫、绑架、窃盗、走私、帮派或其他犯罪行为情节细密,有诱发模拟作用者,恐怖、血腥、残暴、变态,情节严重者,以动作、影像、语文、声音表现淫秽情态者。(2)辅导级(简称"辅"级)即禁止未满12岁儿童观赏,12岁以上未满18岁的少年需父母或师长注意辅导观赏。这些内容包括涉及性之问题、犯罪、暴力、打斗事件,离奇怪异或反映社会畸形现象、对于儿童心理有不良影响之虞者,有亵渎字眼或对白有不良引喻者。(3)保护级(简称"护"级)即禁止未满6岁儿童观赏,6岁以上未满12岁的儿童须父母、师长或成年亲友陪伴辅导观赏。属于"限""辅"级情形,但涉及性问题、死怖情节或混淆道德秩序观,须父母、师长或成年亲友陪同予以辅导,以免儿童心理产生不良影响的内容。(4)普遍级(简称"普"级)即一般观众皆可观赏。"限"级、"辅"级及"护"级以外的内容。无渲染色情之裸露镜头,视剧情需要,得列入"限"级、"辅"级、"护"级或"普"级,在广告及宣传品的右上角标明核定的"限""辅""护""普"等级标志,其标志字体不得小于十五级字(即与电影海报的比例不得小于1:420);报刊广告级别标志并不得小于三号字;列在其他广告及宣传品上注明限级并附说明文章,其字体不得小于三号字,如"辅"级,

"12 岁以上未满 18 岁的少年需辅导观赏"①。

三、国内演出项目确认标准

演出节目的主题与内容要培育和弘扬核心价值观,发扬优秀传统文化,推行社会教育,坚守法治原则,实践守根、守国、守法、守信精神。其中,演出现实性节目,坚持客观、确实、完整,力求公正;体现正能量的内容,如戏剧节目有关方面描述不超过四分之一,剧中正面人物不能轻易否定,反派人物不能太多,避免过分强调性格矛盾之人物及其特性,改编名著及家喻户晓之人物故事避免违反原有情节,避免强调种族、社会阶层及上下两代间之冲突及界限,避免强调过分偏激之思想、不正常社会现象及崇外观念,对不合社会伦理观念、不良嗜好予以谴责,等等。而演出教育性节目内容,需要增进国民知识、阐扬科学新知、介绍知识、宣导公德伦理,充实史地知识、阐扬民族文化,激发家国情怀,陶冶国民性情,提高鉴赏能力等。在表演大众娱乐节目中,节目内容是配合社会需要,寓教于乐,提供乐观进取之精神,慎选高尚娱乐内容,避免消极、颓废、残忍、贪婪、凶杀、斗殴、恐怖、玄奇武功、低俗、迷信邪说及取笑残障等桥段,禁止表演足以导致堕落、模仿犯罪等不良启示作用的内容,节目内容不得贻害儿童及青少年身心健康或违背善良、风俗,不采用法令禁止的歌曲、音乐、戏剧、小说、唱片、录音带及录影带等,演艺人员注意行为、谈吐、仪容、服饰之高雅及整洁,并避免暴露胴体及色情挑逗性的表演。总之,以一般公众为消费对象的演出项目范围的判断标准是遵守法律法规、符合公序良俗、维护国家与民族利益、保护未成年人。如我国 2008 年《营业性演出管理条例》规定营业性演出禁止有十种禁止情形。《互联网文化管理暂行规定》2003 年 5 月 10 日文化部令第 27 号发布、2004 年 7 月 1 日文化部令第 32 号修订、2011 年 3 月 18 日文化部第 51 号令布新版《互联网文化管理暂行规定》,2017 年 12 月 15 日发布的《文化部关于废止和修改部分部门规章的决定》(文化部令第 57 号)对《互联网文化管理暂行规定》进行了修订。规定了十条禁止规则,互联网文化单位禁止提供载有以下内容的文化产品:反对宪法确定的基本原则的;危害国家统一、主权和领土完整的;泄露国家秘密、危害国家安全或者损害国家荣誉和利益的;煽动民族仇恨、民族歧视,破坏民族团结,或者侵害民族风俗、习惯的;宣扬邪教、迷信的;散布谣言,扰乱社会秩序,破坏社会稳定的;宣扬淫秽、赌博、暴力或者教唆犯罪的;侮辱或者诽谤他人,侵害他人合法权益的;危害社会公德或者民族优秀文化传统的;有法律、行政法规和国家规定禁止的其他内容的②。网络表演经营活动是演出行业重要内容,2016 年文化部制定、2017 年实施的《网络表演经营活动管理办法》对此类活动进行规制。规定网络表演不得含有如下内容:含有《互联网文化管理暂行规定》禁止内容的;表演方式恐怖、残忍、暴力、低俗,摧残表演者身心健康的;利用人体缺陷或者以展示人体变异等方式招徕用户的;以偷拍偷录等方式,侵害他人合法权益的;以虐待动物等方式进行表演的;使用未取得主管部门内容审查批准文号或备案编号的网络游戏产品,进行网络游戏技法展示或解说的。此外,网络表演经营单位对未成年人的保护,不损害未成年人身心健康;有未成年人参与的网络表演,不得侵犯未成年人权益③。中共中央办公厅、国务院办公厅印发的《2006—

① 参见中国台湾地区《电影片分级处理办法》第 2 至 10 条。
② 参见 2017 年中国文化部《互联网文化管理暂行规定》(文化部令第 57 号)第 16 条。
③ 参见文化部《网络表演经营活动管理办法》(文市发〔2016〕33 号)第 6 条、第 7 条。

198

2020 年国家信息化发展战略》《音像制品管理条例》《出版管理条例》《广播电视管理条例》《电影管理条例》等行政法规都做了类似的禁止性规定。根据法律不禁止就等于权利的基本原理，除上述禁止演出项目外，所有的项目都可以进行演出。

合法性原则是国内演出项目的首要确认标准。德国社会学家马克斯·韦伯曾提出合法性这一概念，用以指人们对统治地位的确认和服从。合法性就是承认一种政治制度的尊严性，而一种统治制度的合法性以被统治者的合法信仰为标准。合法性是一种价值要求，需要借助哲学、宗教和伦理学对一种政治制度的正确性和合法性做出论证。"法"有广义与狭义之分，但这里"法"是指狭义的法律法规，因为演出内容复杂性及综合性特点，适用广义法律不利于演出的发展。但是，合法是符合狭义的法律法规的实质性法规。在我国，演出合法是指符合法律、行政法规的规定，如《营业性演出管理条例》规定营业性演出禁止具有"法律、行政法规禁止的其他情形"，可以看出。演出项目合法性的标准应包括演出主体合法、演出形式合法、演出的内容合法、演出程序合法四层含义。演出主体合法是指具备法定演出资格的组织与个人，其他任何主体的演出活动都不受法律的保护。演出形式合法是指各项演出活动以法律规定的形式展示，禁止以法律禁止方式出现。演出的内容合法是指演出活动禁止包含法律禁止内容，至于法律限制的内容也必须在法律允许的情况下得到展示。演出程序合法是指演出从创作到演出完成必须体现法律要求，某一环节不符合法律，演出都可能被禁止。

维护国家与民族利益是确认国内演出项目的最高原则之一。在国际社会中活动的主体是拥有主权的独立国家。国家主权至高无上，神圣不可侵犯，因而国家利益（包括文化利益）就成为国家对外活动的出发点和归宿。文化被看作是软实力，而演出是文化的重要载体在国际文化演出交往频繁的现代社会，如何在各种国际条约下最大限度地维护国家利益是一国理论界和实务界的探讨出发点。我国在对外关系上，始终以国家和民族的根本利益为最高准则，坚定不移地站在争取和维护民族独立与国家主权的原则立场上。国家在制定涉外法律时，总是将国家利益作为出发点和归宿①。国家利益，最初等同于民族利益和公共利益。但是，在主张国家和民族利益的时候，也不能够忽略个人利益。个体利益的跨国化，民族利益不再等于个体利益的综合，个体利益再度恢复其本相。在演出活动中，维护国家与民族利益原则具体要求，主要是指演出内容和形式禁止危害国家统一、主权和领土完整，危害国家安全，或者损害国家荣誉和利益的；煽动民族仇恨、民族歧视，侵害民族风俗习惯，伤害民族感情，破坏民族团结，违反宗教政策等。1999 年 5 月 7 日，文化部《关于进一步加强营业性演出管理和演员艺德教育的通知》指出，扮演革命领袖人物和重要历史人物的演员，参与"福利彩票促销的演出"活动中表现庸俗，言辞不严肃，引起人们不满，造成不良社会影响，要求文化管理机关和演员所在单位加强演员的管理和艺德教育，提高演员的艺德修养。

符合公序良俗原则也是国内演出项目确认的重要标准。公序良俗指的是公共秩序和善良风俗，是指法律主体的行为遵守公共秩序，符合善良风俗，禁止违反国家的公共秩序和社会的一般道德。公序良俗原则是学者根据如法国、德国、日本等世界范围内的普遍立法用语的概括。公序良俗原则最初是对契约自由进行限制，是用来弥补法律禁止性规定的不足。但如今，公序良俗原则则被视为与诚信原则同等的私法领域的大原则。公序良俗原则的效

---

① 白桂梅.国际法[M].北京：北京大学出版社，2006：236-245.

力是,各国法律规定违反公序良俗的法律行为无效。我国现行法未使用公序良俗等字样,而以"社会公共利益""社会公德"来表达出同样的精神。公序良俗原则内容学界有不同归纳。"我妻类型"由日本学者我妻荣运用判例综合研究法,将违反公序良俗行为归纳为以下 7 种类型:违反人伦的行为;违法正义观念的行为;利用他人窘迫、无经验获取不当利益的行为;极度限制个人自由的行为;限制营业自由的行为;处分生存基础财产的行为;显著的射幸行为。而我国法学专家梁慧星教授从了学理上概括违反公序良俗的类型有 10 种:危害国家公序行为;危害家庭关系行为;违反性道德行为;射幸行为(赌博之类);违反人权和人格尊重的行为;限制经济自由的行为;违反公正竞争行为;违反消费者保护的行为;违反劳动者保护的行为;暴利行为。① 我国相关演出法规对演出遵循公序良俗原则要求主要是演出主体禁止有下列内容演出:扰乱社会秩序,破坏社会稳定的内容;危害社会公德或者民族优秀文化传统的内容;侮辱或者诽谤他人,侵害他人合法权益的内容;宣扬淫秽、色情、邪教、迷信或者渲染暴力的内容;表演方式恐怖、残忍,摧残演员身心健康的内容;用人体缺陷或者以展示人体变异等方式招徕观众的内容。为此,中国文化部在 1950 年至 1952 年期间,根据公序良俗原则曾明令禁演 26 个戏曲剧目,其一京剧包括《杀子报》《海慧寺》(马思远)、《双钉记》《滑油山》《引狼入室》《九更天》《奇冤报》《探阴山》《大香山》《关公显圣》《双沙河》《活捉三郎》《铁公鸡》《大劈棺》《全部钟馗》(其中《嫁妹》一折保留)。其二评剧包括《黄氏女游阴》《活捉南三复》《全部小老妈》《活捉王魁》《僵尸复仇记》《因果美报》《阴魂奇案》。其三川剧包括《兰英思兄》《钟馗嫁妹》。其四少数民族地区禁演的戏有《薛礼征东》《八月十五杀鞑子》等②。2003 年文化部规定,严禁任何单位或个人在各类演出场所及公园、广场、街道、宾馆、饭店、商场等公共场所组织或从事含有色情、淫秽等违法内容的表演活动,并追究有关人员的责任③。演出内容也禁止违反国家新闻出版署《关于认定淫秽及色情出版物的暂行规定》的规定。依据该规定"淫秽色情"是指在整体上宣扬淫秽行为、具有法定七大类情形,挑动人们的性欲,足以导致普通人腐化堕落而又没有艺术价值或者科学价值的内容。这七大类情形是:淫亵性地具体描写性行为、性交及其心理感受;公然宣扬色情淫荡形象;淫亵性地描述或者传授性技巧;具体描写乱伦、强奸或者其他性犯罪的手段、过程或者细节,足以诱发犯罪的;具体描写少年儿童的性行为;淫亵性地具体描写同性恋的性行为或者其他性变态行为,或者具体描写与性变态有关的暴力、虐待、侮辱行为;其他令普通人不能容忍的对性行为淫亵性描写的行为④。有少部分对性行为描写、色情内容或裸体镜头,但整体上格调高雅,具备文学艺术研究价值的,不能被看作淫秽演出。淫秽演出是指在整体上宣扬淫秽行为,有七大类内容之一的,挑动人们的性欲,足以导致普通人腐化堕落,而又没有艺术价值的演出。社会上色情淫秽表演时有发生,尤其在某些城乡接合部以及农村集镇的流动演出中,演出单位或个人在各类演出场所及公园、广场、街道、宾馆、饭店、商场等公共场所组织或从事含有色情、淫秽等违法内容的表演活动,2003 年国家开展打击色情淫秽表演活动,在国内演出中,实行发证者与持证演

---

① 于飞.公序良俗原则研究:以基本原则的具体化为中心[M].北京:北京大学出版社,2006:51.

② 参见文化部《关于制止上演"禁戏"的通知》(1980 年 6 月 6 日)。

③ 参见文化部办公厅《关于坚决取缔非法演出团体严厉打击色情淫秽表演活动的紧急通知》(办市发〔2003〕20 号)。

④ 参见 1988 年国家新闻出版署《关于认定淫秽及色情出版物的暂行规定》。

出者连带责任制度,即从事各类非法演出活动的人员承担相应责任,严格各类演出团体及演员个人演出许可证的发放,在演出证上注明发证机关的联系电话及经办人的姓名,缺乏相关注明内容的证件视为无效,持此类证件演出视为无证经营;对持有演出证的演出团体和演员个人从事色情、淫秽表演或参与其他违法演出活动的,证件发放机关及其主要负责人负连带责任。此外,行政部门和社会各界共建演出监督体系,对各类演出活动的日常监督管理,对举报的色情、淫秽表演等非法表演活动,即时性制止和取缔①。

国内演出项目确认标准还包括保护未成年人原则。保护未成年人是世界各国法律通行做法,如西方国家的电影分级制度、享受演出优惠制度、对演出范围限制等等。保护未成年人原则内容一般包括保障未成年人的合法权益;演出尊重未成年人的人格尊严;演出适应未成年人身心发展的特点;对未成年人教育与保护相结合。在演出中,保护未成年人原则主要要求做到两方面。一方面,禁止恐怖、残忍、摧残未成年人身心健康的表演方式,演出禁用七到十二岁的儿童表演一些形象恐怖、残忍和严重摧残少年儿童的节目,如"吞宝剑""吞铁球""人吃活蛇""蛇钻七窍""油锤贯顶""钉板打石""汽车过人""铁钉刺鼻""大卸胳膊""刀劈小孩""脚踩女孩"等等。另一方面,禁止为招徕观众而展示人体缺陷或者人体变异等损害未成年人心理健康的演出②。符合上述原则的演出项目,都可以在国内演出。文化部在1998年就明确规定,演出地主管部门办理演出审查手续属于备案性质,如无违法内容和违法行为,禁止阻挠巡回旅行演出合同;文艺表演团体和演出经纪机构组织巡回演出时,主管部门禁止强行指定演出的承办(协办)单位③。

国内演出项目确认标准特别照顾农村需求原则。我国是农业国家,农民占据过半人口,同时农民的演出需求虽然旺盛但演出项目却不太适应。现实中,各种形式的"大棚演出"一定程度丰富了基层人们文化生活,但演出市场存在格调低下甚至有黄色下流的表演;管理职能部门行政不作为或行政乱作为、演出市场管理人员的素质不高;擅自收费以及巧立名目乱收费、欺行霸市、敲诈勒索等损害民间职业剧团的违法行为,演出行业协会超越非营利性社会组织的行为;披着合法外衣从事不法行为的民间演出经纪公司。为此,国家出台了农村演出项目保障性规定,这些规定的主要内容是:政府可以采购演出项目,送文艺节目给农民,对演出单位实行奖励,引导演出单位赴农村演出;文艺表演团体(民间剧团)、演出场所、演出经纪机构,特别是民间文艺表演团体,实行宏观总量调控,防止过多过滥;培训演出单位法定代表人和主要从业人员的演出政策法规知识;支持演出单位赴农村演出,并提供方便、快捷、周到的服务,扶持和资助赴农村演出购置必要的"大棚"或临时演出设备;规范"大棚演出"以及农村演出市场,如演出单位的演出证和营业执照、演出项目批文、演出内容;占用公园、广场、街道、宾馆、饭店、体育场馆等场所举办演出手续;演出中的中止演出或者以假唱、假冒他人名义等虚假手段欺骗观众;演出广告审批及内容的诚信④。此外,强化农村演出市场管理部

---

① 参见文化部办公厅《关于坚决取缔非法演出团体严厉打击色情淫秽表演活动的紧急通知》(办市发〔2003〕20号)。

② 参见文化部、公安部《关于取缔流散艺人和杂技团体表演恐怖、残忍和摧残少年儿童节目的通知》(1981年10月29日)。

③ 参见文化部《关于贯彻执行〈营业性演出管理条例实施细则〉的通知》(文市发〔1998〕18号)。

④ 参见文化部《关于加强全国农村演出市场管理丰富农民文化生活的通知》(2000年5月25日)。

门职责,禁止将行政职责委托给演出经纪机构和演出协会等不具备行政管理职能的组织、机构和个人,或承包或变相承包给其他非文化行政管理单位或个人;核定管理人员的正常经费,取消一切不符合国家政策的收费项目;禁止利用职权创收,禁止巧立名目收取费用或者委托各级演出管理站、演出协会、演出经纪机构违法收费;规范证照管理,打击违法犯罪,建立健全文化、公安、工商等部门的协作配合制度;取缔、处罚无照从事营业性演出和从事营业性演出居间、代理活动的行为;及时处理欺行霸市、敲诈勒索的违法人员以及具有黑社会性质的犯罪团伙。

我国通过在传播上,采取多种方式坚持演出项目进行事后或事中审查,也是对演出项目的标准修正,据不完全统计,自2012年至2016年,国家新闻广电出版总局,对电视节目先后出台了"限俗令""限娱令""限古令"" 限涉案令""限播令""限唱令""创新令",加强版"限娱令""限谍令""抗战月""封杀令""删剪令","一剧两星令""限外令""限真令","限童令""一线令""限模令""限制令"等20项限令,体现了我国演出节目判断标准的时代性。在此,详言之以见演出项目审查标准之一斑。(1)2012年实行"限俗令""限娱令",2012年4月在"2012年星光电视节目创新创优论坛"上,为防止过度娱乐化、低俗化倾向,广电总局提出:不允许网络红人、有丑闻劣迹的人物上电视做嘉宾;禁止职场服务类节目互相打击,通过恶搞博取收视;不准用收视率作为衡量节目质量标准来实行末位淘汰。同年8月,提出电视剧创作六项要求约束电视剧创作,即革命历史题材要敌我分明、不能无限制放大家庭矛盾、不能捏造戏说古装历史剧、注意商战剧价值导向、禁播翻拍克隆境外剧、不提倡网络小说改编、禁止网游改拍①。(2)2013年实行"限古令""限涉案令""限播令"和"限唱令"。对卫视综合频道黄金时段实行"限古令",要求:每月及每年播出古装剧总集数,不得超过当月及当年黄金时段所有播出剧目总集数的15%,而年度播出现实题材电视剧总集数须达到50%以上;原则上不得接档、连续排播两部古装剧。同年实行"限涉案令",广电总局《卫视综合频道电视剧播出调控管理办法》规定涉案题材电视剧中,属于典型涉案剧的(发行许可证标注"按涉案剧规定时段播出")在所有电视频道的19:00—23:00以外播出;属于一般涉案的(发行许可证标注"按规定时段播出")卫视综合频道黄金时段不得播出。由此,涉案剧退出黄金档。2013年6月广电总局出台"限播令":除法定节假日外,卫视综合频道电视剧播出时间不得超过播出总量的45%;每日播出同一部电视剧总集数(包括重播集数)不得超过6集,双休日不得超过8集。"限播令"约束电视剧的播出时长,但各大电视台纷纷提高单位时间内的广告价格,自制剧出现"井喷"植入广告花样不断。(3)2013年7月25日《关于进一步规范歌唱类选拔节目的通知》出台,"限唱令"内容:歌唱类选拔节目坚持少而精的原则,反对一哄而上、跟风模仿;落实中央"八项规定"要求,力戒铺张奢华、力戒炫目包装、力戒煽情作秀,防止比阔气、讲排场、拼明星;对参赛选手、评委、嘉宾、主持人等的语言、行为、服饰等应当符合媒体格调;自主创新,改变对已有节目模式的依赖;避免节目扎堆播出、浪费资源。"限唱令"加重导师的专业决定权以及他们对于选手的专业指导,提高了参赛选手、评委、嘉宾、主持人的综合要求。(4)2014年"创新令"与"限娱令""限谍令""抗战月""封杀令"、网上"删剪令"。《关于做好2014年电视上星综合频道节目编排和备案工作的通知》,要求编排新规、优化节目结构,加强引进管理;抵制过度娱乐,防止雷同浪费,"创新令"与"限娱令"具体内容如下:新闻、

① 参见广电总局《关于进一步加强电视上星综合频道节目管理的意见》(广发〔2011〕83号)。

经济、文化、少儿、体育等类型节目按周时长计算不少于30%;平均每天6:00到次日凌晨1:00要播放不少于30分钟国产纪录片,平均每天8:00到晚上21:30要播放不少于30分钟的国产动画片;17:00—22:00黄金时段,娱乐节目每周播出不得超过3次;除了鼓励各大卫视播放国产原创内容和非娱乐节目,每家卫视每年新引进的国外版权模式节目不得超过1档,全国卫视的歌唱类节目以4档为限;综合频道每年播出的新引进境外版权模式节目不得超过1个,不在19:30—22:00播出;国家每季度择优选择一档歌唱类选拔节目安排在黄金时段播出,其余不在19:30—22:30播出;扩大综合频道新闻、经济、文化、科教、生活服务、动画和少儿、纪录片、对农等类型节目的播出比例①。"限谍令",2014年5月提出,其内容禁止出现我军色诱敌方、金钱方式获取情报以及红色刺杀类情节。谍战剧拍摄尺度收紧,抗战剧在喜剧化等多角度突破。2014年8月广电总局规定9月至10月为"抗战月",卫视黄金档播出剧目于9月到10月底间,必须播爱国主义题材和反法西斯题材。"封杀令",2014年9月《国家新闻出版广播电视总局办公厅关于加强有关广播电视节目、影视剧和网络视听节目制作传播管理的通知》封杀劣迹艺人,要求对劣迹艺人影视作品、网络剧、微电影和网络视听节目等进行播出限制。网上"删剪令"是2014年11月《关于加强互联网视听内容管理》确立的,要求网络音乐视频MV、综艺、影视短剧、动漫等类别的节目以及"自拍""热舞""美女""搞笑""原创""拍客"等题材内容不违反规定,删剪网络视听节目的大尺度、婚外恋、多角恋、性暗示、情色等内容;删剪强烈刺激性的凶杀、血腥、暴力、自杀、绑架、吸毒、赌博、灵异等情节的网络视听内容。(5)2015年的"一剧两星令""限外令""限真令"。"一剧两星令"即自2015年1月1日开始,同一部电视剧每晚黄金时段联播的卫视综合频道不得超过两家,同一部电视剧在卫视综合频道每晚黄金时段播出不得超过两集。"限外令"是指2015年4月1日起,要求用于网络传播的境外影视剧依法取得《电影片公映许可证》或《电视剧发行许可证》,且播出内容健康、弘扬真善美,否则一律禁止上网播放。2015年7月真人秀节目实行"限真令",鼓励素人真人秀,要求真人秀节目传递正能量,实现积极的教育作用和社会意义;观照普通人,提倡原创和弘扬中华民族优秀传统文化;节目从数量到题材上进行调控。(6)2016年实行"限童令""一线令""限模令""限制令"。2016年1月因为亲子类真人秀节目泛滥,出台"限童令",即严格控制未成年人参与的真人秀节目;禁止借真人秀炒作、包装明星子女;禁止在娱乐访谈、娱乐报道等节目中宣传炒作明星子女,防止包装、造星、一夜成名。2016年3月出台"一线令"即加强网剧全流程管理,线上线下统一审核标准,电视台不能播的,网络也不能播。2016年7月1日实行"限模令",其内容是真人秀节目1年内只允许播1季;不过度重播娱乐节目;政策扶持鼓励原创节目;新引进境外版权的节目第一季不得在20:30之前播出,且需要提前两个月向总局备案;各卫视每晚20:30前最多允许两个引进境外版权的节目播出,总局发牌照;每家电视台每年最多新引进一个境外版权节目。2016年8月《关于进一步加强社会类、娱乐类新闻节目管理的通知》提出"限制令",其内容是广播电视社会类新闻不实行制播分离,社会制作机构不制作社会类新闻,广播电视娱乐类新闻实施制播分离,对违定制和播出机构给予通报批评、停播、吊销资质等处罚措施。

---

① 参见广电总局《关于做好2014年电视上星综合频道节目编排和备案工作的通知》(广发〔2013〕68号)。

四、涉外演出项目确认标准

涉外演出,是指演出主体或者演出地域至少有一项涉及外国因素的演出,不包括演出内容涉及外国因素。因此,涉外演出包括演出跨越国境和演出主体是外国人的演出。由于适用法域的特殊性,如果符合涉外演出条件,涉及香港特别行政区、澳门特别行政区、台湾地区演出参照"涉外"演出。从国境角度,涉外演出可以被分为出国演出和引进演出,因此,涉外演出项目包括出国演出项目和引进演出项目两大类。

对涉外演出中,实行项目禁止制度,对外来演出团体严格审核其演出节目内容、演出证及相关手续,对于演出证照不全或演出节目内容违反规定的,不予核准演出。由于政治、经济、文化的原因,涉外演出项目往往被分成四大类,即鼓励演出项目、禁止演出项目、放任演出项目与限制演出项目。而且这些演出项目类型是随一个国家的确认标准而在不同时期、同一时期不同阶段、不同地域发生变化的。具体演出项目类型所包含的范围、内容、形式、规模等确定标准具有很大的政治性,因此世界各国法律没有统一标准,也不可能有统一标准。但是从世界各国法律实践所体现出来的一般法理看,确定涉外演出项目标准主要有国家与民族利益、公序良俗、国际关系、演出项目本身艺术水准诸方面。

关于出国演出项目,出演国一般规定了鼓励项目与禁止项目两大类,对放任出国演出项目和限制出国演出项目没有规定,前者依据法律"剩余权利"规则确定,而后者由于复杂性没有规定的必要和可能。

就鼓励出国演出项目而言,世界各国通行做法,采用穷尽列举的立法例。因为,鼓励出国演出项目需要出口国家各方面的支持包括财政、国际政策、人员等,而且这些项目通常符合国际法基本原则;再者,出国演出项目本身内容一般是反映出口国文化、艺术或者出口国与进口国友好关系,所以出国演出项目不违背演出所在地国家的利益。但是,由于各国利益的差距,政治、经济、文化不同,演出项目的进出口双方共同利益有限,鼓励出口的演出项目自然有限。我国采用穷尽列举的立法例来规定鼓励出国演出项目范围,而没有兜底性规定。根据现行规定,我国鼓励出国演出项目包括五类,即秀传统文化的项目,宣传我国现代化建设成就的项目,体现当今我国文化艺术水平的项目,维护国家统一和民族团结的项目,有利于促进我国同世界各国之间友谊的项目[①]。

禁止出国演出项目与鼓励出国演出项目不同,禁止出国演出项目的确立,立足于维护国家、民族利益与公序良俗标准,而且这一标准随国际关系变化而经常变动。再者,由于国际形势复杂多变,各个国家政策不可能对所有情况进行准确的预测,所以禁止出国演出项目范围就变得非常复杂而且范围改变可能性很大。自然各国立法就呈现不同体例,有些国家采用原则性规定,特别是不成文法国家;而有些国家采用列举性规定,但是采用兜底条款,尤其是成文法国家。我国采用列举性规定的立法例。根据1997年文化部《涉外文化艺术表演及展览管理规定》,我国禁止出国演出项目有八类,即损害国家利益和形象的项目,违背国家对外方针和政策的项目,不利于中国民族团结和国家统一的项目,宣扬封建迷信和愚昧习俗的项目,表演上有损国格、人格或艺术上粗俗、低劣的项目,违反前往国家或地区宗教信仰和风俗习惯的项目,有可能损害我国同其他国家关系的项目,法律和行政法规禁止的其他内容项

---

① 参见文化部《涉外文化艺术表演及展览管理规定》,自1997年8月1日起施行。

目。其中,"法律和行政法规禁止的其他内容",就是兜底性规定,为今后演出项目变化发展留下空间。后来拓展为十项演出禁止情形:反对宪法确定的基本原则的;危害国家统一、主权和领土完整,危害国家安全,或者损害国家荣誉和利益的;煽动民族仇恨、民族歧视,侵害民族风俗习惯,伤害民族感情,破坏民族团结,违反宗教政策的;扰乱社会秩序,破坏社会稳定的;危害社会公德或者民族优秀文化传统的;宣扬淫秽、色情、邪教、迷信或者渲染暴力的;侮辱或者诽谤他人,侵害他人合法权益的;表演方式恐怖、残忍,摧残演员身心健康的;利用人体缺陷或者以展示人体变异等方式招徕观众的;法律、行政法规禁止的其他情形。[①]

关于引进演出项目,与出国演出项目有些类似,但是从社会实践看,引进演出项目除了符合出国演出的标准外,引进国更加注重引进演出项目国国内需要,所以在范围上规定得更加灵活。因为,国内对演出需要的层次更丰富,同时在引进演出项目过程中,引进演出项目国有更大自主权,通过行政权力来决定某演出项目的"合法性"。因而,许多国家对引进演出项目范围规定更具有弹性。依据出国演出项目相同的法律原理,一般国家对放任性引进演出项目没有明确规定。

我国鼓励引进的项目只有五类,包括:优秀的、具有世界水平的项目,内容健康、艺术上有借鉴作用的项目,传统文明、民族民间的项目,有利于提高公众艺术欣赏水平的项目,促进我国同其他国家间友谊的项目。而对禁止引进项目范围较广,并且采用兜底条款予以规定,具体包括:反对中国国家制度和政策、诋毁中国国家形象的项目,影响中国社会稳定的项目,制造中国民族分裂,破坏国家统一的项目,干涉中国内政的项目,思想腐朽、颓废,表现形式庸俗、疯狂的项目,宣扬迷信、色情、暴力、恐怖、吸毒的项目,有损观众身心健康的项目,违反中国社会道德规范的项目,可能影响中国与其他国家友好关系的项目,法律和行政法规禁止的其他内容项目。[②] 此外,我国对限制性引进演出项目只做了原则性规定,而且仅限于借鉴和观摩演出项目。各国对限制性引进演出项目条件的规定具有共通性。首先,借鉴和观摩演出项目具有较高艺术水平,艺术表现手法独特。其次,借鉴和观摩演出项目在国际上得到公认的艺术品,国际上流行演出或欣赏。再次,借鉴和观摩演出项目内容有悖公序良俗与民族习俗,并在性质与社会上有较大争议。最后,借鉴和观摩演出项目的确定和使用主体特定,具体由国家文化管理部门确认,一般仅供国内专业人员借鉴和观摩,不进行公共领域演出。

第二节　演出项目的许可

演出项目管理是所有国家法律对演出进行管控的重要途径,尽管各国做法有所不同。我国根据演出类型采用不同的管理制度。对于鼓励性演出项目,采取事先行政许可的管理方式。即演出主体取得演出项目的许可才能够进行演出,为此演出项目许可的取得依法履行法定手续。对于禁止性演出项目,我国采用事先行政许可事后追惩制度。即对演出主体采取用事先行政许可,对演出过程及其演出结果进行违法追查,由违约者进行承担责任。

---

① 参见 2016 年中国《营业性演出管理条例》第 25 条。

② 参见文化部《涉外文化艺术表演及展览管理规定》,自 1997 年 8 月 1 日起施行。

一、演出项目的申报

演出项目的申报包括国内外演出项目申报。申报国内演出项目，由国内演出主体向县级以上文化主管部门申请，并提交相关材料。其中，水族馆利用水生野生动物表演，事先向所在地的省级渔业行政主管部门办理水生野生动物驯养繁殖许可证，凭该证依照法律规定的程序向省级以上渔业行政主管部门申请水生野生动物表演项目①。申报涉外演出项目的，由涉外项目主办（承办）单位按照行政隶属关系，向其所在地有对外文化交流任务的省级以上机关、团体、解放军系统的主管部门提出立项申请，并附相关资料。省级以上主管部门审核合格的，报文化部审批。具体分四种情况：依据文化协定，进行文化艺术表演及交流项目，各地方文化部门根据文化部要求执行；通过民间渠道开展的非商业性文化艺术表演及交流活动由有关部门或省级文化管理部门实施，或由有对外文化交流资格的机构依据文化部规定实施；我国与国外友好省、州、市之间非商业性文化艺术表演（杂技或另有规定的除外）及交流项目，由有关省级文化主管部门报同级政府审批，并报文化部备案；商业和有偿文化艺术表演活动，由有对外经营商业和有偿文化艺术表演资格的机构、场所或团体提出申请，通过其所在地省级以上主管部门审核同意后报文化部审批；项目批准后，与外方签订正式合同，并报文化部备案②。

申报包括国内外演出项目提交的申请资料因商业性项目与非商业性项目而不同。对非商业性项目提交材料包括主办（承办）单位或个人的名称及背景资料；活动团组的名称、人员组成及名单等；活动内容、时间、地点、场次、经费来源及费用支付方式；全部节目录像带及文字说明等；如出国项目，需附外方邀请信或双方草签的意向书。一般剧（节）目的备案只需报送剧本或文学底本和创作演出计划。重点剧（节）目的报审需提供的书面材料有：排演单位申请报告，对剧（节）目的思想和艺术价值以及演出后社会效益和经济效益的预估提出明确意见；拟投排剧（节）目的剧本或文学底本；编、导人员情况介绍；创作演出计划；经费预算及来源。对重点剧（节）目自受理之日起 30 日内批复，并送达重点剧（节）目创作演出通知书；一般剧（节）目的备案自受理之日起 20 日内给予书面答复③。

对商业和有偿文化艺术表演项目提交材料包括：外方经纪机构资信情况，艺术表演资格证明，合作方的有关背景资料、资信证明等；全部节目录像带及文字说明等；主管部门对节目或作品内容的鉴定意见（世界名剧和名作除外）；申报出国的项目，需提供中介机构与相关艺术团、展览（博物）馆或其他部门之间的协议书与草签的意向书。其中意向书的内容包括：活动的组织单位或个人的国别、名称及所在地；活动的内容、时间、地点及参加团组的人员组成；演出或展览场次；往返国际旅费、运费、保险费、当地食宿交通费、医疗费、演出及展览场地费、劳务费、宣传费和生活零用费的负担责任；价格、报酬、付款方式及收入分配办法；违约索赔等条款④。

---

① 参见农业部《关于加强水族馆和展览、表演、驯养繁殖、科研利用水生野生动物管理有关问题的通知》。
② 参见文化部《涉外文化艺术表演及展览管理规定》，自 1997 年 8 月 1 日起施行。
③ 参见文化部《关于直属艺术表演团体创作演出新剧（节）目实行审查、备案制度的通知》，1997 年 4 月 3 日。
④ 参见文化部《涉外文化艺术表演及展览管理规定》，自 1997 年 8 月 1 日起施行。

二、演出项目的审批

演出项目审批方面,对国内演出项目与涉外演出项目审查有所区别,一般来说,对国内演出项目审查要求宽于涉外演出项目审查要求,对国内演出项目的审查主体级别低于涉外演出项目的审查主体级别。

对于国内演出项目,由县级以上演出主管部门根据演出项目确定原则对演出申请进行审批,包括形式审查与实质审查。如申报形式不符合要求的,要求申请者改正,不改正者视为撤回申请。演出项目在实质上应符合项目确认标准,对体现民族特色和国家水准的演出予以鼓励,重点扶持在国内外、省内外有重大影响,或具有实验性、示范性和民族代表性,具有历史保留价值的艺术表演团体①。

2006 年 6 月 22 日文化部《关于完善审批管理促进演出市场健康发展的通知》认为,促进演出市场的发展,简化审批手续和审批环节是降低演出经营成本和票价,根据《营业性演出管理条例》及其实施细则的有关规定和《国务院关于非公有资本进入文化产业的若干决定》《文化部、民政部关于印发〈文化类民办非企业单位登记审查管理暂行办法〉的通知》《文化部、财政部、人事部、国家税务总局关于鼓励发展民营文艺表演团体的意见》等文件精神,项目审批直接准入。为便于文艺表演团体和专业演出场所建立长期稳定的合作关系,剧场、音乐厅等专业演出场所经营单位申请设立演出经纪机构,自主组织、制作和经营演出活动。民办文艺表演团体作为民办非企业单位可申领演出证的文艺表演项目,如京剧、昆曲、地方戏曲、曲艺、儿童剧、杂技、木偶剧、皮影戏和民族民间音乐舞蹈等各民族或者地方特色艺术表演项目,歌剧、舞剧、芭蕾舞、交响乐、话剧等艺术表演项目。跨地区的同一演出项目演出采取演出场所备案制度,取消重复审查;而跨地区举办临时搭建舞台、看台的营业性演出进行形式审查,即提交有关文件须符合规定条件,否则不能举行演出活动②。

在互联网时代,建立营业性演出项目审批信息互联网发布制度(简称演出审批信息互联网发布制度),有利于促进演出市场信息的整合与沟通,使经营者充分获取市场信息,降低经营风险,体现政府为经营者服务的职能。根据文化部于 2003 年 10 月 29 日发布的《关于建立营业性演出项目审批信息互联网发布制度的通知》精神,演出审批信息互联网发布制度具体内容概括为如下几方面。一是,演出审批信息互联网发布制度发布信息内容,主要是依照《营业性演出管理条例》及其实施细则的有关规定审批的各类营业性演出项目,主要有:全国性的演出活动或冠以"中国""中华""全国"等字样的营业性演出活动;文化部审批的营业性涉外演出项目;文化部审批的邀请中国香港特别行政区、澳门特别行政区和台湾地区的营业性演出项目;地方政府或省级主管部门审批 5 人以下(含 5 人)的小型演出团组到歌舞娱乐场所或宾馆饭店的演出项目,以及文化部即将下放的有关审批。演出审批信息互联网发布制度的内容包括:演出项目名称;演出团体名称或主要演员名单;举办时间、地点、演出场所;主办、承办单位名称;审批机关名称;其他需要公布的事项。二是,演出审批信息互联网发布制度运行。以中国文化市场网为依托,以其专门开设的演出频道"审批信息发布"栏目作为信息发布平台。演出项目一经审批,文化部及省级主管部门应当及时向中国文化市场网提供批准信息,最迟应当在 10 个工作

---

① 参见 2008 年中国《营业性演出管理条例》。

② 参见文化部《关于完善审批管理促进演出市场健康发展的通知》(文市发〔2006〕18 号)。

日上网公布。网上公布时间一般为 6 个月,演出周期长的项目可以适当延长公布时间,至演出项目结束的当月底。三是,营业性演出项目审批信息互联网发布操作程序。营业性演出项目审批信息互联网发布采用会员制管理。由省级文化厅(局)按文化部提供的统一用户名和密码登录网站后,再进行批文表单的填写,以确保批文传送过程的安全保密。具体操作过程如下:(1)由省级文化厅(局)把相关信息通过传真、E-mail、电话等方式汇总到中国文化市场网。(2)文化市场司娱乐演出处把中国文化市场网收集到的资料进行审核后,再交由中国文化市场网统一录入到数据库。(3)各地文化厅(局)负责提交批文的工作人员登录中国文化市场网演出频道,在会员注册区域,填入账户名和密码进行会员登录。(4)根据需要提交批文的相关表单,在其中填入营业性演出项目审批的相关信息,包括:批准单位、批文主题、演出时间、演出场所、演出场次、主办单位、主要演员,上传人、审核人姓名、职务,文号、上传。(5)按提交按钮提交表单。(6)文化市场司娱乐演出处委托中国文化市场网通过电话询问的方式进行二次确认后,再行发布。(7)省级文化厅(局)在初次获取密码登录网站时,由网站系统自动以 MESSAGE(消息)的方式通知用户自行更换密码。[①]

第三节　演出项目管理

演出项目是无形资产、文化资源的载体,甚至可以把演出项目归结为公共产品,因此需要提高其适用效益与效率,防止浪费和流失,需要依法规制演出项目的使用。演出项目成功实现目标通常受四个因素的制约,即委托人的评价、项目范围、项目成本、项目进度,其中委托人的评价是最重要的、最直接的制约因素。演出项目活动涉及的范围影响演出项目质量,同时演出项目具有资源约束性特点与时间进度特点。就业务工作而言,演出项目管理涉及内容有:项目范围管理、项目时间管理、项目费用管理、项目质量管理、人力资源管理、项目沟通管理、项目风险管理、项目采购管理、项目交接管理。在制度上,演出项目管理实行责任利益风险对称的原则即责、权、利的统一。

一、演出项目的审查、备案

我国对演出项目采用分类进行审查的办法。举办营业性演出申请者需提交的材料包括演出名称,演出举办单位和参加演出的文艺表演团体,演员,演出时间,地点,场次,节目及其视听资料。其中,申请举办营业性组台演出,还应当提交文艺表演团体、演员同意参加演出的书面函件;营业性演出需要变更申请材料所列事项的,应重新报批[②]。对于组台演出,演出公司申办营业性组台演出时,应向发放其演出证的主管部门提出申请,需要提交演出申请书、与演出相关的各类演出合同文本、演出节目内容材料、营业性文艺表演团体的演出证[③];而演出经纪机构申办组台演出,向发放其演出证的主管部门需要提交演员个人的演出证。举办营业性演出,向演出所在地县级主管部门提出申请,主管部门自受理申请之日起 3 日内

①　参见中国《营业性演出项目审批信息互联网发布操作程序》,自 2003 年 10 月 29 日起执行。
②　参见 2016 年中国《营业性演出管理条例》第 16 条。
③　参见 2004 年中国《营业性演出管理条例实施细则》第 21 条。

做出决定,发给批准文件,不予批准的书面通知申请人并说明理由①。对于举办和参加演出,申请举办营业性演出,应当在演出日期 3 日前将申请材料提交负责审批的文化主管部门,举办营业性演出申请者持演出许可证或者备案证明,应向主管部门提交文件②。邀请个体演员、文艺表演团体的在职演员或者专业艺术院校师生参加营业性演出,应与演员、职业演员所在单位签订演出合同;个体、业余演员参加营业性演出的,须由邀请其演出的演出经纪机构或演出场所报主管部门审批,并在演出证上盖章;按合同约定在固定场所连续演出一段时间的,按一次演出活动办理。其中在职演员参加其他单位举办的任何演出应征得所在单位同意,应持演出证经所在单位审批盖章,其中属营业性演出及拍摄电影、电视节目的,应与其单位签订演出合同;已经登记备案的企事业单位、学校、机关等单位所属的群众性业余文艺表演团体禁止举办营业性演出,但艺术水平达到一定要求且确需在所在地临时举办营业性演出的,应报所在地主管部门批准③。还存在一些其他情况:演出活动的出资单位可以单独或与其他单位作为演出主办单位,经审批机关核准可以享有演出活动冠名权,并依照合同约定享有演出收入分配权;已经登记备案的农村业余文艺表演团体,在本省范围内演出,一年内从事营业性演出时间累计不超过 3 个月的,不需要演出证,但其演出活动应报县级以上主管部门审批;营业性演出时间超过 3 个月或到外省演出的,需要办理演出证④。对于公益性演出,国家机关因工作需要举办公益性演出活动,但需要经营广告以弥补演出资金不足的,须办理审批手续,国家机关不能从中提取演出收入;演出单位和国家机关利用演出活动经营广告业务的,需要办理广告经营登记手续。对于网络表演,网络表演经营单位应向省级主管部门申请取得网络文化经营许可证,许可证的经营范围明确包括网络表演,网络表演经营单位应当在其网站主页的显著位置标明网络文化经营许可证编号⑤。对于临时搭建舞台、看台的演出,主管部门根据《大型群众性活动安全管理条例》审批时,应核验演出举办单位的下列文件:依法验收后取得的演出场所合格证明,安全保卫工作方案和灭火、应急疏散预案,依法取得的安全、消防批准文件。⑥ 申请举办临时搭建舞台、看台的营业性演出,还应提交规定的文件,经批准的演出举办单位还应在演出前向演出所在地县级主管部门提交规定的文件;申请举办需要未成年人参加的营业性演出,需符合国家有关规定⑦。其中,演出场所合格证明,是指由演出举办单位组织有关承建单位进行竣工验收,并做出的验收合格证明材料。

对重点演出项目(剧目、节目)实行审查制度,对一般演出项目实行备案制度。这种制度在文化管制较严的国家是通行做法,而且分级别实行审查与备案制度。在中国,为适应文化体制改革的需要,文化部艺术司负责中直院团重点演出项目审查、一般演出项目备案的各项事宜。对于重点演出项目的报审,申请者应提供以下书面材料:排演单位申请报告,并对演出项目的思想和艺术价值以及演出后两个效益的估计提出明确意见;拟投排演出项目的剧本或文学底本;编、导人员情况介绍;创作演出计划;经费预算及来源。而一般演出项目的备

① 参见 2016 年中国《营业性演出管理条例》第 13 条。
② 参见 2017 年中国《营业性演出管理条例实施细则》第 16 条、第 17 条。
③ 参见 1998 年中国《营业性演出管理条例实施细则》第 39 至 42 条、第 47 条。
④ 参见 1998 年中国《营业性演出管理条例实施细则》第 33 至 46 条。
⑤ 参见《网络表演经营活动管理办法》〔2016〕33 号第 4 条。
⑥ 参见 2016 年中国《营业性演出管理条例》第 20 条。
⑦ 参见 2017 年中国《营业性演出管理条例实施细则》第 17 条。

案只需报送剧本或文学底本和创作演出计划。涉外演出的演出项目须通过审查后才能够办理外事报批手续。① 至于重点项目与一般项目的区分,除因为执行国家任务外,可以依据影视法律制度的重大题材审查、备案制度。

二、演出项目的开发、利用

任何演出项目本身都具有层次性,从理论上可以分为三个层次:演出核心层、演出物质层和演出延伸层。演出核心层是观众在观赏过程中和消费后获得的核心效用,如艺术美的享受即心灵的启迪,是演出的本质所在。演出物质层是观众直接观赏和感觉到演出产品的物理结构部分,包括演员、道具、服装、灯光、舞美、质量、价格、品牌、宣传等因素,是演出核的直接载体。演出延伸层是演出本身之外带给观众的意外收获或者是演出主体的演出价值链的开发,演出旅游、书刊,这是版权的主要内容。

艺术精品工程项目,是演出核心层的要求体现,包括舞台表演艺术的各艺术品种的大型剧目,如京剧、昆曲、地方戏曲、话剧、儿童剧、歌剧、音乐剧、舞剧、木偶剧、皮影戏和大型交响乐、民族音乐作品,以及有整体构思、非组团组台的大型歌舞、杂技、曲艺等。从大类包括创作作品、加工修改作品。作为艺术精品工程项目具备以下基本条件:具有较强的思想性、艺术性和鲜明的时代精神;艺术上具有创新精神,能够体现本艺术品种的特色与风格;具有完备的创作生产或加工修改计划;具有一定实力的创作队伍;新创剧目和改编移植剧目进入彩排阶段。对艺术精品工程项目,国家采取保障措施,主要措施是成立国家舞台艺术精品工程领导小组、设立国家舞台艺术精品工程专家委员会、设立国家舞台艺术精品工程专项资金、建立舞台艺术精品工程创作生产基地②。

演出项目的开发与利用是演出延伸层的客观要求,演出市场发展与演出产品丰富的前提是有多彩的演出项目与对项目的高效利用,这也是演出法律追求的本质目的。对演出项目的开发与利用,在美、日、韩、英、法等文化产业发达国家取得了卓有成效的经验,而且已经形成相应的法律与政策体系。中国早在 1961 年 9 月 20 日文化部就发布《关于加强戏曲、曲艺传统剧目、曲目的挖掘工作的通知》,以此鼓励挖掘演出项目,推进演出项目的开发。对演出项目的有效利用,中国在法律制度层面也进行了积极探索。首先,规范演出市场,保障演出市场健康发展和现代化建设良好的文化环境。在各类演出场所及公园、广场、街道、宾馆、饭店、商场等公共场所组织或从事含有色情、淫秽等违法内容的表演活动单位或个人承担法律责任③。其次,规范演出证管理。《营业性演出管理条例》及其实施细则等有关规定,规制了各类演出团体及演员个人演出证的发放与不正当使用演出证的责任。规定文化管理部门在演出证上注明发证机关的联系电话及经办人的姓名,否则该演出证无效。再次,规范流动性演出。对各类流动性演出,特别是外来演出团体,审核其演出节目内容、演出证及相关手续。对擅自举办演出的单位与个人、演出市场失职或失察的人员、擅自接纳演出活动的场所追究有关责任人的责任。最后,健全演出市场监督制度。建立和完善主管部门和社会各界共同组成的演出市场监督体系,规范各类日常演出活动。

---

① 参见文化部《关于直属艺术表演团体(简称中直院团)创作演出新剧(节)目实行审查、备案制度的通知》文艺发〔1997〕。

② 参见文化部和财政部《国家舞台艺术精品工程项目管理办法》《国家舞台艺术精品工程实施方案》。

③ 参见文化部办公厅《关于坚决取缔非法演出团体严厉打击色情淫秽表演活动的紧急通知》(办市发〔2003〕20 号)。

第十章

演出活动制度

　　演出法的重要使命之一就是推动资金、人才、项目等演出要素的市场化配置,引导演出市场主体之间多种形式的联合、联办、兼并、代理经营以及演出经纪业务,保障演出主体开展多元化演出业务,最终实现演出市场稳定、健康地发展。但是由于演出活动涉及的部门多,内容复杂,本章仅就一些重要环节的法律制度做初步探索。

　　通过制度规范演出营销模式,提高演出经纪机构的经营管理水平,制订长期演出计划,发挥媒体作用,利用现有场馆,维修、改建、开发闲置场所增加演出场次,减少单场演出宣传费用开支;培育专业性演出团体和消费群体,促进演出经营与消费的良性互动。规制自主经营、租赁经营等方式,满足市场需求;对民营文艺表演团体在人员培训、演出场地和演出器材方面给予支持。利用演出活动制度,建立开发旅游演出市场、大众化娱乐演出市场、戏剧曲艺类专业小剧场等多场次、低价位演出市场,建立结构合理的多层次演出市场供给体系。引进境外资本投资国内演出项目,壮大演出单位经营实力,增强演出市场活力,完善演出链;建立电子售票系统,建立统一的文艺演出政府公共票务平台。规范非市场性演出活动;禁止政府有关部门及其所属事业单位利用公款邀请演艺明星举办节庆活动,减少节庆大型演出活动的数量和规模;禁止政府有关部门举办营业性演出活动、政府有关部门工作人员索要赠票、公款购买演出门票用于个人消费;规范工作用票,公示有关管理部门现场监管用票数量及位置。建立演出安全和诚信制度,规范大型演出活动安全管理工作,禁止演出市场制贩假票、倒卖演出门票、虚假违法演出广告,以次充好、内容低俗、秩序混乱的演出;限制团体购票的最低折扣幅度,规范演出票务公司经营及演出宣传。完善相关制度,加强行业协会建设,促进行业自律①。

---

　　① 参见国家发展改革委、文化部、公安部、监察部、财政部、税务总局、广电总局、体育总局、工商总局《关于构建合理演出市场供应体系促进演出市场繁荣发展的若干意见的通知》(发改价格〔2008〕76号)。

第一节　演出活动规范

一、演出主体的权利与义务

随着科技进步、人们精神文化生活水平的提高、演出法制的健全,演出主体业务范围扩大,演出主体权利也得到不断完善,演出场所经营单位可以在自己场所内举办营业性组台演出,也可以邀请境外文艺表演团体、个人参加自己团体的营业性演出。但随着演出中间环节的减少,也挤压了演出经纪机构的生存空间。

由于各种演出主体不同,他们在演出活动权利方面有一定差异。第一,文艺表演团体有国内演出自主权与涉外演出权,除举办营业性组台演出由演出经纪机构承办外,文艺表演团体可以独自开展营业性演出,也可以与其他文艺表演团体联合组织营业性演出。事业性演出公司也转变了文化事业单位性质,于2009年实现了企业化转制,拥有文艺表演团体自主权,不再有演出行政管理权。纯粹事业性演出公司,除政府管理部门交办的节日庆典、礼仪性招待演出,各类文化艺术节演出,调演、会演、纪念演出、评奖演出等演出外,不办理演出经纪及演出业务。文艺表演团体可以自行举办营业性演出,也可以参加营业性组台演出;营业性组台演出一般由演出经纪机构举办,但演出场所经营单位可以在本单位经营的场所内举办营业性组台演出;演出经纪机构可以从事营业性演出的居间、代理、行纪活动;演出场所经营单位应提供演出场地,核验演出举办单位取得的批准文件,不为未经批准的营业性演出提供演出场地[①]。承办营业性演出活动时,演出公司负责办理演出申报手续、安排演出节目内容及演出广告宣传等事宜,确定演出票价并负责演出活动的收支结算,签订与演出活动相关的合同并支付费用,依法缴纳或代扣代缴有关税费,自觉接受演出地主管部门的监督管理,以及其他需要承担的义务[②]。第二,个体演员、单位附属机构具有相对独立权。个体演员可以参加由营业性文艺表演团体或者演出经纪机构举办的营业性演出活动,有实力的个体演员还可以自行举办营业性演出活动。在主管部门登记备案的企事业单位、学校、机关等单位所属的群众业余文艺表演团体无权举办营业性演出,但艺术水平达到一定要求且确需在所在地临时举办营业性演出的,应经所在地文化管理部门批准。第三,营业性演出活动的投资单位可以单独或者与其他单位联合作为演出主办单位,经核准可以享有演出的冠名权,并依照合同约定享有演出收入分配权。第四,演出经纪人权利。演出经纪机构可以从事营业性演出的居间、代理、行纪活动,歌舞娱乐场所、旅游景区、主题公园、游乐园、宾馆、饭店、酒吧、餐饮场所等非演出场所经营单位需要在本场所内举办营业性演出的,可以委托演出经纪机构承办;个体演出经纪人只能从事营业性演出的居间、代理活动。2005年《营业性演出管理条例》取消了将演出经纪机构分为一、二、三类和涉外演出公司、非涉外演出公司的种类,所有演出经纪机构都有资格举办营业性组台演出,享受平等待遇。但涉及我国港澳台地区及外国的营业性演出,特定演出经纪机构才能承办,这些演出经纪机构需具有与之适应的资

---

①　参见2016年中国《营业性演出管理条例》第12条、第17条。
②　参见2004年中国《营业性演出管理条例实施细则》第23条。

金、举办营业性演出两年以上的经历,且前两年内无违法记录。

　　根据权利与义务对等原则,即有权利就有义务或者权利限制。首先,所有主体须办理手续。除国家另有规定的之外,承担涉外演出业务的演出经纪机构应承办涉外营业性演出手续,承办单位应在获得国务院主管部门批准后,才可签订正式合同。演出经纪机构跨省举办演出的,还需要报演出地县级以上政府主管部门审批。非营业性演出场所占用公园、广场、街道、宾馆、饭店、体育场(馆)或者在自由场所内举办营业性演出活动的,须报当地县级以上政府主管部门、公安机关和其他有关部门批准。凡符合规定条件的电视文艺节目现场录制活动,均应当委托演出经纪机构承办,并依照规定办理审批手续,防止任何单位以录制节目为名规避审批,确保演出市场的公平、公正。其次,演出主体举办营业性演出,应履行相应义务,如办理演出申报手续,安排演出节目内容,确定演出票价并负责演出活动的收支结算,依法缴纳或者代扣代缴有关税费,自觉接受演出所在地文化主管部门的监督管理等。就一项演出而言,高质量的节目安排、适时的宣传、良好的票务服务是演出票务成功的保证。在现代演出市场中,演出票务是演出业务最关键的环节,演出票务活动主要依靠演出票务系统进行。演出票务是演出业务最关键的环节,演出票务方式繁多,如剧场票房售票、多票点联合售票、人工推票、委托售票、电话售票、电子演出票务网络售票、网上商务订票、赞助售票等。随着计算机技术的应用,电子演出票务网络如"中国票务在线""中国票务网""中国在线票房"等,已经成为大城市演出的主要售票方式。不同的演出票务方式各有特点,选择售票的主要依据是售票范围、票款回收速度、票流中间环节、演出的运作时间、演出规模、经营者人力资源等因素。最后,演出内容严格符合法律,禁止有法律禁止的十种情形的演出,遵循演出的分级制度。当前演出市场逐步规范,但仍旧存在诸多不良现象,如在一些歌舞娱乐场所、影剧院及其他演出场所,公开进行色情淫秽表演。其主要原因是:基层文化建设相当薄弱,群众精神文化生活比较贫乏;文化、公安、工商等部门之间信息交流不畅;我国实际存在的地下"性产业"(主要包括嫖娼卖淫业、色情服务业、色情品产销业)及其衍生产业链,即产销性方面的滋补品和保健品以及治疗性障碍或者性病组织;某些地方的"特殊服务业"已经成了某些地区经济发展的晴雨表①。演出法律制度规范更应该完善,并加大演出市场主体的权利性规范,使演出活动法治更为自觉化。演出市场主体的演出活动应遵循"法理"疏导,文化主管部门一方面对演出内容要进行审查责任,促使文化主管部门进行实地抽样检查,另一方面应引导演出主体自觉依法演出,在演出进行中,演出主体发现演出内容不合法时,立即予以制止并同时向演出所在地县级政府文化主管部门、公安部门报告。再者,可以完善全方位演出监督机制,聘请社会义务监督员对营业性演出进行监督;公布举报电话,鼓励举报。对营业性演出内容违法者予以打击性处罚②。

　　演出活动遵循演出的特殊要求,某些演出活动区别于一般演出活动特点,需要遵循特殊规则。演出场所有自律与他律义务,观众额定人数、场所及观众安全规定,营业性演出场所不为无演出资质的团体及个人个体提供场地。涉外演出的演艺人员资格、出入境演出审批、演出器材报关、演出场次、检疫等要求;涉及民族、宗教的演出内容审核;不规范剧场演出与纪念性演出的申报手续等。20 世纪 90 年代以来,一些公司除为客户提供场馆预订、展位设

---

① 连冬雪.脱衣舞成了"保留节目"[N].北京娱乐信报,2004-02-05.

② 参见 2005 年《营业性演出管理条例》第 46 条、第 53 条。

置、布展等服务外,还开展演出业务,这些演出会展公司还具有固定的展馆网络和固定的客户,中国目前比较大的会展演出有中国演出家协会组织举办的国际演出交易会及上海文化厅举办的演出洽谈会、北京国际展览中心主办的文化艺术博览会。会展演出形成新业态,其特定关系应该有相关法规来规制。

  网络表演经营活动需要遵循法律规范,从事网络表演经营活动的网络表演经营单位也有特定的权利和义务。从事网络表演经营活动,应遵守宪法和有关法律法规,网络表演经营单位对本单位开展的网络表演经营活动承担主体责任,这主要表现在六个方面。一是建立内容审核管理制度,配备满足自审需要并取得相应资质的审核人员,建立适应内容管理需要的技术监管措施;不具备内容自审及实时监管能力的网络表演经营单位不开通表演频道,不向公众提供未采取监管措施或未通过内容自审的网络表演产品。二是管理表演者,为表演者开通表演频道时与表演者签订协议,约定双方权利义务。要求表演者使用有效身份证件实名注册,并采取面谈、录制通话视频等有效方式进行核实,并依法保护表演者的身份信息。三是涉外管理。网络表演经营单位为境外表演者(外国或者我国香港特别行政区、澳门特别行政区、台湾地区的表演者)开通表演频道并向公众提供网络表演产品的,应在开通网络表演频道前,向国家文化和旅游部提出申请经批准,准予开通表演频道的,于表演者开展表演活动之日起10日内,将表演频道信息向给国家主管部门(文化和旅游部)备案。四是信息管理,网络表演经营单位在表演频道内及表演音视频上,标注经营单位标识等信息,根据表演者信用等级、所提供的表演内容类型等,对表演频道采取针对性管理措施;完善用户注册系统,保存用户注册信息,积极采取措施保护用户信息安全,依法对用户行为的监督和约束,发现用户发布违法信息的,立即停止为其提供服务,保存有关记录并向有关部门报告。按制度上报自审信息,包括实时监运情况、发现问题处置情况和提供违法违规内容的表演者信息等给国家主管部门。国家主管部门建立统一的网络表演警示名单、黑名单等信用监管制度,制定标准规范,实施随机抽查,对网络表演内容合法性进行最终认定。五是建立监察制度。建立内部巡查监督管理制度,对网络表演进行实时监管,记录全部网络表演视频资料并妥善保存,资料保存时间不少于60日,并在有关部门依法查询时予以提供;向公众提供的非实时的网络表演音视频(包括用户上传的),严格实行先自审后上线的程序。建立举报系统,主动接受网民和社会监督,配备专职人员,建立内部联动机制,在其网站主页及表演者表演频道页面的显著位置设置"12318"全国文化市场举报网站链接按钮。对网络表演实行事中事后监管,实施"双随机一公开",随机抽查工作实施方案和随机抽查事项清单,实施警示名单和黑名单等信用管理制度及时公布查处结果,主动接受社会监督。六是建立突发事件应急处置机制,发现违法违规内容,立即停止提供服务,保存有关记录,并立即向本单位注册地或者实际经营地省级主管部门或文化市场综合执法机构报告①。

二、举办演出与组台演出

  举办与组台演出是演出基本活动形式,它们具有各自特殊的法律制度与活动规则。

(一)举办演出规范

  举办演出是指由演出主体独立承担责任,对整个演出活动全面经营管理的一种演出活

---

① 参见文化部《网络表演经营活动管理办法》(文市发〔2016〕33号)第7至第19条。

动形式。独立举办演出往往是演出主体对演出市场有把握的实力体现。我国现行法规鼓励演出主体举办演出，举办演出主体范围扩大。举办演出的主体不仅包括文艺表演团体，也包括个体演员和演出场所经营单位，但是，组委会等临时性机构不能够主办演出。演出场所经营单位、个体演员、个体演出经纪人从事演出活动，可以直接到工商行政管理部门申领营业执照，无须履行前置审批手续。演出场所经营单位可以在本单位经营的场所内举办营业性组台演出；有实力、有影响的明星演员领取营业执照后，可以不通过演出经纪机构，依法自行举办营业性演出。个体演员直接自行投资自行举办个人或集体营业性演出，有利于降低演出成本、降低演出票价，并获得演出活动的最大利益。

依据中国法律，举办营业性演出主体，向演出所在地县级政府文化主管部门提出申请，提交的申请材料包括：演出名称、演出举办单位和参加演出的文艺表演团体、演员；演出时间、地点、场次；节目及其视听资料；文艺表演团体、演员同意参加演出的书面函件。如果营业性演出需要变更申请材料所列事项的，分别依照资格的条件规定重新报批。县级政府文化主管部门对符合规定，否则发给批准文件。跨省演出的，除非国家另外有规定，否则应出具相关演出所在地省级文化主管部门的审核意见。申请举办需要未成年人参加的营业性演出，需要符合国家的特别规定。申请举办临时搭建舞台、看台的营业性演出，申请者除提交上述文件外，还应提交安全保卫工作方案和灭火、应急疏散预案，安全、消防批准文件。否则负责审批的主管部门要求其补正材料或者不予批准。

演出举办单位遵守法定的演出规范。首先，保障演出安全。在演出场所进行营业性演出，核验演出场所经营单位的消防安全设施检查记录、安全保卫工作方案和灭火、应急疏散预案，并与演出场所经营单位就演出活动中突发安全事件的防范、处理等事项签订安全责任协议。在公共场所举办营业性演出，演出举办单位依照安全、消防的法律、行政法规和国家有关规定办理审批手续，并制定安全保卫工作方案和灭火、应急疏散预案。演出场所当配备应急广播、照明设施，在安全出入口设置明显标识，保证安全出入口畅通；需要临时搭建舞台、看台的，演出举办单位按照安全标准搭建舞台、看台，确保安全。其次，审批前置。演出经营主体举办营业性演出，需要办理演出申报手续、安排演出节目内容、安排演出场地并负责演出现场管理、确定演出票价并负责演出活动的收支结算、依法缴纳或者代扣代缴有关税费、接受文化主管部门的监督管理、履行其他依法需要承担的义务。2017年的《营业性演出管理条例实施细则》相较2002年版本，增加了"安排演出场地并负责演出现场管理"，删除了"安排演出节目内容及演出广告宣传等事宜"，强化了演出过程管理，理清了宣传审批的前后顺序。对于宣传审批，法律规定需经过审批的演出活动，取得审批手续后方可进行新闻宣传、出售门票；利用报刊、电台、电视台、电脑网络以及其他媒介和形式发布演出广告，由接待其演出的演出场所或者演出公司将演出广告稿报演出地基层如县级以上主管部门核准，未经核准，不能够发布[①]。演出举办单位不能以政府或者政府部门的名义举办营业性演出；营业性演出不能够冠以"中国""中华""全国""国际"等字样；营业性演出广告内容必须真实、合法，不能误导、欺骗公众。再次，现场观众控制。演出举办单位就演出场所容纳的观众数量报公安部门核准；观众区域与缓冲区域由公安部门划定，缓冲区域有明显标识；按照公安部门核准的观众数量、划定的观众区域印制和出售门票。验票时，发现进入演出场所的观众达

---

① 参见2017年中国《营业性演出管理条例实施细则》第25条、第27条。

到核准数量仍有观众等待入场的,应立即终止验票并同时向演出所在地基层如县级公安部门报告;发现观众持有观众区域以外的门票或者假票的,拒绝其入场并同时向演出所在地基层如县级公安部门报告。第四,维持秩序,即演出举办单位组织人员应落实营业性演出时的安全、消防措施,维护营业性演出现场秩序。演出举办单位和演出场所经营单位发现营业性演出现场秩序混乱,应立即采取措施并同时向演出所在地基层如县级公安部门报告。演出场所经营单位、演出举办单位发现演出有法律禁止情形的,应立即采取措施予以制止并同时向演出所在地基层如县级主管部门、公安部门报告。第五,持续演出及扣税义务。演出过程中,演出举办单位除因不可抗力不能演出的之外,不能够中止或者停止演出;在支付演员、职员的演出报酬时应当依法履行税款代扣代缴义务。第六,禁止假唱,演出举办单位派专人对演出进行监督,防止假唱行为的发生,演出举办单位不组织演员假唱、不为假唱提供条件[1]。演出举办单位派专人对演唱、演奏行为进行监督,并做出记录备查,记录内容包括演员、乐队、曲目的名称和演唱、演奏过程的基本情况,并由演出举办单位负责人和监督人员签字确认[2]。第七,其他义务。举办营业性演出,根据舞台设计要求,优先选用境内演出器材。举办营业性演出,举办单位或者个人可以为演出活动投保安全责任保险[3]。

(二)组台演出规范

1.组台演出概念及取得项目程序。组台演出指演出经纪机构举办临时邀约演职员进行售票或有广告、赞助等收入的计划外演出以及支付演出报酬的其他计划外演出,即指除文艺表演团体的独立演出或联合演出之外的,在剧场、剧院、礼堂、广场、体育场(馆)、宾馆饭店、娱乐场所和商场门前举办的临时组合的营业性演出。专业艺术表演团体之间的合作演出以及群众艺术馆、文化馆(站)组织的群众业余演出不是营业性组台演出。组台演出特别是营业性组台演出具有自身特点。一是举办主体的有限性。营业性组台演出,由演出经纪机构举办。但是,演出场所经营单位可以在本单位经营的场所内举办营业性组台演出。在我国,2005年以前演出经纪机构有承办权,没有主办权,而且演出场所经营单位内部绝对没有主办和承办权。二是参演人员的临时性。组台演出是演出经纪机构、演出商根据演出需要人的要求组织多个演出单位、演员参加的同一场演出,邀约演职员一般完成特定演出后与组织者不发生固定关系,节目协调困难。三是条件的宽松性方式多样。由于临时性特征,组台演出无论是形式、演出者还是节目质量与固定性演出有很大的差异。组台演出方式有售票或包场演出、以演出为媒介进行商业宣传演出、有赞助或捐助演出、支付演出单位或个人演出费的演出、以演出吸引顾客和观众为其他经营活动服务的演出、以其他经营方式组台演出的演出等。由于某些组台演出在大场地举行、票价高、演员场次多、节目临时拼凑、舞台作风不严肃,导致演出质量很差,所以,一般国家都对组台演出做了特别规定。1996年中国文化部发布的《关于加强组台演出管理的通知》《营业性演出管理条例》及其实施细则等对组台演出做了明确规定,规范了组台演出活动的承办资格,从经营机制上保障了组台演出活动的正常进行。

---

① 参见2016年中国《营业性演出管理条例》第18条、第19条、第21条、第23条、第24条、第26至第29条。

② 参见2017年中国《营业性演出管理条例实施细则》第28条。

③ 参见2017年中国《营业性演出管理条例实施细则》第28至第30条。

由于组台演出的特殊性，为保障演出质量需要有机构负责演出质量，因此通行的做法是除娱乐场所及宾馆饭店极少数人演出以及广场、商场门前非售票演出以外，组台演出由演出经纪机构承办。举办营业性组台演出机构具备基本条件有组织机构合法并有活动章程，参加演出的团体和个人具备具有演出资格并持有有效演出证件，演出场所具有安全条件并取得演出许可证，有与演出规模相适应的资金。而且，不同级别的演出经纪机构承办的组台演出类型和范围不同，在实践中，一般情况下一类演出经纪机构即具有强大实力的演出经纪机构，可以举办国内外任何组台演出活动，包括涉及香港与澳门特别行政区及台湾地区人员参加的演出活动；实力比较强的二类演出经纪机构承办国内组台演出，实力较弱的三类演出经纪机构只限承办国内演出团体或个人的演出活动。

组台演出的演出前，需要办理一定的行政手续，按分级管理原则报批。演出经纪机构承办组台演出，在演出日期前20日报向其发放营业性演出许可证的部门审批；跨省举办演出的，应报演出地有关的县级以上政府主管部门审批，并取得演出地省级文化管理部门颁发的临时营业演出许可证。演出公司申办营业性组台演出手续，应向发放其演出证的主管部门提出申请并提供演出申请书、与演出相关的各类演出合同文本、演出节目内容材料、演出证等文件。演出经纪机构申办营业性组台演出提供报批文件包括：申办报告，演出经纪机构与演出场所、演出团体、演员个人签订的演出合同意向书，演出节目内容材料，演出团体、演员个人的演出许可证等材料。申办营业性涉外组台演出，还须向审批部门提供演出合同意向书的外文本、节目音像资料和境外演出团体演艺人员名单、艺术水准及资信证明，跨省级区域涉外演出的，提供演出地省级管理机关的同意函。非演出经纪单位如须举办营业性组台演出，主要是娱乐场所及宾馆饭店极少数如5人以下演出、广场与商场门前的非售票演出、募捐义演性质的营业性组台演出，应提交如下材料：申办报告，申办单位与演出团体、演员个人签订的演出合同意向书，申办单位的资信证明，演出节目内容材料等，经县以上相应级别的政府文化行政管理部门批准，并由批准部门指定演出承办单位[①]。凡经营性的企事业单位或其他组织邀请演员参加庆典、宣传本单位或其产品等演出活动，一律按组台演出报主管部门审批；专业艺术团体参加上述演出，按规定办理手续。

2.组台演出活动规则。根据法律规定与社会实践，组台演出活动应遵循相应经营规则。(1)举办者在演出全程履行法定义务。演出前，举办者在文化主管部门领取演出许可证，征得外请演员所在单位同意，对演出节目负责审查并防止粗制滥造及低级庸俗节目的出现。经主管部门审核后发布演出广告。演出中，注意保护演员健康，不能随意增加演出场次。演出后，演出收入要合理分配，主办单位扣除必要的开支外，所有收入分给参加演出的单位，给外请演员的报酬按照约定交付其所在单位处理。(2)签订演出合同。演出经纪机构举办营业性组台演出，与演出场所及应邀的文艺表演团体、个体演员签订演出合同意向书，取得批准后签订正式演出合同，可以包括合同系列，如主办单位与演出经纪机构、演职员或者演员所在单位签订演出委托合同意向书，演出经纪机构与演出团体或个人签订演出合同意向书。组台演出合同的一般必备条款有：演出基本情况如演出活动的名称、参加演出的文艺表演团体或演员；演出项目条款如演出节目内容、演出日期、地点、场所、场次；收支财务条款如演出票价及售票方式、演出价款或酬金、演出收支、演出管理费、演职员食宿、交通及各种附带费

---

① 参见1991年《国务院办公厅转发文化部关于加强演出市场管理报告的实施办法》〔1991〕12号。

用、收支结算和支付方式;合同执行保障条款如违约责任、合同争议解决方式;其他条款如双方商定的其他事项、合同签订的日期和地点、当事人签字或加盖公章,其中涉外演出合同还包括当事人的国籍、住所、使用文字及其效力等内容。两种意向书均应报审批机关审核,经核准后生效或签订正式演出委托合同和演出合同,在演出前 20 日持演出合同副本、演出计划表、节目单,报批准成立该演出经纪机构的文化行政管理部门审批,并报审批部门备案,申领临时营业演出许可证;如有变更,主办单位应重新申报①。(3)组台演出当事人义务。专业表演艺术单位的演员经领导同意,接受邀请外出演出时,所得演出报酬按单位规定办理。对在集镇和农村中进行流动演唱活动的民间艺人和演唱小组,应该参照执行组台演出制度。非营业性演出场所临时承接营业性组台演出,应具备安全许可;任何单位不得接纳未经许可的营业性组台演出;营业性组台演出的广告内容真实合法并经核准后发布。演出内容不得违背"十条底线"原则;任何单位和个人不得无理由中止演出;不得以假唱、假冒他人名义等虚假手段欺骗观众。营业性组台演出的收入依法缴纳税费;募捐义演性质的营业性组台演出,其收入除必要的成本开支外,全部支付受捐单位。

3.举办单位独立承责。包括举办单位对演出活动的总体安排、节目、广告、票务、财务、税务、安全等事项独立承责。举办单位负责办理演出申报手续,安排演出节目内容,突出组台演出的主题性,即整台演出始终的气氛协调性,一般是根据演出需要人的要求确定节目参加人和节目顺序。并且控制节目参加人的人数,一场组台演出一般由 15 个左右节目组成,为便于组织协调,一般乐队与舞蹈人员相对固定,声乐与曲艺节目人员灵活组。做好演出广告宣传,协调组台演出人员,专人负责不同单位的演出人员,有准确的演出日程表;抓好舞台监督工作等事宜。资金、成本、税费、利润是经济效益核心指标,确定演出票价并负责演出活动的收支结算,签订与演出活动相关的合同并支付费用,依法缴纳或代扣代缴有关税费,接受演出地主管部门监管,承担其他必要的义务。任何人违反规定以个人或借用某个团体的名义,私自邀约演员组织营业性演出的,利用演出进行招摇撞骗活动的,举办者承担相应责任②。各地体育馆(场)、剧场、影院、影剧院和具备演出条件的文化宫、俱乐部、文化馆、对外开放的礼堂、公园等,违反办理,擅自提供场地的,也要承担相应责任。

三、演出场所的演出

演出场所是指可以进行演出的场地,具备法定条件,为演出活动提供演出场地和相关服务的机构,多数是一级经营单位。广义的演出场所是没有一定界限的、可以用来做演出场所,比较规范的演出场地包括正规的剧场、剧院、音乐厅、影剧院、展览中心、会堂、礼堂、体育场、体育馆等也经常用来作为演出场所。演出场所演出活动是演出的重要内容,作为特有的演出场所,除了应遵守一般公共场所活动规定外,还应有自己特定的活动规则。依法登记的演出场所经营单位,包括依法取得营业执照或者事业单位法人证书、民办非企业单位登记证书的演出场所经营单位,自领取证照之日起 20 日内,持证照和有关消防、卫生批准文件,向所在地县级主管部门备案,县级主管部门出具备案证明③。演出场所演出活动具体特有的规

---

① 参见文化部《关于加强组台演出管理的通知》(文市发〔1996〕82 号)。

② 参见 1983 年文化部《关于严禁私自组织演员进行营业性演出的报告》。

③ 参见 2017 年中国《营业性演出管理条例实施细则》第 9 条。

则内容,可以分为一般经营责任制度、临时演出制度、餐饮兼演出制度等方面。

（一）一般经营责任制度

演出场所对演出的制约,一般来说,舞台条件是演出最主要的限制条件,台口的高度、宽度、舞台的深度和舞台空间的高度可能限制剧种的演出。一般经营责任是指演出场所承接演出活动以及发挥本身职能必须具备的职责,主要有履行演出职责的制度与本身职能适当制度。

演出场所履行演出职责,首要的是检验演出经营单位资格,即演出场所为经营单位提供演出场地,核验演出举办单位取得的资质,不为未经批准的营业性演出提供演出场地。演出场所有义务控制观众容量,按照公安部门核准的观众数量、划定的观众区域印制和出售门票,发现进入演出场所的观众大于核准数量时候,应立即终止验票并同时向演出所在地县级政府公安部门报告。此外,演出场所应保障票务正当,出售经批准门票,有权拒绝观众持假票入场并同时向演出所在地县级公安部门报告。

演出场所本身职能适当制度,具体体现在三个方面。第一,演出场所具备适当的条件。演出场所应该具备如下基本条件:主要有交通、座位(座位数、包厢数、楼层、座位档次比例、座椅舒适度)、出入口(暖气、空调、通风)、舞台(台口高度宽度、舞台深度高度、上下场门、附台、乐池)、舞美设施(扩音、灯光、舞台供电、吊杆、幕与地毯)、化妆室(间数、面积、内部陈设)、售票(系统、渠道)、休息室及宿舍等设施设备,这些设备适应演出基本需要。第二,安全常态适当。演出场所自身符合安全法规要求,如《安全生产法》《消防法》《特种设备安全法》《单位消防安全法》《公共娱乐场所消防安全法》等,演出举办单位办理安全手续,确保演出场所的建筑、设施应符合国家安全标准和消防安全规范,定期检查消防安全设施状况,并及时维护、更新;制定安全保卫工作方案和灭火、应急疏散预案;有权禁止任何人携带传染病病原体和爆炸性、易燃性、放射性、腐蚀性等危险物质或者非法携带枪支、弹药、管制器具进入营业性演出现场[①]。一方面,演出场所安全设施应齐全并符合标准,演出场所经营单位应确保演出场所的建筑、设施符合国家安全标准和消防安全规范,定期检查消防安全设施状况,并及时维护、更新。演出场所的内部装修设计和施工,应符合建筑内部装饰装修防火管理的要求;舞台幕布、银幕、窗帘应经过防火处理,演出场所在使用或者开业前应取得消防安全合格证。演出场所经营单位应确保安全设施齐备、适用,按照国家安全标准搭建舞台、看台,优先选用境内演出器材;根据要求配备安全检查设施、应急广播、照明设施,在安全出入口设置明显标识,保证安全出入口畅通。演出场所安全出口数目、疏散宽度和距离应符合建筑设计防火规范的要求,安全出口处便于安全离开,保持畅通,因而疏散门向疏散方向开启,不设置门槛、台阶、用卷帘门、转门、吊门和侧拉门等影响疏散的遮挡物,严禁安全出口上锁、阻塞。在演出场所的安全出口、疏散通道和楼梯口应设置符合标准的灯光疏散指示标志,疏散指示标志明显、连续。演出场所电气线路的敷设、电气设备的安装应符合技术要求,由专业人员实施安装敷设。另一方面,严禁吸烟和明火照明,确保用火安全,配置灭火器材,设置火灾自动报警、自动灭火系统、消火栓等消防设施、器材和配置逃生器材,并且确保标志完好、有效。演出场所使用特种设备的,应严格执行法规的规定,保证特种设备的安全运行,建立特种设

---

① 参见 2016 年中国《营业性演出管理条例》第 18 条、第 22 条。

备安全技术档案。第三,演出过程安全适当。可以维护演出现场秩序,应依法设置安全管理机构或配备专(兼)职安全管理人员和治安保卫人员;结合自身的实际情况,制定并完善火灾扑救和应急疏散预案、处置突发事故等应急预案,并进行预案演练;从业人员未经安全培训和培训考核的不得上岗,其中特殊工种要依法取得作业资质,持证上岗。营业性演出场所举办演出时,观众和演职人员活动区禁止吸烟和使用明火,但演出节目需要的除外。演出举办单位核验消防安全设施检查记录,并签订安全责任协议。对进入营业性演出现场的观众进行必要的安全检查,禁止任何人携带传染病病原体和爆炸性、易燃性、放射性、腐蚀性等危险物质或者非法携带枪支、弹药、管制器具进入营业性演出现场。演出场所组织观众有序入场,对号入座,各演出场次之间,有一定的间隔时间;演出场所在营业时,人数以最大容纳为限,不增设临时座位等服务设施。演出场所经营单位应当根据公安部门的要求,配备安全检查设施,并对进入营业性演出现场的观众进行必要的安全检查;观众不接受安全检查或者有前款禁止行为的,演出场所经营单位有权拒绝其进入①。演出场所在营业期间有专职人员定时如每两小时进行消防安全巡视,巡视区域与内容明确,并有巡视记录。演出举办单位和演出场所经营单位发现营业性演出现场秩序混乱,立即采取措施并同时向演出所在地县级公安部门报告。演出活动结束后,专人检查场所、及时清理人员、消除遗留隐患,利用防火分隔设施,明确值班人员。

高效利用选定的演出场所,通过合同明确规定主要要素。场地租用的时间、租金,场租一般有演出时间与非演出时间的价格差,也有半天、全天、夜用与昼用之分。剧场人员,剧场内演职人员管理有相应规定,演职人员从剧场后门(演员专用)出入,流动工作人员佩证管理,禁止剧场内吸烟、吃饭(盒饭);剧场的休息室、贵宾室及鲜花、茶水等服务在租借合同中明确。剧场宣传,一般剧场有独立的宣传渠道,包括道剧场内标语、宣传展板,对演员宣传沟通,宣传费用由剧场负担。根据演出运作的方式、时间等确立售票方式与舞美道具运输、保管、装台时间,详细拟定装台、走台、演出、拆台的时间表;剧场安全保卫,突发事件,剧场与演员住宿地的交通。相关费用方面,剧场工作人员的费用、演出组织人或演出剧团加班津贴,应在租用合同中明确;演出场所售票,由演出场所代扣代缴营业税,防止重复缴税;与剧场的财务结算,预订剧场订金一般为总租金的三分之一,其余的租金如采取票房收入分成形式,支付时间在合同中明确规定。

(二)特别演出制度

演出场所根据法律进行临时性演出,需要遵守特别制度。在我国,歌舞娱乐场所、宾馆、饭店、餐饮场所和其他场所需要在本场所内举办营业性演出的,符合规定的,应向所在地基层如县级以上主管部门备案,并在演出开始前5日将演出节目资料报所在地基层如县级以上主管部门核准②;歌舞娱乐场所、旅游景区、主题公园、游乐园、宾馆、饭店、酒吧、餐饮场所等非演出场所经营单位需要在本场所内举办营业性演出的,应委托演出经纪机构承办,并依照规定程序报主管部门审批③。宾馆、饭店、商场、餐饮场所以及其他没有演出证的场所临时邀请国内演员进行伴奏、伴唱、伴舞等演出的,应报所在主管部门审批。演出场所进行临时

---

① 参见 2016 年中国《营业性演出管理条例》第 22 条。
② 参见 2004 年中国《营业性演出管理条例实施细则》第 33 条。
③ 参见 2017 年中国《营业性演出管理条例实施细则》第 21 条。

演出,审批临时搭建舞台、看台的营业性演出时,主管部门应核验演出举办单位的下列文件:依法验收后取得的演出场所合格证明,安全保卫工作方案和灭火、应急疏散预案,依法取得的安全、消防批准文件。我国《营业性演出管理条例实施细则》明确了临时搭建舞台、看台工程质量的验收程序,对符合《大型群众性活动安全管理条例》规定的临时搭建舞台、看台演出,主管部门审核演出举办单位提交的其依照《建筑工程质量管理条例》规定程序取得的竣工验收合格证明材料,凡在演出前不能提交的,不能够举办演出活动。各地体育馆(场)、剧场、影院、影剧院和具备演出条件的文化宫、俱乐部、文化馆、对外开放的礼堂、公园等,对私自组织营业性演出的单位和个人,拒绝提供场地,并向当地主管部门报告有关情况。

1.歌舞娱乐场所演出制度。兼营演出业务的歌舞娱乐场所,为人们提供思想性和艺术性相统一的演出节目,可以满足人们文化娱乐需求。首先,基本管理原则。歌舞娱乐场所演出活动的管理实行地域管辖、行业专属管理为主,主管机关对辖区内歌舞娱乐场所的演出活动实施管理。外来文艺表演团体到歌舞娱乐场所进行营业性演出,凭演出证联系演出,接待其演出的场所或演出经纪机构演出前一定日期将有关演出资料包括演出团体和演员个人演出证、演出合同、演出节目内容(节目单、图片、音带或像带等)、演出广告稿,报其所管辖的演出主管部门审查。该外来文艺表演团体还应持所在地演出主管机关的介绍信,到演出地演出主管机关办理审批或转信手续;该外来演员个人凭演员个人演出证到演出所在地办理演出手续,但在职专业演员须经其所在单位盖章同意。外籍及中国港澳台地区文艺表演团体或个人分别按照我国《关于加强港澳台演艺人员入境商演活动管理的通知》《涉外文化艺术表演及展览管理规定》执行。其次,演出规则。演出项目一经批准,其演出时间、地点、节目内容等在原则上均不能更改,不超出已经审核的演出合同书等演出资料确定的范围;如因特殊情况确需更改的,应重新履行报批手续。歌舞娱乐场所不为无证及未经批准的演出活动提供场地服务,容纳的观众不应超出额定人数,以保障观众安全,演出广告经核准,设立专门部门负责演出业务。再次,歌舞娱乐场所设立表演团体具备演出团体条件,如有一定数量的具备表演技能及演出证的演职人员、相应器材设备、注册资本、文艺表演门类,取得演出证与营业执照。

2.餐饮兼演出制度。在全世界范围看,餐饮兼演出行为,即是餐饮行业兼营营业性演出或者将演出费用纳入餐饮价格,也就是餐厅、酒吧、饮品店、茶馆等餐饮场所的经营者,以举办演出活动为媒介,进行广告宣传、产品促销或招徕顾客的行为,属兼营营业性演出行为。这种行为能更好地满足人们的生活需要,也应该属于法律调整的对象,多数国家认同这种实际情况。但由于餐饮兼演出行为负责涉及公共场所安全、城市卫生、消防安全、经营范围的界定、演出内容的界定等方面,在我国除了极个别地方作出规定外,如广东省中山市人民政府曾经颁布过《中山市餐饮业兼营营业性演出管理规定》,还很少有这方面的法律。餐饮兼演出制度主要内容包括如下几点。(1)管理部门分工合作,即各部门基于自己主要职责管理,如涉及冲突以行为性质定性,即如果属于演出性质行为由文化部门负责,安全性质行为由安全机关负责,餐饮性质行为由工商和卫生部门负责等,文化、公安、工商、消防、城管、环境、卫生等机关依据自己职责管理。(2)具备餐饮与演出场所共同条件。现有、改建或扩建的餐饮场所一方面取得相关演出资质认定,如:消防安全认可类似接待、举办、兼营"文艺演出"的意见文件;工商颁发的兼接待演出的营业执照;公安部门核准演出场所容纳人数;演出主管机关的演出场所经营单位备案文件。另一方面餐饮场所有满足演出的硬件,如:舞台和室内装修、建筑内部装修消防与疏散设施、场所内用电安装、主出入口及照明设施、现有卡拉OK设备与舞池条件、噪声排放标准及重低音处理等,符合法定标准、餐饮及演出标准。(3)餐饮场所承接文艺演出规范。餐饮场所委托演出经纪机构承办演出,演出在合法的、用途与使用功能相符的建筑物内举办,依据演出法律办理演出项目手续。餐饮兼演出行为具有能特殊性,因此需要遵守一些特定规范:在主出入口明显位置悬挂证照或批文和核定人数标示;演出活动时间遵循夜生活惯例时限,如18点至次日凌晨2点;演出产生的边界噪声不影响附近居民正常生活;遵循演出的宣传和举办批准制度;遵守演出娱乐协会行业等集体管理组织自律规范;建立场内演出安全及巡查制度;重要事项变更的工商登记与演出主管机关重新备案。

3. 时装表演。除遵守演出一般法律制度外,还需要遵守1993年文化部发布的《营业性时装表演管理暂行规定》。营业性时装表演主体包括组建营业性时装表演团体、业余时装表演团体、个体时装演出者。时装表演主体进行营业性时装表演时,应携带营业演出许可证或临时营业演出许可证。时装表演主体跨省表演,须经核发其营业演出许可证的文化行政管理部门批准,到演出地文化行政管理部门办理演出手续。时装表演主体出境、入境表演,须由邀约单位按文化部对外和对台文化交流工作归口管理的有关规定审批,在国内持临时营业演出许可证在规定的时限、国家或地区内开展营业性演出,在境外依据邀约单位所在国法律依约进行演出。时装表演团体变更演员或变更核准登记项目,应按原申报审批程序,办理变更登记手续。营业性时装表演主体首先应正确使用证件,邀约单位与演职员所在单位签订合同,到演出地文化行政管理部门申办临时营业演出许可证,该证在规定的时限和地域内使用有效,禁止转借、出租、出卖。时装表演主体依法演出,并按规定结算演出收入。经核准登记的时装表演主体半年内不开展时装表演业务,视为自动歇业,由审批机关收回营业演出许可证。时装表演主体违反规定演出的,应承担经济、行政、刑事责任。

4. 旅游定点演出。一般旅游景点区域为突出当地旅游特色,旅游演出场所实行定点演出。中国北京市1999年针对涉外旅游制定了《北京市涉外旅游定点演出场所管理暂行办法》,对于国内旅游演出目前没有相应专项法规。旅游定点演出制度核心是演出场所资质及演出过程特别的规范,一般要同时遵循演出法律和旅游法律。旅游定点演出是指符合一定条件的景区经营场所,为旅游团队提供的文艺演出服务。景区经营场所需要取得旅游定点演出场所资格的,由演出和旅游主管部门依据各自职责,管理旅游定点演出场所、演出单位和个人,以及接待、组织旅游团队观看演出的旅行社和导游人员。(1)在旅游定点演出场所具备的条件及审批程序方面。旅游定点演出场所实质条件是具备相应资质,有演出证、营业执照、卫生许可证、税务登记证和公安消防部门审核意见;健全的管理制度。有安全保卫、财务、环境卫生、旅游演出服务等项管理制度;适格的专业人员,有一定专业水平负责人、持会计证书的专职财务人员、具备一般礼仪知识服务人员;适合的环境设施条件,有百个以上座位(对民族特色突出的可酌情减少数量)的安全剧场并有房产证明或者租用协议书,有与营业规模相适应的停车场地,与演出单位签订的演出合同或者意向书,有演出所需的舞台灯光、布景及演出器材,有符合标准的卫生间、存衣间等配套服务设施;稳定的演出规模,有适合旅游者观赏的剧(节)目、旅游演出计划安排、涉外场所使用国家标准的统一符号和中英文对照文字、投诉电话。审批程序是申请者向主管部门提出申请,先取得演出主管机关同意再报旅游主管机关批准,在我国报文化旅游主管机关即可,取得旅游定点演出场所证书和定点标志牌。申请文件包括旅游定点演出场所实质条件证明的证照文件复印件及中、涉外的英文节目介绍及剧照、演出场所方位图与平面图。(2)在旅游定点演出规范方面。演出遵纪守法、依法经营,保障旅游者有权知悉其购买的旅游产品和服务的真实情况,有权要求旅游经营者按照约定提供产品和服务;上演的节目不含法律禁止的内容,符合人文资源安全的要求,尊重和维护当地传统文化和习俗,维护资源的区域整体性、文化代表性和地域特殊性。[①]不以不正当经营方式招揽客源,导游人员和经营、服务人员不索要小费、收受回扣。为涉外游客提供中英文演出节目单、英文报幕或者中英文字幕显示屏幕等服务。演出票价按物价管理部门的有关规定执行,票价变动情况报主管机关备案。演出的演出单位和个人有演出证、管理人员有上岗证书。建立接待旅游团队(散客)的登记制度,演出计划、经营统计、人员变化情况定期报送主管部门。营业项目、法定代表人、经济性质、营业场所等变更,报主管机关备案。演出场所因装修改造等原因停业半年以上的,恢复营业后应重新审核其定点资格。

四、演出经纪人经纪活动

(一)演出经纪人行为范围确立

随着国际文化交流的深入提升,演出经纪人成为国际上公认的"金领职业",专业的演出经纪人已经成为演出产业持续发展的必要条件。演出经纪人行为具有主体的特定性、方式的综合性、目的的社会性、身份双重性等特点。而演出经纪人行为内容可以归纳为四个方面,即是选择经纪对象、签署经纪合同、履行经纪合同、演出公司经纪业务之外的经营活动。在我国,演出经纪人行为范围几乎包罗一切。事实上,大多数演出经纪人是演员的保姆,除了个人生活上的事务外,艺人事业的所有事情都做,包括形象策划、宣传策划、市场调查、节目确定、协调各方面关系、其他与演出经纪人有紧密联系的事情。演出法宗旨是对演出经纪人主体及其活动做出一定的规范,目的是保证演出经纪人能够健康有序地发展。演出经纪机构从事演出组织、制作、营销等经营活动,演出居间、代理、行纪等经纪活动,演员签约、推广、代理等经纪活动[②]。经纪活动一般包括居间、行纪和代理三种方式。居间指经纪人为交易双方提供信息、媒介、条件,撮合双方交易成功的行为;行纪指经纪人受委托人的委托,以自己的名义与第三方进行交易,并承担法定责任的行为;代理指经纪人以委托人名义与第三方进行交易,并由委托人承担责任的行为,经纪人与委托人之间有较稳定的合作关系。国际实践证明,成功的经纪业务需要委托人和经纪人共同合作完成:有一个销售业务的好理由,经纪人能够有效、正确地评估委托方的业务,坚守自己真正的目的;业务最好的销售时间是比较忙但能让买家看到自己的活力;对外保密销售过程,理性决策;正确对待经纪人,知道自己有什么和将透露什么;协助经纪人按自己的目标去实现,并及时回答经纪人的问题;工作中精诚合作;经常以旁观者的身份出现在自己的演出场所;尽可能地包装好业务;不刺激出价低的卖家;最成功的交易是双赢。

从两个方面来对演出经纪人的行为进行界定。一方面,应该区分演出经纪人行为与他的其他相关行为。一是演出组织者行为与演出经纪人行为。在现实生活中,由于演出经纪与演出经营活动没有分开,演出组织者都有可能从事演出经纪活动,因此,人们习惯上把演出组织者都看作演出中介人,把演出经纪人等同于演出中介人。事实上,演出组织者范围较

---

①　参见 2013 年中国《旅游法》第 9 条、第 21 条。
②　参见 2017 年中国《营业性演出管理条例实施细则》第 5 条。

广,包括演出经纪人、演出商、演出场所、与演出有关的旅游娱乐场所、艺术表演团体等,所以其行为范围大于演出经纪人行为范围。二是单纯演出经纪活动与演出经营活动。两者有明显的区别:单纯演出经纪活动仅限于为经纪对象寻求市场信息、市场机会、提供各种服务撮合与演出需要人的成交、促成演出成功,具有从属依附性质,目的是从经纪对象处获得佣金。演出经营活动对演出节目拥有所有权、控制使用权、具有决策权和签约权,具有独立性,最后结果是自己成为买方或者卖方,目的是获取最大利润。三是经纪人行为和经理人行为。在内地(大陆),经纪人和经理人是不分的,在港台地区,这个划分非常清楚和正规。经纪人只负责前期的工作,像排练、媒体采访等,一般不到演出现场去的。经理人要负责一切工作,要做一个全方位的安排,对一个演员的策划、计划都很系统。另一方面,制定法律,明确演出经纪人行为范围。在国外,如果演出经纪人利用自己的信息优势,发现演出市场机会而自己参与演出经营活动,改经纪性质为经销性质,这违背了职业道德,许多国家以法规的形式明确禁止经纪人从事经纪活动之外的经营性活动。我国没有演出法律,却有相关的演出行政法规,如《营业性演出管理条例》《营业性演出管理条例实施细则》《经纪人管理办法》等,但是缺乏具体规定,只有《营业性演出管理条例实施细则》才有原则规定,因而,演出经纪人行为法治建设只是有"章"可循。个体演出经纪人是指具备规定条件,以从事营业性演出的居间、代理活动为职业,领取营业执照并在主管部门备案的经纪人员①;以从事营业性演出的居间、代理活动为职业的个体演出经纪人,领取营业执照,自领取营业执照之日起 20 日内向所在地县级主管部门备案;演出经纪机构申请从事营业性演出经营活动,有 3 名以上专职演出经纪人员和与其业务相适应的资金,并向省级主管部门提出申请,自受理申请之日起 20 日内批准,颁发演出证②。另外,我国法律对演出经纪人行为范围界定不清,对演出经纪人行为内容规定得过于笼统、可操作性差;已出台的演出经纪人法规中也存在着层次低,内容陈旧,计划色彩浓厚等问题。演出经纪人的经纪活动方式大体分成两大类,一是独立演出经纪活动方式,即个体经纪人、合伙经纪人、公司经纪人等经纪活动方式,主要是居间、行纪和代理等;二是联合演出经纪活动方式,即在多地区的多个演出经纪人联合开展全部经纪业务,联合演出经纪活动是规模经纪、节省时间、提高效益、风险共担,其联合演出经纪的趋势是部分演出经纪人经常性地联手经纪活动,但联合演出经纪是演出经纪行业的发展方向。一般经纪人对委托方的业务进行有效的、正确的评估,与委托方签订经纪合同,演出经纪人的日常工作由两部分构成,一部分是演出经纪人的基础管理工作,一部分是演出经纪业务工作,其中后者包括经纪业务相关信息的获取和整理、确定经纪对象和经纪项目、进行经纪业务谈判、签订经纪业务合同的管理、严格履行合同、取得佣金收入、经纪业务总结和评估管理。

我国已有的法规对演出经纪人行为,区分不同演出经纪机构设计了不同原则,即演出经纪公司实行分业原则,规定演出经纪公司只能从事演出经纪活动;演出公司则实行混业原则,规定演出公司可以从事演出经纪与演出经营活动。法律未对个体演出经纪人资格认定做出明确规定、部分已经成立的演出经纪机构由于人员流动造成不符合有三名以上专职演出经纪人的规定、个别机构或个人未冠演出经纪之名却行演出经纪活动之实等原因,导致相当一部分从事演出经纪业务的人员游离于演出经纪人资格认定制度之外,并常常由此产生

---

① 参见 2005 年中国《营业性演出管理条例》第 8 条。
② 参见 2016 年中国《营业性演出管理条例》第 6 条、第 9 条。

违法违规行为。演出经纪人的权利包括依法开展演出经纪业务的权利、依法获得佣金的权利、获得成本费用补偿的权利、拒绝委托人恶意委托、演出经纪人有向管理部门咨询法定的其他权利。演出经纪人的义务包括依法经纪、公正与诚实地开展中介工作、严格履行经纪合同、向当事人及演出管理部门出具演出资质证明、记录与保存经纪业务档案、主动年检、依法纳税及法定的其他义务。因此，法律明确个体演出经纪人需要取得从业资格的规定，执行禁止非法从事演出经纪业务的规定。为了保证各方面的合法权益，应当以原有法规为基础，尽快制定一部"经纪人法"，用制度化、标准化、程序化的标准去规范演出经纪人行为，保证演出市场正常发展。

（二）演出经纪人经纪活动规范

演出经纪人从事经纪活动，应遵守国家法律法规，遵循平等、自愿、公平和诚实信用的原则；经纪人的合法权益受国家法律法规保护，任何单位和个人禁止侵犯。演出经纪人组织、代理演出持营业性演出许可证，并按照营业性演出许可证规定的范围开展演出活动。演出经纪人组织、代理、中介营业性演出或募捐义演，如果在非营业性演出场所进行演出，办理报批手续。演出经纪人合法从事经纪活动，禁止进行不正当竞争，尊重行业协会的行业规范与协调，自觉维护正常演出市场秩序。经纪人承办经纪业务，除即时清结者外，根据业务性质与当事人签订居间、行纪、委托等合同，并载明主要事项。经纪人和委托人签订经纪合同，应当附有执行该项经纪业务的经纪执业人员的签名。法律文件及演出经纪、经营合同的签字人（经纪人方）必须是具有演出经纪人从业资格的人员；演出经纪人依据法律文件及合同等法律形式从事经纪工作，并有独立承担经济责任或民事责任能力。经纪人应当将所聘用的经纪执业人员的姓名、照片、执业的经纪项目、联系电话等在经营场所明示。

演出经纪人在经纪活动中，应遵守经纪活动规则。演出经纪人应做到：提供客观、准确、高效的服务；经纪的商品或服务及佣金应明码标价；将定约机会和交易情况如实、及时报告委托人；妥善保管当事人交付的样品、保证金、预付款等财物按照委托人的要求保守商业秘密；如实记录经纪业务情况，并按有关规定保存原始凭证、业务记录、账簿和经纪合同等资料；收取佣金和费用应当向当事人开具发票，并依法缴纳税费；法律法规规定的其他行为规则。

演出经纪人不得从事法律禁止的行为或者从事法律禁止的经纪活动。第一，法律禁止演出经纪人一些行为。经纪人依法从事经纪活动所得佣金是其合法收入。经纪人收取佣金不能违反国家法律法规。对于国家允许进入市场流通的商品和服务项目，经纪人均可进行经纪活动；对于国家限制自由买卖的商品和服务，经纪人应当遵守国家有关规定，在核准的范围内进行经纪活动；对于国家禁止流通的商品和服务，经纪人禁止进行经纪活动。为此，经纪人自觉避免下列行为：未经登记注册擅自开展经纪活动；超越经核准的经营范围从事经纪活动；对委托人隐瞒与委托人有关的重要事项；伪造、涂改交易文件和凭证；违反约定或者违反委托人有关保守商业秘密的要求，泄露委托人的商业秘密；利用虚假信息，诱人签订合同，骗取中介费；采取欺诈、胁迫、贿赂、恶意串通等手段损害当事人利益；通过诋毁其他经纪人或者支付介绍费等不正当手段承揽业务；对经纪的演出做引人误解的虚假宣传；参与倒卖国家禁止或者限制自由买卖的物品;法律法规禁止的其他行为。① 第二,法律禁止演出经纪人从事有下列内容的演出活动:反对宪法确定的基本原则的;危害国家统一、主权和领土完整,危害国家安全,或者损害国家荣誉和利益的;煽动民族仇恨、民族歧视,侵害民族风俗习惯,伤害民族感情,破坏民族团结,违反宗教政策的;扰乱社会秩序,破坏社会稳定的;危害社会公德或者民族优秀文化传统的;宣扬淫秽、色情、邪教、迷信或者渲染暴力的;侮辱或者诽谤他人,侵害他人合法权益的;表演方式恐怖、残忍,摧残演员身心健康的;利用人体缺陷或者以展示人体变异等方式招徕观众的;超出自身营业性演出许可范围的;名义上举行义演,部分或全部截留演出收入的;法律、行政法规禁止的其他情形。

工商行政管理机关负责对经纪人进行监督管理:经纪人的登记管理;依法规范管理经纪行为,对经纪活动进行监督管理;指导经纪人自律组织的工作;国家赋予的其他职责。演出经纪人违反规定,非法经纪营业性演出或造成恶劣社会影响的演出,除依法受到处罚外,文化管理部门会同演出经纪从业资格评审委员会收缴演出经纪人的从业资格证书。工商行政管理机关依法对经纪人提供的信息及服务进行监督检查,经纪人应当接受检查,提供检查所需要的文件、账册、报表及其他有关资料;工商行政管理机关建立经纪人及经纪执业人员的档案并予以公示;建立经纪人及经纪执业人员的信用记录;对经纪人及经纪执业人员实施信用分类监管;对有违法违规行为或参与违法违规活动的经纪人及经纪执业人员应当向社会公示。工商行政管理机关建立健全经纪执业人员备案制度,并将经纪执业人员备案情况作为经纪人及经纪执业人员档案、信用记录、信用分类管理的重要依据。工商行政管理机关可会同经纪人自律组织开展经纪人及经纪执业人员的资质信用管理。

第二节　演出诚信制度

演出诚信规范是演出活动的重要规则之一,建立演出评估、公示制度,顺畅的信息披露,实现与国际接轨。在西方,许多演出发达国家对进入公众传播领域演出实行了分级审查制度并加以法律化。我国因为缺少权威的资质评估,观众无法甄别演出人的优劣,所以建立一个由行政部门、中介组织、专业和学术精英组成的独立部门制定一套科学、可操作性的诚信评估程序,包括演出项目申报、资格审核、制定行为准则、个案处理等操作程序,并建立对外来演出项目的评价预警机制。主管部门应当建立营业性演出经营主体的经营活动信用监管制度,建立健全信用约束机制,并及时公布行政处罚信息②。在实际操作中,通过立法明确负责审查演出分类、分级和准入的部门和机构,确定审查的指导原则和标准、审查程序,以实现演出分类、分级和准入制度的公开化、透明化、公平化。文化主管部门依据许可法公布审批事项,并建立演出信息报送制度、演出市场巡查责任制度、演出经营主体基本信息公布制度;通过诚信评估进行分别管理、分级准入,以此为依据对演出人进行考核、评定,增强社会对演出市场监督深度与广度。

建立演出市场信息通报制度,省级主管部门及时将演出批准文件通过网上公示、公文抄

---

① 参见《经纪人管理办法》(工商行政管理总局令〔2004〕第 14 号)。
② 参见 2016 年中国《营业性演出管理条例》第 35 条。

送等方式告知演出地县级主管部门。演出批准文件应当包括演出名称、演出团体或个人、演出时间、演出地点、节目内容以及演出活动举办单位等内容。演出过程中发生违法违规行为的,演出地县级主管部门要及时将演出情况报告上级主管部门,依据《文化部办公厅关于建立全国营业性演出单位和个人公示系统的通知》(办市发〔2005〕31号)的要求,建立全国营业性演出经营主体基础数据库和信用档案库,建立由主管部门、专家学者、新闻媒体、行业协会、消费者等共同组成的演出市场监督体系,建立演出经营主体信用等级评定制度。

一、演出信息诚信

(一)广告宣传合法真实

演出广告是演出项目宣传重要组成部分,演出活动一般都要借助报纸、广播、电视、新媒体等进行演出宣传。广告一般是有偿的,它是提高票房的有效手段,从广告效果来看软性广告很好。演出主体取得演出活动许可后,需要发布广告的,由接待其演出的演出场所或者演出公司将演出广告稿报演出地主管部门核准后,才能够发布广告;未经核准,禁止发布广告宣传。申请审批发布演出广告,需要提交相关材料,如演出主办方与承办方证明,复印件(含演出合同、演出证或机关同意演出批复文件、演出场所租借合同),演出内容相关资料,演出广告小样或草案。演出广告的发布方式,可以采取新闻宣传,也可以利用报刊、晚报、电台、电视台、电脑网络以及贴画、网络及剧场咨询、剧场布告等其他媒介和形式发布演出广告。

在演出市场,演出广告宣传合法、真实是演出信息诚信规范的重要内容。一是广告主对广告内容的真实性负责,广告主从事广告活动,遵守法律、法规,诚实信用,公平竞争,广告真实、合法。广告与宣传中正确使用名目,演出名称上不用"中国""中华""全国""国际"等字样。广告法禁止情形:使用或者变相使用中国的国旗、国歌、国徽,军旗、军歌、军徽,以及国家机关、国家机关工作人员的名义或者形象,使用"国家级""最高级""最佳"等用语,损害国家的尊严或者利益,泄露国家秘密,损害社会公共利益,危害人身财产安全,泄露个人隐私,妨碍社会公共秩序或者违背社会良好风尚,含有淫秽、色情、赌博、迷信、恐怖、暴力的内容。含有民族、种族、宗教、性别歧视的内容,妨碍环境、自然资源或者文化遗产保护,法律行政法规规定禁止的其他情形。二是广告主以健康的表现形式表达广告内容,符合中华民族优秀传统文化的要求;广告不损害未成年人和残疾人的身心健康;广告使用数据等引证内容的,真实、准确,并表明出处;广告不贬低其他生产经营者的商品或者服务。三是广告不得含有虚假或者引人误解的内容。广告中演出的内容、提供者、形式、质量、价格、允诺等有表示的,准确、清楚、明白,不欺骗、误导消费者。其中虚假广告包括:演出不存在演出的内容、提供者、形式、质量、价格、销售状况、曾获荣誉等信息,以及与演出有关的允诺等信息与实际情况不符,对消费行为有实质性影响的;使用虚构、伪造或者无法验证的信息作证明材料的;虚构演出的效果的;以虚假或者引人误解的内容欺骗、误导消费者的其他情形[①]。如演出主体发布的广告与宣传内容,宣传中的交响乐团里全部是管乐没有小提琴声部,用"打一枪就跑"的思维方式经营。四是遵循广告规范。广告主委托具有合法经营资格的广告经营者、广告发布者设计、制作、发布广告;广告主不做违背演出人意愿的宣传,在广告中使用他人名义或者

---

① 　参见2015年中国《广告法》第3条、第4条、第5条、第8条、第13条、第28条。

形象的,事先取得其本人及无民事行为能力人、限制民事行为能力人的监护人书面同意;针对不满十四周岁的未成年人的广告不得含有劝诱其要求家长购买、可能引发其模仿不安全行为的内容。户外广告不利用交通安全设施、交通标志,不影响市政公共设施、交通安全设施、交通标志、消防设施、消防安全标志使用,不妨碍生产或者人民生活,损害市容市貌的,不在国家机关、文物保护单位、风景名胜区等的建筑控制地带,或者县级以上政府禁止设置户外广告的区域设置。未经当事人同意或者请求,不向其住宅、交通工具等发送广告,也不以电子信息方式向其发送广告;以电子信息方式发送广告的,应明示发送者的真实身份和联系方式,并向接收者提供拒绝继续接收的方式;利用互联网发布、发送广告,不影响用户正常使用网络,在互联网页面以弹出等形式发布的广告,显著标明关闭标志,确保一键关闭①。宣传广告在签订演出合同后发布,而且演出广告时间提前进行,一般至少在演出一周前发布;而且参加演出的单位、主要演员或者主要节目变更的,演出举办单位及时告知观众并说明理由。

(二)遵守公益演出制度

公益演出是指以社会公众利益或者以特定的社会公共利益为目的而进行的表演活动,如公益性演出、免费演出、募捐义演及节庆演出等,举办者与演出者不因演出而获得报酬或其他不当利益,演出所得全部用于特定目的的演出。公益演出有别于非营业性演出。非营业性演出是指不以营利为目的举办的演出活动。依据法律规定,任何单位举办公益性演出、募捐义演及节庆演出活动,委托演出公司承办,并按照规定办理审批手续②,参加政府组织的文艺会演、调演、节庆演出或举办非营业性涉外、涉港澳台交流演出,持有关书面文件备查。举办非营业性涉外或涉港澳台交流演出(可以售票和做广告),按有关外事规定审批,需要增加营业性演出活动的,举办单位应在审批单位同意后,依法另行报批。

中国《国务院办公厅关于加强救灾捐赠管理工作的通知》(国办发明电〔1998〕14 号)、《营业性演出管理条例》和1994年民政部发布的《社会福利性募捐义演管理暂行办法》、1998年9月3日发布的《关于救灾募捐义演等有关问题的通知》等法规对公益演出做出了相应规制。我国建立了以国有文艺表演团体为主体、以国有演出场所为中心的公益性演出长效机制,鼓励国有文艺表演团体创作面向中低收入人群的小成本演出剧目,鼓励国有演出场所举办公益性、低票价的演出;建立了国有演出单位公益性演出绩效考核制度,确保国有演出单位公益性、低票价演出场次,做到"月月有公益场,场场有低价票"。各级财政适当增加对到城市社区、农村、工矿企业等基层进行公益性演出的补贴;支持举办针对青少年和儿童的低票价或免费的爱国主义教育专场演出,支持"高雅艺术进校园"等艺术普及类演出③。

常见公益演出是社会福利性募捐义演、救灾募捐义演。社会福利性募捐义演是指社会各界为帮助社会救济对象、支援灾区、扶持贫困地区的发展和援救其他突发性灾害中遭遇困难的人们募集款物而举办的不以营利为目的的演出活动。公益演出可以是营利也可以是非营利的演出。近年来,社会上存在义演不"义",一些演员借义演名义从中获取高额报酬,一些单位借义演名义大发不义之财。因此,演出主体在演出信息发布中,明确公益性演出与非

---

① 参见 2015 年中国《广告法》第 32 条、第 33 条、第 40 至第 44 条。

② 参见 2004 年中国《营业性演出管理条例实施细则》第 30 条。

③ 参见国家发展改革委、文化部、公安部、监察部、财政部、税务总局、广电总局、体育总局、工商总局联合制定了《关于构建合理演出市场供应体系、促进演出市场繁荣发展的若干意见》(发改价格〔2008〕76 号)。

公益性演出、免费演出与营业性演出，不混淆与欺骗消费者。任何单位举办公益性演出、募捐义演及节庆演出活动如需以委托方式进行演出，应委托演出公司承办；举办其他通过规定的方式进行的公益性演出，参照义演规定执行。国家专门从事社会福利性事业的机关、社会团体及其他有关组织可以单独申请举办社会福利性募捐义演；其他机关、团体、企事业单位或个人申请举办社会福利性募捐义演，必须与受捐单位联合举办。主办单位进行募捐性演出，须报经政府文化行政管理部门审批，而组织社会福利性募捐演出，应经当地县级以上地方政府民政部门核准后，报同级主管部门审批。义演举办者必须向当地县级以上人民政府民政部门提出申请，经民政部门核准报同级主管部门批准后方可举办；民政部门接受申办者提交申请书时，必须要求申办者同时提供资信证明、接受单位的认定材料、演出计划、演出地点、演出场次、演出时间、演出票价、必要费用开支预算、所得善款额度、公证部门同意公证的证明等材料。具体而言，中央国家机关、全国性社会团体和其他组织举办的社会福利性募捐义演，向民政部提出申请；地方各级国家机关、社会团体和其他组织及个人举办的社会福利性募捐义演，向当地省级民政部门提出申请。经民政部门审查同意后按照现行演出法规的规定报文化行政管理部门审批。申办社会福利性募捐义演者，应向民政部门提交以下材料：申请书；申办单位的介绍信或申办个人的有效身份证件；银行或国家认可的会计师事务所开具的资信证明；演出计划、募集款物使用计划、活动经费预算计划①。

公益演出活动必须遵守国家有关法规和政策，募捐义演的演出收入，除必要的成本开支外，全部交付受捐单位；演出举办单位、参加演出的文艺表演团体和演员、职员，不得获取经济利益②。其中规范演出收入是公益演出的主要制度之一。参加募捐义演的演职人员不获取演出报酬；演出举办单位或者演员将扣除成本后的演出收入捐赠给社会公益事业，不得从中获取利润。所有公益演出全部收入，包括捐赠款物、广告赞助及门票声像等收入以及其他与演出活动相关的收入。捐赠义演等活动的全过程经公证部门公证，举办者按照国家财会制度进行结算，并由审计部门进行全面审计，将决算报告报原审批部门。受捐单位取得因公益而获得的收入，扣除必要的成本开支（包括演职员食宿、交通费用和演出所需舞台、灯光、音响、服装道具、舞美及场地、宣传等费用）后的所得，经审计部门审计和公证部门公证后，全部捐赠给受捐单位或社会公益事业，按国家财会制度进行结算。公益主办单位设立专门机构负责接收和管理捐赠款物和其他收入，单独立户，专账管理；公益主办单位接受捐赠款物，给捐赠者开具收据和捐赠证书。同时，参加公益演出的各方禁止从公益演出中牟利，即参加公益演出的演出举办单位、文艺表演团体和演员、职员，在排练和演出期间，除必要的生活补贴（交通、食宿）外，不谋取经济利益。因此，参加公演的演职人员不能获取演出报酬，演出公司禁止从中获取利润。募捐义演结束后 10 日内，演出举办单位或者演员将演出收支结算报审批机关备案③。对违反公益演出规定的单位或人员，应根据相关法律追回其所得，并依据法律予以罚款；向社会公布违法行为人的名称或姓名，直至吊销其演出举办单位的营业性演出许可证；构成犯罪的，应依法追究刑事责任。监察部门对机关和事业单位侵吞救灾捐赠款

---

① 参见《社会福利性募捐义演管理暂行办法》（民政部令 1994 年第 2 号）。

② 参见 2016 年中国《营业性演出管理条例》第 30 条。

③ 参见 2017 年中国《营业性演出管理条例实施细则》第 24 条。

物的,应及时通报上级监察部门,对主要负责人和直接责任人给予行政处分①。

二、演出过程诚信

演出主体保持演出过程完整,演出当事人坚守诚信原则,除因不可抗力不能演出的之外,演出举办单位不中止或者停止演出,演员不退出演出。演出当事人除依约履行合同外,还应严格遵守诚信原则,保护受众的权益。尊重观众知情权,参加营业性演出的文艺表演团体、主要演员或者主要节目内容等发生变更的,演出举办单位应及时告知观众并说明理由;观众有权退票②。

演出市场主体,遵守竞业性演出规则。竞业是指有利害关系的人在一定期限内从事与原单位同类业务。但是具体什么是竞业行为,各国的法律条款都规定得比较模糊。日本学者法学家并木俊守认为以实际经营的为准,而不以营业执照上所载明的营业范围为准。在演出中,竞业性演出主要是禁止不公平竞争,保障演出质量与演出诚信。纵观国内外演出立法实践,竞业性演出在外延上更多地关注演出举办或承办者的竞业以及演员本身的竞业。第一,一人两制遏制,即演员跨单位演出的许可制度与持证上岗制度。举办演出的主体邀请文艺表演团体的在职演员和专业艺术院校师生参加营业性演出,须与其所在单位签订演出合同。演员禁止无证或手续不全参加演出,参加营业性组台(团)演出、娱乐场所演出及拍摄影视、灌制磁带等,演职员持临时营业演出许可证,凡未持临时营业演出许可证的演职员,任何单位都禁止接纳其演出③。第二,禁止私自组台,即任何人禁止以个人或借用某个团体的名义,不经当地文化主管部门和演员所在单位同意,私自邀约演员组织营业性演出。

演出市场主体,应正当使用票证。演出经营者不得伪造、变造、出租、出借或者买卖营业性演出许可证、批准文件、营业执照、营业性演出门票限制团体购票的最低折扣幅度,规范演出票务公司经营;政府应建立统一的票务平台,推动电子售票系统的建立,打造统一的涵盖文艺演出、体育等领域的政府公共票务平台。对擅自提高票价、以次充好、内容低俗、秩序混乱的演出,演出经营者应承担法律责任。加强行业协会建设,完善相关制度,促进行业自律。观众也应凭票正当消费,持票观众对演出持续性有知情权,如果参加营业性演出的文艺表演团体、主要演员或者主要节目内容等发生变更的,演出举办单位应及时告知观众并说明理由,观众有权退票。

演员亲自、现场演唱,禁止假唱。演员不能以假唱欺骗观众,任何单位或者个人不为假唱提供条件④。文化部《关于建立预防和查处假唱假演奏长效机制维护演出市场健康发展的通知》(文市发〔2010〕16号)及《营业性演出管理条例实施细则》给出了假唱、假演奏定义,即指演员在演出过程中,使用事先录制好的歌曲、乐曲代替现场演唱、演奏的行为⑤。从性质上说,"假唱"不仅是演出从业人员违反国家法律法规及职业道德,更是一种欺骗行为,侵犯了观众合法权益,有违社会公序良俗,损害文艺人才培养。假唱违背演出市场诚信,是经济学

---

① 参见民政部《关于救灾募捐义演等有关问题的通知 》(1998 年 9 月 3 日民办发〔1998〕9 号) 。
② 参见 2016 年中国《营业性演出管理条例》第 27 条。
③ 参见《国务院办公厅转发文化部关于加强演出市场管理的报告的通知》(国办发〔1991〕12 号)。
④ 参见 2016 年中国《营业性演出管理条例》第 28 条。
⑤ 参见 2017 年中国《营业性演出管理条例实施细则》第 28 条。

的"信息不对称"即演唱者和观众的不和谐。在国外,"假唱"极少发生,如土库曼斯坦总统萨帕尔穆拉特·尼亚佐夫决心在土库曼斯坦消灭假唱,他在签署的禁令上称"假唱是对音乐和歌唱艺术的亵渎"①。从演出法本身的角度看,对假唱的界定十分困难,如判定假唱的手段、主体、发生场合、协助演员假唱因素、演出本身设计的对口型演出表演方式性质、电视媒体的演出性质、公益性演出中"假唱"性质等等方面因素,目前法律没有明确规定。尽管假唱难以界定,但是演唱应该遵循诚信原则,违背该原则的演唱就视为假唱。无论如何,假唱被普遍禁止,演员不应以假唱欺骗观众,演出举办单位不应组织演员假唱;任何单位或者个人不应为假唱提供条件;演出举办单位应派专人对演出进行监督,防止假唱行为的发生;营业性演出不应以假唱、假演奏等手段欺骗观众。为此,建立假唱、假演奏预防机制。各级主管部门应营造守法诚信演出和经营的法制环境,引导文艺表演团体、演出经纪机构、演出场所和演员自觉禁止假唱、假演奏。地方主管部门应借助社会监控,对重点监控的演出场所和演出类型,进行更严格事先许可制度,包括演出申请附演出举办单位或者个体演员书面防止假唱、假演奏的保障文件,演出合同订立明确反假唱、假演奏条款。实践中,我国 2005 年《营业性演出管理条例》虽然明文规定禁止假唱,但效果不明显,直到 2010 年 4 月 1 日全国"假唱第一案"才尘埃落定,女歌手被罚 5 万。

三、演出经纪人经纪诚信

纵观国内外演出经纪业务发展情况,起初常常伴随各种欺诈客户、损人利己的现象,现在商业经纪人已成为社会公众瞩目的高尚职业。在我国,现在演出经纪人行业诚信严重缺乏,具体表现在以下几个方面。第一,非诚信演出。演出经纪人在演出各环节的操纵中,误场、罢演现象时有发生;虚假宣传、哄抬票价、坑蒙观众,演出纠纷层出不穷,使演员与观众受害。在国内,以个人形式签约的演员与艺人的经纪人并不少见。第二,诈骗艺人收入。与演出商勾结,代领片酬时候低报或不给片酬、虚报收入、私扣艺人宣传费用归己,有的黑演出经纪人可以达到艺人收入的 50%。第三,裙带风盛行。明星们只敢用亲人担任自己的经纪人。

根据演出经纪人行业特点,应尽快通过"经纪人法"建立经纪人行为的诚信制度,并建立顺畅的信息披露,督促经纪行为依法进行,与国际接轨。具体应该从如下几方面来规制演出经纪人的不诚信行为。

(一)建立演出经纪人行业自律制度

我国早就采用经纪人行业自律,自汉代的"马侩",唐代正式管理,清代的牙行、牙商。在 2004 年我国台州国际演出交易会上,黑龙江、河北、辽宁、吉林、江西等地演出家协会的集体亮相,反映出演出经纪人行业协会功能的加强的迫切性。演出经纪人行业协会既可以提高行业自律,又可以按国际惯例保护我国演出利益。在国外,如美国、英国、法国,演出经纪人行业组织制定的行规具有很强的规范性与强制性,虽然法院不直接引用该规范,但是有些专业案件却要参考或征求演出经纪人行业组织的意见。在特殊情况下,演出经纪人行业组织可以代理演出经纪人进行相应的民事诉讼行为。演出行业协会是演出经营主体和演出从业人员的自律组织,负责组织实施演员、演出经纪人员等演出从业人员的资格认定工作,接受

---

① 吴洁.土库曼斯坦总统决心消灭假唱 曾禁止歌剧和芭蕾〔EB/OL〕.:http://news.163.com 2005:08-25.

主管部门委托开展有关工作。① 我国演出经纪人行业组织,因为历史原因而不同于国外,它们没有实际性权利,其规范常常是"任意"规范,更加没有诉讼代理权限。要建立演出经纪人行业自律制度,首先应完善演出经纪人行业组织自身,同时赋予他们依法行使职权的条件,更应该树立该组织的权威。演出经纪人自愿加入协会,遵守行业规范。演出行业规范是演出家协会根据法规,结合演出行业特点制定的行业行为准则,参照国际惯例和规则,能够自律与约束,与国际惯例的衔接,成为有权威性和广泛认同性的行业规范。

(二)建立演出经纪人诚信评估制度

在西方,许多演出发达国家对进入公众传播领域演出实行了分级审查制度并加以法律化。我国因为缺少权威的资质评估,观众无法甄别演出经纪人的优劣,所以须建立一个由行政部门、中介组织、专业和学术精英组成的独立部门,并制定一套科学、可操作性的评估程序,包括演出项目申报、资格审核、制定行为准则、个案处理等操作程序,并建立对外来演出项目的评价预警机制;建立演出经营主体基本信息登记和公布制度、演出信息报送制度、演出市场巡查责任制度。

首先,演出经纪人广告须真实。营业性演出广告的内容必须真实、合法,不得误导、欺骗观众。演出经纪人利用报刊、电台、电视台、电脑网络以及其他媒介和形式发布演出广告,应当由接待其演出的演出场所或者演出公司将演出广告稿报演出地县级以上主管部门核准,未经核准,不得发布。应当经过审批的营业性演出活动,经批准后方可进行新闻宣传。

其次,加强公益性演出管理。加强对募捐性演出、赞助性广告形式演出活动的管理。组织社会福利性募捐演出,应当经当地县级以上地方人民政府民政部门核准后,报同级主管部门审批。参加公益性演出以及募捐义演演出活动的演职人员不得获取演出报酬;承办演出的演出公司应当将扣除必要的成本开支后的演出收入捐给社会公益事业。演出公司不得从中获取利润。公益性演出及募捐义演结束后 10 日内,承办单位应当将演出收支结算报审批机关备案。

再次,监管竞业性演出。任何人不得以个人或借用某个团体的名义,不经当地文化主管部门和演员所在单位同意,私自邀约演员组织营业性演出。各地文化主管部门对违反这一规定的演出活动,应予制止;对违犯者进行批评教育,应追回私分的钱款;对利用演出进行招摇撞骗活动的,情节严重者要进行揭露,并给予必要的处分和制裁。任何单位聘请文艺表演团体的人员参加本单位演出的,应当征得其所在单位的同意。非演出单位,确因工作需要,临时组织营业性演出时,必须通过正当的组织手续,保证演出质量,注意社会效果。具体措施是:(1)要征得文化主管部门同意,并领取演出许可证后,方可演出;(2)要征得演员所在单位同意;(3)对演出节目应负责进行审查,防止粗制滥造及低级庸俗节目的出现;(4)注意保护演员健康,不能随意增加演出场次;(5)演出收入要合理分配,主办单位扣除必要的开支外,所有收入应分给参加演出的单位,不得从中谋利。给演员的报酬,应交其所在单位按规定处理。个体、业余演员参加营业性演出的,由邀请其演出的演出经纪机构或演出场所报主管部门审批,并在演出证上盖章。按合同约定在固定场所连续演出一段时间的,按一次演出活动办理。

---

① 参见 2017 年中国《营业性演出管理条例实施细则》第 37 条。

最后,设立外来文化预警评价机制。应根据经纪行业特点,尽快通过《经纪人法》建立经纪人及其从业人员的诚信制度,并建立顺畅的信息披露机制,督促经纪行为依法进行,铲除经纪行业队伍中害群之马。面对外来演出文化的异质性,决定了其进入我国市场自然会引起广大群众的好奇,特别是对一些闻所未闻的文化形式和文化产品的好奇与关注。然而,在外来演出中,有部分演出形式和产品是不符合我国传统道德标准的,或者是不宜马上涌入和大量展示的,例如近年来涌入我国的"人体艺术"和"行为艺术",等等。对于这样的外来演出,应当进行评估和预测,建立预警评价机制。

(三)演出经纪人诚信公示制度

随着我国加入 WTO,外来文化具有双重效果。一方面,外国政府对行业引导,帮助、资助文化经纪公司,如韩国政府文化管理部门主要经费用于对文化产业包括文化经纪人进行引导、培育。另一方面,许多文化发达国家对进入公众传播领域如电影、电视等的文化产品实行了分级审查制度并加以法律化,取得了良好的成效。在实际操作中,通过立法明确负责审查文化产品分类、分级和准入的部门和机构,确定审查的指导原则和标准,规定审查的必经程序,制定具体的审查收费标准等等,以实现文化产品分类、分级和准入制度的公开化、透明化、公平化。通过建立相关文化产品的分类、分级、准入机制,可以提高演出经纪人信誉等级。经过评估后的结果可以在大众媒体上公示;对经纪人的每一项演出执法活动及其结果可以在指定的公开媒体上予以公告。可以通过评估进行分别管理,分级准入,而且以此为依据对演出经纪人进行考核、评定。在实际操作中,应通过立法明确负责审查演出分类、分级和准入的部门和机构,确定审查的指导原则和标准,规定审查的必经程序,制定具体的审查收费标准,等等,以实现演出分类、分级和准入制度的公开化、透明化、公平化。

四、演出活动结果评判

(一)演出活动结果评判方式

演出活动结果评判方式主要是评奖与考评制度。评奖是对艺术生产水平衡量和检验的一种行之有效的方式,也是促进艺术创作水平不断提高的重要手段。同时,评奖对于艺术作品的宣传和导向,都有重要的作用。但是,评奖也存在一些弊端与违法状况,因此,通过立法,确立评奖标准,评奖主体,评奖程序、评奖监督与管理。国家应出台关于全国性文艺评奖的管理规定,对于评奖实行归口管理。

实行评估制度,就是对反映艺术表演团体运行状况的主要指标进行科学的量化的综合考评,以最终达到区别情况,分类指导,保护重点,鼓励竞争,不断提高艺术表演团体综合水平的评估目的。通过考评,确定重点剧团,在经费投入、创作力量投入等方面予以扶持。评估标准坚持质量原则与可比原则。对艺术表演团体评估,要考虑以下几个基本因素:发展文艺事业的科学合理的布局结构,其中特别是具有代表性的和具有历史保留价值的艺术表演团体;与市场经济体制、精神文明建设、艺术自身发展规律相适应;艺术历史和未来角度衡量其综合艺术水平和潜在的艺术素质;财政因素和税收衔接。通过评估确定的省级重点艺术表演团体报文化部备案,其中特别是县级艺术表演团体。

建立健全科学合理的考评制度,文化主管部门可成立艺术专业人员应聘资格考评委员会,制订考评办法和考评大纲,按照艺术专业门类分别对相关专业人员进行集中统一的考评,确定参考人员的应聘资格,再由各院团对取得应聘资格的人员进行岗位考核;实行资格考试和岗位考核相结合;也可以采取其他方式进行考评。

(二)演出活动评价规范

演出奖项评定,全国性的奖项规范主要四个,即《中国艺术节章程》《关于全国性评奖立项的批复》《文华奖评奖办法》《蒲公英奖评奖办法》,它们对全国性的奖项大类进行了规定。1997 年的《中国艺术节章程》规定,中国艺术节设"中国艺术节大奖""中国艺术节奖""中国艺术节特别奖""中国艺术节纪念奖"。1997 年《关于全国性评奖立项的批复》按照层级把奖项分为文华奖、群星奖、孔雀奖、中国艺术教育奖、中国青少年艺术大赛;并分设专业组和业余组。2002 年文化部《文华奖评奖办法》规定获奖的艺术团体和艺术工作者,均颁发奖状、证书、奖牌和奖金;《蒲公英奖评奖办法》规定蒲公英奖。

演出经营单位等级评定由各级主管部门负责。评定的依据是上年度的演出单位经营情况:依法经营,服从管理,无违法违规行为;重合同守信誉,无违约行为;制度健全,规范运作,无演出责任事故的。具备前述条件的可评为甲等,有欠缺的可视为乙等。等与级分别评定,共分四个等级:甲等一级(甲 A),甲等二级(甲 B),乙等一级(乙 A),乙等二级(乙 B),结合运用。一级(A):文艺表演团体、演出场所全年演出 100 场以上,演出经纪机构演出 50 场以上;二级(B):文艺表演团体、演出场所演出不足 100 场,演出经纪机构演出不足 50 场。对演出场次,依据演出合同等有效证据核定。[①]

第三节　演出的财税制度

演出收入与财税制度,是演出法制的重要制度,也是国家管理的主要经济制度性手段,演出收入和财税是演出主体综合实力的体现。党的十四届六中全会决议指出,"建立规范有效的筹资机制,逐渐形成对精神文明建设多渠道投入的体制"。以艺术同经贸联姻、募捐性、与社会力量联合办团等拓展多渠道经费来源,其中重要方式以演出为主提高自身创收能力,同时,设立专项艺术活动基金。演出收入与财税法制,一般包括专业性会计规范、公司法、税收法规、证券交易规章、财务制度、金融法规等相关法规。

一、营业性演出收入与成本

从国内外演出法制实践来看,营业性演出收入主要包括票务收入、广告与赞助收入及其他收入。演出收入是指能够基于演出带给演出主体增益的所有因素,正如马克思指出的,"劳动力的、资本的和土地的所有权,就是商品这些不同的价值组成部分所以会分别属于各自的所有者,并把这些价值组成部分转化为他们的收入的原因"[②]。演出投资单位可以单独或者与其他单位联合作为演出主办单位,享有演出的冠名权,并依照合同约定享有演出收入分配权。

---

① 参见 2000 年文化部《关于贯彻执行〈营业性演出管理条例实施细则〉的通知》。

② 中共中央马克思恩格斯列宁斯大林著作编译局.马克思恩格斯文集(第 7 卷)[M].北京:人民出版社,2009:982.

营业性演出的门票是演出单位与观众之间权利义务关系的合同形式。如前所述,演出经营者经批准后可以进行新闻宣传、出售门票。观众购票有权索取票券,票证是观众依法获得补偿的凭证,但是票面上注明工作票和赠票的除外。观众凭演出票券观看演出,并接受演出工作人员验票;演出票券禁止伪造、加价、倒卖。根据有关法律,我国营业性演出的票价标准,按照国家规定执行。依据《价格法》规定,经营者禁止弄虚作假,对市场定价的经营活动,禁止下列不正当价格行为:相互串通操纵市场价格,价格倾销排挤竞争对手,捏造、散布涨价信息哄抬价格,利用虚假或使人误解的价格手段交易,实行价格歧视,变相提高或者压低价格,违法牟取暴利,法规禁止的其他不正当价格行为。对重要的公用事业价格、重要的公益性服务价格,政府在必要时可以实行政府指导价或者政府定价①。门票收入是指扣除演出场地费用后的实际收入,但是因为免费票太多,我国演出市场票务实际收入不高。如,2004年在北京工人体育场的"十全十美"演唱会,工作票与赠票合计数量占总票数的43.98%,有的演唱会仅赠票数量会高达30%②。

社会(包括国内外和境内外)资助是演出事业的主要资金来源,但在接受国外和境外资助时不能有损害文化主权的条件,这是国际通行惯例,我国也有相应的规定。主办单位采用赞助性广告形式进行营业演出的,其预算报经政府文化行政管理部门审定同意后,向工商行政管理部门办理临时性广告经营许可证。广告赞助费纳入主办单位收入。

至于演出直接相关的其他收入,主要来源于补贴性收入。募捐义演的演出收入包括门票、捐赠款物和广告赞助收入,而演出必要的成本开支包括演职员食宿、交通费用,演出所需舞台灯光音响、服装道具、舞美及场地等租用费、宣传费用等。募捐义演结束后10日内,主办单位将演出收支结算报审批机关备案,纯结余不属于演出者,而属于募捐对象。根据交响乐、京剧、歌剧、舞剧、话剧、儿童剧等不同艺术品种,对依据政策性安排或完成政府工作任务的院团演出,应按照国家确定相应的补贴演出场次和补贴金额③。国家机关因需要举办公益性演出活动,但以经营广告弥补演出资金不足的,应按规定办理审批手续,但国家机关禁止提取演出收入。

演出收入分配首先遵循"以演出为中心,按劳分配与按生产要素分配"的原则,"在不同的社会成员中,只有劳动力这一种生产要素的所有者;出现在个人分配中的,只有劳动力这一种生产要素的所有权。所以,生产的成果,在社会进行了必要的扣除之后,按照每个人所付出的劳动贡献来进行分配"④。同时要遵纪守法、公平竞争,兼顾国家、集体、个人三者利益,将稳定性与灵活性相结合,因为"在变动很大的市场里存在着静态的标准,实际的价值、工资和利息倾向于和这些标准相同"⑤。此外,遵守有关规定,执行工资管理政策,全部工资构成纳入劳动工资管理手册管理,规范演出津贴发放,禁止私演私分、截留收入、偷漏税款行为,一切个人款项均由个人负担个人所得税,维护行业利益抵制恶性价格竞争。

演出成本方面,由于艺术表演团体的产品、作品、服务具有独特的社会属性,因此演出成

① 参见中国《价格法》。
② 胡政生.赠票和公款追星:票价虚高的两大祸首[N].中国文化报,2005-02-28(4).
③ 参见文化部《关于进一步加快和深化文化部直属艺术表演团体体制改革的意见》,1994-3-24。
④ 杨欢进.马克思逻辑中的按生产要素分配:兼与周为民、陆宁商榷[J].当代经济科学,2004(1):58.
⑤ 约翰·贝茨·克拉克.财富的分配[M].陈福生,陈振骅,译.北京:商务印书馆,2014:4.

本核算是一种内部成本核算,是一种不完全的成本核算。艺术表演费用项目发生不具有规范性、各种成本费用的界限难以准确划分,相当部分费用项目无法进行准确的成本归集与分配。按照国家公共支出理论,艺术表演团体因为剧种、艺术形式级别的不同得到不同的财政补贴形式,根据自身的具体情况划分演出成本核算的范围,具体的演出剧目、曲目、演出活动均是成本核算的对象。一般来说演出成本内容包括与演出创作有关的直接费用和为组织管理演出活动所发生间接费用。艺术表演团体直接演出成一般分为 3 部分 6 个板块。(1)创作成本,由于"人力所创造的不是物质而是效用"①,所以每个人具体的创作成本很难精确,只能大体列举如创作、剧本征集或剧本初编,剧本讨论、论证费用,剧本、剧目修改或再创作及相关的创作费用,音乐创作费用。根据演出实际,创作成本可以根据复杂智慧财产——演出具体构成,主要方面做些列举。音乐部分包括舞蹈音乐、歌曲、器乐曲、舞蹈音乐编配、音乐配编、交响乐创作费。舞蹈部分包括舞蹈创作、舞蹈改编、歌舞设计、歌剧舞剧片段复排与新排编导和导演。文字部分包括整台晚会文字、文学部分、含解说词、外国歌曲译配、歌词创作、歌剧剧本。(2)排练成本,如剧本的排练、相关音乐排练录音费用。演出费用具体而言由排练、制作费、走台与彩排、演出津贴(演出路途、节假日演出、工作加班、差旅费、演出通讯、演出交通、演出伙食、演出服装补贴等)、演出劳务、集体外借。(3)舞美费用,如舞台的布景、灯光、道具、音响、服装等相关费用。具体而言由舞美装台拆台费、舞美设计、灯光设计、服装设计、服装监制、舞美监制、歌剧舞剧部分等设计费用。(4)其他费用。宣传促销与宣传费用;剧场演出费用,如剧场(含场租等剧场)、舞美、装台、道具运输、演出津贴,剧场摄影、录像、录音费用;其他相关费用,如投入的利息支出、相关的行政后勤费用。艺术表演团体为组织演出活动所发生的工资、福利费、水电费、办公费等是间接费用。由于演出剧目界定起始日期有难度,一般从剧目(节目)的策划(计划)开始计算,一直到剧目(节目)正式上演出为演出的成本计算期。

二、法定表演权报酬标准

我国对法定许可的表演权报酬标准比较完整,基本已形成一个体系,涵盖了文学艺术作品(即著作)、音乐、戏剧、影视等狭义领域。

演出法定许可的作品对著作权人付酬标准,中国版权局于 1993 年做出了明确规定。根据我国有关规定,演出他人作品,演出组织者可以采用演出收入分成的付酬办法,即从每场演出的门票收入抽取一定比例向著作权人付酬,即按每场演出门票收入的 7% 付酬,但每场禁止低于应售门票售价总额的 25%。每场演出涉及两部或两部以上的作品,根据各部作品的演出时间所占整场演出的比例,确定每部作品的具体报酬。演出改编作品,依规定确定报酬后,向作品著作权人支付 70%,在保护期内,向原作品著作权人支付 30%②。

中国音乐著作权协会从事音乐作品的非戏剧性公开表演权、广播权和录制发行权集体管理活动,并于 2005 年制定音乐作品表演权的收费标准,其收费标准是综合考量音乐作品使用数量、作品使用效果以及使用者盈利预期决定的。依据其有关规定,音乐作品表演权的收费标准分现场表演与机械表演两大类。现场表演按每场演出门票收入(指扣除

---

① 萨伊.政治经济学概论[M]. 陈福生,陈振骅,译.北京:商务印书馆,1963:60.
② 参见 1993 年国家版权局《演出法定许可付酬标准暂行规定》。

演出场地费用后的实际收入)的 7% 付酬,但每场禁止低于应售门票售价总额的 2.5%。"应售门票",是指本场演出平均票价(依申请人演出前提供的预计出售门票的价位及其相应票数的清单计算)与演出场地实际座位数的乘积。至于机械表演(背景音乐)付酬标准非常详尽:夜总会、歌舞厅(含卡拉 OK 歌厅)、迪斯科舞厅、酒吧、咖啡厅、餐厅、商场、超级市场等场所按营业面积累进计算费用,但所附卡拉 OK 歌厅另行计算;宾馆按床位收费每月计算,但另附有前述娱乐场所的按其标准计算;航空运营线按每运载乘客、里程、班次复合计算,但每班次有最低收费限制;铁路也按照每天车次、公里计算费用;展览(车展、时装展等)按照展台费的 1% 计算,但有最低收费限制①。2012 年,还有《表演中国音乐著作权协会管理的音乐作品的收费标准》,现场表演按每场演出门票收入的 7% 付酬,但每场不得低于应售门票售价总额的 2.5%;机械表演(背景音乐)分七类标准进行,夜总会、歌舞厅(含卡拉 OK 歌厅)、迪斯科舞厅、酒吧、咖啡厅、餐厅等按营业面积收费,宾馆按床位收费每月收费,商场、超级市场按营业面积收费每年收费,交通按里程计算,展览(车展、时装展等)按照展台费的 1% 计算等②。

关于支付剧本作者报酬,采取数量标准,并实质承认其追索权即剧本作者不但对首演享有报酬权,对复演享有报酬抽成权,因而 1985 年文化部颁行的《付给戏剧作者上演报酬的试行办法》既有中国特色,又具有国际先进水平,这在中国版权中是少有的立法。根据《付给戏剧作者上演报酬的试行办法》规定,付给剧作者上演报酬,采取由剧团支付剧本首演稿酬和从剧团上演某一剧目的纯收入(即除去剧场租金或剧场分账后的金额)中抽成付酬的办法,即首演剧团一次性付给剧作者首演稿酬,而后,在演出 10 场以后再按比例抽成付酬。复演(改编、移植)剧团则采取抽成付酬的办法。采取抽成付酬的有效时间,为从该剧在剧团首演之日起,直至作者死亡后 30 年为止;剧作者死亡后,其上演报酬可由其合法继承人继续领取,如无合法继承人,剧团即停止付给,但以该著作保护期为限③。第一,剧本首演稿酬标准为:(1)大型话剧、戏曲每部 600~1000 元。中型话剧、戏曲每部 400~800 元。小型话剧、戏曲每部 200~400 元。大型歌剧、舞剧每部 1200~200 元。中型歌剧、舞剧每部 800~1600 元。小型歌剧、舞剧每部 400~800 元。(2)县(市、旗)级专业剧团首演稿酬标准为:大型话剧、戏曲每部 400~800 元。中型话剧、戏曲每部 250~500 元小型话剧、戏曲每部 125~250 元大型歌剧、舞剧每部 600~1000 元。中型歌剧、舞剧每部 400~800 元。小型歌剧、舞剧每部 200~400 元。第二,复演抽成付酬的比例:(1)大型话剧、戏曲为收入的 2%。中型话剧、戏曲为收入的 1%。小型话剧、戏曲为收入的 0.5%。大型歌剧、舞剧为收入的 5%。中型歌剧、舞剧为收入的 3%。小型歌剧、舞剧为收入的 1%。(2)县(市旗)级专业剧团抽成比例为:大型话剧、戏曲为收入的 1.5%。中型话剧、戏曲为收入的 1%。小型话剧、戏曲为收入的 0.5%。大型歌剧、舞剧为收入的 3%。中型歌剧、舞剧为收入的 1.5%。小型歌剧、舞剧为收入的 1%。第三,稿酬标准及支付办法:(1)儿童剧、木偶戏、皮影戏可分别参照上述话剧、戏曲、歌剧、舞剧付酬标准付酬。儿童剧以及其他剧种为儿童演出的剧目,其演出收入包括对该剧的每场演出补助。(2)翻译外国话剧的首演稿酬的抽成比例为话剧的三分之二;翻

---

① 参见中国音乐著作权协会《表演权的收费标准》,2005-3-15。
② 参见《表演中国音乐著作权协会管理的音乐作品的收费标准》,2012-03-24。
③ 参见文化部《付给戏剧作者上演报酬的试行办法》1984 年 7 月 1 日。

译外国歌剧文学剧本的首演稿酬和抽成比例为歌剧的五分之二。(3)剧本被采用后,应按评定该剧本稿酬额标准的 10%～15%,由首演剧院(团)一次性付给本剧院(团)艺术室文学编辑,作为该剧本的编辑费;如剧本非文学编辑所选中,或文学编辑未进行工作,则不付报酬。复演剧团抽成付酬只付给剧作者,而不付给文学编辑。(4)新剧本上演后一个月内,首演剧团即应向剧作者支付首演稿酬。首演剧团在该剧目演满 10 场后,复演剧团在演出该剧目后,即要按收入抽成付酬,可按季度结算。第四,专业剧团在上演根据戏剧剧本改编、整理、移植的剧本时,将上演报酬按以下比例分别付给改编者、整理者、移植者和原剧作者、原改编者。其比例为:改编的剧本,付给改编者 70%～75%,付给原剧作者或原改编者 25%～30%;整理的剧本,付给整理者 50%～60%,付给原剧作者或原改编者 40%～50%;移植的剧本,付给移植者 20%～40%,付给原剧作者或原改编者 60%～80%。

　　此外,中国故事片各类稿酬的规定也有特色,特别是区分了职务作品与非职务作品,如规定非电影系统专业的作者因产创作而减少收入,制片厂可视具体情况给予适当的一次性补贴。并且区分不同的种类如电影文学剧本、分镜头剧本、音乐作曲、歌词、海报,根据创作的难易程度、作品的量加以规定。当然带有明显的计划经济痕迹。现在依据《关于故事片各类稿酬的规定》予以说明[①]。第一,电影文学剧本。稿酬数额,根据作品的质量和创作条件的难易确定,长故事片每部 1500～4000 元,短故事片每部 750～2000 元;其中,根据其他文艺形式改编的,按照上述标准的 20%～30%付原作者,50%～89%付改编者。凡由约稿或准备采用投稿,或请作者做过较多修改的但决定退稿的,支付 300～500 元。电影文学剧本被采用后,应按评定该剧本稿酬数额标准的 10%～15%付给责任编辑。第二,分镜头剧本。长故事片和舞台艺术片每部 800～1500 元,短故事片每部 400～800 元。如导演邀请摄影、美工等有关创作人员共同进行分镜头,有关创作人员应参与稿酬数额的 30%以内的分成。第三,音乐作曲。长故事片每部 300～500 元,短故事片每部 150～250 元。音乐作曲质量特别优异的,可适当提高稿酬标准,但禁止超过 600 元。音乐片作曲稿酬,可根据其质量由厂另行议定。第四,其他。如歌词,每首 20～30 元。海报,每张 50～100 元。

　　对法定表演权报酬,国际上实行行业制度,主要通过集体管理组织代为实施。著作权的集体管理制度对于作品的许可使用及报酬转收是国际上普遍使用、行之有效的行业惯例与经验模式,已为知识产权国际条约和各国著作权法律制度所趋同。1826 年,18 个国家的音乐演奏权联合会组成了国际作者作曲者协会联合会,至今已有近 170 个会员组织。澳大利亚表演权协会(APRA)成立于 1926 年,在澳大利亚和新西兰境内代表全世界的音乐作者和出版商收取和分配音乐作品表演权使用费的非营利性的组织。有 3.7 万名澳大利亚本土会员,通过与海外姊妹协会签订相互代表协议代表全球 160 万词、曲作者和出版商的权利。该协会收取使用费的对象包括:播放背景音乐的场所、电台、电视台、网站。1997 年,APRA 与澳大利亚机械复制权协会(AMCOS)合并后,同时管理了澳大利亚和新西兰的词、曲作者和全世界众多音乐作品的复制权。在与 AMCOS 合并后,每年收取的使用费达 1.1 亿美元,每年向会员分配 9500 万美元。[②]

---

① 参见国家出版局《关于故事片各类稿酬的规定》1984 年 7 月 1 日。

② 章忠信.美国一九九八年数位化千禧年著作权法案简介[J].万国法律,1999(107).

三、营业性演出税收概况

《宪法》规定照章纳税是公民的义务,营业性演出经营主体对其营业性演出的经营收入依法纳税①。就演出而言,与演出行业相关经常发生的税种有印花税、营业税、个人所得税、城建税、教育附加费及企业所得税;演出经纪人如果自己有房产、机动车辆,还要缴纳城镇土地使用税、房产税、车船使用税②,我国后来营业税改增值税。第一,增值税,是一种销售税,是对商品生产、流通、劳务服务环节中的新增价值或商品的附加值征收的税,在澳大利亚、加拿大、新西兰、新加坡称商品及服务税,日本叫消费税;增值税是基于商品或服务的增值而征税的一种间接税,属于实行价外税、累退税,国际普遍采用税款抵扣的办法,即根据销售额,按规定的税率计算出销售税额,然后扣除取得该商品或劳务支付的增值税款(即进项税额)后取得应税金额。在我国,全国人大颁布《关于外商投资企业和外国企业适用增值税、消费税、营业税等税收暂行条例的决定》《关于惩治虚开、伪造和非法出售增值税专用发票犯罪的决定》,国务院颁布《增值税暂行条例》《关于外商投资企业和外国企业适用增值税、消费税、营业税等税收暂行条例有关问题的通知》,财政部颁布《增值税暂行条例实施细则》,国家税务总局制定了《增值税一般纳税人资格认定管理办法》《增值税防伪税控开票系统服务监督管理办法》《关于涉外税收实施增值税有关征管问题的通知》《关于加强增值税征收管理若干问题的通知》等,增值税的纳税人分为一般纳税人和小规模纳税人,自2017年7月1日起,简并增值税税率结构,取消13%的增值税税率,一般纳税人适用的税率有:16%、10%、6%、0%等。纳税人销售额未达到规定的增值税起征点的,免征增值税。第二,所得税。其一,个人所得税,是国家对本国公民、居住在本国境内的个人的所得和境外个人来源于本国的所得征收的一种所得税。英国是开征个人所得税最早的国家,在有些国家,个人所得税是主体税种。我国自1980年9月10日第五届全国人民代表大会第三次会议通过并公布了《中华人民共和国个人所得税法》,经过多次修订,2018年8月31日修改了《个人所得税法》,调高了起征点和明确了扣除项目。个人所得税纳税义务人分居民纳税义务和非居民纳税义务人。居民纳税义务人是指在我国境内有住所,或者无住所而在境内居住满一年的个人,承担全额纳税义务,即就其在我国境内和境外取得的所得纳税。非居民纳税义务人是指在我国境内无住所又不居住或者无住所而在境内居住不满一年的个人,承担有限纳税义务,仅就其从我国境内取得的所得纳税。个人所得税征税对象,采取课源制和申报制两种征纳方法。个人所得税分别规定了三种不同的税率:工资、薪金所得,适用7级超额累进税率,最高一级为45%,最低一级为3%,共7级;个体经营所得和对企事业单位适用5级超额累进税率,最低一级为5%,最高一级为35%,共5级;对个人的稿酬所得、劳务报酬、特许权使用费、利息、股息、红利、财产租赁、财产转让、偶然所得和其他所得,按次适用20%的比例税率。个人所得税也存在减征、加征、扣除、减免情形。就演职人员个体而言,个人所得主要是工资、薪金所得,包括因任职或受雇而取得的工资、薪金、奖金、年终加薪、劳动分红、津贴、补贴以及与任职或受雇有关的其他所得。劳务报酬所得包括从事设计、安装、咨询、审稿、书画、影视、录

---

① 参见2016年中国《营业性演出管理条例》第29条。

② 何钰涵.最新《营业性演出管理条例》贯彻实施与营业性演出规范、监督管理、违法违纪行为查出、处罚标准实务全书[M].北京:人民文化出版社,2005:55-64.

音、录像、演出、表演、技术服务、经纪服务以及其他劳务取得;稿酬所得包括中外文字、图片、乐谱等作品稿酬。从国际演出来看,演出组织单位的收入更多来自特许权使用费所得,主要是著作权、演出主体权以及其他特许权许可转让所得,以及其他所得如赞助费。其二,企业所得税,是指对境内的企业和其他取得收入的组织以其生产经营所得为课税对象所征收的一种所得税。企业所得税各个国家和地区立法状况不同,税率也有别,巴哈马、开曼群岛、百慕大没有企业所得税,日本法定企业所得税税率为全球最高。

表 10-1　某些经济体企业所得税税率统计表①

序号	国家或地区	本土企业所得税减免后实际税率	跨国企业所得税减免后实际税率	法定企业所得税税率
1	美国	中位数为 23%	28%	35%
2	加拿大	14%	中位数为 21%	36%
3	英国	20% 左右	24% 左右	30%
4	德国	中位数为 16%	中位数分 24%。	37%
5	法国	中位数为 25%	23%	35%
6	瑞典	10%	18%	28%
7	瑞士	中位数为 17%	19%	21%
8	中国	约 22%	约 22%	25%
9	日本	37%	38%	40%
10	印度	实际为 22%	中位数 17%	34%
11	澳大利亚	中位数为 22%	中位数为 22%	30%
12	马来西亚	平均为 19%	平均为 17% 左右	0
13	巴哈马	0	5% 至 15%	0
14	百慕大	0	平均为 12%	0
15	中国台湾	中位数为 20%	18%	25%

　　1981 年 12 月 13 日五届全国人民代表大会第四次会议通过《中华人民共和国外国企业所得税法》,2007 年 3 月 16 日第十届全国人民代表大会第五次会议通过了《中华人民共和国企业所得税法》,后经过新修改。企业所得税的征税对象是纳税人取得的所得,包括销售货物、提供劳务、转让财产、利息红利、利息、租金、特许权使用费、接受捐赠所得和其他所得。收入总额不征税收入:财政拨款、依法收取并纳入财政管理的行政事业性收费、政府性基金、国务院规定的其他不征税收入。我国企业所得税指对中华人民共和国境内的企业(居民企业及非居民企业)和其他取得收入的组织以其生产经营所得为课税对象所征收的一种所得税,但个人独资企业及合伙企业除外。企业分为居民企业和非居民企业。居民企业,是指依法在我国境内成立,或者依照外国(地区)法律成立但实际管理机构在我国境内的企业。非居民企业,是指依照外国(地区)法律成立且实际机构不在我国境内,但在我国境内设立机构、场所的,或者在我国境内未设立机构、场所,但有来源于我国境内所得的企业。居民企业应当就其来源于我国境内、境外的所得缴纳企业所得税;非居民企

---

　　① 　根据相关经济体所得税规范调整不完全统计。

业在我国境内设立机构、场所的,应当就其所设机构、场所取得的来源于我国境内的所得,以及发生在我国境外但与其所设机构、场所有实际联系的所得,缴纳企业所得税;对非居民企业在我国境内未设立机构、场所的,或者虽设立机构、场所但取得的所得与其所设机构、场所没有实际联系的,应当就其来源于我国境内的所得缴纳企业所得税。企业所得税法规定,企业应纳税所得额的确定是企业的收入总额减去成本、费用、损失以及准予扣除项目的金额。企业实际发生的与取得收入有关的、合理的支出,包括成本、费用、税金、损失和其他支出,准予在计算应纳税所得额时扣除规定的 16 项。禁止支出扣除有 9 项:向投资者支付的股息、红利等权益性投资收益款项;企业所得税税款;税收滞纳金;罚金、罚款和被没收财物的损失;《企业所得税法》第 9 条规定以外的捐赠支出;赞助支出;未经核定的准备金支出;与取得收入无关的其他支出。另外还有减免规定。第三,其他税收。其一印花税,是对经济活动和经济交往中书立、领受具有法律效力的凭证所征收的一种税,由纳税人按规定应税的比例和定额自行购买并粘贴印花税票,即完成纳税义务。印花税"取微用宏"17 世纪就成为世界盛行的一个税种。我国在 1988 年 10 月 1 日起恢复征收,现行印花税只对《印花税暂行条例》列举的凭证征收,没有列举的凭证不征税,现行印花税条例列举的凭证征税,具体有五类:经济合同、产权转移书据、营业账簿、权利许可证照、经财政部确定征收的其他凭证。印花税根据不同征税项目,分别实行从价计征和从量计征两种征收方式结合的办法,具有凭证税和行为税性质,其中营业账簿与权利许可证照等按每件计税,其他按照金额计税。其二营业税,是对单位和个人就其所取得的营业额征收的一种税,属于流转税制中的一个主要税种。世界各国(地区)在征收营业税时往往采用从价计征的方法,营业税一般以营业收入额全额为计税依据,实行比例税率,营业税减免税项目一般与基本生活必需品和社会福利相关的劳务。我国财政部、国家税务总局于 2011 年 11 月 17 日,正式公布营业税改征增值税试点方案,2017 年 10 月 30 日,国务院常务会议通过《国务院关于废止〈中华人民共和国营业税暂行条例〉和修改〈中华人民共和国增值税暂行条例〉的决定(草案)》,标志着实施 60 多年的营业税正式退出历史舞台。其三对从事工商经营、缴纳消费税、增值税、营业税的单位和个人征收城市维护建设税和教育附加费,两项税费征收依据是消费税、增值税总额,计征率分别为 7% 和 3%,合计为消费税、增值税、营业税总额的 10%。

四、个体演员税收

营业性演出经营主体对其营业性演出的经营收入依法纳税,演出举办单位在支付演员、职员的演出报酬时依法履行税款代扣代缴义务。营业性组台(团)演出取得的收入全额缴纳营业税或工商统一税,严禁私分演出收入,偷税漏税。邀约演员组织营业性演出,将批准书副联抄送当地税务机关,主办单位或承办单位根据演出合同按规定代扣代缴个人收入税。凡营业演出,主办单位或承办单位除按规定支付演职人员报酬外,还按《著作权法》有关规定支付著作权人报酬,并代扣代缴个人收入税。在美国,任何希望取得强制许可证以便通过自动点唱机的方式公开演奏作品的经营人,未按规定提出申请、张贴证明或缴纳版税而公开演奏,即构成侵权行为。即公开演奏作品的经营人为不侵权,应在点唱机上点唱某一演出节目前后一个月内,向版权局申请并缴纳当年度版税 8 美元,但 7 月 1 日后为 4 美元。申请人将版权局局长签发的点唱机的证明贴在便于公众检查的位置上[①]。

---

① 参见美国《著作权法》第 110 条。

演职员依法缴纳个人所得税。凡参加演出(包括舞台演出、录音、录像、拍摄影视等,下同)而取得报酬的演职员,根据《中华人民共和国个人所得税法》及其实施条例、《国务院办公厅转发文化部关于加强演出市场管理报告的通知》(国办发〔1991〕112 号)、《中华人民共和国税收征收管理法》及其他有关法规,缴纳个人演出所得税。凡参加演出而取得报酬(包括现金、实物和有价证券)的演职员所取得的所得,是个人所得税的应纳税项目。演职员参加非任职单位组织的演出取得的报酬为劳务报酬所得,应按次缴纳个人所得税。向演职员支付报酬的单位或个人,是个人所得税的扣缴义务人。扣缴义务人必须在支付演职员报酬的同时,按税收法律、行政法规及税务机关依照法律、行政法规做出的规定扣缴或预扣个人所得税。预扣办法由各省级地方税务机关根据有利控管的原则自行确定。演职员参加任职单位组织的演出取得的报酬为工资、薪金所得,按月缴纳个人所得税。演出经纪机构应在领取演出经营许可证后的三十日内到所在地税务机关办理税务登记。演职员申报税收的报酬明显偏低又无正当理由的,主管税务机关可以在查账核实的基础上,应依据演出报酬总额、演职员分工、演员演出通常收费额等情况核定演职员的应纳税所得,扣缴义务人据此扣缴税款。扣缴义务人扣缴的税款,在次月七日内缴入国库,同时向主管税务机关报送扣缴个人所得税报告表、支付报酬明细表以及税务机关要求报送的其他资料。每次组织营业性演出前,演出经纪机构将演出计划(时间、地点、场次)和演职员名单、单位、报酬标准等有关材料,分别报送演职员单位所在地和演出所在地税务机关;如上述有关材料内容发生变化,应及时向两地税务机关报告。演职员取得报酬后按规定上交给单位和主管部门的管理费及收入分成,可以经主管税务机关确认后在计算应纳税所得额时扣除。演职员取得的报酬为不含税收入的,扣缴义务人支付的税款应按以下公式计算:应纳税=不含税收入-费用减除标准-速算扣除数;应纳税额=应纳税所得额×适用税率-速算扣除数[①]。

参加台(团)演出、文化娱乐场所营业演出、拍摄影视、录制音像制品而取得收入的演职员,所取得的收入,不论是否已经扣缴个人收入调节税,均应向单位所在地或户籍所在地税务机关自行办理纳税申报手续。演职员所在单位、发放演职员临时营业演出许可证的文化行政管理部门或其授权单位,以及支付演职员报酬的其他单位,应按税法规定履行代扣代缴个人收入调节税。税务机关发给扣缴义务人个人收入调节税代扣代缴证书,证书中应明确代扣代缴税款适用的税种、税目、税率、缴款期限和缴库方式等,并建立个人收入调节税征收台账。演出经纪机构如不按规定报送有关管理部门材料及不按规定支付演职员的演出报酬,造成偷税、漏税的,演出经纪机构应承担责任。税务机关可依照我国《税收征收管理法》的有关规定对责任人予以处罚[②]。

演出经纪机构领取演出经营许可证、临时营业演出许可证或变更以上证件内容的,须在三十日内到机构所在地主管税务机关办理税务登记或变更税务登记。主管部门向演出经纪机构或个人发放演出经营许可证和临时营业演出许可证时,应将演出经纪机构的名称、住所、法人代表等情况抄送当地主管税务机关备案。演出活动主办单位应在每次演出前两日内,将演出活动批准件和演出合同、演出计划、报酬分配方案等有关材料报送演出所在地主

---

① 参见国家税务总局文化部关于印发《演出市场个人所得税征收管理暂行办法》的通知(1995 年 11 月 18 日国税发〔1995〕171 号)。

② 参见《演出市场个人收入调节税征收管理办法》国税发〔1992〕54 号。

管税务机关。变更演出合同和演出计划的应按规定程序重新办理审批并向税务机关报送新的有关材料。参与录音、录像、拍摄影视和在歌厅、舞厅、卡拉 OK 厅、夜总会、娱乐城等娱乐场所演出的演职员取得的报酬,应向演职员支付报酬的单位或业主扣缴个人所得税。税务机关可以根据当地实际情况,自行确定对在歌厅、舞厅、卡拉 OK 厅、夜总会、娱乐城等娱乐场所演出的演职员的个人所得税征收管理方式。参加组台(团)演出的演职员取得的报酬,应由主办单位或承办单位通过银行转账支付给演职员所在单位或发放演职员演出许可证的主管部门或其授权单位,经演出所在地主管税务机关确认后,由演职员所在单位或者发放演职员许可证的主管部门或其授权单位,按实际支付给演职员个人的报酬代扣个人所得税,并在原单位所在地缴入国库。组台(团)演出,不按前述方式支付演职员报酬,或者虽按上述方式支付但未经演出所在地主管税务机关确认的,由向演职员支付报酬的演出经纪机构或者主办、承办单位扣缴个人所得税,税款在演出所在地缴纳。在下列情形下,演职员应在取得报酬后次月七日内自行到演出所在地或得单位所在地主管税务机关申报纳税:在两处或者两处以上取得工资、薪金性质所得的,将各处取得的工资、薪金性质的所得合并计算纳税;分笔取得属于一次报酬的;扣缴义务人没有依法扣缴税款的;主管税务机关要求其申报纳税的。

第十一章
演出活动监管制度

第一节　演出证制度

　　演出证是演员执业的前提条件,但是由于文化体制原因,我国长期没有实行或者没有完全实行演出证制度。直到 20 世纪 90 年代以后,随着文化产业化,演出活动从政府行为正式走向市场,演出证就成了演员执业的最重要资格条件。特别是营业性演出发展,国家颁布了一些相关,规定如《演员个人营业演出活动管理暂行办法》《营业性演出管理条例》及其实施细则、《经纪人管理办法》《演出经纪人管理办法》等,初步建立了演出证法规体系。

一、持证上岗原则

　　持证上岗原则是指演出主体取得演出证,并在整个演出活动中保证正确使用证件。在一般营业性演出中,演出主体坚持绝对持证原则,但是广播电台、电视台有条件另外,即广播电台、电视台制作广播、电视节目是非营业性表演的,不必持有演出证。个体演员、营业性文艺表演团体的演员、专业艺术院校师生申办演员个人演出证,应到其户籍所在地或者居住地基层如县级以上主管部门办理,但不得在两地重复办理。其中除申请的演员个人被吊销演出证未满 1 年外,演员个人要年满 16 周岁(杂技演员年满 14 周岁),具有一定的业务基础知识和表演技能,并通过主管部门的法规和业务考核[①]。个体经纪人应持有注明相应项目的经纪资格证书从事演出活动。文艺表演团体和演出经纪机构的营业性演出许可证包括 1 份正本和 2 份副本,有效期为 2 年,基于公开原则,演出证的正本应该悬挂在主要办公场所的醒目位置,文艺表演团体和演出经纪机构自办理工商注册登记后,不需要报发证机关备案。演出单位和演员个人申请办理变更演出证的主要事项、注销演出证的,应提交有关部门的证明文件或法定代表人签署的变更、注销申请书,发证机关将原证收回。主管部门负责演出证的发放工作,在发放各类演出证时,应在演出证上注明发证机关的联系电话及经办人的姓名,否则,该演出证一律无效,持该证演出视为无证演出。

---

① 参见 2002 年中国《营业性演出管理条例实施细则》第 39 条。

对演出经营活动,管理部门实行演出经营许可证制度。除取得演出证的演出经纪人外,其他单位和个人无权从事营业性组台演出活动(包括文艺表演,时装、健美表演,涉外有偿表演等)。营业性演出场所转营其他业务,应向原发证的主管部门申请注销演出证。演出证是演员个人从事营业演出的唯一合法凭证,但是禁止重复领证,演员禁止伪造、篡改、转借演出证。文艺表演团体或者演出经纪机构拒绝办理工商登记或者不符合工商登记条件的,主管部门应撤销批准文件并收回核发的演出证。演出证有效期届满时应向原发证部门申请更换或延期;停止演出的应将证件交回发证部门。演员到户口所在地之外的省、市暂住(6个月以上)并从事演出的,由户口所在地主管部门开具介绍信,到暂住地主管部门办理演出证。在固定场所按合同演出一定时间的,按一次演出活动办理,演员每次参加营业演出,须如实填写演出证上"演出登记"栏内的规定项目。个体和业余演员报发证部门、专业艺术表演团体和艺术院校(系)师生应报所在单位审核盖章后到演出活动审批部门办理手续,经批准并加盖公章后方可演出①。

对于跨地区演出实行首演地管辖演出地备案制度,即演出单位对同一演出项目进行跨地区演出的,整个演出活动经过首演地管理部门审批即可,其他演出地管理部门只有备案权,不重复审批。依据我国法律,依据同一演出项目跨地区演出,于演出日期3日前持首场演出所在地县级人民政府文化主管部门的批准文件、营业性演出许可证副本和规定提交的申请材料到演出所在地主管部门备案,受理备案的主管部门应出具备案文书并依法对演出活动实施监督管理。

举办或参加临时演出的主体坚持"演出个案临时证件"原则。一般演出人员、单位及农村演出团体临时参加或举办演出,或者一般个体演员和业余演出者应邀参加营业性组台(团)演出、文化娱乐场所营业演出、拍摄影视、录制音像制品的,应依法办理临时营业演出许可证。其中,承办涉外商业性演出业务的演出经纪机构,应报国家申领临时营业演出许可证,但一年内从事营业性演出时间累计不超过3个月的,不取得演出证。跨地区举办临时搭建舞台、看台的营业性演出,依照演出法的规定提交有关文件,不符合规定条件的单位或个人不能开展演出活动。

二、演出证制作

营业性演出许可证由国家设计,省级主管部门印制,发证机关填写、盖章②,印制、式样、规格及制作材料符合规定,在发证日期下设"有效日期"一栏。2005年规定营业性演出许可证的副本注明发证机关负责人、经办人的姓名和联系方式,由发证机关填写、打印,加盖发证机关公章。根据《营业性演出许可证填写规范》等有关规定,营业性演出许可证所有项目均具体明确要求。

1.单位名称、地址、经济类型、注册资本。单位名称,填写单位全称,经批准在规定范围内使用从属名称的,可以在副本上加括号注明。住所,填写主要办公场所的详细地址。法定代表人,填写法定代表人姓名;非法人单位的不填。主要负责人,法人单位兼营的,填写演出

---

① 参见文化部1996年《演员个人营业演出活动管理暂行办法》;文化部《关于严格执行演员个人营业演出许可证制度的通知》1997年3月17日。

② 参见2017年中国《营业性演出管理条例实施细则》第38条。

业务部门主要负责人姓名;非法人单位的填写主要负责人姓名。企业类型,按照国家统计局、国家工商总局《关于划分企业登记注册类型的规定》填写,如"国有企业""集体企业""有限责任公司""股份有限公司""合伙企业""个人独资企业""合资经营企业(台资)""港商独资经营企业""中外合作经营企业"等。需要办理工商注册登记的演出单位,按照《公司登记管理条例》《企业法人登记管理条例》的规定审核其注册资本,用大写数字填写,如"壹佰万元"。

2. 单位类别。现行法律规定,根据类别不同分别填写,如中国交响乐团的演出证填写为"文艺表演团体",中国对外演出公司的演出证填写为"演出经纪机构"。过去法律规定有所不同,演出经纪机构按批准的类别填写分别标为 A、B、C。县级以上各级主管部门、部队和其他国家机关主办的文艺表演团体列为一类(A),剧场(含影剧院)、音乐厅、书场、杂技厅、马戏厅等在建筑结构功能和使用上以演出为主的专业演出场所列为一类(A)。其他列为二类(B),兼营演出的歌舞厅、卡拉 OK 厅、夜总会等娱乐演出场所列为二类(B)。礼堂、体育场(馆)、俱乐部、文化宫、公园、游乐园等其他演出场所列为三类(C)。

3. 人数。文艺表演团体核定人数是指现有全部演职员从业人员数;演出经纪机构核定人数,专业演出经纪机构填写全部从业人员数,兼营单位填写部门从业人员数;演出场所核定人数,是指能够对外售票的实有座席数或经核准可容纳的观众人数。各级国家机关(含部队)设立的文艺表演团体,填写主要负责人及演出业务部门负责人,也可以填写主要演员;其他文艺表演团体填写主要负责人及主要演员,主要演员名单不少于全部演员的三分之二,必要时全部登记。演出场所、演出经纪机构填写主要负责人及主要业务人员。人员有变更的在"备注"栏中注明。

其中,主要从业人员登记。各级国家机关(含部队)设立的文艺表演团体,填写法定代表人及演出业务部门主要负责人,也可以同时填写主要演员;其他文艺表演团体应当全部登记。演出经纪机构填写法定代表人、主要负责人及主要业务人员。人员有变更的,应当及时报文化主管部门在"备注"栏中注销[①]。

4. 经营范围。文艺表演团体按照其表演的艺术种类填写经营范围,如"音乐表演""戏曲表演""歌舞表演""杂技表演""服饰表演""综合文艺表演"等。演出场所填写"接待文艺演出";有演出经纪资格的,同时填写"兼营本场所组台演出"。演出经纪机构填写"经营演出及经纪业务",具体按照批准的业务范围分别填写"经营国内演出""经营派出演出""经营引进演出""承接引进演出"。

5. 编号、成立日期、盖章。用发证机关地区简称加阿拉伯数字编号,正本、副本用一个编号,核发 2 份副本的,在编号后用"—"加上副本序号。如文化部核发的某单位 2 份演出证副本的编号为"文演 01—1"和"文演 01—2";某省文化厅颁发的某演出公司演出证副本的编号为"×文演 01—1"和"×文演 01—2"。成立日期是指经文化主管部门批准从事营业性演出的时间;发证日期,加盖发证机关公章,公章以圆弧内下端空白处居中横套"年月日";有效日期,填写从发证之日期顺推 2 年的日期[②]。

6. 工商注册。工商注册机关是演出单位领取营业执照的工商行政管理机关。按《公司登记管理条例》《企业法人登记管理条例》规定免办工商注册登记的团体,由发证机关注明

---

①② 参见文化部办公厅《关于贯彻〈营业性演出管理条例实施细则〉的通知》,自 2009 年 11 月 6 日起执行。

"免登"字样。工商行政管理部门核发的营业执照并给一个相应的注册号。

7.其他事项。奖罚记录,由做出奖罚决定的机关填写并加盖公章;工商注册机关,填写领取营业执照的工商行政管理机关;注册号,指工商行政管理部门核发的营业执照上的注册号;发证机关电话,填写发放演出证的文化主管部门电话;持证单位电话,填写演出单位常用的业务电话。年检登记是注明上年度评定的等级,并加盖原发证时使用的印章①。

三、演出证监管

演出证禁止以任何名义转借、出租、出卖。使用过期、无效、伪造、涂改的演出证从事营业性演出的,由主管部门予以收缴,构成犯罪的,依法追究刑事责任。演出经纪人向所在地工商行政管理机关申请登记注册或者变更登记,工商行政管理机关建立经纪人从业记录制度,并加强对持有经纪资格证书人员的档案管理。对持有经纪资格证书者连续2年以上(含2年)未进行从业记录的,由发证机关吊销其经纪资格证书。个体经纪人的名称登记应按照个体工商户注册登记的有关规定执行;经纪企业名称中标明的行业或经营特点应具体反映经纪的范围、方式或特点。经纪人的经营范围中要明确经纪方式及经纪项目,工商行政管理机关应在受理登记注册或者变更登记之日起30日内,做出决定。

主管部门对演出主体的演出证实行备案制度。建立文艺表演团体和演出经纪机构发证登记档案制度、发证统计制度,演出场所、个体演员和个体演出经纪人登记备案制度;取得营业性演出许可证主体,在90日内将营业执照副本报发证的文化主管部门备案。主管部门逾期没有备案的,主管部门收回已核发的演出证。吊销、注销文艺表演团体营业性演出许可证的,报省级主管部门备案;吊销、注销演出经纪机构营业性演出许可证的,报国家主管部门备案②。

主管部门对演出主体的演出证实行年度检验制度。营业性演出单位和演员个人演出证1年验证一次,未办理年检从事营业性演出经营活动的,视为无证经营;未按规定期限申请年检的,主管部门应责令其限期报检并停止其经营活动;超过限期仍不报检的,视为自动停业,其演出证自行废止。演出主体按照发证机关规定的时间提交年检报告,发证机关对其经营行为进行审查,以确认其是否具备继续经营的资格。营业性演出单位和个体演员年检不合格的,主管部门应缓办年检登记并责令其限期整改,经整改合格的,办理年检登记;仍不合格的,其演出证自行废止;营业性演出单位在整改期间不能从事演出活动;不具备继续经营资格的,发证机关应收回演出证。年检程序包括受理、审批、发证(或告知)。演出证年检时间一般是每年1至2月,检验机关提前1个月发放年检通知书,公布年检要求,年检工作应在收到年检材料之日起10个工作日内完成。

采取问责制,严禁管理部门借发证而乱收费或只发证不管理,对持有演出证的人从事色情、淫秽表演或参与其他违法演出活动的,发证机关及其主要负责人承担责任。主管部门收取演出证工本费等费用由物价主管部门批准并向社会公示,禁止擅自设立收费项目、擅自收取审批费用、监督管理费用。对各类流动性演出,特别是对外来演出团体,审核其演出节目

---

① 参见文化部《关于贯彻执行〈营业性演出管理条例实施细则〉的通知》(文市发〔1998〕18号);文化部办公厅《关于贯彻〈营业性演出管理条例实施细则〉的通知》,2009年11月6日起执行。

② 参见2017年中国《营业性演出管理条例实施细则》第40条。

内容、演出证及相关手续，对演出证照不全或演出节目内容违反国家规定的，应不予核准演出①。

处罚权专属，即文化主管部门是对演出证进行直接处理的唯一机关。对于文艺表演团体和演出经纪机构的营业性演出许可证，除主管部门可以依法暂扣或者吊销外，其他任何单位和个人不得收缴、扣押；主管部门吊销文艺表演团体或者演出经纪机构的营业性演出许可证时，应通知工商行政管理部门变更其经营范围或者吊销营业执照。主管部门对文艺表演团体和演出经纪机构实施行政处罚的，将处罚决定记录在营业性演出许可证副本上并加盖处罚机关公章，同时将处罚决定通知发证机关②。营业性演出单位按照国家规定办理工商登记，拒不办理，或者不符合工商登记条件的，主管部门应撤销批准文件并收回核发的演出证。

第二节　演出活动监管制度

一、演出活动行政监管基本原则

（一）公正监管原则

演出活动监管行政主体应依法监管③，公平设定许可，严格依照《营业性演出管理条例》及其实施细则和有关法律法规的规定，尊重申请人依法取得行政许可的平等权利，不擅自设定许可条件。同时演出活动监管行政主体行政处罚公正，没有法定的行政处罚依据或者擅自改变行政处罚种类、幅度，以及违反法定的行政处罚程序的，上级部门依法责令其改正。营业性演出经营主体从事违法演出活动的，应依法予以查处，作出处罚决定的行政部门将处理理由、事实结果及时抄送并告知向其颁发营业性演出许可证或者备案证明的部门和批准其演出项目的部门。营业性演出经营主体有权申请行政复议或司法救济权。此外，建立经常性的监督检查制度和行政行为评议制度，健全绩效评估体系，实行层级监管方式，形成权责明确、行政规范、监督有效、保障有力的演出市场执法行政体制。

监管行政主体费用支出正当，禁止公款消费演出，除主管部门依照国家有关规定对体现民族特色和国家水准的演出给予补助外，各级政府及其部门禁止资助、赞助或者变相资助、赞助营业性演出，禁止公款购买营业性演出门票用于个人消费④。政府及其所属事业单位应减少节庆大型演出活动的数量和规模，无权举办营业性演出活动。在实践中，监管行政主体费用以各种形式公款追星，如政府直接买单、政府迫使企业出钱赞助演出的、政治任务施压，如轰动一时的四川万源追星事件⑤。法律规定了公款追星实行问责制度，对公款追星的个人和单位做出处罚。此外，严禁索取演出门票，一些演出主办方在宣传推广时大量赠票，有时

---

① 参见文化部办公厅《关于坚决取缔非法演出团体严厉打击色情淫秽表演活动的紧急通知》（办市发〔2003〕20号）。

② 参见2017年中国《营业性演出管理条例实施细则》第39条、第41条。

③ 参见文化部办公厅《关于落实演出市场监管职责规范演出市场行政行为的通知》（办市发〔2005〕30号）。

④ 参见2016年中国《营业性演出管理条例》第32条。

⑤ 张贵峰."演出条例"管得住公款追星吗[N].中国青年报，2005-08-02.

赠票的比例达到 20％,甚至更多,赠票为票价虚高推波助澜。为此,有地方尝试制定一些规定,如上海演出管理部门规定每场演出的赠票禁止超过 6％。有关法规也规定文化主管部门、公安部门和其他有关部门及其工作人员不得向演出举办单位、演出场所经营单位索取演出门票[①],也不能用公款购买演出门票用于个人消费;规范工作用票,有关管理部门现场监管用票数量及在恰当位置公示。

(二)恰当监管原则

演出市场行政执法中最突出的问题就是执法主体间的职能交叉重叠。2004 年国务院发布的《全面推进依法行政实施纲要》从制度上解决上下级职能交叉、职能重复的问题。演出法律也规定,文化和旅游主管部门演出的监督管理,公安部门、工商行政管理部门应在各自职责范围内主管营业性演出的监督管理[②]。

公安部门持证实地检查演出。公安部门对其依照有关法律、行政法规和国家有关规定批准的营业性演出,在演出举办前对营业性演出现场的安全状况进行实地检查;发现安全隐患的,在消除安全隐患后方可允许进行营业性演出。公安部门可以对进入营业性演出现场的观众进行必要的安全检查;发现观众有禁止行为的,在消除安全隐患后方可允许其进入。公安部门可以组织警力协助演出举办单位维持营业性演出现场秩序。公安部门接到观众达到核准数量仍有观众等待入场或者演出秩序混乱的报告后,应立即采取措施消除安全隐患。承担现场管理检查任务的公安部门和文化主管部门的工作人员进入营业性演出现场,应当出示值勤证件[③]。

官民监督演出。主管部门聘请社会义务监督员对营业性演出进行监督,主管部门应向社会公布举报电话,并保证随时有人接听,任何单位或者个人可以采取电话、手机短信等方式举报违法行为。主管部门接到社会义务监督员的报告或者公众的举报,须作出记录,立即赶赴现场进行调查、处理,并自处理完毕之日起 7 日内公布结果。主管部门对做出突出贡献的社会义务监督员应给予表彰,公众举报经调查核实的,对举报人给予奖励。主管部门依法对演出进行监督检查时,应将监督检查的情况和处理结果予以记录,由监督检查人员签字后归档,公众有权查阅监督检查记录[④]。

(三)协调消费公平原则

主管部门为扶持在农村、工矿企业演出,须降低市场准入门槛,增加演出活动的数量。2005 年文化部、财政部、人事部、国家税务总局《关于鼓励发展民营文艺表演团体的意见》(文市发〔2005〕31 号)和《国务院关于非公有资本进入文化产业的若干决定》,放宽民营文艺表演团体的市场准入,取消对民营文艺表演团体注册资本限额的特殊规定,社会资本可以以个体、独资、合伙、股份等形式投资兴办民营文艺表演团体,农民和民间艺人可以自筹资金组建民营文艺表演团体。民营文艺表演团体以合资、合作、并购等形式,参与市、县国有文艺院团转企改制。民营文艺表演团体从事演出活动,在申报、审批等方面与国有文艺院团享受同等权利和义务。对外埠民营文艺表演团体,禁止指定承办单位,在审批监管中禁止收取法律

---

① 参见 2016 年中国《营业性演出管理条例》第 48 条。
② 参见 2016 年中国《营业性演出管理条例》第 5 条。
③ 参见 2016 年中国《营业性演出管理条例》第 36 至第 38 条。
④ 参见 2016 年中国《营业性演出管理条例》第 34 条、第 39 条。

法规规定以外的任何费用。行政主管部门推动文艺团体和演员开展面向基层群众演出活动。《营业性演出管理条例》及其实施细则规定,国家鼓励文艺表演团体、演员到农村、工矿企业演出和为少年儿童提供免费或者优惠的演出,省级以上主管部门,对表现突出的文艺表演团体、演员,给予表彰,并采取多种形式予以宣传,地方政府对在农村、工矿企业演出的文艺表演团体、演员给予支持;国家可以采购适合在农村和工矿企业演出的节目,免费提供给文艺表演团体;同时将在农村和工矿企业的演出数量作为文艺评奖条件之一①。

同时,主管部门应规范农村演出市场的管理,清除农村演出市场中的不健康演出活动。主管部门应严格审核各类文艺表演团体(民间剧团)、演出场所、演出经纪机构,防止过多过滥。通过培训演出单位的法定代表人及主要从业人员可以熟知和掌握国家及地方有关演出管理的政策、法规自觉依法经营,有利于加强对城乡接合部、县城、乡镇的各类"大棚演出"以及农村演出市场的监督检查②。

二、演出行业自律组织管理

从国际上看,《伯尔尼公约》(1971 年)、TRIPS 和 WCT 把著作权人对其合法权利的管理方式大体分为个人管理和集体管理两种。集体管理是指著作权集体管理组织经权利人授权,集中行使权利人的有关权利并以自己的名义,与使用者订立著作权或者与著作权有关的权利许可使用合同,向使用者收取使用费,向权利人转付使用费,进行涉及著作权或者与著作权有关的权利的诉讼、仲裁等。个人管理著作权方式是一种传统的方式,但是,随着网络数字技术的发展,个人管理方式显得软弱无力。1777 年,世界上第一个作者协会由博马舍创立于法国,发展到今天,英国、法国、意大利、德国、西班牙、葡萄牙、比利时、瑞士、荷兰、丹麦、阿根廷、智利、墨西哥、以色列、乌拉圭、委内瑞拉等国的著作权集体管理组织都有相当的规模。著作权集体管理组织,是指为权利人的利益依法设立,根据权利人授权、对权利人的著作权或者与著作权有关的权利进行集体管理的社会团体。集体管理组织在模式上,有单一协会的模式和综合的管理模式两种,从目前国际的做法来看,其重点都复制发行权、表演权(包括活表演和机械表演权)和广播权。但是,在表演尤其机械表演权和广播权方面尚缺乏力度。我国 2004 年 12 月 22 日国务院第 74 次常务会议通过《著作权集体管理条例》。依据规定,著作权法规定的表演权、广播权、出租权、信息网络传播权、复制权等权利人自己难以有效行使的权利,可以由著作权集体管理组织进行集体管理。

在我国,演出市场的发展与文化体制改革,客观上为演出行业协会的发展创造良好的外部环境,也为演出行业协会实现从政府管理的辅助角色向行业协会这一中介组织转型奠定了必要前提和重要基础。作为政府转变管理职能在公共事务管理方面更加倚重社会团体的必然结果,演出行业协会大有发展空间。然而,演出行业协会还处于初级发展阶段,起步晚、底子薄、工作方式陈旧、工作效率低下。演出市场需要演出行业协会积极作出调整,探索在行业服务、行业自律、行业管理、权益保障等方面工作,最终引导和促进行业的自我约束、自我协调、自我发展。我国《营业性演出管理条例》及其实施细则第一次明确了演出行业协会

---

① 参见 2016 年中国《营业性演出管理条例》第 4 条、第 41 条。

② 参见文化部《关于加强全国农村演出市场管理丰富农民文化生活的通知》,自 2000 年 5 月 25 日起执行。

的法律地位和社会职能。依据这些法规规定,演出行业协会会员应按照演出行业协会章程,享有权利,履行义务;各级文化主管部门应加强对演出行业协会的指导和监督。依照章程规定,演出行业协会须履行下列职责:指导、监督会员的经营活动,维护会员的合法权益;制定行业自律规范,促进行业自律和公平竞争;组织会员的业务交流和培训;调解会员因演出活动发生的纠纷;其他应履行的职责。全国性的演出行业协会组织实施演出经纪人员的资格认定工作,并委托省级演出行业协会或者省级文化主管部门认可的其他组织进行培训及有关工作。

中国演出家协会(CHIA ASSOCIATION OF PERFORMING ART 简称 CAPA),成立于 1988 年,是在国家主管部门指导和监督下,由演出工作者自愿组成的专业的非营利性组织,是国内演出行业的全国性行业组织。中国演出家协会会员来自全国各省、自治区、直辖市、中央各部委、解放军总政及各大军区的文艺演出经营管理部门和艺术表演院团、艺术院校、演出场馆的业务骨干;各省级演出(行业)家协会均为本协会的理事会员单位。中国演出家协会是介于政府与行业之间,演出文化产品的生产者和经营者之间,并为行业提供服务、咨询、沟通、监督、公证、自律、协调等功用的社会中介组织,具有民间组织性、利益公众性、互益性、开放性、平等性的特点。中国演出家协会设理事会和常务理事会,每四年进行一次换届选举。中国演出家协会的工作宗旨是保护本行业的合法权益,为加强国际、国内演出行业交流作好协调与服务,促进中国演出市场的繁荣发展,团结演出业同仁,共同为弘扬中华民族的优秀文化艺术做出贡献。演出行业协会应当依照章程的规定,制定行业自律规范,指导、监督会员的经营活动,促进公平竞争[①]。中国演出家协会的工作范围宽广,凡与文艺演出相关的各种艺术门类几乎都有所涉猎,主要工作有:指导、监督会员的经营活动,维护会员的合法权益;制定行业自律规范,促进行业自律和公平竞争;组织会员的业务交流和培训;调解会员因演出活动发生的纠纷;其他履行的职责。具体而言,中国演出家协会的职责有:协会对演出行业企业自律的作用拟订行业标准、对演出市场的规划、对国内市场的保护、以行业整体姿态组织演出企业应对国外演出业恶性入侵、在信息交流方面的平台、在外资进入国内市场时的规范、对行业企业的市场引导、评价演出市场。协助政府与立法机关的作用:先行草拟演出法案、对政府及行政部门的不当行政行为进行监督;协会在开展演出经纪人员培训和其他相关业务培训方面的作用;协会在国际演出文化交流方面的作用[②]。在国家文化和旅游部外联局的指导下,协会将通过组织民间商业性演出和展览的运作方式,使更多的中国优秀剧(节)目走向国际舞台。

第三节　演出过程管理制度

随着文化产业的发展,演出市场日益深化,演出种类和形式不断丰富发展,演出主体日益增多,演出市场得到了拓宽。由于演出市场的娱乐性与安全文化性,各国对演出过程都采用适度的管理,而且法规也比较详尽。就当前演出市场而言,演出过程也存在一些问题。如

---

① 参见 2016 年中国《营业性演出管理条例》第 42 条。
② 参见 2005 年中国《营业性演出管理条例实施细则》第 37 至第 38 条。

非演出经纪单位和个人以营利为目的,巧立名目,采取无证、伪证、租证、骗证等多种非法手段,组台演出活动;文艺团体的演职员置本职工作于不顾,擅自参加社会上的各种组台演出;演出项目粗制滥造,演出台风格调不高;宣传广告虚假,哄抬票价,坑蒙观众,偷税漏税;故意混淆演出种类。我国出台了一系列法规,特别是 2009 年出台《文化产业振兴规划》,把演艺业作为重点发展的文化产业之一,明确提出"进一步完善法律体系,依法加强对文化产业发展的规范管理"。要求理顺演出管理体制,文化、工商、税务、审计、监察、公安等部门对各类营业性演出活动实行有效的监督、检查、管理。因此,规定演出管理实行归口管理、分级负责的原则,保障演出市场的经营管理法制化、规范化。

一、演出场所管理

演出场所是指具备规定条件、为营业性演出活动提供演出场地和相关服务的经营单位。经营业绩良好的营业性演出场所,报省级主管部门审批,可以申请在本场所内经营与其规模和性质相适应的组台演出的经纪资格,其中,经营涉外演出的,按照《文化部涉外文化艺术表演及展览管理规定》办理;宾馆、饭店、商场、餐饮场所以及其他没有演出证的场所临时邀请国内演员进行伴奏、伴唱、伴舞等演出的,应报所在地主管部门审批。新建、改建、迁建、拆除营业性演出场所,应向所在地主管部门提出申请,经批准后按规定办理其他手续。所有演出场所,应维护观众公共道德,维护好演出秩序。对扰乱演出秩序和妨碍演出正常进行者制止无效或情节严重的肇事者,应协同公安机关依法处理。演出场所应建立健全接待演出登记和月报表制度,严格核验所接待演出单位的出证和批准文件。演出管理部门工作人员应亲临演出现场,了解上演节目和表演的情况,研究倾向性的问题,对于在集镇和农村中进行流动演唱活动的民间艺人和演唱小组,尤其要注重其被表演的作品、节目①。

(一)剧场演出管理

剧场是各类艺术表演团体演出的主要场所。剧场应具备各种演出设备和生活设施,如吊杆、幕布、台毯、灯光、音响以及演员宿舍、食堂等,为剧团的演出、生活、学习提供方便条件,创造良好的安全、整洁、卫生、舒适环境。剧场应该注意演出节目的社会效果,关注剧场宣传上演剧目和组织观众,尤其是儿童剧目的演出。剧场职工应对观众文明、礼貌,服务热情、周到促进剧团和观众之间的交流,帮助观众提高艺术鉴别能力和欣赏水平。剧场应高效率使用场地,增收节支、开源节流,剧场和剧团的演出收入分成,可按剧场的不同等级及演出票价的高低而有所不同,但各级剧场与剧团的分成比例最高禁止超过规定标准。

剧场条件与服务应符合其等级要求,可以根据剧场的建筑结构、座席、设备以及坐落地点等不同情况,把剧场分为甲、乙、丙三个等级,剧场符合提升等级条件的,当地演出主管部门可以报省级主管部门调整升级。依据现有规定,我国剧场等级标准②具体规定如下。首先,甲级剧场标准。建筑方面:为钢筋水泥结构;舞台表演区面积不少于 160 平方米,有附台;舞台台面至天棚的有效高度不少于 14 米;容纳 40 人以上的乐池;设备齐全的男女演员

---

① 参见 1998 年中国《营业性演出管理条例实施细则》;国务院 1983 年《批转文化部关于严禁私自组织演员进行营业性演出的报告的通知》;文化部《关于贯彻执行〈营业性演出管理条例实施细则〉的通知》(文市发〔1998〕18 号)。

② 参见 1983 年文化部《全国剧场管理工作试行条例》。

化妆间;不少于 1200 个观众单人座席;有观众休息室;有 80 人左右的演员食宿条件。设备方面:有暖气或冷气设备;20 道吊杆;全套演出用幕布(大幕、二幕、三幕、天幕、四道边沿幕);完整配套的演出用音响设备;能集中控制的演出灯具,电量不少于 10 万千瓦。管理方面:有剧场管理专业知识的负责人;各部门配备专职管理人员;有健全的管理制度。分成方面:甲级剧场与剧团为 3∶7 分成。其次,乙级剧场标准。建筑方面:为钢筋水泥结构;舞台表演区面积不少于 140 平方米;舞台台面至天棚的有效高度不少于 12 米;设备齐全的演员化妆间;不少于 1000 个观众单个座席;有供演员食宿条件。设备方面:有基本演出用幕布(大幕、天幕、四道边沿幕);可供演出用音响设备;能集中控制的演出灯具,电量不少于 8 万千瓦。管理方面:有剧场管理专业知识的负责人;各部门配备专职管理人员;有健全的管理制度。分成方面:乙级剧场与剧团为 2.5∶7.5 分成。最后,丙级剧场标准。建筑方面:为钢筋水泥或砖木结构;舞台表演区面积不少于 100 平方米;有演员化妆间;不足 1000 个观众单个座席。设备方面:有大幕、天幕;供电能力不少于 6 万千瓦。管理方面:有专职管理人员;能售票演出。分成方面:丙级剧场与剧团为 2∶8 分成[①]。剧场根据上演剧目装置工作的繁简程度,免费给剧团安排一至四节(每节 4 小时)的装台、走台时间,如剧团超出工时,剧场可按规定收费。兼放电影的影剧场,剧团安排足够的演出前的各项准备工作时间,保证剧团的正常演出。剧场在搞好本职业务的前提下,可以因地制宜地开展多种为观众和剧团服务的项目。

(二)演出场所安全管理

根据国际通行做法,营业性演出场所的使用者、所有者或管理者负有安全责任。根据我国《安全生产法》《消防法》《营业性演出管理条例》《机关、团体、企业、事业单位消防安全管理规定》《公共娱乐场所消防安全管理规定》《安全生产条例》《北京市营业性演出场所安全管理规范(试行)》等有关规定,外国立法实践,营业性演出场所应保证设施设备、使用、管理等方面的安全。

营业性演出场所根据建筑内部装修包括舞台幕布、银幕、窗帘设计防火规范进行内部装修设计和施工,并经消防安全检查合格后才可使用。营业性演出场所安全出口数目、疏散宽度和距离应符合建筑设计防火规范的规定。安全出口处不设置门槛、台阶,疏散门向疏散方向开启,不设置影响疏散的遮挡物,不采用卷帘门、转门、吊门和侧拉门。我国规定,疏散出口和疏散走道的最小净宽度均不应小于 1.4 米;疏散出口的门内、门外 1.4 米范围内不应设踏步。电气线路的敷设、电气设备的安装由专业人员实施,在营业期间除经批准禁止电、气焊等明火作业。安全出口、疏散通道和楼梯口的灯光疏散指示标志在门的顶部、疏散通道和转角处距地面 1 米以下的墙面上,疏散指示标志的间距不宜大于 20 米,保证疏散指示标志明显、连续。应急照明也按照要求设置。设置火灾自动报警、自动灭火系统、消火栓等消防设施、器材和配置逃生器材,并确保消防设施、器材及标志完好、有效。使用特种设备的执行特种设备规定,办理注册登记后投入使用,而且未经定期检验、超过检验周期或者检验不合格的特种设备,不能继续使用。

营业性演出场所对从业人员未经安全培训和培训考核不合格的禁止上岗,特殊工种须

[①]　参见我国《全国剧场等级划分参考标准》。

取得作业资质,持证上岗。在每日营业活动结束后,专人对场所安全进行检查,值班人员不擅自脱离岗位。营业性演出场所经营单位应建立设备安全技术档案,明确各岗位的责任人员、责任内容和考核要求,治安保卫机构和人员应落实治安防范措施,确保要害部位安全,及时发现和消除治安隐患,并将结果报告公安机关。营业性演出场所制定并完善火灾扑救和应急疏散预案、处置突发事故等应急预案,并进行预案演练。

二、演出消费安全管理

在知识经济时代,尽管网络剥离了人们现场交往的机会,但是观看现场演出仍是大众休闲娱乐的重要方式。但在演出活动尤其是大型演出活动,演出消费安全悲剧也时有发生。演出消费安全要求注重维护公民的正当合法权益,也是人权制度的重要体现。演出安全体现了以人为本的精神。2005 年 7 月 27 日新修订的《营业性演出管理条例》补充了事故预防制度,从营业性演出的安全预防措施,到演出现场的秩序维护;从观众数量核准、门票数量的印制,到观众进出演出场所人数的检查、验票;从演出场所经营单位、演出举办单位的责任确认,到政府有关部门的监督管理都做了详尽的规定,从法律上保障了观众的人身权利和财产权利。其中,演出场所经营单位和演出举办单位对演出安全承担着重要责任。

演出场所经营单位的演出场所容纳的观众数量应报公安部门核准,观众区域与缓冲区域由公安部门划定,缓冲区域有明显标识。演出场所经营单位对进入营业性演出现场的观众进行必要的安全检查,观众不接受安全检查或者有禁止行为的,演出场所经营单位有权拒绝其进入。营业性演出场所组织观众有序入场,对号入座;各演出场次之间间隔 20 分钟以上,禁止增设临时座位等服务设施。演出场所经营单位在营业期间专职人员至少每两小时进行一次消防安全巡视,并做好巡视、检查和整改记录。

演出举办单位须核验演出场所经营单位的消防安全设施检查记录、安全保卫工作方案和灭火、应急疏散预案,并与演出场所经营单位签订安全责任协议。在公共场所举办营业性演出,演出举办单位应依照有关安全、消防的法律、行政法规和国家有关规定办理审批手续,并制定安全保卫工作方案和灭火、应急疏散预案。需要临时搭建舞台、看台的,演出举办单位应按照国家有关安全标准搭建舞台、看台,确保安全。演出举办单位要按照公安部门核准的观众数量、划定的观众区域印制和出售门票。验票时,发现进入演出场所的观众达到核准数量仍有观众等待入场的,应立即终止验票并同时向演出所在地县级政府公安部门报告;发现观众持有观众区域以外的门票或者假票的,应拒绝其入场并同时向演出所在地县级政府公安部门报告。

政府有关部门依各自职权对营业性演出的监督管理。演出所在地县级政府文化主管部门对涉外营业性演出和临时搭建舞台、看台的营业性演出,应进行实地检查;对其他营业性演出,应进行实地抽样检查。公安、消防部门在演出举办前应依法对营业性演出现场的安全状况进行实地检查,发现安全隐患的,在消除安全隐患后方可允许进行营业性演出。公安部门可以对进入营业性演出现场的观众进行必要的安全检查,发现观众有携带传染病病原体和爆炸性、易燃性、放射性、腐蚀性等危险物质或者非法携带枪支、弹药、管制器具进入营业性演出现场等行为的,责令观众消除安全隐患后方进入演出场所。公安部门可以组织警力协助演出举办单位维持营业性演出现场秩序,公安部门接到观众达到核准数量仍有观众等待入场或者演出秩序混乱的报告后,应立即采取措施消除安全隐患。

三、演出活动综合管理

演出相关机构和建立健全内部管理制度,加强对演出证的管理。建立健全演出场所接待演出登记和月报表制度,接待演出时,应严格核验演出证和批准文件;加强演出合同管理,建立演出合同的谈判、起草、签署、备案和归档制度及演出合同监督员制度;实行演出综合评定,各级主管部门根据演出单位上年度的经营情况评定等级,采用等与级分别评定,结合运用;文化、工商、税务、审计、监察、公安等政府管理部门对非法演出经营进行查处,并适时向全国通报有关非法演出经营事件的查处情况,对从事非法演出经营活动的单位和个人,分别给予没收非法所得、罚款、吊销演出经营许可证等处罚,情节严重构成犯罪的,移交司法机关依法处理。

主管部门对演出实行演出经营许可证制度,中央演出企业和涉外企业申请成立演出经纪机构的,应报国家文化和旅游部审批;其他单位申请成立演出经纪机构由所在省级文化管理机关审批,但非营业性表演除外。演出证由申报者使用,禁止转借、出租、出卖;即使参加营业性组台演出、娱乐场所演出及拍摄影视、灌制磁带等,演职员也应该持有临时营业演出许可证,无证者,任何单位都禁止接纳其演出。如须变更主办或者承办单位、文艺表演团体或者主要演员、演出时间、地点、场次、主要节目内容等的,应另行办理报批手续,发证机关收回原证,通知工商行政管理部门吊销营业执照或变更经营范围。个体演员办证,发证部门及时将办理结果通知演员户籍所在地主管部门。

实现公平演出,建立统一的演出市场管理体制,有助于形成相互开放、相互竞争、协作互补、公平有序、统一的演出市场经营格局。演出主体可以采用多种演出形式。法律授权各文艺表演团体、演出场所和演出经纪机构间可以多种形式的联合、联办、兼并、代理经营以及演出经纪机构对个体演员的委托代理业务,但对承办单位的演出活动严禁转包经营。凡是持证者可以跨地区的巡回演出,演出地主管部门办理其演出审查手续属于备案性质,如无违法内容和行为,禁止阻挠其履行演出合同。文艺表演团体和演出经纪机构组织巡回演出时是否需要演出经纪机构协助承办,由演出单位根据实际情况自行决定,管理部门不应强行指定演出的承办(协办)单位。主管部门按照规定办理转接介绍信手续不应收取费用。演出活动中的跨地区演出,申请者应提供演出地省级主管部门的同意函,持所在地省级主管部门开具的介绍信,到演出地省级主管部门办理审批手续。而跨毗连县(市)的文艺表演团体往来演出的,由相关县(市)主管部门办理手续,同时分别报省级主管部门备案。个体演员到所在地之外参加演出,无须征得发证部门同意,只须凭演出证在演出地主管部门办理审批手续。在职演员应持经单位盖章的演出证,到演出地主管部门办理审批手续;单位未盖章的,演出地主管部门禁止办理演出手续。

演出活动主体应依法处理财务,遵循结算制度,依法纳税,严禁偷税、漏税。受聘演出的演职员报酬,依据合同由主办单位通过银行支付给演职员所在单位,由后者扣除管理费和代扣、代缴个人收入调节税后,付给演职员;个体演职员的演出报酬,由主办单位通过银行支付给相关单位,相关单位参照演职员规则执行;如支付个人的,主办单位代扣、代缴个人收入调节税后,付给个人。对公益演出收入除必需的成本开支外,全部用于募捐性项目。采用赞助性广告形式进行营业演出的,广告赞助费如有盈余,纳入主办单位收入,并接受文化、工商、税务、审计等部门的监督、检查。

四、经纪活动监管

我国在两千多年前就出现了经纪活动。经纪人在我国古代一般被称为质人、牙人、牙侩、牙郎。据史书记载,早在西周时期,政府为加强市场管理设立专门官职——质人。北宋是牙人历史上最辉煌的时期。王安石变法时,在京师设立"市易务",招募牙人为"市易法"的执行人,承担货物买卖工作中的所有工作。明代把牙行分为官牙(行)和私牙(行),官府对"牙人"进行统一管理,口岸贸易由官牙主持,并规定牙人中介活动要领取牙帖——相当于现代的营业执照,而且牙人必须交纳牙税。明律还规定了对牙人行为的惩罚与奖励条例。清代,沿用明代的牙人、牙行制度,外国人来华贸易,必须通过牙行牙商。乾隆以后,广州十三行的行商在"承商"时候,要在户部领取"部帖",办理立案手续。经济税清朝已经形成,私牙由政府发"牙帖"即牙税,每帖二三两银子,作为清朝的一种税制,贯彻到所有牙人领域;牙人促成的契约还要交契约税。民国政府制定了《六法全书》和《民法总则施行法》有关于经纪人的专门条款,经纪活动的合法权益受到法律保护。1917年民国政府的《交易所法》对经纪人资格审查和认定做了严格规定。中华人民共和国成立初期,设立了全民和集体所有制的信托、经纪机构,兼营购销双方的居间业务,但对经纪人采取限制、取缔政策,规定经纪人在指定的场所。1958年后,经纪人被取缔,但允许农村的集市贸易中公民个人居间活动。1980年以后,经纪人开始"地下"活动,1985年后,经纪人以公开、合法的身份从事经纪活动。1992年以后,一些省市相继出现了经纪事务所、经纪公司、经纪中心,珠海市在全国首先颁发《经纪人管理办法》,河北省大名县成立全国第一家经纪人协会。1993年3月7日,《经济日报》刊登的《经纪人,你听到掌声了吗?》文章标志经纪人从幕后走到前台。1993年3月上海成立第一家中介市场——上海外滩经纪人市场,经纪人在市场内部从事合法经纪活动。1995年10月26日国家工商行政管理总局颁布《经纪人管理办法》,标志中国经纪业发展进入新时期。

依据相关法规,经纪人享有独立经纪权利。国家法律保护经纪人依法进行经纪活动,任何单位和个人禁止非法干预。凡国家允许进入市场的服务项目,经纪人应均可进行经纪活动;凡国家限制服务,经纪人遵守国家有关规定在核准的经营范围内进行经纪活动;凡国家禁止流通服务,经纪人禁止进行经纪活动。经纪人承办经纪业务,除即时清结者外,根据业务性质与委托人签订书面居间合同、行纪合同或者委托合同,并载明主要事项。经纪人在经纪活动中,应遵守经纪活动基本规则,包括:提供客观、公正、准确、高效的服务;将定约机会和交易情况如实、及时报告当事人各方;妥善保管当事人交付的样品、保证金、预付款等财物;按照约定为当事人保守商业秘密;记录并保存经纪业务成交情况;收取当事人佣金开具发票,并依法缴纳税费;法律、法规规定的其他行为规则。同时,也对经纪人活动规定了排除性行为,具体有:超越其核准的经纪业务范围;隐瞒与经纪活动有关的重要事项;签订虚假合同;采取胁迫、欺诈、贿赂和恶意串通等手段,促成交易;伪造、涂改、买卖各种商业交易文件和凭证;向当事人索取佣金以外的酬劳;参与国家明确规定的违禁物品、专控商品及其他不允许经纪人从事经纪业务的经纪活动;兼职经纪人接受与所在单位有竞争关系的当事人委托,促成交易;法律、法规禁止的其他行为①。

---

① 参见国家工商行政管理局《经纪人管理办法》。

对演出经纪人的管理法律依据,除了一般法规外,在专业特殊法规上,具体有国家工商行政管理总局 1995 年制定、2004 年修订的《经纪人管理办法》,文化部 2008 年修订施行的《营业性演出管理条例》及其实施细则,文化部会同演出经纪人从业资格委员会、中国演出家协会共同制定的《演出经纪人管理办法》,等。演出经纪人必须依据上述程序与规定取得演出经纪人从业资格证书,并根据演出经纪人的种类,办理营业执照,依法开展经纪活动。其中,申请设立演出公司、演出经纪公司、文化有限公司、经营演出场所、营业性文艺表演团体、个人独资公司时,申请人需要依法办理手续,并且有三至五人持有演出经纪人从业资格证书;涉外演出经纪机构至少五人持有演出经纪人从业资格证书。演出经纪人应将工商行政管理部门注册登记的结果报发证的主管部门备案。演出经纪人从业资格证书除主管部门可以依法暂扣或吊销外,其他单位和个人禁止收缴、扣押和毁坏证书。演出经纪人被追究其刑事责任的,由主管部门收缴演出经纪人从业资格证书。主管部门和工商部门对演出经纪人从业资格证书进行年检,但有下列情形的,不予年检:因违规被文化及其他管理部门处分的;道德品质极端败坏引起社会公愤的;被吊销演出证未满一年的;被禁业从业尚未解禁的;吸毒被强制戒毒结束未满一年的;两年内没有进行演出经纪活动的。演出经纪人依法开展经纪活动,演出经纪人持演出证开展演出活动。演出经纪人禁止有法律禁止的行为或者从事法律禁止的经纪活动,否则,除依法受到法律处罚外,还有可能被取消演出经纪人从业资格证书。

五、建立信用监控体系

演出举办单位维护观众的知情权,演出单位、主要演员或者主要节目变更的,演出举办单位及时告知观众并说明理由。演员诚信演出,不中止、停止或者退出演出,不假唱;演出举办单位、演员等禁止在募捐义演中获取经济利益。

政府管理部门应做到处罚公开,受理群众检举、揭发的非法演出经营活动和有关演出管理部门以权谋私、处罚不力或不当事件,并通报查处结果;建立营业性演出经营主体的守法记录档案,将违法行为向社会公布;对营业性演出监督检查情况和处理结果予以记录,由监督检查人员签字后归档,公众有权查阅监督检查记录。主管部门对受理的各项演出活动的审批申请,及时做出批准或者不批准的决定,并及时通知申请人。主管部门将处罚决定记录在演出证上并加盖处罚机关公章,同时将处罚决定通知发证机关。

建立营业性演出项目审批信息互联网发布制度,即审批网示制度,在条件成熟的地方建立本地区的国内演出项目审批网示制度,可以有效促进演出市场信息的整合与沟通,充分发挥经营者、消费者对演出市场的社会监督作用,推进演出审批信息公开和透明[1]。审批网示制度以文化市场网为依托,以其专门开设的演出频道"审批信息发布"栏目作为信息发布平台。该栏目包括:批准单位、批文主题、演出时间、演出场所、演出场次、主办单位、主要演员、上传人、审核人姓名、职务、文号。审批网示制度发布信息内容,主要包括如下项目:全国性的演出活动或冠以"中国""中华""全国"等字样的营业性演出活动;营业性涉外演出项目;邀请中国香港特别行政区、澳门特别行政区和台湾地区演员演出;主管部门审批 5 人以下(含 5人)的小型演出团到歌舞娱乐场所或宾馆饭店的演出项目以及其他需要公布的事项。演出

---

[1]　参见文化部《关于建立营业性演出项目审批信息互联网发布制度的通知》2003 年 10 月 29 日。

项目一经审批,最迟在 10 个工作日上网公布,网上公布时间一般为 6 个月,演出周期长的项目可以适当延长公布时间,至演出项目结束的当月底。

建立预防和查处假唱、假演奏机制[①]。首先加强演出活动现场监管。对于主管部门确定的重点监控类演出,演出前演出举办单位由专人核查和记录演出用音源情况和现场音响负责人、操作人姓名,确保责任到人,监控到位。演出所在地基层主管部门和执法机构要加强对组台演出、庆典演出、电视文艺节目演播厅外录制演出等易发生假唱、假演奏的现场演出活动的重点监控,检查对演出用音源情况和现场音响负责人、操作人姓名以及演唱、演奏过程的记录和责任落实情况。有效利用技术手段预防和核查假唱、假演奏,对可能发生假唱、假演奏行为的演出活动,要做好全程录像、音频监听和录音等现场记录。主管部门或者执法机构工作人员持执法证件对现场演出活动进行监管,演出举办单位和演出场所应当积极配合,并在观众场地和音控台设立文化行政执法人员专用席位。其次,完善相关措施。明确演出举办单位责任,演出举办单位派专人对演唱、演奏行为进行监督,并做记录备查;没有现场记录的,由主管部门予以处罚。主管部门可以采用技术手段加强监管,通过技术手段防止假唱,制止假唱、假演奏行为的发生。最后,加强行业自律。积极发挥演出及音响等相关行业协会作用,在演出从业人员培训和资格认定工作中加强职业道德建设。对于因假唱、假演奏受到主管部门处罚的从业人员,撤销其资格证书并在行业内通报;对于协助实施假唱、假演奏活动的音响技术人员,提请相关组织通报批评直至撤销资格证书。

---

① 参见文化部《关于建立预防和查处假唱假演奏长效机制维护演出市场健康发展的通知》(文市发〔2010〕16 号)。

第十二章

涉外及涉港澳台地区的演出制度

文化资源是文化产业包括演出业的基础,而文化的无国界性,要求演出业能够为人类社会所共享。在一定意义上说,涉外演出是文化传播本质的要求,也是演出文化资源丰厚积累的必然结果。当然,作为文化资源的演出资源是无形财产,而对资产的使用当然付出对价,这是市场经济的基本规律,所以涉外演出市场当然是经济市场。涉外演出市场为演出行业向更高层次的发展提供了坚实的平台,也为我国演出资源有效开发与利用夯实了基础。现在国际上有这样一种观点,即 19 世纪是以军事征服世界的世纪,20 世纪是发展经济的世纪,21 世纪是以文化建立新的时代的世纪,而我国是文化资源大国但并非文化产业强国。因此,借鉴演出产业发达国家的先进经验,增加国内演出市场的资本容量、经营理念、运作的机制等,全面提高我国演出行业的竞争力,具有急迫的现实意义。为此,对外开放演出市场实际上打破了两个壁垒:一是内外资金的壁垒,即允许外资进入,从涉外演出单位资质的特许到允许外国投资者与我国投资者以合资、合作方式成立演出经纪机构和演出场所经营单位,折射出我国演出市场发展程度;另一个是涉外经营的壁垒,即允许一部分外资进来不仅是为了增加演出市场的资本量,更重要的是对于国内演出经营管理、市场运作等有促进作用。新修订的《营业性演出管理条例》适应了演出市场对外开放的要求[①]。

特别说明,为了便于研究演出法律制度,基于私法的法域基本原理,在本章分别就外国、中国香港特别行政区、中国澳门特别行政区和中国台湾地区的演出制度不同内容分别阐述。

第一节　涉外及涉港澳台地区的演出制度概述

涉外演出是指邀请外国文艺表演团体或者个人在中国内地独立从事或者通过组台形式从事的演出活动。涉港澳台演出是指邀请香港特别行政区、澳门特别行政区和台湾地区的文艺表演团体或者个人在内地独立从事或者通过组台形式从事的营业性演出活动[②]。根据文化部 1997 年 8 月《涉外文化艺术表演及展览管理规定》和《民法通则》、最高法院《关于贯

---

① 参见孟晓驷副部长在《营业性演出管理条例》新闻发布会上的讲话,国务院法制办副主任汪永清在《营业性演出管理条例》新闻发布会上的发言 www. ccm. gov. cn 2005-7-31。

② 2004 年我国《营业性演出管理条例实施细则》第 15 条

彻执行〈中华人民共和国民法通则〉若干问题的意见》等其他相关法律,涉外演出是指邀请外国文艺表演团体或者个人在中国内地独立从事或者通过组台形式从事的营业性演出活动。具体来说,涉外演出是指中国与外国间开展的各类音乐、舞蹈、戏剧、戏曲、曲艺、杂技、马戏、动物表演、魔术、木偶、皮影、民间文艺表演、服饰和时装表演、武术及气功演出等交流活动。

涉外演出具备三个条件之一即可。第一,涉外演出法律关系主体。涉外演出法律关系主体至少有一方是外国人。"外国人"是指根据国际经济组织规定是"成员",它可以是国家、地区或者根据国际私法引用而成为成员内部的自然人、法人和组织,具体包括外国人、无国籍人、外国法人和非法人组织。依据有关规定,除自娱自乐外,在华外国人是指不具有中国国籍的人员,具体包括:受聘在中国企业、事业单位中工作的人员及随行家属,外国企业、组织驻华机构工作人员及随行家属,国际组织驻华机构工作人员及随行家属,留学生及来华访问、旅游的人员,其他临时来华人员①。第二,涉外演出法律关系标的。涉外演出法律关系标的是演出行为,出国演出的标的须在"外国领域"内,即有跨边境演出行为,还包括被本国国民内部控股的演出团体而在条约成员国内部演出。外国人在境内进行商业性演出的,标的须在"外国领域"内,但不包括在华外国人参加以制作广播电视节目为目的在广播电视演播厅内的演出,也不包括被我国演出团体中的外国演职人员在国内演出。第三,涉外演出法律关系事实。产生、变更或者消灭涉外演出法律关系权利义务关系的法律事实(包括主体、演出活动)发生在外国的或者跨越国境,否则只能归为国内演出。

涉外演出形式种类多样,在我国实践中,主要有五种,如我国与外国政府间依据文化协定和合作文件确定的文化艺术表演,我国与外国通过民间渠道开展的非商业性文化艺术表演,我国与外国间进行的商业和有偿文化艺术表演,属于文化交流范畴的其他涉外文化艺术表演,中国内地与香港特别行政区、澳门特别行政区和台湾地区参照涉外需求进行的文化艺术表演。无论哪种涉外演出形式,本质上要求举办者或承办者按规定程序报国家主管部门审批或备案。

至于中国内地与香港特别行政区、澳门特别行政区和台湾地区的文化交往,从单个项目的洽商向行业合作的层面过渡,是演出市场历史发展的必然。香港特别行政区回归发展经验说明内地、香港特别行政区及台湾地区的中国人同根同源、同文同种,港台演艺资源的优势与大陆市场的优势形成互补,可以整合开发,拓展市场的"规模效益"。2005年5月香港特别行政区、台湾地区演艺工会与中国演出家协会会商,是继2004年中国演出家协会与台北市演艺工会发表《共同声明》之后,中国内地、香港特别行政区和台湾地区演艺协会与工会首度坐在一起,建立合作机制,保护艺人权益。对演出艺人权益的保护实质上是市场规范化的问题,包括保护艺人演出主体权与履行演出合同。1997年《营业性演出管理条例》确立了中国内地与外国、中国香港特别行政区和台湾地区演出活动基本制度,后经过2005年7月7日重新颁行,又经过2008年7月22日、2013年7月18日、2016年2月6日三次修订,确立了涉外和涉港澳台地区的演出基本制度。自1998年《营业性演出管理条例实施细则》到2017年的修改案,通过五次修改,具体化了演出基本制度。

---

① 参见文化部《在华外国人参加演出活动管理办法》(1999年3月第15号)。

第二节　涉外及涉港澳台地区的演出主体

我国有关法律法规,对外资进入演出市场采取适度限制性原则。外资可以在中国内地设立中外合资经营、中外合作经营的演出经纪机构、演出场所经营单位且中国合作者拥有经营主导权,但禁止设立中外合资经营、中外合作经营、外资经营的文艺表演团体,也禁止设立外资经营的演出经纪机构、演出场所经营单位。同时,台湾地区的投资者地位参照外国投资者,大陆合作者拥有经营主导权。香港特别行政区、澳门特别行政区的投资者可以在内地投资设立合资、合作、独资经营的演出经纪机构、演出场所经营单位,而且港澳资本设立的演出经纪机构可以在内地设立分支机构①。最新的法律修改案,允许港澳资本可以"独资"设立演出经纪机构、演出场所经营单位。1998 年法律曾规定,省级以上文化行政部门所属文艺表演团体邀请香港特别行政区、澳门特别行政区和台湾地区及外国的文艺表演团体或个人临时合作进行营业性演出的,可以委托涉外演出经纪机构承办,也可以由文艺表演团体自行组织,按规定程序报国家主管机关审批;专业艺术院校经批准邀请香港特别行政区、澳门特别行政区和台湾地区及外国的艺术专业人员到本单位从事教学、研究工作,临时需要进行营业性演出的,委托涉外演出经纪机构承办,按规定程序报国家主管机关审批②。这些规定表明,我国涉外演出主体是多种经济成分并存,并且具备了相当完整的经济结构,即有国有、民营、私有、合作、三资(中外合资、中外合作、外商独资)及混合经济性质的演出主体。我国还规定,有两年以上营业性演出从业经历的专业演出场所经营单位,经过批准设立演出经纪机构的,可以申请在国内举办涉外或者涉港澳台演出活动;但对曾经参加危害国家主权活动的文艺表演团体和个人禁止进入国内演出。

一、一般商业性演出主体

一般涉外和涉港澳台地区的商业性演出主体实质条件,除本书第四章"演出准入制度"中演出团体、演出场所、演出经纪人所具有的具体的一些相关条件外,不同类型主体还应该符合特殊规定。承担涉外演出经营机构一般要具有以下共同条件:有经国家主管部门或者省级政府认定的对外文化交流业务和能力;有独立的法人资格和营业执照;有相应的从事对外文化活动必需的资金、设备及固定的办公地点;有相应的从事涉外文化艺术表演及展览活动的专业管理人员和组织能力;有健全的外汇财务管理制度和专职财会管理人员。承担涉外演出的经营场所有从事涉外商业和有偿文化艺术表演活动资格的经营机构的条件;有与演出相适应的固定营业场所和设备;有符合国家规定的安全、消防和卫生设施。

"三资"演出机构具备实质条件,一般有三个方面。首先,举办涉外营业性演出基本条件。设立涉外演出公司具备人员条件是:有 5 名以上具备相应业务水平的经纪人员、有 3 名以上具有外语专业四级以上证书或者同等学力的人员、有取得专业证书的财务管理及企业管理人员;具备相应业绩,有 2 年以上从事演出经营的经历、有向国际推广中国优秀剧(节)

---

① 参见 2016 年中国《营业性演出管理条例》第 10 条、第 11 条。
② 参见 1998 年中国《营业性演出管理条例实施细则》第 42 条、第 43 条。

目的良好业绩①,还要有 2 年以上举办营业性演出的经历,举办营业性演出前 2 年内无违法规定的记录。演出经纪机构取得营业性演出许可证,在 2 年以内必须实际举办营业性演出。其次,资金条件。有与其举办的营业性演出相适应的资金,涉外演出公司应有 500 万元以上注册资本;外商投资者被禁止设立文艺表演团体和独资经营的演出经纪机构、演出场所经营单位,而且在"三资"演出机构中,除港澳台演出机构外,中国内地合营者的投资比例不低于51%。香港特别行政区、澳门特别行政区和台湾地区投资者设立的演出经纪机构在内地设立分支机构,必须在中国内地指定负责该分支机构的负责人,并向该分支机构拨付与其所从事的经营活动相适应的资金。最后,经营权利条件。在"三资"演出机构中,除港澳台演出机构外,中国内地合作者拥有经营主导权。中外合资、合作经营演出场所经营单位、演出经纪机构的董事长或者联合委员会的主任由中方代表担任,并且中方代表在董事会或者联合委员会中居多数。这些规定有别于《中外合作企业法》《中外合资企业法》。

　　一般涉外和涉港澳台地区的商业性演出主体的形式条件要求比较严格,而且审批程序也很严格,一般由国家主管机构审批,提交材料很完整,依国际贯例全部实行采用事前审查制度。依据我国有关法规与涉外演出实践,我国实行涉外演出主体资格认定制度,持证开展涉外演出活动,而且商务部对演出硬件产品也有管理权。涉外商业演出主体资格认定一般程序是符合条件的申报者,向所在地省级政府主管部门或国家有关部委、军队系统和全国性团体提出申请,接受申请部门初审同意的,出具有效证明,由国家主管机关审核批准。根据国家有关规定予以审批,合格者发给从事涉外商业和有偿文化艺术表演经营活动资格证明。至于涉外演出活动采用层报制度,具体的层报程序是:所在地省级主管部门受理中心人员对决定受理的材料送市场管理部门审核,后者同意的,签发请示,报国家主管部门;对不予批准的审批项目,书面告知,并由受理中心送达申请人。在我国,涉外演出主体资质取得的程序是设立中外合资经营、中外合作经营的演出经纪机构、演出场所经营单位申请者,依照有关外商投资及其他的法律、法规的规定办理审批手续。中外合资经营、中外合作经营的演出经纪机构、演出场所经营单位通过我国省级主管部门向国家主管部门提出申请审批,或者香港特别行政区、澳门特别行政区投资者设立演出经纪机构、演出场所经营单位及其分支机构,台湾地区投资者设立的演出经纪机构、演出场所经营单位,申请者应向内地省级主管部门提出申请审批。受理的主管部门在 20 日内做出决定,批准的颁发营业性演出许可证,不批准的附理由书面通知申请人②。2017 年法律修正案删除之前法律规定的取证程序规定,涉外演出经营主体或者分支机构,在取得我国商务部申请办理的有关手续后,依法到市场监督管理部门办理注册登记,领取营业执照后,到国家主管部门领取营业性演出许可证③。

　　申请者递交的材料,因为申请者及申报演出主体类型不同,存在差异。"三资"演出机构设立与演出程序,与一般涉外商业性演出主体相同,但是提交申请材料有所差异。设立中外合资经营、中外合作经营的演出场所经营单位与演出经营单位,提交文件与设立中外合作企业法、中外合资企业法的规定基本一样。申报者提交统一格式的申请书,申请书内容主要包括章程(载明宗旨、名称和住所、经济性质、注册资本数额和来源、经营范围、组织机构及其职

---

① 参见 2004 年中国《营业性演出管理条例实施细则》第 15 条。
② 参见 2016 年中国《营业性演出管理条例》第 10 条、第 11 条。
③ 参见 2009 年中国《营业性演出管理条例实施细则》第 7 条。

权范围、财务管理制度及收入分配制度、重要事项的修改等事项),法定代表人或者主要负责人情况及证明材料以及专业人员资质证明材料,会计师事务所出具的验资报告,营业执照复印件,经营场所的产权证书,最近两年演出业绩。具体材料,在此分类列举阐述。(1)中外合资经营、中外合作经营的演出经纪机构,申请从事营业性演出经营活动。提交的材料除提交名称、住所、法定代表人或者主要负责人、营业性演出经营项目文件外,还应提交下列文件:可行性研究报告、合同、章程,外商投资企业批准证书,合资、合作经营各方协商确定的董事长、副董事长、董事或者联合管理委员会主任、副主任、委员的人选名单及身份证明,其他依法需要提交的文件。在这里2017年修正案删除了2009年的规定内容,即各方的资信证明及注册登记文件、中方合作条件属于国有资产提供资产评估文件。中外合资经营、中外合作经营的演出场所经营单位申请从事演出场所经营活动,提交文件有:申请书、营业执照、可行性研究报告、合同、章程、外商投资企业批准证书,合资、合作经营各方协商确定的董事长、副董事长、董事或者联合管理委员会主任、副主任、委员的人选名单及身份证明、其他依法需要提交的文件。2017年修正案与2009年的规定相比,修改幅度是很大的,增加了"外商投资企业批准证书",删除了四项内容,如名称预先核准通知书、住所,合资、合作经营各方的资信证明及注册登记文件,中方合作条件属于国有资产提供资产评估文件,土地使用权证明或者租赁证明。香港特别行政区、澳门特别行政区、台湾地区投资者设立的合资、合作经营的演出经纪机构、演出场所经营单位申请从事演出经营活动,或者台湾地区的投资者在内地依法登记的合资、合作经营的演出经纪机构申请从事营业性演出经营活动,参照前述规定办理①。(2)香港特别行政区、澳门特别行政区的投资者登记的独资经营的演出经纪机构,申请从事营业性演出经营活动,提交材料。除提交名称、住所、法定代表人或者主要负责人、营业性演出经营项目文件外,还提交下列文件:可行性研究报告,投资者的身份证明,台港澳侨投资企业批准证书,其他依法需要提交的文件②。对此,2017年法律修正案中对相关规定修改是变化最大的一次,增添了"台港澳侨投资企业批准证书",删除了2009年的"章程",也删除了演出经纪机构境内设立分支机构提交文件的要求。2009年要求设立经纪机构内地设立分支机构提交申请书,分支机构的名称、住所,演出经纪机构在港、澳的合法开业证明,演出经纪机构章程,分支机构章程,分支机构负责人任职书及身份证明,演出经纪人员的资格证明,演出经纪机构的资金证明及向分支机构拨付经营资金的数额及期限证明,其他依法需要提交的文件。而且,2005年法律还要求有演出经纪从业人员的资格证明。香港特别行政区、澳门特别行政区的投资者设立独资经营的演出场所经营单位申请从事演出场所经营活动,提交申请书、营业执照、可行性研究报告、法定代表人的身份证明、台港澳侨投资企业批准证书、其他依法需要提交的文件③。对此,2017年法律案修正2009年的法规,大大减少了提交文件数量,增加营业执照与台港澳侨投资企业批准证书两项,删减了5项,它们是:名称预先核准通知书、住所,章程,投资者的资信证明,资金来源、数额、期限及证明,土地使用权证明或者租赁证明。

---

① 参见2017年中国《营业性演出管理条例实施细则》第10条、第11条、第15条。
② 参见2017年中国《营业性演出管理条例实施细则》第13条。
③ 参见2017年中国《营业性演出管理条例实施细则》第14条。

二、外商投资演出企业

(一)外商投资演出企业概述

外商投资演出企业是一个总的概念,包括所有含有外资成分的演出企业。外商投资演出企业,是指依照我国法律,由我国投资者和外国投资者共同投资共同在我国境内设立的,演出类企业。我国投资者包括我国企业法人或者其他经济组织,不包括我国公民,外国投资者包括外企业法人和其他经济组织或外国个人。由于我国及大多数国家法律规定的演出主体不包括外商独资机构,所以外商投资演出企业包括中外合资经营演出企业,该企业是有限责任公司的组织形式,而中外合作经营演出企业是契约式合营。

外商投资演出企业特点,体现在三个方面。一是适用法律是中国法律。在东道国设立外商投资企业受东道国法的管辖,外商投资企业必须遵守东道国法律、法规,这是国际上通行的做法。外商投资演出企业的设立、组织机构组成、设立双方发生争议的法律依据都是中国法律,这是属地管辖和国家主权的自然要求。我国的外商投资企业立法中,重要的法律、法规有《中外合资经营企业法》《中外合资经营企业法实施条例》《中外合作经营企业法》《中外合作经营企业法实施细则》《关于鼓励外商投资的规定》等;商务部、财政部、国家工商行政管理总局等还颁布诸如《中外合资经营企业合营各方出资的若干规定》及其《补充规定》,《关于举办股份有限公司形式中外合资企业有关问题的通知》《关于外商投资企业合同、章程的审批原则和审查要点》等部门规章。二是设立方式是许可主义。是经我国政府批准而且在我国境内设立,这是国际惯例,是基于国际关系中"文化例外"原则的体现。同时为保护外商投资演出企业的合法权益,国家对此类企业不实行国有化,为社会公共利益而依法征收的要给予相应的补偿。三是,出资特别要求。我国外商投资演出企业的出资特殊规定:外方投资者以现金出资时,只能以外币缴付出资,并按照缴款当日中国人民银行公布的基准汇率折算成人民币或者套算成约定的外币;外方投资者以实物出资,为自己所有且未设立任何担保物权,该实物是企业所必需的、作价不高于当时的国际市场价格;外方投资者出资的工业产权,该产权要能显著改演出质量、生产效率、自己所有并且未设立任何担保物权;还可以用其他财产权利出资,如经营权、公司股份或其他形式的权益等。外商投资演出企业的出资比例本质是经营管理控制权、国家允许外资参与本国经济的程度,因此,许多国家对外国投资者的出资比例都加以限制。在我国,外商投资比例在企业注册资本中有法定要求,包括资金比例为不低于企业注册资本的25%、所占股权比例不超过49%。外商投资演出企业的出资期限在合同、章程中明确规定,这是设立的必备条款,否则审批机关不予批准。在我国,合同中规定一次缴付出资的,投资各方应当自营业执照签发之日起6个月内缴清;分期缴付出资的,第一期出资不低于各自认缴出资额的15%并且应当在营业执照签发之日起3个月内缴清,否则,视同外商投资演出企业自动解散。

(二)外商投资演出企业的设立

外商投资演出企业设立遵循维护国家主权原则,即企业的成立由我国政府机关审批,企业的一切活动遵守我国的法律法规;贯彻平等互利原则,即企业的出资比例在法定条件下由合营双方协商,非现金出资作价由双方方公平协商,董事长和副董事长、合营期限等双方协商解决;遵循国际惯例原则,如企业最高权力的董事会制度、对外国合营者国民待遇等。外商投资演出企业的具体审批机关是文化和旅游部、商务部，根据国家配额许可证管理，由国务院授权的省级有关行政机关审批，报国家文化和旅游部、商务部备案。外商投资演出企业的营业执照签发日期，即为该外商投资演出企业的成立日期。

设立合营演出企业基本环节是由中外合营者共同向审批机关报送下列文件：中方申请演出主体资格的批文，设立合营企业的申请书，合营各方共同编制的可行性研究报告，由合营各方授权代表签署的合营企业协议、合同和章程，由合营各方委派的合营企业董事长、副董事长、董事人选名单，审批机关规定的其他文件。再由主管部门 90 日内核准并颁发批准证书；申请者批准证书在 1 个月内办理登记手续，领取营业执照。但有下列情况之一的，不予批准：内容违反"底线十条"的，不符合我国国民经济发展要求的，签订的协议、合同、章程显属不公平且损害合营一方权益的。其中，合资企业协议、合资企业合同、合资企业章程中，合营企业合同是最主要的法律文件，有关合营企业合同的订立、效力、解释、执行及其争议的解决，均应适用我国的法律。设立合营演出企业合同载明 13 个事项包括：合营各方的名称、注册国家、法定地址和法定代表人的姓名、职务、国籍；合营企业的名称、法定地址、宗旨、经营范围和规模；合营企业的投资总额、注册资本，合营各方的出资额、出资比例、出资方式、出资的交付期限以及出资额欠缴、股权转让的规定；合营各方利润分配和亏损分担的比例；合营企业董事会的组成、董事名额的分配以及总经理、副总经理及其他高级管理人员的职责、权限和聘用办法；采用的主要设备、技术及其来源；材料购买及产品销售方式；财务、会计、审计的处理原则；有关劳动管理、工资、福利、劳动保险等事项的规定；经营权的期限、解散及清算程序；违反合同的责任；争议解决的方式；合同文本采用的文字和合同生效的条件。合营企业合同和合营企业章程须经合营各方签署并报审批机关审批后才能正式生效。

中外合作经营演出企业的组织形式可以是法人资格的合作企业，也可以是非法人资格的合作企业；企业管理方式可以是董事会制、联合管理委员会制，也可以是委托第三方管理；中外合作各方是通过签订合同具体确定各方的权利和义务，外国合作者可以先行回收投资，合作期满后，合作企业的全部固定资产一般归中国合作者所有。设立中外合作经营演出企业程序方面，在我国境内设立合作企业要符合国家的文化发展政策和文化产业政策，国家鼓励举办产品出口的合作企业、技术先进的合作企业。设立合作企业的基本程序是由我国合作者向审查批准机关报送下列文件包括：中方申请演出主体资格的批文，设立合作企业的项目建议书，合作各方共同编制的可行性研究报告，合作企业协议、合同、章程，合作各方的营业执照或注册登记证明、资信证明及法定代表人的有效证明文件，外国合作者是自然人的应提供有关身份、履历和资信情况的有效证明文件，合作各方协商确定的合作企业董事长、副董事长、董事或者联合管理委员会主任、副主任、委员的人选名单，审查批准机关要求报送的其他文件。审查批准机关 45 日内审批决定批准或者不予批准。合作企业合同是调整合作企业合作各方权利义务极为重要文件，一般包括 14 个条款：合作各方名称、注册地、住所及法定代表人的姓名、职务、国籍，外国合作者是自然人的、其姓名、国籍和住所，合作企业的名称、住所、经营范围，合作企业的投资总额、注册资本、合作各方投资或者提供合作条件的方式、期限，合作各方投资或者提供的合作条件的转让，合作各方收益或者产品的分配风险或者亏损的分担，合作企业董事会或者联合管理委员会的组成、董事或者联合管理委员会委员名额的分配、总经理及其他高级管理人员的职责和聘任、解聘办法，采用的主要设备、技术及其来源，产品在中国境内销售和境外销售的安排，合作企业外汇收支安排，合作企业的期限、解散和清算,合作各方其他义务以及违反合同的责任,财务、会计、审计的处理原则,合作各方之间争议的处理,合作企业合同的修改程序。合作企业合同自审查批准机关颁发批准证书之日起生效。

三、非商业性演出主体

涉外和涉港澳台地区的非商业性演出主体,范围相对营业性演出主体来说要狭窄,因为演出性质决定了演出资格严格性,即进入门槛要高,尽管涉外商业性演出主体也可以进行涉外非商业性演出,但是实际上很少。各国对涉外非商业性演出主体进行了规定,一般原则是由国家主管部门或者省级政府指定的演艺团体,而且演出的项目常常具有浓厚的政治任务色彩。依据法律规定,我国有资格从事涉外非商业性演出的部门和机构一般包括:国家主管部门或者省级政府及其主管部门,国家主管部门认定的有对外文化交流任务的中央和国家机关部委、解放军系统和全国性团体,省级主管部门认定的本地区有对外文化交流任务的部门和团体,国家主管部门认定的有从事涉外商业和有偿文化艺术表演资格的经营机构,省级主管部门认定的有从事来华商业和有偿文化艺术表演资格的经营场所(只限于来华项目)。

涉外旅游定点演出场所,因为其特殊性,即它除了具备演出场所的条件外,还必须能够适应的涉外旅游的需要,所以涉外旅游定点演出场所应该具有演出场所与旅游场所共有的一些条件。依据《旅游法》以及演出法规,结合国内外实践,涉外旅游定点演出场所具有特有的实质与形式条件。涉外旅游定点演出场所在实质条件方面,包括具备相应资质、健全的管理制度、适格的专业人员、适合的环境设施条件、稳定的演出规模。在形式条件方面,涉外旅游定点演出场所向省级演出与旅游主管部门审批;在我国,由文化和旅游主管机关审批。

第三节 出入境演出基本制度

在涉外演出中,依法规范演出经营主体之间的权利、义务关系,对存在委托代理关系的演出项目,应当要求举办单位附送相关合同文件,按照"谁申办谁负责"的原则,明确演出经纪机构与委托、投资单位等演出活动关联方的权利义务和责任。

一、入境演出基本制度

改革开放以来,我国引进外国艺术表演规模不断扩大,范围不断拓宽,质量不断提高,但也存在国(境)外低级庸俗或有害的表演和展览入境,擅自邀约演艺人员入境商演;演出活动的组织者存在转包经营,偷漏逃税现象。因此,参照国际惯例,依法规范入境营业性演出,是演出法的主要内容,特别是在全球化的今天。

根据我国现有法律规定,规范入境演出,首先是对入境演出主体与演出内容进行事前审查。入境演出是具有涉外演出经营权的演出经纪机构主办或承办,按照层报制度,将境外参加演出主体及其演出项目提前一个月报文化和旅游部审批。其中,中央部门所属演出经纪机构直接报文化和旅游部审批;地方所属演出经纪机构由省级政府文化和旅游管理部门报文化和旅游部审批。举办单位报送完整的中、外文节目资料(文字或视听资料)。省级政府主管部门对申报的演出内容进行事前审查,审查内容包括:演出主办或承办单位与外方团体名称或个人及简介,演出时间和地点,主要节目内容,费用支付方式,中外文版本的议书或合同意向书(未经文化和旅游部批准项目,禁止签订正式合同),演出节目单和节目录像带,巡回演出地省级政府文化和旅游管理部门同意函。其中,录像带应包括节目单所列的主要节目,能够体现其演出的总体风格,并按播放顺序注明节目名称,歌曲应附中文歌词①。需要返场加唱、加演的节目,应当与正式演出的节目一并报审,未经批准的一律禁止演出。

　　承办与举办者与主管管理部门依法组织演出与消费。经批准的入境演出活动,经主管部门审核后发布演出广告。"三资"演出经纪机构,只能在其所属的符合规定条件的文化娱乐场所内组织营业演出。承办与举办者禁止擅自将外国来华演出的一个团体分散组队演出;严格按照批文要求实施演出,严格遵守国家有关法律、法规。如变更主要演出人员、节目或变更时间、地点、主承办单位,承办与举办者按程序另行报批。主管部门发现演出中的重大情况随时向文化和旅游部报告。有组织有计划地通过新闻媒介,实事求是地对入境演出进行评论介绍,引导群众正确理解和鉴赏外国艺术。

　　此外,通过立法,规范演出项目入境,保护国家文化安全。选择引进项目是入境演出的关键环节,也是世界各国特别关注的问题,各国法律对此都有周全的规定,具体可以参见"演出项目"中有关论述,这里仅仅就引进项目一些特别制度做些阐述。引进项目立足积极吸收、借鉴人类优秀文化成果,坚持"筛选择优、剔除糟粕"的原则,首先要考虑社会效益,确保引进项目符合我国外交政策、对外文化交流政策以及中国文化安全;又要多层次引进,包括艺术性强但观众不易理解、文艺新潮流、创作和表现手法独特的演出项目,但不论哪一层次项目都应是格调较高、积极向上、在国内外有一定知名度和影响的项目。具体来说,优先引进项目可以概括为三类:第一,能代表世界文化艺术最高水平的第一、二流的艺术大师、表演团体、艺术博物馆和画廊的藏品,以丰富我国的文化生活,扩大文化视野,提高文化素质和审美水平,以及为专业人员提供学习、研究、借鉴的机会,繁荣文艺创作;第二,属于世界各国各民族优秀的民族民间艺术,以增进我国同世界各国的友谊和相互了解,帮助我国认识世界各族对人类文明所做的贡献;第三,为配合我国重大外交活动或国内外重大庆祝纪念活动邀请的表演。至于禁止引进项目,主要包括:内容反动不利于国家安定团结的,干涉中国内政的,破坏或不利于民族团结和国家统一的,宣扬恐怖、暴力、色情、吸毒、封建迷信的,从内容到形式均属庸俗、颓废的,可能引起第三国的反对或不满的。为此,我国对引进项目实行预惩制度,即有关主管部门在制定引进国(境)外艺术表演时,应事先征询国内各艺术门类专家的意见,对引进的项目进行审查,派遣方应事先向我国有关部门提供全部演出的实况录像、节目介绍或剧情介绍,全部展品的照片和文字说明材料;驻外使(领)馆文化处(组)对驻在国文化艺术进行广泛深入的调查研究,在此基础上向国内推荐优秀的项目或对某些项目可否引进提出意见,而且引进项目一经确认,派遣方禁止自行更改。此外,国务院批准由文化部下发的《全国对外文化交流工作归口管理规定》规定,违背归口管理规定,擅自邀请国(境)外项目来华演出,追究有关人员的责任;国内有关部门对某一项目或其中某些节目能否引进有

---

　　① 参见文化部《关于外国艺术表演人员来华营业演出申报管理问题的通知》(文市发〔1996〕35号);2002年《营业性演出管理条例实施细则》;文化部《印发〈国务院办公厅转发文化部关于加强演出市场管理报告的实施办法〉的通知》(文办发〔1991〕第30号)。

不同意见,由相应主管部门、具体承办单位和有关艺术门类专家三方面的代表共同讨论,必要时,听取外事部门或宣传部门的意见,最后由主管管理部门做出决定。

对于涉外演出项目,一般由省级以上演出主管部门根据涉外演出项目确定标准对演出申请进行初审,同意后报文化和旅游部或国务院审批。涉外演出申请审查,包括形式审查与实质审查。如申报形式不符合要求的,要求申请者改正,不改正者视为撤回申请。演出项目在实质上符合项目确认标准外还要符合涉外演出的要求。根据《文化部涉外文化艺术表演及展览管理规定》,中国与外国友好省、州、市之间商业和有偿文化艺术表演及交流项目,报文化和旅游部审批;杂技团携带熊猫出国演出,经文化和旅游部会同外交部和林业部,报国务院审批;携带其他珍稀动物出国或来国内展演,报文化和旅游部审批,并办理有关动物检疫和进出境手续;同未建交国家和地区进行文化艺术表演及交流活动,经文化和旅游部会同外交部,报国务院审批;组织跨部门或跨省级的涉外文化艺术表演,附所涉及部门或省级文化和旅游管理部门的同意函,报文化和旅游部审批。其中,报文化和旅游部审批的涉外文化艺术表演项目,在项目实施前 2 个月报到文化和旅游部①。

依据 2006 年 6 月 22 日法规,涉外以及涉及港澳台地区的演出项目中,有 2 年以上营业性演出从业经历的专业演出场所经营单位,取得演出经纪机构资质后,可以申请在境内举办涉外或者涉港澳台演出活动;举办含有内地演员和香港特别行政区、澳门特别行政区、台湾地区演员共同参加的演出也由演出所在地省级机关抄送县级机关备案,不重复审批。经批准的涉外及涉港澳台地区人员的演出,在批准的时间内增加演出地进行营业性演出的,于演出日期 20 日前持批准文件、演出许可证副本和规定提交的申请材料到增加地省级机关备案,同意备案文书抄报文化和旅游部。举办营业性演出,除确实需要的特制器材外,应当使用境内器材和灯光音响等设备②。

二、出境演出基本制度

出境演出一直是文化国际交流的主要形式,更是传播文化理念,呈现国家实力的主要手段;在国际竞争的背景下,出境演出是进行反制文化侵略的一种形式。所以,国际上,演出发达的国家都积极制定法律与政策,鼓励国内演出走出国门。我国有极其厚实的演出文化资源,演出产品也丰富多样,在文化产业国际化日益深化的今天,出境演出取得了长足进展,但也存在一些不容忽视的问题,如境外某些单位和人员以文化交流名义招募我国女演职人员到境外从事色情服务,一些人擅自到境外上演坏戏,某些境外组织用各种手段物色人员出境从事反华、贬华及一些低级下流的演出活动,国内一些女歌星涌入国外在夜总会卖唱的事时有发生,国内少数部门和单位有的甚至同国境外机构、经纪人、捐客、"蛇头"等相勾结。因此,完善法制,规范出境演出是促进国家演出的主要保障,为此中国国务院、司法部、文化和旅游部先后颁布了《关于禁止为歌星演职人员到境外夜总会等场所演出办理公证的通知》《关于坚决制止向境外派遣歌星及其他演职人员、艺术团组到夜总会等场所演出的紧急通知》《关于坚决制止和严肃查处出国(境)从事有损国格人格的文化活动的通知》《关于办理演

---

① 参见文化部《涉外文化艺术表演及展览管理规定》,自 1997 年 8 月 1 日起施行。

② 参见 2006 年 6 月 22 日文化部《关于完善审批管理促进演出市场健康发展的通知》(文市发〔2006〕18 号)。

唱经历公证的通知》等专项性法规。

实行严格的出境演唱证公证制度。公证机关为通过正常渠道出境进行文化交流活动的团组和个人出具公证文书,不为以任何名义和形式向境外派遣歌星及其他演职人员、艺术团组到夜总会、餐饮及色情场所演出办理公证。境外使用有关演唱证、演唱经历等公证事项,由具有涉外公证权的公证处承办。公证书应注明使用目的和使用地范围,有效期禁止超过1年。公证机关为出境演出申办公证时,当事人除提供演出资格证件外,还须提供文化主管部门批准出境演出的证明。公民申办从事演唱工作的公证书,一般由本人到公证处提出申请,不能委托他人代理申请,申请人向公证处提供县市以上文化和旅游局出具的证明某人从事演唱工作的证明,公证处证明该证明上的印章属实①。

出境演出活动,需要遵循艺术规律及相关法规。第一,归口管理。任何部门、单位或个人联系的涉外文化艺术往来事项,按规定及时报告文化和旅游部或省级主管部门,其他部门无权审批,未经批准,禁止对外做出演出承诺。归口管理部门在为演职人员出具演出资格证明时,注明"此证件仅限国内使用",严禁为歌手等演职人员出境到夜总会等色情或变相色情场所演出出具证明。文化和旅游部选派优秀选手参加重要国际艺术比赛,艺术团体与个人自筹资金参加国际艺术比赛。省级主管部门或中央部委、全国性社会团体外事部门在参赛者出国及赴香港特别行政区、澳门特别行政区地区前,应对其进行国情、国际时事政治、爱国主义和外事纪律的教育,并向其介绍所赴国家或地区的民俗及基本法规②。第二,严格劳务输出范围。任何单位不能利用劳务形式组织或承办对外文化交流活动,对有外派劳务经营权、境外就业介绍权的单位违反规定从事这类活动的,承担全部经济损失,对严重违法人员追究法律责任。第三,主管部门依法审批。有审批权的主管部门,对涉嫌出境从事有损国格人格的文化活动的文化艺术团组和个人,不予批准,外事、公安机关拒发护照、拒办签证并及时向上级报告。对外国公司、商社以及海外华人、华侨在我国境内从事明令禁止的各项活动的,主管部门应依法处理。第四,外交配合。驻外使领馆应调查了解我国公民在境外从事有损国格人格的文化活动的情况并及时准确地报告国内。国内审批、发照机关要与驻外使领馆,防止弄虚作假骗出境证件。第五,出境演出规则。出国艺术表演及展览团组以专业人员为主;在外开展活动中,接受我国驻有关国家使(领)馆的领导;禁止利用出国表演之机,进行旅游或变相旅游;从事未经批准的商业活动;从事有损国格、个人人格活动等行为;禁止以劳务输出输入名义,或通过旅游、探亲和访友等渠道,从事文化艺术表演交流活动③。

---

① 参见管理局《关于办理演唱经历公证的通知》(司法部公证司、文化部文化市场 1993 年 2 月 16 日〔1993〕司公函 15 号)。

② 参见文化部《关于做好自筹资金参加国际艺术比赛的管理工作的通知》(自 1993 年 3 月 11 日起施行)。

③ 参见文化部《关于坚决制止向境外派遣歌星及其他演职人员、艺术团组到夜总会等场所演出的紧急通知》(文外函〔1995〕6 号);国务院办公厅《关于坚决制止和严肃查处出国(境)从事有损国格人格的文化活动的通知》(国办发〔1995〕30 号)。

第四节　涉外及涉港澳台地区的演出活动制度

一、涉外及涉港澳台地区演出活动审批前置

对外国和港澳台文艺表演团体和个人资信的审核是审批的主要内容之一。演出举办单位应当对参加营业性演出活动的外国和港澳台文艺表演团体和个人资信情况进行全面了解并提交相关材料,文化外事部门应当严格事前审核把关。法律规定,举办外国的文艺表演团体、个人参加的营业性演出,或者举办香港特别行政区、澳门特别行政区的文艺表演团体、个人参加的营业性演出,演出举办单位应当向演出所在地省级主管部门提出申请;举办台湾地区的文艺表演团体、个人参加的营业性演出,演出举办单位应向国家主管部门会同国家其他有关部门规定的审批机关提出申请;主管部门自受理申请之日起 20 日内做出决定,发给批准文件或不予批准①。在歌舞娱乐场所、旅游景区、主题公园、游乐园、宾馆、饭店、酒吧等场所举办驻场涉外演出,由省级主管部门审批;举办含有内地演员和港澳台演员共同参加的营业性演出,可以报省级主管部门一并审批,其中涉及台湾地区演员的,依照《文化部办公厅关于贯彻〈对台湾地区文化交流归口管理办法〉的通知》(港澳台办发〔2005〕28 号)的规定程序办理;经文化部批准的营业性涉外演出,在批准的时间段内增加演出地的,到增加地省级主管部门备案。对冠以"皇家""国家""国立"等名义的国外文艺表演团体,举办单位应当要求其提供所在国的有效证明文件;对临时组织的演出团(组),举办单位应当在申报材料中予以说明,主管部门应当在报(批)文中予以明确。对参加文化交流活动的国外和港澳台文艺表演团体或个人,需要增加营业性演出活动的,举办单位应另行报批。对曾经参加危害中国国家主权活动的文艺表演团体和个人,坚决不予引进。同时,省级主管部门不以任何理由指定承接单位,不擅自增加备案条件,材料齐全的,应当及时予以备案。申请举办营业性涉外或者涉港澳台演出,除提交规定的文件外,还提交演员有效身份证明复印件、2 年以上举办营业性演出经历的证明文件、近 2 年内无违规的书面声明,删除对资金安排计划书和资金证明要求;经省级主管部门批准的营业性涉外演出,在批准的时间内增加演出地的,举办单位或者与其合作的具有涉外演出资格的演出经纪机构,在演出日期 10 日前,持省级主管部门批准文件和规定的文件,到增加地省级主管部门备案,省级主管部门应出具备案证明。艺术院校在教学、研究场所举办驻场涉外以及涉港澳台地区演出,报演出所在地省级主管部门审批;申请举办含有内地演员和香港特别行政区、澳门特别行政区、台湾地区演员以及外国演员共同参加的营业性演出,可以报演出所在地省级主管部门审批,国家另有规定的,从其规定;在演播厅外从事电视文艺节目的现场录制,办理审批手续②。涉外及香港特别行政区、澳门特别行政区和台湾地区营业性演出活动的举办单位,取得营业性演出许可证 2 年以上但没有实际举办营业性演出经历的演出经纪机构,或者演出经纪机构有违反规定记录的,自行政处罚决定生效之日起 2 年内,

---

① 参见 2016 年中国《营业性演出管理条例》第 15 条。
② 参见 2017 年中国《营业性演出管理条例实施细则》第 18 至第 23 条。

不能举办涉外及涉港澳台营业性演出①。申办香港特别行政区、澳门特别行政区、台湾地区艺人员入境商演活动,提供下列文件:申请报告,演出地省级主管部门的批准文件,演出证或其影印件,演艺人员经纪人的资格认定书,演艺人员经纪人和演出经纪机构签订的演出意向书,其中未公开出版的曲目应提供中文歌词,拟公开发布的广告稿。

　　所有的涉外及涉港澳台地区演出项目,必须经过审批以后才能够开展。我国实行分级审批,国务院文化主管部门审批邀请外国文艺表演团体、个人参加在非歌舞娱乐场所举行的演出。省级主管部门受理审批的是邀请外国文艺表演团体、个人参加在歌舞娱乐场所举行的演出;邀请香港特别行政区、澳门特别行政区、台湾地区的文艺表演团体、个人参加的演出。专业艺术院校经批准邀请到本单位从事教学、研究工作的外国或者港澳台艺术专业人员,临时需要进行营业性演出的,委托演出经纪机构承办,按规定程序报文化和旅游部或者省级主管部门审批,演出批准文件包括演出名称、演出团体或个人、演出时间、演出地点、节目内容以及演出活动举办单位等内容。主管部门对营业性演出的监督管理是指演出所在地县级主管部门对外国的或者香港特别行政区、澳门特别行政区、台湾地区的文艺表演团体、个人参加的营业性演出和临时搭建舞台、看台的营业性演出,进行实地检查,对其他营业性演出,进行实地抽样检查②。

　　演出经纪机构申报涉外及涉港澳台地区演出前应征求有关演出地省级主管部门意见,由演出市场管理部门对当地的接待能力和市场需求进行评估后办理回复手续。前述演出项目经文化和旅游部批准后,地方主管部门不再重复审批,实行核准制。但是,举办含有内地(大陆)演员和香港特别行政区、澳门特别行政区、台湾地区演员共同参加的营业性演出,由演出所在地省级主管部门一并审批,抄送演出所在地县级主管部门备案。演出所在地县级主管部门不再重复审批。现行法律制度取消原来有关涉外和港澳台营业性演出只能由承担涉外演出业务的经纪机构承办的规定,允许文艺表演团体邀请境外文艺表演团体、个人参加本团体的演出。申请举办营业性涉外及涉港澳台地区演出,在演出日期 20 日前将申请材料提交负责审批的主管部门;省级主管部门受理后在 5 日内出具审核意见报文化和旅游部审批。主管部门审核涉外或者涉港澳台营业性演出项目,必要时可以依法组织专家进行论证。营业性演出单位和经纪机构邀请在华外国人参加营业性演出或者在营业性歌舞娱乐场所参加演出活动,在演出前 30 日报文化和旅游部批准,在华外国人有受聘单位的,出具所在单位同意的证明函件。留学生、来华访问、旅游的外国人禁止参加营业性演出或者在营业性歌舞娱乐场所参加演出活动。在华外国人参加非营业性演出,邀请单位在演出前 15 日报省级主管部门批准;在华外国人有受聘单位或者学习单位的,出具所在单位同意的证明函件。学校因教学或者研究需要,邀请本校的外国专家和留学生参加非营业性演出,由所在学校批准;邀请其他学校的外国专家和留学生参加非营业性演出的,征得其所在学校同意。经文化和旅游部批准的涉外演出,在批准的时间内增加演出地进行营业性演出的,于演出日期 20 日前持文化和旅游部批准文件、营业性演出许可证副本和规定提交的申请材料到增加地省级主管部门备案。符合规定条件的,省级主管部门出具备案同意文书,并抄报文化和旅游部③。

---

① 　参见文化部《关于加强涉外及涉港澳台营业性演出管理工作的通知》(2008 年 7 月 14 日)。
② 　参见 2016 年中国《营业性演出管理条例》第 31 条、第 33 条。
③ 　参见文化部《关于完善审批管理促进演出市场健康发展的通知》(文市发〔2006〕18 号)。

涉外及涉港澳台地区巡回演出的举办单位履行演出的申报（备案）、节目安排、安全保障、全程监管等责任，不以委托承办、协作举办等名义将责任转交演出所在地承办、协作单位，承办、协作单位不超越权限履行本应由举办单位履行的责任、义务。省级主管部门不以任何理由指定承接单位，不擅自增加备案条件。演出活动现场的监管是管理的主要手段，演出所在地县级主管部门对在歌舞娱乐场所、宾馆饭店等举办的定点涉外及涉港澳台营业性演出，进行定期或不定期检查。建立演出市场信息通报制度，省级主管部门要及时将演出批准文件通过网上公示、公文抄送等方式告知演出地县级主管部门。演出过程中发生违法违规行为的，演出地县级主管部门要及时将演出情况报告上级主管部门。对本地营业性演出经营主体的资料收集和信息提交，建设全国营业性演出经营主体公示系统，建立全国营业性演出经营主体基础数据库和信用档案库，建立由主管部门、专家学者、新闻媒体、行业协会、消费者等共同组成的演出市场监督体系，试行演出经营主体信用等级评定制度①。

二、涉外及涉港澳台地区演出活动规范

举办涉外及涉港澳台演出主体是合格的演出主体。除演出经纪机构外，禁止其他任何单位或者个人举办外国的或者香港特别行政区、澳门特别行政区、台湾地区的文艺表演团体、个人参加的营业性演出。但是，文艺表演团体自行举办营业性演出，可以邀请外国的或者香港特别行政区、澳门特别行政区、台湾地区的文艺表演团体、个人参加。举办外国的或者香港特别行政区、澳门特别行政区、台湾地区的文艺表演团体、个人参加的营业性演出，应符合下列条件：有与其举办的营业性演出相适应的资金、有2年以上举办营业性演出的经历、举办营业性演出前2年内无违反演出法规定的记录②。经批准到艺术院校从事教学、研究工作的外国或者港澳台艺术人员从事营业性演出的，委托演出经纪机构承办。

关于演出项目的法律要求及获准基本程序。演出内容不违反国家法律，不含有危害国家统一、主权和领土完整、危害国家安全、煽动民族仇恨、破坏民族团结、违反宗教政策和民族风俗习惯的内容，以及无宣扬淫秽色情、封建迷信等法律禁止的情形。主管部门审核涉外或者涉港澳台营业性演出项目，必要时可以依法组织专家进行论证；举办营业性涉外或者涉港澳台演出，举办单位负责统一办理外国或者港澳台文艺表演团体、个人的入出境手续，巡回演出的还要负责其全程联络和节目安排③。需要返场加唱、加演的节目，与正式演出的节目一并报审。主管部门根据审批需要，要求举办单位报送完整的中、外文节目资料（文字或视听资料）；演出举办单位对参加营业性演出活动的外国和港澳台文艺表演团体和个人资信情况进行全面了解并提交相关材料。对冠以"皇家""国家""国立"等名义的国外文艺表演团体，举办单位要求其提供所在国的有效证明文件；申请举办营业性涉外或者涉港澳台演出，应当在演出日期20日前将申请材料提交负责审批的主管部门。对临时组织的演出团（组），举办单位在申报材料中予以说明，主管部门在报（批）文中予以明确。对参加文化交流活动的国外和港澳台文艺表演团体或个人，需要增加营业性演出活动的，举办单位应当依照规定另行报批；举办单

---

① 参见文化部《关于加强涉外及涉港澳台营业性演出管理工作的通知》（自2008年7月14日起施行）。

② 参见2016年中国《营业性演出管理条例》第14条。

③ 参见2017年中国《营业性演出管理条例实施细则》第18条、第26条。

位应于演出日期 3 日前持演出活动批准文件到演出所在地县级主管部门备案。

关于在华外国人参加营业性演出活动规则。营业性演出单位、经纪机构邀请在华外国人参加营业性演出活动，按照批准的时限、演出场所、演出节目组织演出，如有变更，另行申报。在华外国人禁止在公园、广场、街道等公共场所自行组织演出活动。未经批准，擅自邀请在华外国人参加营业性演出或者在营业性歌舞娱乐场所参加演出活动的，由主管部门处理；未经批准，擅自邀请在华外国人参加非营业性演出活动的，由主管部门对邀请者给予警告、限期补办手续或者责令停止演出。任何单位或者个人不得伪造、变造、出租、出借或者买卖营业性演出许可证、批准文件或者营业执照，不得伪造、变造营业性演出门票或者倒卖伪造、变造的营业性演出门票。在华外国人未经批准，擅自参加营业性演出活动的，依法由有关部门处理①。

关于香港特别行政区、澳门特别行政区、台湾地区演艺人员入境商演活动规则。依法规范演出经营主体之间的权利、义务关系，对存在委托代理关系的演出项目，举办单位附送相关合同文件，合同中权利、义务关系的约定符合规定。按照"谁申办谁负责"的原则，明确演出经纪机构与委托、投资单位等演出活动关联方的权利义务和责任。举办香港特别行政区、澳门特别行政区、台湾地区演艺人员入境商演活动，演出经纪机构与香港特别行政区、澳门特别行政区、台湾地区演艺人员经纪人依照经批准的演出意向书签订正式的演出合同，并将合同副本报文化部备案。举办单位应严格按批准文件的内容和演出合同组织演出。演出活动如有变更，须另行申报审批。未经批准擅自举办香港特别行政区、澳门特别行政区、台湾地区演艺人员入境商演活动，主管部门应责令停演，没收演出收入，并追究演出组织者的责任；情节严重的，由发证部门吊销演出经营许可证。经批准的香港特别行政区、澳门特别行政区、台湾地区演艺人员入境商演活动，由演出经纪机构直接组织，如转卖转包他人经营，主管部门应责令停演，没收演出收入；情节严重的，由原发证部门吊销演出经营许可证。如在电台、电视台、报刊发布演出广告，须填写由文化和旅游部统一印制的演出广告登记表，加盖"文化和旅游部营业演出管理专用章"后方可发布。对香港特别行政区、澳门特别行政区、台湾地区演艺人员入境商演活动，中央和地方的主要新闻媒体不做促销性宣传，电台、电视台不予现场转播。演出经纪机构应在演出之前，将演出合同副本及纳税责任人或代扣代缴责任人等有关资料报送当地税务部门，演出所得收入应依法纳税。举办香港特别行政区、澳门特别行政区、台湾地区演艺人员入境参与的社会福利性募捐义演，经省级以上民政部门认可后，按程序报批；演出收入除必要的成本开支外，应全额捐献给受捐单位。

关于演出合同档案方面。涉外巡回演出的举办单位切实履行演出的申报（备案）、节目安排、安全保障、全程监管等责任，禁止以委托承办、协作举办等名义将责任转交演出所在地承办、协作单位，承办、协作单位不超越权限履行本应由举办单位履行的责任、义务。涉外演出合同档案是指我国的单位同外国演出团体及其他经济组织或者个人之间订立的、有保存价值的演出合同及其有关文件材料。演出经纪机构与当地承办（协办）涉外演出项目的演出经纪机构所签订的演出合同，于演出前 10 天报省级主管部门备案。演出合同的归档范围，包括：运输、劳务出口、保险、贷款、租赁、保管、委托、代理等方面所形成的各种不同形式和载

---

① 参见文化部 1999 年《在华外国人参加演出活动管理办法》（第 15 号）；文化部 1994 年《关于加强港澳台演艺人员入境商演活动管理的通知》（文化部文市发 66 号）。

体的演出合同文件材料;演出合同订立过程中形成的项目建议书、可行性研究报告、章程、资信调查材料、意向书、备忘录、担保书、委托书、批准书、确认书、达成协议的来往文电、演出合同正本及演出合同证明的附件等;演出合同履行中产生的海关申报单和工商登记材料,以及有关演出合同修改补充、转让、变更、解除、调解、仲裁、终止等方面的文件材料。凡归档的演出合同文件材料必须是原件。演出合同成立后,在合理期限内移交给本单位的档案机构或档案工作人员集中统一保管,归档演出合同文件材料的整理立卷,可按项目组卷(即一个项目的演出合同文件材料,组成一卷或数卷),或者按项目性质、专业,结合地区、价值等特征分门别类,组成案卷。根据国家有关档案保管期限的规定,正确划分本单位的演出合同档案保管期限。档案机构或档案工作人员,编制演出合同档案的检索工具。

关于出入境演出方面。禁止向境外派遣演职人员、艺术团组到夜总会、餐饮及色情场所演出。任何部门、机关、团体、企业事业单位等均不准利用劳务形式组织或承办对外文化交流活动。未经主管部门按规定程序批准,任何机构或个人禁止对外做出承诺或与外方签订有关文化艺术表演活动的正式合同。涉外文化艺术表演项目的申报单位,必须是项目的主办或承办单位,严禁买卖或转让项目批件。主办单位如须变更已经文化和旅游部批准的涉外文化艺术表演项目内容,或在签订正式合同时变更已经批准的意向书内容,须在活动具体实施前30天另行报批。演出公司承办营业性涉外演出,负责统一办理外国文艺表演团体和个人的出入境手续,巡回演出的还要负责其全程联络和节目安排。举办营业性涉外演出,应根据舞台设计要求,优先选用境内演出器材。涉外演出承办单位必须严格遵守国家有关规定,接受政府主管部门、海关、工商、财政、税务、物价、公安、卫生、检疫、审计及其他有关部门的管理、监督和检查。涉及港澳台地区的演出,参照出入境演活动规则进行规制。

关于演出税收方面。我国相关法规主要有《个人所得税法》《外商投资企业和外国企业所得税法》《工商统一税暂行条例》《中华人民共和国税收征收管理法》《国家税务总局、文化部、国家体委关于来中国从事文艺演出及体育表演收入应严格依照税法规定征税的通知》及中国政府同有关国家政府签订的税收协定。外国或香港特别行政区、澳门特别行政区、台湾地区演员、运动员以团体名义在境内从事文艺、体育演出,演出人员及单位对所取得的收入依法缴税。涉外演出收入征税,应根据情况分别处理。第一,签署有避免双重征税协定。符合我国对外签署的避免双重征税协定免税条件的,应由主办单位提供我国同对方国家政府间文化交流协定或计划,并附报按照上述协定或计划签署的演出或表演合同,经当地税务机关审核同意后,可按税收协定有关规定免予征收个人所得税、企业所得税和工商统一税。凡不符合免税条件的,依照我国法律及我国国政府同有关国家政府签订的税收协定的有关规定征税。第二,演合同的包税条文无效。任何单位对外签订的演出或表演合同中,禁止列入包税条文。凡违反税法或税收协定的规定,在合同中擅自列入的包税条款,一律无效。第三,代扣代缴应纳税款。对外国或香港特别行政区、澳门特别行政区、台湾地区演员按照合同进行演出或者表演取得的收入,主办单位或接待单位应在演出或表演结束后,按照税法的规定,代扣代缴应纳税款①。主管税务机关可以指定各承包外国、香港特别行政区、澳门特别行政区、台湾地区演出、表演活动的演出场(馆、院)或中方接待单位,在其向演出团体、个人

---

① 参见国家税务总局、文化部、国家体委《关于来我国从事文艺演出及体育表演收入应严格依照税法规定征税的通知》(1993 年 9 月 27 日国税发〔1993〕89 号)。

结算收入中代扣代缴该演出团体或个人的各项应纳税款。凡演出团体或个人未在演出所在地结清各项应纳税款的,中方接待单位应在对外支付演出收入时代扣代缴该演出团体或个人所欠应纳税款。各有关单位在对外签订演出或表演合同前,应主动同当地税务机关联系,了解我国税法及有关税收协定的规定。依据我国法律规定,任何单位对外签订的演出或表演合同中,禁止列入包税条文。凡违反税法或税收协定的规定,在合同中擅自列入的包税条款,一律无效。同时国家有关的规定对纳税包括减免税收的手续做出了相应的规定。境外团体或个人在我国境内从事文艺活动,各中方接待单位在对外签订演出或表演合同后的七日内,应将合同、资料报送各有关演出、表演活动所在地主管税务机关。符合我国对外签署的税收协定免税条件的,由主办单位提供我国同对方国家政府间文化交流协定或计划,并附报按照上述协定或计划签署的演出或表演合同,经当地税务机关审核同意后,可按税收协定有关规定免予征收个人所得税、企业所得税和工商统一税。

我国法律具体规定了境外团体或个人在我国演出税费征缴制度。一是征税对象、税率。演出团体依照我国《营业税暂行条例》的规定,以其全部票价收入或者包场收入减去付给提供演出场所的单位、演出公司或演出经纪人的费用后的余额为营业额,按 3% 的税率征收营业税。演出团体能够提供完整、准确费用支出凭证的,依照我国《外商投资企业和外国企业所得税法》规定,演出团体的收入总额减除实际支出的费用后的余额,按 25% 的税率缴纳企业所得税;对演出团体实际支付给演员个人的报酬部分,依照我国《个人所得税法》征收个人所得税。演出团体不能提供完整、准确的费用支出凭证,不能正确计算应纳税所得额的,在计算征收企业所得税时,根据企业所得税法实施细则规定的原则,应以其收入总额减除支付给演员个人的报酬部分和相当于收入总额 30% 的其他演出费用后的余额,依照企业所得税法规定的税率征收企业所得税和地方所得税;对上述支付给演员个人的报酬部分,依照个人所得税法的规定,由演出团体支付报酬时代扣代缴个人所得税。对没有申报支付给演员个人报酬额的或未履行代扣代缴义务的,以其收入总额减除上述相当于收入总额 30% 的其他演出费用的余额视为该演出团体的应纳税所得额,依照企业所得税法计算征收企业所得税和地方所得税。对演员个人不再征收个人所得税。对前述演出团体支付给演员个人的报酬,凡是演员属于临时聘请,不是该演出团体雇员的,依照个人所得税法的规定,按劳务报酬所得,减除规定费用后,征收个人所得税;凡是演员属该演出团体雇员的,应依照个人所得税法的规定,按工资、薪金所得,减除规定费用后,征收个人所得税。对外国或香港特别行政区、澳门特别行政区、台湾地区演员以个人名义在中国内地(大陆)从事演出、表演所取得的收入,应以其全部票价收入或者包场收入减去支付给提供演出场所的单位、演出公司或者经纪人的费用后的余额为营业额,依 3% 的税率征收营业税;依照个人所得税法的有关规定,按劳务报酬所得征收个人所得税[①]。二是,税款申报缴纳。演出团体或个人向演出所在地主管税务机关申报缴纳应纳税款。详言之,演出团体及个人缴纳营业税时,应以其在一地的演出收入,依照营业税暂行条例的有关规定,向演出所在地主管税务机关申报缴纳。对于演出团体应缴纳的企业所得税和地方所得税的数额,演出团体应以其在一地的演出收入,依照企业所得税法及其实施细则等有关规定,计算应纳税所得额及税款,并向演出所在地主管税务机

---

① 参见国家税务总局《关于境外团体或个人在我国从事文艺及体育演出有关税收问题的通知》(自1994 年 4 月 21 日起施行)。

关申报缴纳。依实际费用支出计算纳税的演出团体,在全部演出活动结束后,可在与其签订演出合同的中方接待单位所在地主管税务机关,办理企业所得税结算手续。对于演员个人应缴纳的个人所得税,以其在一地演出所得报酬,依照个人所得税法的有关规定,在演出所在地主管税务机关申报缴纳,属于劳务报酬所得的,在一地演出多场的,以在一地多场演出取得的总收入为一次收入,计算征收个人所得税。

关于演出法律适用方面。法律、法规另有规定的除外,涉外演出合同纠纷的解决适用我国法律。在民商事范围内,我国缔结的条约与国内法有不同规定的部分,在国内可以直接适用。如《罗马规约》保护表演者权,规定未经表演者同意他人向公众传播他们的表演,但如该表演本身就是广播演出者例外[1];《伯尔尼公约》规定,如果成员国的主管当局认为有必要对于任何演出,可以通过法律或条例行使许可、监督或禁止的权力[2]。国际法的渊源一般是指国际法规则作为有效的法律规则所存在和表现的方式。它的意义在于指明去哪里寻找国际法规则,以及如何识别一项规则是否是有效的国际法规则。在涉外演出中,对国际法源也需要把握,它们是被普遍认同的国际最权威的规则来源,依国际法裁判时应适用普通或特别国际协约、国际惯例、一般法律原则、司法判例及各国权威最高之公法学家学说作为确定法律原则的补助、"公允及善良"原则[3]。在民商事法律范围以外,条约在国内的地位相当于相应国内法,但条约在香港特别行政区、澳门特别行政区、台湾地区的适用的情况复杂;WTO 协议在我国要采取"转化"的方式适用。香港特别行政区、澳门特别行政区、中国台湾地区与内地存在区际法律冲突,依据《最高人民法院关于贯彻执行〈中华人民共和国民法通则〉若干问题的意见(试行)》的精神,采用最密切联系原则确定准据法。有关边境省份同毗邻国家边境地区的文化艺术表演交流活动,按文化和旅游部有关管理办法执行;有关涉外文化艺术表演活动的财务管理,按文化和旅游部、财政部和国家外汇管理局的有关规定执行。香港特别行政区、澳门特别行政区演出经纪机构在内地的分支机构可以依法从事营业性演出的居间、代理活动,但不得从事其他演出经营活动,分支机构不具有企业法人资格,其民事责任由设立分支机构的演出经纪机构承担[4]。

---

[1] 参见《罗马规约》第 7 条。
[2] 参见《伯尔尼(1979)》第 17 条。
[3] 参见《国际法院规约》第 38 条。
[4] 参见 2017 年中国《营业性演出管理条例实施细则》第 12 条。

第十三章

演出主体法律责任

第一节　演出主体法律责任概述

演出违法是指违反现行演出法的规定从而侵犯了演出法所保护的演出社会关系的行为。演出违法行为表现为积极的作为、消极的不作为,还可以表现为超出演出法定权利界限而行使权利和故意规避或疏于履行演出法定义务的方式。由于演出本身的发展性、演出法的不完善性以及演出法本身的非万能性,判定一个行为是否违反演出法,不能以符合演出法为唯一依据。现实中,演出主体经营活动可能无演出法的根据,也不是合法演出及违法演出,即通俗说的"打擦边球",不应该归于演出违法行为,但也不意味演出法保护这种演出行为。可见,演出违法行为有特定构成要素,同时具备四大要件。第一,演出违法是违反演出法的禁止性规定的行为。演出法是演出活动规范,非其他法律规范,演出活动违法与否须是演出主体外在经营的行为的判断,单纯的演出规划及设想并不构成演出违法。第二,演出违法是实际侵犯演出法所保护的演出关系的行为。没有侵犯演出法所保护的社会关系的行为,或者行为对象不是演出法所保护的对象,都不构成演出违法。第三,演出违法一般是演出主体过错的行为。在演出经营活动中,演出主体不是主观过错,而是不可抗力或不能预见、自救行为、情势变迁引起演出活动客观上损害他人或组织的权益,演出主体不违法。但值得注意的是,演出法作为制度安排,目的是均衡演出涉及的各方利益,因而,法律规定某些演出活动的主体虽非过错却需要承担责任。第四,演出违法的主体具有演出法定责任能力。演出法责任主体具有演出法上的资质,并依据主体类型承担责任,如连带清偿责任、有限责任等民事责任,从轻、从重或者免予刑罚等刑事责任,停止或变更行为等行政责任。目前,我国演出违宪行为还未纳入演出法调整范围。演出违法行为的四个构成要件是一个统一体,也是判断演出行为是否受法律保护的标准。

与演出违法紧密联系的是演出法律责任。演出法律责任有多种含义,在广义上,演出法律责任是演出主体履行的演出法定义务或职责,也是演出法的应然责任;在狭义上,演出法律责任是演出违法者对自己的违反演出法行为应承担的演出法律后果。一般来说,演出法律责任是指狭义上的演出法律责任。演出法律责任是以演出违法行为为前提的,国家追究违法者演出法律责任的目的,是维护演出法所确认的演出社会关系和演出市场秩序。承担演出法律责任,意味着演出违法者接受国家对其演出违法行为的评价、谴责和否定。为此,在一般情况下,演出法律责任归责原则是过错责任为主、严格责任为辅,也就是主要坚持有过错有责任,无过错无责任;同时,在特定情况下,致害方无过错也应承担一定责任。这是因为,在信息时代、全球化时代,舞台演出特别是民族艺术演出,侵权人的主观过错有时非常难以取得证据。此外,演出法也应该坚持告诉与司法主动处理结合原则,因为演出经营对象是演出产品,演出产品既是物质产品又是文化载体,国家不能够完全采用私法原则,对演出违法行为不告不理,而应该视情形主动追究侵权人责任,尤其在涉及民族艺术演出保护时,在演出主体个体无力救济的情况下,国家机关应该依法主动提起公益诉讼追究侵权人法律责任。

有演出法律责任就有责任后果,表现为演出法的制裁。演出法的制裁是由特定国家机关对演出违法者依其所应承担的演出法律责任而实施的强制性处罚措施。在我国,演出法律责任分为演出司法责任和演出行政责任。演出司法责任是指由司法机关加以追究的演出法律关系主体的责任,包括刑事责任和民事责任。刑事责任由实施犯罪行为的人对具备犯罪构成要件是承担刑事责任的依据,具体责任在主刑有管制、拘役、有期徒刑、无期徒刑、死刑,附加刑有罚金、剥夺政治权利、没收财产,外国人的驱逐出境①。民事责任是演出法所规定的演出主体应履行的义务,包括经济责任、精神责任和行为责任。演出法主要规制演出主体的民事责任,具体有以下几类:侵害财产所有权的民事责任,即演出主体侵害他人(包括其他人、国家、集体或其他组织财产,以下同)财产权的,应返还非法侵占的财产,如财产不能返还的,则折价赔偿;侵害知识产权的,即演出主体以剽窃、篡改、假冒等行为非法侵害的他人知识产权的,应停止侵害、消除影响、赔偿损失;侵害人身权的,即演出主体侵害公民生命健康权、姓名权、肖像权、名誉权、荣誉权等,应停止侵害、恢复名誉、消除影响、赔礼道歉、赔偿损失;演出产品致损责任,即演出主体因提供演出质量不合格造成他人损害的,应承担更换、退货和赔偿损失;共同侵权责任,即2个以上的演出主体共同实施侵权行为,包括教唆、帮助他人实施侵权行为而造成的损害的,全体侵权人应对受害人承担连带责任。纵观我国相关法律,演出主体承担民事责任的方式主要有:停止侵害、排除妨碍、消除危险、返还财产、恢复原状、更换重作、赔偿损失、支付违约金、消除影响、恢复名誉、赔礼道歉,法院予以训诫、责令具结悔过、收缴财物、没收非法所、罚款、拘留②。

行政责任是演出主体违反演出法的规定但又不构成司法责任而必须承担的演出法律责任,分为行政处罚、行政处分等几种。行政处罚是相关行政机关依演出法定程序,对违反演出法规的演出主体实施的一种行政强制性措施,包括警告、罚款、没收违法所得、没收非法财物、责令停产停业、暂扣或者吊销演出许可证、暂扣或者吊销执照、行政拘留、加收滞纳金、停止演出、责令赔偿损失、法律行政法规规定的其他行政处罚③。行政处分是主管机关依照行政隶属关系,对有演出违法失职行为的国家工作人员或所属人员所实施的行政措施,主要有警告、记过、记大过、降级、降职、开除、留用察看等。

---

① 参见 2017 年中国《刑法》第 33 至第 35 条。
② 参见 2017 年中国《民法总则》第 179、第 185 条、第 187 条。
③ 参见 2017 年中国《行政处罚法》第 8 条。

第二节　演出主体违法行为及责任形态

一、演出主体的资质责任

(一)演出主体的资质不当责任

演出主体的资质不当责任是因为演出主体不具有演出资质或者对某些演出项目不具有资质,而开展演出经营,从而承担责任的一种法律责任类型,责任类型及其形式分为无资质演出及违规演出两大类责任。无资质演出又有擅自设立演出经营主体、超范围演出经营、对变更演出经营项目无资质等行为,违规演出包括无工商执照演出经营及擅自演出经营。

演出准入制采取事先行政准入原则,因为演出主体的无资质不仅损害了政府行政许可权,而且也侵害了其他有资质的演出主体公平竞争权。同时,由于演出的特殊性质,国家对之高度管理,经营主体的高制度风险经营,资质责任就成为第一大责任。第一,依据演出相关法律,演出主体原始资质违法情形主要有三类。(1)国民资本设立演出主体违法。未向主管部门提出设立文艺表演团体、演出经纪机构申请,或者提出的设立申请未获得主管部门批准,或者取得演出许可证后未办理营业注册登记,或者未能够领取营业执照。(2)涉外资本违法设立演出主体。涉外资本设立的文艺表演团体,或者外资独立设立演出经纪机构、演出场所经营单位;在中外合资设立的演出经纪机构、演出场所经营单位中,外资合作者拥有经营主导权。涉外资本设立演出主体未通过省级主管部门向国家主管部门申请,或者省级主管部门、国家主管部门未予批准;或者涉外资本取得演出许可证后,未依照有关外商投资的法律、法规的规定办理其他审批手续。(3)香港特别行政区、澳门特别行政区、台湾地区资本违规设立演出主体。香港特别行政区、澳门特别行政区在内地设立演艺团体及演艺团体分支机构;台湾地区资本在大陆设立的演出主体中拥有经营主导权,或者设立文艺表演团体,或独资设立演出经纪机构、演出场所经营单位。第二,演出主体后续资质违法情形主要有四类。(1)违规举办组台演出。如文艺表演团体、个体演员自行举办营业性组台演出,演出场所经营单位在本单位以外举办营业性组台演出。(2)违规开展演出经纪。如个体演出经纪人从事营业性演出的行纪活动。(3)违规举办涉外演出。如文艺表演团体、个体演员、演出场所经营单位或者其他个人举办涉外及香港特别行政区、澳门特别行政区、台湾地区的营业性演出,但文艺表演团体自行举办营业性演出除外。举办涉外及香港特别行政区、澳门特别行政区、台湾地区的营业性演出时不具备条件,如无 2 年以上举办营业性演出的经历、前 2 年内有违规记录,隐瞒近 2 年内违规的记录,提交虚假书面声明。(4)变更后无资质演出。文艺表演团体和演出经纪机构变更名称、住所、法定代表人或者主要负责人、营业性演出经营项目,未申请换发演出许可证,或者未办理工商变更登记。文艺表演团体、演出经纪机构、个体演员、个体演出经纪人重点事项变重新取得资质不备案;演出场所经营单位未到工商部门办理变更登记并向原备案机关重新备案。

同时,法律对经营行为一般设置了工商登记前置程序,不仅如此,对一些特殊活动,还设置了特殊资格取得制度,否则就是资质缺损,在这种情况下开展演出活动就是违规演出。常见情形主要有三类。(1)手续不全。演出场所经营单位办理工商登记领取营业执照后,未办理消防、卫生等法定审批手续。演出场所经营单位、个体演员及个体演出经纪人办理工商登记领取营业执照后内未向所在地主管部门备案;或者募捐义演或者其他公益性演出结束后,演出举办方未将演出收支结算报审批机关备案。非演出场所经营单位未报演出所在地主管部门审批,举办驻场涉外演出。(2)擅自演出。经批准到艺术院校从事教学、研究工作的外国或者我国港澳台地区艺术人员,未经委托演出经纪机构承办,擅自从事营业性演出。歌舞娱乐场所、旅游景区、主题公园、游乐园、宾馆、饭店、酒吧、餐饮场所等非演出场所经营单位在自己所辖场所内举办营业性演出,未委托演出经纪机构承办,擅自举办演出。(3)内容性质涉及准入而行为无资质。在演播厅外从事符合营业性演出条件的电视文艺节目的现场录制,未办理审批手续。未办理审批手续,擅自举办募捐义演或者其他公益性演出;或者募捐义演或者其他公益性演出的举办单位或者演员从义演中获取物质利益。

我国法律对此类违法行为,法律规定的演出主体的法律责任有[①]:行为罚即由县级主管部门取缔该演出活动;财产罚即没收演出器材和违法所得,并处罚款,没有违法所得或并处罚款;变更后无资质演出的,责令改正,给予警告,并处罚款;刑事责任是非法经营罪,即未经许可经营从事非法经营活动、扰乱市场秩序、情节严重的行为,视情节处以有期徒刑或拘役,并处或单处罚金,或没收财产;单位犯罪的对单位判处罚金并对其直接负责的主管人员和其他直接责任人员依法处罚。非法经营罪是指违反国家规定、进行非法经营活动扰乱市场秩序情节严重的行为,它扰乱了国家对演出活动的管理秩序,包括演出商品的生产、运输、销售等一系列活动,惩治非法经营犯罪对维护我国演出市场秩序的稳定有着重要作用。在这里,"违反国家规定"是指违反全国人民代表大会及其常务委员会制定的法律和决定,国务院制定的行政法规、规定的行政措施、发布的决定和命令;非法经营行为具体表现在:未经许可经营法律、行政法规规定的限制买卖的物品;买卖进出口许可证以及其他法律、行政法规规定的经营许可证或批准文件的;其他严重扰乱演出市场秩序的非法行为;"情节严重"主要是指从事非法演出经营活动数额较大的,或多次从事非法演出经营活动,或经两次以上行政处罚仍然违法演出,或对演出市场和社会安定造成严重影响的等。

(二)演出主体的资质同一性责任

演出主体尽管取得了设立的资质,但因为种种原因而导致其经营活动发生变化,如参与单位、演出人员、演出项目等,这些变化对演出可能产生实质性影响,使原有的资质取得条件发生巨大改变而失去原有资质效力,其行为成为违法演出行为。也存在这些情形,如演出时间、地点、场次等发生变化,侵害演出执法管辖权,导致原有资质存在丧失或扩张的可能。为此演出主体需要承担保有自己演出活动适格以及依据诚信原则开展监督的责任,即在演出活动中,演出主体对资质的演出资质保持完整性,即资质同一性,否则发生变动而未取得新资质就是违法行为,须承担相应的法律责任。

实践中,演出主体因为演出资质保有的非同一性,导致违法的情形主要表现在:(1)举办国内营业性演出,未向演出所在地县级文化主管部门提出申请,或者申请未获批准而演出;(2)举办营业性演出,举办临时搭建舞台、看台的营业性演出,在演出前,未提交演出名称、演出举办单位和参加演出者、演出时间、地点、场次、节目及其视听资料,举办临时搭建舞台、看

---

① 参见 2016 年中国《营业性演出管理条例》第 7 至第 13 条、第 15 条、第 43 条、第 50 条;2017 年中国《营业性演出管理条例实施细则》第 49 至第 50 条、第 52 至第 53 条、第 57 条;2017 年我国《刑法》第 225 条。

台的营业性演出,在演出前未提交安全保卫工作方案和灭火、应急疏散预案,应依法取得的安全、消防批准文件。或者前述单位所提交材料不符要求而开展演出活动。(3)违规举办需要未成年人参加的营业性演出。(4)申请举办营业性组台演出,未提交文艺表演团体、演员同意参加演出的书面函件。(5)非演出场所经营单位为未经批准的营业性演出提供场地。(6)在非歌舞娱乐场所举办涉外(含涉台)营业性演出,演出举办单位未向国务院文化主管部门申请;在歌舞娱乐场所举办涉外(含涉港澳)营业性演出,演出举办单位未向演出所在地省级文化主管部门提出申请,或者前述申请未获批准而演出。(7)经批准的涉外演出在批准的时间内需要增加演出地的,举办单位或者具有涉外资格的演出经纪机构,未在增加地省级文化主管部门备案或者未抄报文化和旅游部。

依据我国法律,演出主体未经批准开展演出活动责任主要有[1]:未经批准举办营业性演出,或者变更演出举办单位、参加演出者,或者节目被变更未重新报批,相关部门应责令停止演出,没收违法所得并处罚款或者单处罚款,情节严重的由原发证机关吊销营业性演出许可证;变更演出的名称、时间、地点、场次未重新报批,相关部门应责令改正,给予警告,可以并处罚款;演出场所经营单位为未经批准的营业性演出提供场地,相关部门应责令改正,没收违法所得,并处罚款。

二、演出主体的演出权证责任

演出权证包括演出许可证、批准文件、营业执照、演出门票、演出活动经营权。演出许可证是实施演出市场准入的前提,违法取得和使用演出许可证不仅危害国家管理机关的监管权、损害演出主体的合法利益,而且可能导致演出监管失控而危及整个演出市场的经济秩序,是明显的违法行为。"批准文件"更多的是涉外及香港特别行政区、澳门特别行政区、台湾地区演出审批文件。作为文化传播载体的演出产品,具有政治形态性,如果这些文件被违法取得、使用,将难以把握演出产品的质量、也可能让境外有违公共秩序及违反我国法律禁止的"十条底线",冲击民族文化,长此以往或严重泛滥,将危及国家文化安全。演出门票直接反映演出主体的经济利益,也涉及企业监管制度,危害国家对有价票证的管理制度。因为演出门票也是"有价票证",是指由国家或其他有关部门制定和发行的具有一定使用价值在规定的范围内流通或使用的票据、书面凭证。

实践中,常见的违法取得、使用演出权证的主要情形有四大类。(1)违法取得、使用演出证件文书行为。演出主体伪造、变造、出租、出借或者买卖营业性演出许可证;伪造、变造、出租、出借或者买卖批准文件;伪造、变造、出租、出借或者买卖营业执照;以其他非法手段取得营业性演出许可证、批准文件。(2)违法取得、使用演出门票。演出主体伪造、变造演出门票;倒卖伪造、变造的演出门票;未经批准,擅自出售演出门票。演出举办单位印制、出售超过核准观众数量的或者观众区域以外的营业性演出门票。(3)演出举办方不履行应尽义务。在演出经营活动中,演出举办方不办理演出申报手续、安排演出节目内容及演出场地并进行相关管理,不确定演出票价并负责演出收支结算,不依法缴纳或代扣代缴有关税费,拒绝主管部门的监督管理,不履行其他依法需要承担的义务,倒卖、转让演出活动经营权。(4)举办

---

① 参见 2016 年中国《营业性演出管理条例》第 14 条、第 16 至第 17 条、第 44 条;2017 年中国《营业性演出管理条例实施细则》第 19 条、第 22 条、第 46 至第 47 条、第 51 条。

涉外及涉及香港特别行政区、澳门特别行政区、台湾地区演出,举办单位未恰当办理出入境手续;巡回演出时候不负责全程联络和节目安排。这里的"伪造"是指仿照演出许可证、批准文件、营业执照及演出门票的式样、规格、色彩、图案等制造假的票证;"倒卖"是指将票证转手出售包括为出售而购买。

演出主体违法取得、使用演出票证,将产生经济责任、行政责任、刑事责任。依据我国法律①,其一,演出主体违法取得、使用演出证件文书的法律责任有:停止违法活动并处罚款;没收违法所得,并处罚款;吊销演出许可证、撤销批准文件;情节严重的且构成伪造、变造、买卖国家机关公文、证件、印章罪,处有期徒刑、拘役、管制或者剥夺政治权利;情节严重的,处有期徒刑。其二,演出主体违法取得、使用演出门票的法律责任有:责令改正,没收违法所得并处罚款,或并处罚款;造成严重后果的,吊销演出许可证。违法数额较大的情形下,将构成伪造、倒卖伪造的有价票证罪。这里的数额既包括伪造、倒卖伪造的有价票证的张数也包括伪造或倒卖伪造的有价票证的价额。依据我国法律,构成犯罪的,处有期徒刑、拘役或者管制,并处或者单处票证价额倍数罚金;单位犯罪的,对单位判处罚金,并对其直接负责的主管人员和其他直接责任人员,依照扰乱市场秩序罪处罚。

三、演出主体演出内容责任

演出内容违法是世界各国都进行禁止的演出,而且纵观国内外演出法律制度,各国都制定了严格的演出内容认定标准,这也是演出产品进入市场的重要组成,我国也不例外,即"十条最低标准"。依据我国现有法律,这"十条最低标准"具体内容是营业性演出禁止:反对宪法确定的基本原则的;危害国家统一、主权和领土完整,危害国家安全,或者损害国家荣誉和利益的;煽动民族仇恨、民族歧视,侵害民族风俗习惯,伤害民族感情,破坏民族团结,违反宗教政策的;扰乱社会秩序,破坏社会稳定的;危害社会公德或者民族优秀文化传统的;宣扬淫秽、色情、邪教、迷信或者渲染暴力的;侮辱或者诽谤他人,侵害他人合法权益的;表演方式恐怖、残忍,摧残演员身心健康的;利用人体缺陷或者以展示人体变异等方式招徕观众的;法律、行政法规禁止的其他情形。就实践来看,演出主体演出内容违法责任包括两大类型,即故意从事内容违法的演出活动,是积极违禁性违法;在演出过程中发现演出内容违法而不采取补救措施,继续从事违法演出,是消极违禁性违法。

第一大类型,积极违禁性违法行为。事先明知或应知道演出内容违反"十条最低标准"而演出,是主观过错违法,包括故意与过失违法。故意是指演出主体明知自己的演出会发生危害社会的结果,并且希望或者放任这种结果发生的一种心理态度。演出主体认识到了自己的行为及结果是具有社会危害性的,即演出主体认识到其行为所侵犯的演出管理制度;演出主体根据其行为内容、作用认识到其行为的社会危害性;演出主体对危害结果有所认识;演出主体对违法时间、地点、方法的有所认识。而且演出主体希望或者放任危害结果发生,即演出主体积极追求危害结果发生的态度,或者虽演出主体不追求但有意纵容危害结果发生的态度。过失是指演出主体应当预见自己的行为可能发生危害社会的结果,因为疏忽大意而没有预见,或者已经预见而轻信能够避免,以致发生这种结果的心理态度。演出主体在

---

① 参见 2016 年中国《营业性演出管理条例》第 32 条、第 45 条、第 51 条;2017 年中国《刑法》第 227 条、第 231 条、第 280 条;2017 年内中国《营业性演出管理条例实施细则》第 28 至第 30 条、第 54 至第 55 条。

当时条件下具备认识发生危害结果的能力，但认为自己的行为不会发生危害社会的结果；或者由于演出主体已经预见到危害结果发生的可能性，但高估计了避免危害结果发生的有利条件以至于发生危害社会的结果。过失的意志因素是行为人虽不希望危害社会的结果发生，但未履行其应当履行的注意避免危害结果发生的义务。现实中，一些地方极少数人打着"艺术"的幌子，在公共场所以自虐或虐待动物等形式表演或展示血腥、残暴、淫秽场面①。在公共场所表演或者展示血腥、残暴、淫秽等场面，展示人体性器官或进行其他色情表演等有伤社会风化的演示行为；有关艺术创作、教育、研究单位极少数人以"艺术"的名义表演或展示血腥、残暴、淫秽场面。

第二大类型，消极违禁性违法行为。演出场所经营单位、演出举办单位发现演出有"十条最低标准"禁止情形未采取措施予以制止；未向县级文化主管部门、公安部门报告。此外，现实中一些生产厂家、商店、娱乐场所和个人为增强竞争力，在公众聚集场所，组织裸体的人体彩绘展示活动，如在商场、广场、公园、展览会、展销会娱乐演出场所、公共文化设施等公共场所进行裸体的人体彩绘活动；利用未成年人进行裸体的人体彩绘活动；在娱乐演出场所，或者在影剧院、美术院、文化馆、图书馆、博物馆等公共文化设施内组织裸体的人体彩绘活动；以裸体、半裸体、三点着装等形式的人体为媒介发布广告；以"人体彩绘"为名，组织淫秽表演。这些属于违反"十条最低标准的"行为，应该禁止并处罚相关经营主体，也应该承担责任②。

演出主体演出内容违法责任，因为违法类型不同、危害性有差别而有所区别。依据我国法律③，演出场所经营单位、演出举办单位具有消极违禁性违法行为时应承担行政与经济责任，即警告并处罚款；对未履行报告义务的，警告并处罚款。演出主体有积极违禁性违法行为时应承担综合性全部责任，包括经济、行政、刑事责任。详言之，一是行政处罚：责令停止演出，没收违法所得并处违法所得倍数罚款，或并处罚款；情节严重的，由原发证机关吊销演出许可证。二是治安管理处罚，不构成刑事处罚的，处拘留、罚款或者警告。三是刑事责任，主要涉及煽动分裂国家、破坏国家统一罪，以造谣、诽谤或者其他方式煽动颠覆国家政权、推翻社会主义制度罪的，都处有期徒刑、拘役、管制或者剥夺政治权利；首要分子或者罪行重大的，处有期徒刑。组织进行淫秽表演罪犯的，处有期徒刑、拘役或者管制，并处罚金；情节严重的，处有期徒刑，并处罚金；单位犯罪的，对单位判处罚金，并对其直接负责的主管人员和其他直接责任人员，依法处罚。犯侮辱、诽谤罪的，处有期徒刑、拘役、管制或者剥夺政治权利。犯煽动民族仇恨、民族歧视罪的，处有期徒刑、拘役、管制或者剥夺政治权利。

四、演出主体侵犯演出消费者权责任

演出消费者的权利是指在演出消费活动中，消费者依法享有的各项权利的总和。演出

---

① 参见文化部《关于坚决制止以"艺术"的名义表演或展示血腥残暴淫秽场面的通知》（文政法发〔2001〕14号）。

② 参见2003年文化部、公安部、国家工商行政管理总局《关于制止在公众聚集场所进行裸体的人体彩绘表演活动的通知》。

③ 参见2016年中国《营业性演出管理条例》第26至第27条、第46条、第54条；2017年中国《刑法》第105条、第103条、第246条、第249条、第265至第266条；中国《治安处罚法》第19至第22条。

消费者依据《消费者权益保护法》享有权利,特别是演出消费者知悉真情权,即演出消费者享有知悉其接受的演出产品及服务的真实情况的权利,这一权利要求演出主体真实告知演出产品及服务的真实情况。演出经营者向演出消费者提供演出商品和服务,依法履行义务,特别是经营者应当提供真实信息的义务,包括有关演出商品和服务的真实信息,不作引人误解的虚假宣传。为此,法律对演出经营者欺诈行为给予惩罚性赔偿。如《消费者权益保护法》第四十九条规定:经营者提供商品或者服务有欺诈行为的,应当按照消费者的要求增加赔偿其受到的损失,增加赔偿的金额为消费者购买商品的价格或者接受服务的费用的1倍。《合同法》第一百一十三条第2款进一步予以肯定。实践中,对"欺诈行为"以客观的方法检验和认定,即根据演出经营者在提供演出产品或服务时所采用的手段来加以判断,只要证明下列事实存在,即可认定演出经营者存在欺诈:演出经营者对其商品或服务的说明行为是虚假的,足以使一般消费者受到欺骗或误导;演出消费者因受误导而接受了经营者的商品或服务[①]。演出主体侵犯演出消费者权益的行为,除一般侵权行为外,还有如下主要的特殊演出行为。(1)非因不可抗力中止、停止或者退出演出。不可抗力是指不能预见、不能避免并不能克服的客观情况,它具有不能预见性、不能避免并不能克服性。不可抗力包括两类情况:第一类是自然灾害,如地震、台风、洪水、海啸、泥石流、山崩、雪崩、沙暴、蝗灾等;第二类是人的行为,包括战争、罢工、骚乱以及技术风险等。不可抗力发生后,当事人并非自然被全部免除责任,根据不可抗力的影响,部分或者全部免除责任,但法律另有规定的除外;当事人迟延履行后发生不可抗力的,不能免除责任。但无论如何,在不可归因于演出主体的前提下,发生不可抗力,演出主体可以中止、停止或者退出演出,否则就是侵犯消费者权的违法行为,也是违法合同的违约行为。(2)表演团体、主要演员或者主要节目内容等发生变更未及时告知观众。毋庸讳言,在很大程度上文艺表演团体、主要演员或者主要节目内容等优劣决定某项演出本身的质量高低、成败。表演团体的实力及影响度决定了市场的影响力,知名演员更是粉丝某项参与演出活动的决定性因素,经典节目也是一定程度左右观众的核心因素。因此,上述因素的变动不能影响观众消费,而且表演团体、主要演员或者主要节目内容等作为合同的主要因素,是合同履行的实质,因而它们的变更是合同的实质变更,必须告知消费者。消费者有决定是否继续履行合同的权利,如果观众同意履行,则合同继续进行,反之则合同终止履行,在依据合同责任进行承担。如果演出主体不将变动情况告知观众,则是欺诈行为,承担相应责任。(3)演出中利用假唱、假演奏行为,包括以假唱、假演奏欺骗观众,或为演员假唱、假演奏提供条件。假唱、假演奏是指演员在演出过程中,使用事先录制好的歌曲、乐曲代替现场演唱、演奏的行为。如果达不到演出条件,演员和演出的主办单位把这种情况公开向观众说明,演员已经不能唱了或者环境限制必须使用假唱的,观众有权退票。演出举办单位没有派专人对演唱、演奏行为监督,无关于演员、乐队、曲目的名称和演唱、演奏过程基本情况备查记录,或者备查记录没有演出举办单位负责人和监督人员签字确认的,都是对为演出中利用假唱、假演奏行为提供条件。(4)宣传欺诈行为。以政府或者政府部门的名义举办

---

① 参见 2016 年中国《营业性演出管理条例》第 47 至第 48 条;2017 年中国《刑法》第 227 条、第 231 条、第 280 条;2017 年中国《营业性演出管理条例实施细则》第 31 条、第 56 条;中国《合同法》第 117 条;文化部《关于建立预防和查处假唱假演奏长效机制维护演出市场健康发展的通知》(文市发〔2010〕16 号);2015 年中国《广告法》第 9 至第 13 条、第 37 至第 38 条。

营业性演出行为,是歪曲政府公信力,因为政府演出是公益性演出而非以营利为目的。而且外国法律禁止政府或者政府部门非法资助、赞助,或者非法变相资助、赞助营业性演出,或者用公款购买营业性演出门票用于个人消费,否则单位及负责人要承担法律责任。演出冠以"中国""中华""全国""国际"等字样的营业性演出,这类演出规模宏大、演出质量高,而实践中很少真正能够达到这样的演出。演出广告的内容误导、欺骗公众或者含有其他违法内容,违反《广告法》,广告中对演出的内容、形式、允诺表述不清楚、明白,使用数据资料不真实、准确,贬低其他演出者的商品或者服务,大众传播媒介以新闻报道形式发布广告,使消费者产生误解。

依据我国法律,演出主体侵犯演出消费者权益的责任主要有:(1)信用处罚。对省级以上主管部门向社会公布演出举办单位、文艺表演团体、演员违法情况,作为演出信用记录,如2年内再次被公布的,吊销营业性演出许可证或营业执照。这是演出主体特殊责任。(2)赔偿责任。观众有权退场,并依要求演出举办单位赔偿损失;演出举办单位可以依法向负有责任的文艺表演团体、演员追偿。(3)处罚款,处罚实施单位将处罚结果抄送受处罚演出单位、原发证机关或个体演员原备案机关,并上报省级主管部门予以通报。(4)演出举办单位没有现场演唱、演奏记录的,处以罚款。(5)对宣传欺诈行为。责令改正,没收违法所得,并处违法所得倍数罚款,或并处罚款;拒不改正或者造成严重后果的,吊销演出许可证;广告经营者、广告发布者故意的,与广告主承担连带责任。

五、演出主体募捐义演责任

募捐义演是一种扶贫救困的慈善演出,具有很强的公益性,演出所得只能用于公益事业,演出方不能够因此获利。但是,在实际中,存在诸多违法牟利的现象。这些违法行为大致有如下情形:(1)演出举办单位或者其直接责任人员在募捐义演中获取经济利益;(2)实际演出团体或者人员在募捐义演中获取经济利益;(3)未经民政、文化行政管理部门批准,任何单位和个人禁止举办社会福利性募捐义演,收入不交受捐单位或个人;(4)非法募捐的社会团体在救灾募捐义演等活动中开展获利性募捐活动。

演出主体募捐义演获利责任形态主要有[1]:对演出举办单位或者其直接责任人员,责令退付受捐单位;处违法所得倍数罚款,并由省级以上主管部门向社会公布违法行为人的名称或者姓名,直至吊销演出许可证,还可能构成贪污罪及挪用特定款物罪。贪污罪是国家工作人员,受国家机关、国有公司、企业、事业单位、人民团体委托管理、经营国有财产的人员,利用职务上的便利,侵吞、窃取、骗取或者以其他手段非法占有公共财物的行为,与前列人员勾结,伙同贪污的,以共犯论处。挪用特定款物罪,是挪用用于救灾、抢险、防汛、优抚、扶贫、移民、救济款物归个人使用的,从重处罚——处有期徒刑或者拘役。对实际演出团体或者人员责令其退回并交付受捐单位。对未经批准的演出获利,由当地民政部门会同文化行政管理部门予以查处,没收全部违法所得,用于社会福利事业。在救灾募捐义演等活动中进行非法募捐的社会团体,民政部门可以依据《社会团体登记管理条例》的有关规定予以处理。

---

[1]　参见 206 年中国《营业性演出管理条例》第 49 条;2017 年中国《刑法》第 382 条、第 384 条;中国《社会福利性募捐义演管理暂行办法》(民政部令〔1994〕第 2 号);中国《关于救灾募捐义演等有关问题的通知》(1998 年 9 月 3 日);中国《社会团体登记管理条例》第 46 条。

六、演出主体的特殊行政责任

由于演出涉及多个部门,演出产品是复杂的精神产品,国家对之管理严格,因而就发生特定的违反行政管理的行为。主要有五大类特殊情形:(1)违反演出安全、消防规定的行为,如允许观众非法携带枪支、弹药、管制刀具或者爆炸性、易燃性、放射性、毒害性、腐蚀性物品,进入演出场所,危及公共安全;违反消防管理法规,经消防监督机构通知采取改正措施而拒绝执行。演出场所是公共场所,是人群聚集区,也是安全事故易发区,而安全及消防关乎群众生命及国家财产安全,演出主体负有安全义务。演出场所经营单位需要遵循国家《消防法》以及演出安全法规。(2)对违法不依法采取补救措施的行为。逾期不办理工商变更注销登记,即文艺表演团体、演出经纪机构被吊销演出许可证后,或者演出场所经营单位虽被责令停业但有其他经营业务,逾期不办理工商变更或注销登记。(3)演出经营者或者演出单位主要负责人,因为个人应负违法行为而导致追责行为。因违反《营业性演出管理条例》规定,导致被吊销演出许可证,或者被吊销营业执照或者责令变更登记;因演出有"十条最低标准"禁止情形,导致被吊销演出许可证,或者被吊销营业执照或者责令变更登记。(4)主管部门或者文化行政执法机构检查营业性演出现场,演出举办单位拒不接受检查的行为。(5)违反演出市场个人收入调节税行为,如从事演出的纳税义务人有逃避纳税义务行为,或纳税义务人有明显的转移、隐匿演出收入,或扣缴义务人和纳税义务人违法税法行为;演职员偷税。(6)经纪人违法。经纪人妨碍监管行为,如在经纪合同中未附有执行该项经纪合同业务的经纪执业人员的签名,经纪人未将所聘用的经纪执业人员的姓名、照片、执业的经纪项目、联系电话等在经营场所明示,向工商行政管理机关提交或在经营场所明示虚假经纪执业人员材料。经纪人非诚信经纪行为,包括未经登记注册擅自开展经纪活动,或超越经核准的经营范围从事经纪活动,或违反约定或者违反委托人有关保守商业秘密的要求泄露委托人的商业秘密,或采取欺诈、胁迫、贿赂、恶意串通等手段损害当事人利益,或对经纪的商品或者服务作引人误解的虚假宣传,或者对委托人隐瞒与委托人有关的重要事项,或者伪造、涂改交易文件和凭证,或者利用虚假信息,诱人签订合同,骗取中介费,或者通过诋毁其他经纪人或者支付介绍费等不正当手段承揽业务。

具体责任而言,演出主体承担的行政责任主要有以下几方面[①]。安全、消防责任方面,公安部门或者消防部门给予的行政处罚,构成《刑法》第一百三十条危害公共安全罪或危害消费安全罪,处刑罚;逾期不办理工商变更或注销登记的,吊销营业执照。具有追责情形的,原单位法定代表人、主要负责人5年内禁止担任演出单位的法定代表人、主要负责人,个体演员1年内禁止从事演出,个体演出经纪人5年内禁止从事演出的居间、代理活动,演出有"十条最低标准"禁止内容的,禁止再次从事演出或者演出经纪,2年内2次受到行政处罚又有应受处罚的从重处罚。拒不配合检查的,处以3万元以下罚款。违反税法行为的,税务机关责令限期缴纳应纳税款或纳税义务人提供纳税担保,采取税收保全措施;演职员偷税情节恶

劣,或者被第 3 次查出偷税的,除税务机关对其依法惩处外,主管部门可据情节轻重停止其演出活动。至于演出经纪责任,对于经纪人妨碍监管行为,给予警告、处罚款;对于经纪人非诚信经纪行为,给予警告、处罚款,或处罚款,以及按照有关法律法规及行政规章予以处罚。

参考文献

著作部分

一、中文著作

1. 张文显.法理学[M].北京:高等教育出版,2003.
2. 张文显.法哲学范畴研究[M].北京:中国政法大学出版社,2001.
3. 赵芳.表演艺术管理学[M].北京:中国经济出版社.2001.
4. 郑成思.版权法(修订本)[M].北京:中国人民大学出版社,1997
5. 郑成思.版权法[M].北京:中国人民大学出版社,2009.
6. 郑智武.民间表演艺术表演者去论[M].杭州:浙江工商大学出版社,2016.
7. 郑中人.智慧财产权导论[M].台北:五南图书出版公司,1999.
8. 朱庆育.民法总论[M].北京:北京大学出版社,2016.
9. 壮春雨.电视节目学概要(现代传播)[M].浙江大学出版社.2001.
10. 《十二国著作权法》翻译组译.十二国著作权法[M].北京:清华大学出版社,2011.
11. 《中外版权法规汇编》组编.中外版权法规汇编[M].北京:北京师范大学出版社,1993.
12. 《演出经纪人培训教材》编委会.演出经纪人培训教材[Z].北京:中国戏剧出版社,2010.
13. 白桂梅.国际法[M].北京:北京大学出版社,2006.
14. 《澳门特别行政区法律汇编》编委会.澳门特别行政区法律汇编[M].北京:中国社会科学院出版社,2000.
15. 何钰涵.最新<营业性演出管理条例>贯彻实施与营业性演出规范、监督管理、违法违纪行为查处、处罚标准实务全书[M].北京:人民文化出版社,2005.
16. 胡康生.中华人民共和国著作权法释义[Z].北京:法律出版社.2002.
17. 胡月明.演出经纪人[M].北京:中国经济出版社,2002.
18. 柯可.文化产业论[M].广州:广东经济出版社,2001.
19. 李安.营业性演出管理条例释义[Z].北京:中国法制出版社.2005.
20. 李步云.法理学[M].北京:经济科学出版社,2000.
21. 李康化.文化市场营销学(第2版)[M].北京:清华大学出版社,2015.
22. 李明德,管育鹰,唐广良.《著作权法》专家建议稿说明[M].北京:法律出版社,2012.
23. 李明德.美国知识产权法[M].北京:法律出版社,2003.
24. 李明德.著作权法概论[M].沈阳:辽海出版社,2005.
25. 李扬.网络知识产权法[M].长沙:湖南大学出版社,2002.

26. 李雨峰,王迁,刘有东. 著作权论[M]. 厦门:厦门大学出版社,2006.

27. 联合国教科文组织. 版权基本知识[M]. 北京:中国对外翻译出版公司,1984.

28. 克洛德·马苏耶. 罗马公约和录音制品公约指南[M]. 刘波林,译. 北京:中国人民大学出版社,2002.

29. 刘春田. 知识产权法(第五版)[M]. 北京:中国人民大学出版社,2014.

30. 中共中央马克思恩格斯列宁斯大林著作编译局. 马克思恩格斯文集(第7卷)[M]. 北京:人民出版社,2009.

31. 中共中央马克思恩格斯列宁斯大林著作编译局. 马克思恩格斯文集(第8卷)[M]. 北京:人民出版社,2009.

32. 中共中央马克思恩格斯列宁斯大林著作编译局. 马克思恩格斯选集[M]. 北京:人民出版社. 1995(3).

33. 莫纪宏,徐高. 紧急状态法学[M]. 北京:中国人民公安大学出版社,1992.

34. 庞彦强. 艺术经济通论[M]. 北京:文化艺术出版社,2008.

35. 彭向吉. 艺术学概论(第4版)[M]. 北京:北京大学出版社,2015.

36. 沈德咏. 《中华人民共和国民法总则》条文理解与适用[M]. 北京:人民法院出版社,2017.

37. 沈仁干,钟颖科. 著作权法概论[M]. 北京:商务印书馆,2003.

38. 沈宗灵. 法理学[M]. 北京:北京大学出版社,2004.

39. 施文高. 国际著作权法制析论(下)[M]. 台北:三民书局,1985.

40. 史尚宽. 民法总论[M]. 北京:中国政法大学出版社,2000.

41. 世界知识产权组织. 知识产权法教程[M]. 中国专利局,译. 北京:专利文献出版社,1990.

42. 孙国华,朱景文. 法理学[M]. 中国人民大学出版社. 1999.

43. 孙国瑞,杨淑霞. 知识产权法学[M]. 北京:中国民主法制出版社,2005.

44. 王利明,杨立新,姚辉. 人格权法[M]. 北京:法律出版社,1997.

45. 文化部文化市场司. 演出经纪人从业人员读本[M]. 北京:中国戏剧出版社,2005.

46. 文化部文化艺术人才中心. 演出监督[M]. 北京:人民日报出版社,2018.

47. 吴汉东,曹新明,王毅,等. 西方诸国著作权制度研究[M]. 北京:中国政法大学出版社. 1998.

48. 冯晓青. 知识产权法哲学[M]. 北京:中国人民公安大学出版社,2003.

49. 董舆主. 新法律学大辞典[M]. 北京:中国政法大学出版社,1998.

50. 詹启智. 著作权论[M]. 北京:中国政法大学出版社,2014.

51. 张革新. 现代著作权法[M]. 北京:中国法制出版社,2006.

52. 于飞. 公序良俗原则研究:以基本原则的具体化为中心[M]. 北京:北京大学出版社,2006.

53. 张建华. 《信息网络传播权保护条例》释义[M]. 北京:中国法制出版社,2006.

54. 张建新,雷喜宁,刘晓霞. 营业性演出管理条例释义[M]. 新华出版社,2005.

55. 凯尔森. 法与国家的一般理论[M]. 沈宗灵,译. 北京:中国百科全书出版社. 1996.

56. KarlLarenz. 法学方法论[M]. 陈爱娥,译. 台北:五南图书出版公司,1996.

57. M雷炳德. 著作权法[M]. 张恩民,译. 北京:法律出版社,2005.

58. 艾利卡·费舍尔·李希特. 行为表演美学[M]. 余匡复,译. 上海:华东师范大学出版社,2012.

59. 奥特弗利德.赫费.政治的正义性——法和国家的批判哲学之基础[M].庞学铨,李张林,译.上海:上海世纪出版集团,2005.

60. 恩斯特.格罗塞.艺术的起源(旷世名典)[M].杨泽,译.北京:中国社会科学出版社,1999.

61. 哈贝马斯.在事实与规范之间——关于法律和民主法治国的商谈理论[M].童世骏,译.北京:生活·读书·新知三联书店,2003.

62. 黑格尔.小逻辑[M].贺麟,译.北京:商务印书馆,1996.

63. 卡尔.拉伦茨.德国民法通论(上)[M].王晓晔,邵建东,程建英,徐国建,谢怀栻,译.北京:法律出版社,2003.

64. 康德.道德形而上学基础[M].孙少伟,译.北京:中国社会科学出版社,2009.

65. 康德.法的形而上学原理—权利的科学[M].沈叔平,译.北京:商务印书馆,1997.

66. 柯武刚、史漫飞.制度经济学:社会秩序与公共政策[M].韩朝华,译.北京:商务印书馆,2000.

67. 德利娅·利普希克.著作权与邻接权[M].联合国,译.北京:中国对外翻译出版公司.2000.

68. 魏德士.法理学[M].丁小春,吴越,译.北京:法律出版社.2003.

69. 尤尔根·哈贝马.在事实与规范之间:关于法律和民主法治国的商谈理论[M].童世骏,译.北京:生活·读书·新知三联书店,2003.

70. 约格·莱因伯特.WIPO因特网条约评注[M].万勇、相靖,译.北京:中国人民大学出版社,2008.

71. 斯坦尼斯拉夫斯基.演员的角色类型[M].郑雪来,译.北京:人民艺术出版社.1985.

72. 布尔迪厄.文化资本与社会炼金术:布迪厄访谈录[M].包亚明,译.上海:上海人民出版社,1997.

73. 克洛德·科隆贝.世界各国著作权和邻接权的基本原则:比较法研究[M].高凌瀚,译.上海:上海外语教育出版社,1995.

74. 克洛德·马苏耶.保护文学和艺术作品伯尔尼公约(1971年巴黎文本)指南[M].刘波林,译.北京:中国人民大学出版社,2002.

75. 孟德斯鸠.论法的精神(上册)[M].许明龙,译.北京:商务印书馆,2009.

76. 萨伊.政治经济学概论[M].陈福生,译.北京:商务印书馆,1963.

77. 托马斯·皮凯蒂.21世纪资本论[M].巴曙松,陈剑,余江,周大昕,李清彬,汤铎铎,译.北京:中信出版社,2014.

78. 亚里士多德.政治学[M].颜一,秦典华,译.北京:中国人民大学出版社,2003.

79. 爱伦·A斯密德.财产、权力与公共选择[M].黄祖辉,等译,上海:上海三联书店、上海人民出版社,1999.

80. E博登海默.法理学:法律哲学与法律方法[M].邓正来,译.北京:中国政法大学出版社,2001.

81. R科斯,A阿尔钦,D诺斯等.财产权利与制度变迁:产权学派与新制度学派译文集[M].刘守英,译.上海:三联书店,1994.

82. 巴泽尔.产权的经济分析[M].费方域,段毅才,译.上海:上海三联书店、上海人民出版社,1997.

83. 本尼迪克特·安德森.想象的共同体:民族主义的起源与散布[M].吴叡人,译.上海:上海人民出版社,2005.

84. 达里尔.A波塞,格雷厄姆·杜特费尔德.超越知识产权:为原住民和当地社区争取传统资源权利[M].许建初,等译.昆明:云南科技出版社,2003.

85. 丹尼斯·朗.权力论[M].陆震纶,等译.北京:中国社会科学出版社,2001.

86. 道格拉斯·C诺思.制度、制度变迁与经济绩效[M].杭行,译.上海:上海三联书店,上海人民出版社,2008.

87. 克利福德·格尔兹.文化的解释[M].纳日碧力戈等译.上海:上海人民出版社,1999.

88. 理查德·A波斯纳.法律的经济分析[M].蒋兆康,译.北京:中国大百科全书出版社,2003.

89. 伦纳德·D杜博夫.艺术法概要[M].周林,任允正,高宏微,译.北京:中国社会科学出版社,1995.

90. 史蒂芬·霍尔姆斯,凯斯·R桑斯坦.权利的成本:为什么自由依赖于税[M].毕竞悦,译.北京:北京大学出版社,2004.

91. 瓦拉瑞尔·A泽丝曼尔,玛丽·J比特纳、德韦恩·D格兰姆勒.服务营销[M].张金成、白长虹,译.北京:机械工业出版社,2002.

92. 威廉·M兰德斯,里查德·波斯纳.知识产权法的经济结构[M].金海军,译.北京:北京大学出版社,2005.

93. 约翰·贝茨·克拉克.财富的分配[M].陈福生,陈振骅,译.北京:商务印书馆,2014.

94. 詹姆斯·海尔布伦,查尔斯·M格雷.艺术文化经济学(第二版)[M].詹正茂,译.北京:中国人民大学出版社,2007.

95. 赫尔南多·德·索托.资本的秘密[M].于海生,译.北京:华夏出版社,2017.

96. 小岛庸和.无形财产权[M].东京:日本创成社,1998.

97. 斋藤博.著作权法(第2版)[M].东京:有斐阁,2004.

98. 中山信弘.多媒体与著作权[M].张玉瑞,译.北京:专利文献出版社,1997.

99. 戴维·M沃克.牛津法律大词典[Z].李双元,等译.北京:法律出版社,2004.

100. 弗利登.权利[M].孙嘉明,袁建华,译.台北:桂冠图书股份有限公司,1998.

101. 马丁·埃斯林.戏剧剖析[M].罗婉华,译.北京:中国戏剧出版社,1981.

102. 马歇尔.经济学原理(下)[M].朱志泰、陈良璧译.北京:商务印书馆,1997.

103. 约翰·洛克.政府论[M].叶企芳,等,译.北京:商务印书馆,1964.

104. 约翰·菲尼斯.自然法与自然权利[M].董娇娇,等,译.北京:中国政法大学出版社,2005.

105. 约翰·穆勒.政治经济学原理及其在社会哲学上的若干应用(上)[M].胡企林、朱泱,译.北京:商务印书馆,1991.

106. 约翰·伊特韦尔,默里·米尔盖特,彼得·纽曼.新帕尔格雷夫经济学大辞典(第3卷)[Z].北京:经济科学出版社,1992.

二、中文期刊

1. 常修泽."广义产权论"三大要义与产权保护制度[J].产权导论,2017(3).

2. 程德安.发表权的行使与媒介的市场竞争[J].编辑之友,2006(4).

3. 戴霞.市场准入的法学分析[J].广西社会科学,2006(3).

4. 冯晓青.网络环境下的著作权保护、限制及利益平衡[J].社会科学,2006(11).

5. 顾肖荣.促进上海文化发展的法制保障研究[J].政府法制研究,2005(9).

6. 霍进喜.论发表权[J].黑龙江教育学院学报,2002(6).

7. 李永明.论表演者权利的法律保护[J].浙江大学学报(人文社会科学版),2002(4).

8. 理查德·鲍曼.美国民俗学和人类学领域中的"表演"观[J].杨利慧,译.民族文学研究,2005(3).

9. 安德烈.克勒韦.欧盟关于协调信息社会版权和邻接权某些方面的指令[J].版权公报,2000,18(3).

10. 包国强.论我国现代文化市场主体培育的路径选择[J].湖北社会科学,2011(2).

11. 王丽君.我国文化产业发展现状和"十一五"趋势预测[J].领导决策信息,2004(43).

12. 刘晓红.多媒体技术的应用与美欧著作权法的对策比较(上)[J].情报理论与实践,1997(5).

13. 孙玫.从世界现代戏剧史的视角认知梅兰芳访美和访苏的意义[J].艺术评论,2017(1).

14. 王俊昌,郑智武.论中国文化产业政策法律化[J].中国社会科学内部文稿,2014(2).

15. 王利明.试论人格权的新发展[J].法商研究,2006(5).

16. 王迁.论网络环境中发行权的适用[J].知识产权,2001(4).

17. 肖刚,韩强.试论网络环境下的复制权[J].法学,2003(6).

18. 谢怀栻.论民事权利体系[J].法学研究,1996(1).

19. 徐康平,徐冉.论模仿秀的法律属性:基于著作权法的视角[J].北京工商大学学报(社会科学版),2011,6(26).

20. 薛虹.纳入著作权保护体系的网络传输[J].中国法学,1998(3).

21. 杨欢进.马克思逻辑中的按生产要素分配:兼与周为民、陆宁商榷[J].当代经济科学,2004(1).

22. 杨丽娅.构建文化产业法律体系,促进文化产业有序发展[J].集团经济研究,2007(34).

23. 衣庆云.对发表权诸问题的再认识[J].知识产权,2010(4).

24. 应明.作品在计算机互联网络上向公众传播行为的法律调整[J].著作权,1997(1).

25. 俞丽伟.梅兰芳戏曲手势表演美学刍议[J].中北大学学报(社会科学版),2015(5).

26. 詹启智.发表权论[J].三峡大学学报(人文社会科学版),2014(3).

27. 张静.论发表权侵权行为的认定:从一个著作权纠纷案谈起[J].云南大学学报(法学版),2006(4).

28. 张世英.有形与无形有声与无声有言与无言:试论美与诗意境界之区分[J].湖南社会科学,2000(6).

29. 章忠信."表演"于著作权法之保护[J].律师杂志(台湾),2001(257).

30. 章忠信.表演人权利之保护[J].智能财产权月刊,2003(37).

31. 章忠信.美国一九九八年数位化千禧年著作权法案简介[J].万国法律,1999,10(107).

32. 郑根党.试论非法人组织[J].中外法学,1996(5).

33. 郑智武,论法律语境下的民间表演艺术表达形式[J].北方民族大学学报,2013(1).

34. 郑智武.表演及表演者的法律研究[J].浙江艺术职业学院学报,2007(4).

35. 郑智武.论表演的法律概念及构成要件[J].商业时代,2007(16).

36. 郑智武.论表演者权体系[J].中北大学学报,2010,26(2).

37. 郑智武.论法律语境中的民间表演艺术表达形式[J].北方民族大学学报(哲学社会科学版),2013(1).

38. 郑智武.论韩国音乐表演者权制度[J].音乐探索.2016(3).

39. 郑智武.论日本表演者权内容的演变[J].日本研究.2015(1).

40. 郑智武.印度的表演者权制度[J].南亚季刊.2015(1).

41. 郑智武.中外民间艺术表演者合作权立法比较[J].北方民族大学学报(哲学社会科学版).2011(3).

42. 郭子男.论表演者权[D].中国政法大学,2003.

43. 原晓爽.表演者权利研究「D].中国政法大学.2006.

44. 李友根.权利冲突的解决模式初论[J].公法研究(第二辑),商务印书馆,2004.

45. 帕特里克·杰·奥基夫.繁荣的艺术市场离不开艺术法[J].刘晓军,等译,美术研究,1998(4).

46. H 德姆塞茨.产权论[J].经济学译丛,1989(7).

三、报纸、网络

1. 胡政生.赠票和公款追星:票价虚高的两大祸首[N].中国文化报,2005-02-28(4).

2. 黄大同.商业性演艺消费[N].中国文化报,2006-11-09.

3. 黄大同.消费视野下的演艺分类[N].中国文化报,2006-10-19.

4. 贾继红,关光明.表演者权利浅析[N].人民法院报,2003-12-07(11).

5. 连冬雪.脱衣舞成了"保留节目"[N].北京娱乐信报,2004-02-05.

6. 刘晓霞.透视文化立法[N].法制日报,2000-08-10.

7. 裴秋秋菊.韩国政府如何推动版权交易[N].中国文化报,2014-04-05(4).

8. 唐广良.三大主题的关联性[N].中国知识产权报.2001-11-01(3).

9. 张贵峰."演出条例"管得住公款追星吗[N].中国青年报,2005-08-02.

10. 郑汉瑾.强化合同监管刻不容缓[EB.OL].:http://www.chinalawedu.com/news//2005/1/htm.

四、外文著作、期刊

1. A. A. Alchian. Uncertainty, evolution and economic theory[J]. Journal of Political Economy,1950(58).

2. B. Casey, R. Dunlop, S. Selwood. Culture as Commodity-The Economics for the Arts and Built Heritage in the UK[M]. London:Policy Studies Institute,1996.

3. Claude Masouye. Guide to the Berne Convention for the Protection of Literary and Artistic Works [M]. Geneva,WIPO,1978.

4. Commission of the European Communities. Follow-up to the Green Paperon Copyright and Related Rights in the Information Society[R]. Brussels. 1996.

5. Cornish&L. lewelyn. Intellectual Property：Patents，Copyright，Trade Marksand Allied Rights(Fifth Edition) [M]. London Sweet&Maxwell,2003.

6. Craig Jayce，William Patry，Marshall Leaffer，Peter Jaszi. Copyright Law（the thirde dition)[M]. NewYork：Mattew Bender&Company. 1996.

7. Owen Morgan. International ProtectionOf Performers'Right ［M］. Hart Publishing, Oxford And Porland,Oregon,2002.

8. Richard Bauman. Verbal Art As Performance[M]. Illinois：WavelandPress,Inc. ,1984.

9. Richard Schechner. Performance Theory[M]. London and NewYork：Routledge,1988.

10. Edward A. Cosgrove. Minstrels in the Public Domain：British Copyright Legislation, and the Argument for an Extension of Performers' Rights Protection in the European Union,Loyola of Los Angeles Entertainment[J]. Law Review. 2007(3).

11. Elliott Oring. Folk Groups and Folklore Genres：An Introduction[M]. Logan,UT：Utah State University Press,1986.

12. Graham Dutfidld. Protecting Traditional Knowledge and Folklore ［R］. Geneva：UNCTAD/ICTSD，2002.

13. Millie Taylor and Ruth Towse. The value of performers' rights：an economic approach [J]. Media Culture Society，1998.

14. Richard Schechner. Performers and Spectators Transported and Transformed[J]. The Kenyon Review,New Series，1981(3).

15. Ruth Towse. Copyright and Economic Incentives：An Application to Performers' Rights in the Music Industry[J]. KYKLOS. 1999(52).

五、法规部分

（一）外国、国际规范性文件

1.《世界知识产权组织表演和录音制品条约》

2.《保护表演者、唱片制作者和广播组织的国际公约》《罗马公约(1961)》

3.《保护传统文化和民俗的建议》

4.《保护非物质文化遗产公约》

5.《保护工业产权巴黎公约》

6.《保护和促进文化表现形式多样性公约》

7.《保护录音制品制作者防止未经许可复制其录音制品公约》(1971)

8.《保护民间文学艺术表达,防止不正当利用及其他损害性行为国内示范条款》

9.《保护世界文化和自然遗产公约》

10.《保护文学艺术作品伯尔尼公约》

11.《避免对版权使用费双重征税的多边公约》

12.《传统知识保护政策目标及核心原则》

13.《儿童权利公约》

14.《发展中国家突尼斯版权示范法》

15.《服务贸易总协定》

16.《公民权利和政治权利国际公约》

17.《关于保护与保存活动图象的建议》

18.《关于保护与促进博物馆和收藏及其多样性、社会作用的建议书》

19.《关于发生武装冲突时保护文化财产的公约》

20.《关于获取遗传资源并公正和公平分享通过其利用所产生惠益的波恩准则》

21.《关于建立非洲知识产权组织班吉协定》

22.《关于禁止和防止非法进出口文化财产和非法转让其所有权的方法的公约》

23.《关于土著居民权利的宣言(草案)》

24.《关于文化财产国际交流的建议》

25.《国际商事合同通则》

26.《国际统一私法协会关于被盗或者非法出口文物的公约》

27.《联合国国际货物销售合同公约》

28.《联合国教科文组织关于艺术家地位的建议》

29.《美洲国家关于文学、科学和艺术作品著作权公约》

30.《美洲人权公约经济、社会和文化权利领域的附加议定书》

31.《美洲人权与义务宣言》

32.《世界人权宣言》

33.《世界知识产权组织版权条约》

34.《世界知识产权组织表演和录音制品条约》

35.《视听表演北京条约》

36.《视听表演北京条约》议定声明

37.《突尼斯版权示范法》

38.《经济、社会、文化权利国际公约》

39.《知识产权领域中的出租权、出借权及某些邻接权的指令》.

40.《与贸易有关的知识产权协议》

41.《种族与种族偏见问题宣言》

42.欧共体《出租权与借阅权指令》

43.《德国股份公司法》

44.《巴西著作权法》

45.《德国民法典》

46.《德国著作权及相关权益法》

47.《俄罗斯联邦民法典(2017)》

48.《俄罗斯联邦著作权法》

49.《法国非营利社团法》

50.《法国文学艺术产权法》

51.《法国知识产权法典(法律部分)》

52.《菲律宾著作权法》

53.《哥伦比亚著作权法》

54.《韩国著作权法》

55.《马来西亚著作权法》

56.《美国版权法》

57.《美国数字千年版权法》

58.《联邦德国著作权及相关权利法》

59.《秘鲁为原住民建立源于生物资源的集体知识保护制度的法律》

60.《缅甸著作权法》

61.《南非著作权法》

62.《日本民法》

63.《日本商法》

64.《日本有限公司法》

65.《日本著作权法》

66.《瑞士民法典》

67.《西班牙知识产权法》

68.《匈牙利作者权法》

69.《意大利民法典》

70.《意大利著作权及相关权利保护法》

71.《印度著作权法》

72.《英国版权、外观设计和专利法》

73.《英国版权法修正案》

74.《瑞典著作权法》

75.《西班牙知识产权法》

76. Agreemenron onTrade-Related Aspects of Intellectual Property Rights.

77. Digital Era Copyright Enhancement Act.

78. Australia Copyright Act.

79. U. S. C Section (2002).

80. Copyright,Designsand Patents Act.

(二)中国相关规范性文件

1.《中国人民共和国个人独资企业法》

2.《中国人民共和国合同法》

3.《中国人民共和国价格法》

4.《中国人民共和国劳动法》

5.《中国人民共和国民法通则》

6.《中国人民共和国物权法》

7.《中国人民共和国宪法》

8.《中国人民共和国刑法(2017)》

9.《中国人民共和国著作权法(1990)》

10.《中国人民共和国著作权法(2001)》

11.《中国人民共和国著作权法(2010)》

12.《中国人民共和国旅游法(2013)》

13.《中国人民共和国广告法(2015)》

14.《中国人民共和国著作权法实施条例》

15.《信息网络传播权保护条例(2013)》(国务院令第634号)

16.《实施国际著作权条约的规定》(1992年国务院令第105号)

17.《全国剧场等级划分参考标准》(《剧场建筑设计规范 JGJ57-2000》)

18.《社会团体登记管理条例(2016)》(国务院令第666号)

19.《经纪人管理办法(2004)》(国家工商行政管理总局令第14号)

20.《公司登记管理条例(2016)》(国务院令第666号)

21.《营业性演出项目审批信息互联网发布操作程序》(文化部2003年10月29日颁布)

22. 文化部《关于民间艺人管理工作的若干试行规定》(文艺一字〔1982〕第90号)

23.《关于职业介绍机构是否应受<经纪人管理办法>调整等有关问题的答复》(工商市字〔1996〕第409号)

24. 中共中央办公厅、国务院办公厅《国家"十一五"时期文化发展规划纲要》(2006年9月13日颁布)

25.《关于对<营业性演出管理条例实施细则>有关条款解释意见的复函》(文化部令〔2004〕第30号)

26.《国家版权局关于著作权法实施条例第五条中"表演"的具体应用问题的解释》(国权〔1999〕43号)

27.《国务院办公厅转发文化部关于加强演出市场管理的报告的通知》(国办发〔1991〕12号)

28.《经纪人管理办法》(工商行政管理总局令〔2004〕第14号)

29.《社会福利性募捐义演管理暂行办法》(民政部令〔1994〕第2号)

30. 民政部《关于救灾募捐义演等有关问题的通知》(民办发〔1998〕9号)

31.《使用文字作品支付报酬办法》(2014年国家版权局与国家发改委第11号令)

32. 1993年国家版权局《演出法定许可付酬标准暂行规定》

33. 文化部《网络表演经营活动管理办法》(文市发〔2016〕33号)

34. 文化部《关于促进民营文艺表演团体发展的若干意见》(文市函〔2009〕15号)

35. 国家税务局、文化部《演出市场个人收入调节税征收管理办法》(国税发〔1992〕54号)

36.《最高人民法院关于贯彻执行<中华人民共和国民法通则>若干问题的意见(试行)》(法办发〔1988〕6号)

37.《最高人民法院关于审理著作权民事纠纷案件适用法律若干问题的解释》(法释〔2002〕31号)

38.《国务院批转文化部关于严禁私自组织演员进行营业性演出的报告的通知》(国发〔1983〕97号)

39. 文化部《全国剧场管理工作试行条例》(1983年1月8日颁布)

40. 国家新闻出版署《关于认定淫秽及色情出版物的暂行规定》(1988年12月27日)

41.《国务院关于严禁淫秽物品的规定》(1985年4月17日发布)

42.《国务院办公厅转发文化部关于加强演出市场管理报告的实施办法》(国办发〔1991〕12号)

43. 国家版权局《关于著作权法实施条例第五条中"表演"的具体应用问题的解释》(国权〔1999〕43 号)

44. 文化部《关于进一步加强营业性演出管理和演员艺德教育的通知》1999 年 5 月 7 日发布

45. 2003 年文化部、公安部、国家工商行政管理总局《关于制止在公众聚集场所进行裸体的人体彩绘表演活动的通知》(文政法发〔2003〕42 号)

46. 文化部《关于完善审批管理促进演出市场健康发展的通知》(文市发〔2006〕18 号)

47. 文化部《互联网文化管理暂行规定》(2017 年文化部令第 57 号)

48. 农业部《关于加强水族馆和展览、表演、驯养繁殖、科研利用水生野生动物管理有关问题的通知》(农渔发〔1996〕3 号)

49. 国家工商行政管理局《关于职业介绍机构是否应受<经纪人管理办法>调整等有关问题的答复》(工商市字〔1996〕第 409 号)

50. 《国务院办公厅转发国家统计局关于建立第三产业统计的报告的通知》(国办发〔1985〕29 号)

51. 《营业性演出管理条例》于 1997 年、2005 年、2008 年、2016 年》(国务院令第 666 号)分别颁布与修订

52. 《营业性演出管理条例实施细则》于 1998 年、2002 年、2006 年、2009 年、2017 年(国办发〔2017〕40 号)分别颁布与修订

53. 2005《质量管理体系、基础和术语》(GB/T19000-2008/ISO9000)

54. 广电总局《关于进一步加强电视上星综合频道节目管理的意见》(广发〔2011〕83 号)

55. 广电总局《关于做好 2014 年电视上星综合频道节目编排和备案工作的通知》(广发〔2013〕68 号)

56. 文化部《涉外文化艺术表演及展览管理规定》(1997 年文化部令第 11 号)

57. 国家版权局《关于当前报刊转载、摘编已发表作品付酬标准的通知》(〔1991〕权字第 29 号)

58. 国家版权局《演出法定许可付酬标准暂行办法》(国权〔1993〕41 号)

59. 国家版权局《关于<录音法定许可付酬标准暂行规定>的补充通知》(国权〔1994〕65 号)

60. 国家出版局《关于故事片各类稿酬的规定》1984 年 7 月 1 日颁行

61. 国家发展改革委、文化部、公安部、监察部、财政部、税务总局、广电总局、体育总局、工商总局联合制定了《关于构建合理演出市场供应体系、促进演出市场繁荣发展的若干意见》(发改价格〔2008〕76 号)

62. 国家税务总局、文化部、国家体委《关于来我国从事文艺演出及体育表演收入应严格依照税法规定征税的通知》(国税发〔1993〕89 号)

63. 国家税务总局《关于境外团体或个人在我国从事文艺及体育演出有关税收问题的通知》(国税发〔1994〕106 号)

64. 国家税务总局文化部关于印发《演出市场个人所得税征收管理暂行办法》的通知(国税发〔1995〕171 号)

65. 国家统计局关于印发《文化及相关产业分类(2018)》的通知(国统字〔2018〕43 号)

66. 国务院办公厅《关于坚决制止和严肃查处出国(境)从事有损国格人格的文化活动的通知》(国办发〔1995〕30 号)

67. 劳动和社会保障部《关于同意成立文化部职业技能鉴定指导中心和印发<文化行业特

有工种职业技能鉴定实施办法(试行)＞的函》(劳社部函〔2002〕3 号)

68. 我国《文化行业特有工种职业技能鉴定实施办法(试行)》(劳社部函〔2002〕3 号):"文学艺术工作人员"〔2-10(GBM2-5)〕

69. 文化部、财政部、人事部、国家税务总局《关于鼓励发展民营文艺表演团体的意见》(文市发〔2005〕31 号)

70. 文化部、公安部《关于取缔流散艺人和杂技团体表演恐怖、残忍和摧残少年儿童节目的通知》(〔1981〕文艺一字第 882 号)

71. 文化部《＜付给戏剧作者上演报酬的试行办法＞的几点说明》(1984 年 7 月 1 日发布)

72. 文化部《关于促进民营文艺表演团体发展的若干意见》(文市函〔2009〕15 号)

73. 文化部《关于贯彻执行＜营业性演出管理条例实施细则＞的通知》(文市发〔1998〕18 号)

74. 文化部《关于加强全国农村演出市场管理丰富农民文化生活的通知》(2000 年 5 月 25 日发布)

75. 文化部《关于加强涉外及涉港澳台营业性演出管理工作的通知》(文市发〔2008〕27 号)

76. 文化部《关于加强组台演出管理的通知》(文市发〔1996〕82 号)

77. 文化部《关于坚决制止向境外派遣歌星及其他演职人员、艺术团组到夜总会等场所演出的紧急通知》(文外函〔1995〕6 号)

78. 文化部《关于坚决制止以"艺术"的名义表演或展示血腥残暴淫秽场面的通知》(文政法发〔2001〕14 号)

79. 文化部《关于建立营业性演出项目审批信息互联网发布制度的通知》(文市发〔2003〕48 号)

80. 文化部《关于建立预防和查处假唱假演奏长效机制维护演出市场健康发展的通知》(文市发〔2010〕16 号)

81. 文化部《关于进一步加快和深化文化部直属艺术表演团体体制改革的意见》(1994 年 3 月 24 日发布)

82. 文化部《关于外国艺术表演人员来华营业演出申报管理问题的通知》(文市发〔1996〕35 号)

83. 《国务院批转文化部关于加快和深化艺术表演团体体制改革意见的通知》(1988 年 9 月 6 日发布)

84. 文化部《印发《国务院办公厅转发文化部关于加强演出市场管理报告的实施办法》的通知》(文办发〔1991〕第 30 号)

85. 文化部《关于完善审批管理促进演出市场健康发展的通知》(文市发〔2006〕18 号)

86. 文化部《关于严格执行演员个人营业演出许可证制度的通知》(文市发〔1997〕17 号)

87. 文化部《关于直属艺术表演团体创作演出新剧(节)目实行审查、备案制度的通知》(文艺发〔1997〕20 号)

88. 文化部《关于制止上演"禁戏"的通知》(〔1980〕文艺一字第 753 号)

89. 文化部《关于做好自筹资金参加国际艺术比赛的管理工作的通知》(1993 年 3 月 11 日发布)

90. 文化部《涉外文化艺术表演及展览管理规定》(1997 年文化部令第 11 号)

91. 文化部《网络表演经营活动管理办法》(文市发〔2016〕33 号)

92. 文化部《演出经纪人员管理办法》(文市发〔2012〕48 号)

93. 文化部《演员个人营业演出活动管理暂行办法》(文市发〔1996〕36 号)

94. 文化部《在华外国人参加演出活动管理办法》(1999 年文化部令第 15 号)

95. 文化部《关于加强港澳台演艺人员入境商演活动管理的通知》(文市发〔1994〕66 号)

96. 文化部办公厅《关于对＜营业性演出管理条例实施细则＞有关条款解释意见的复函》(2004 年 8 月 5 日)

97. 文化部办公厅《关于坚决取缔非法演出团体严厉打击色情淫秽表演活动的紧急通知》(办市发〔2003〕20 号)

98. 文化部办公厅《关于落实演出市场监管职责规范演出市场行政行为的通知》(办市发〔2005〕30 号)

99. 文化部财政部《国家舞台艺术精品工程实施方案》(文艺发〔2002〕36 号)

100. 中国音乐著作权协会《表演权的收费标准》(2005 年 3 月 15 日发布)

101. 中国音乐著作权协会《表演中国音乐著作权协会管理的音乐作品的收费标准》(2012 年 3 月 24 日发布)

102. 最高人民法院《关于适用若干问题的意见》(法发〔1992〕22 号)

103. 最高人民法院关于贯彻执行《中华人民共和国民法通则》若干问题的意见(试行)(法发〔1988〕6 号)

104. 中国台湾地区《电影片分级处理办法》

105. 香港特别行政区《版权条例》

106. 文化和旅游部关于印发《关于促进旅游演艺发展的指导意见》的通知(文旅政法发〔2019〕29 号)(2019 年 3 月 24 日发布)

跋

这部书经历十余载星斗转换,在交付终稿之际,心中更是感慨。作者从艺术教育的初生牛犊变为两鬓斑白的思考老骥,本书原本是作者学术成果的"长子",由于成长得缓慢而沦为"弟妹"。她诞生之际可能非常稚嫩但十分纯真,其成长经历就如作者一样,漫长而又执着,弹指间忽然得以出现在学术百花园中。她记录了作者往昔的思考、学术的执拗、事业的真情,虽然还没那么风姿绰约,但将带给学海一丝涟漪。

停笔之际,作者说几声"遗憾"、道无数"感谢"!

"遗憾"有二。一是基于作者自身条件及篇幅的限制,加之材料有限、演出本体要素复杂,本书存在某些遗憾,如已有材料没能完全融合书中,法学和艺术学等学科基本原理权当读者已有"常识"而忽略或一笔带过,诸如演出救济制度没有涉及,由此将本书定名为《演出法概要》,在此,敬待读者金玉,以期修改完善。其二,在稿件修改过程中,发现个别可能参考过的材料没有保存好相应原始痕迹,现在无法查阅到原始出处,如有不敬,敬请见谅并赐教,以期修正。

"感谢"一言难尽。其一,感谢一路扶持我的"贵人":浙江省文化艺术研究院原院长黄大同教授、博士,他的持续鞭策与鼓励成就这部书的灵魂与骨架;绍兴文理学院党委书记、享受国务院政府特殊津贴的汪俊昌教授、博士后,一直以严师与挚友情怀鞭挞我避开学术误区,犹如学海灯塔引领前行;浙江大学钱水苗教授教导我保持"积跬步"式学术跋涉。其二,感谢亲友们无私支持。年过米寿的父亲常扶扉盼子归,而我的余暇全给了"正事",他常重复:"我很好,忙就不要回来!"陈丽群女士竭尽关怀,让我心无旁骛;郑潇岳先生弥补了我的信息技术、外语翻译不足,陈郑楚先生提供了当代信息、国外规范的帮助。身边的其他亲人、老友给予了无私关爱。最后,感谢单位领导、同仁的关切、支持。特别感谢浙江大学出版社葛娟等编辑对本书稿辛勤的付出!这部书承载着诸多的真爱,虽无法逐一列举他们的名字,但我铭记心间!衷心感谢!

打下最后一个字符,我心怀感恩而又觉无能。本书聊作我献给一切帮助我前行、关怀我喜悲的人们的歉疚与敬爱!

郑智武

2019 年 12 月 10 日于杭州